Provincias Un-Idas

I0827564

Un itinerario conceptual en el presente

Laura Demaría

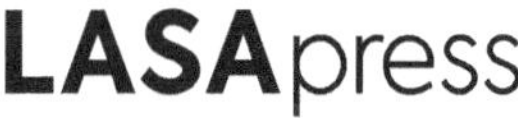

Publicado por
LASA Press
lasapress.org
lasa@lasaweb.org

© Laura Demaría 2025

Diseño de portada: Consuelo Parga para Estudio Entre
Imagen de portada: Detalle de *Hacha*, de Horacio Zabala. Cortesía del artista.
Diagramación de versión impresa: Lara Melamet
Diagramación de versión digital: Estudio Ebook
Corrección: María Nochteff y Mariana Gómez Masía
Índice onomástico y de temas: Jorgelina Núñez y Mariana Gómez Masía

ISBN (Físico): 978-1-951634-54-4
ISBN (PDF): 978-1-951634-55-1
ISBN (EPUB): 978-1-951634-56-8
ISBN (Mobi): 978-1-951634-57-5
DOI: https://doi.org.10.25154/book16

Esta obra tiene permiso para ser publicada bajo la licencia internacional Creative Commons Attribution CC BY-NC 4.0. Para ver una copia de este permiso, visite https://creativecommons.org/licenses/by-nc/4.0/ o envíe una carta a Creative Commons, 444 Castro Street, Suite 900, Mountain View, California, 94041, Estados Unidos. Esta licencia permite el uso de cualquier parte del trabajo mientras se lo cite de forma correspondiente y restringe su uso con fines comerciales.

Cita sugerida:
Demaría, Laura. 2025. *Provincias Un-Idas. Un itinerario conceptual en el presente.* Pittsburgh, Estados Unidos: LASA Press. DOI: https://doi.org.10.25154/book16. Licencia: CC BY-NC 4.0

Para leer la versión libre en acceso abierto de este libro digital, visite https://doi.org.10.25154/book16 o escanee el código QR con su dispositivo móvil.

Para Sofía y Santiago,
mis provincias

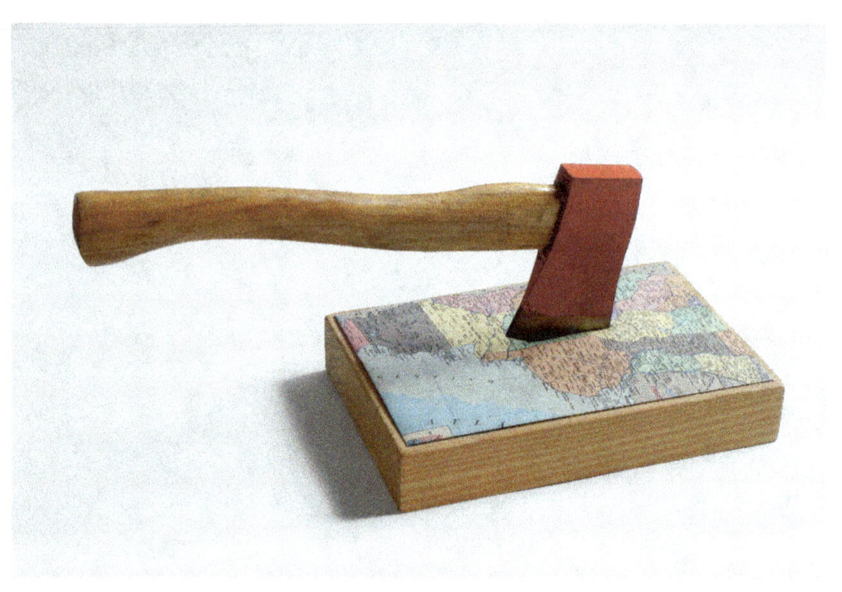

Horacio Zabala, *Hacha*, 1972, 1998.

índice

Lista de imágenes VII
Agradecimientos IX

Un comienzo 1

En torno a la provincia, hoy 5

El itinerario 11

El "giro a provincia" o el "descubrimiento" 17

Salir del campo, entrar a provincia 39

La provincia como condena 69

Parte I. Un itinerario conceptual 87

Provincializar el presente 89

Provincias Un-Idas 101

En defensa de un término 127

El aura en la provincia 143

La provincia que se desliza 151

Parte II. La des/composición conceptual 177

Una poética del habitar 179

Hacer jirones 199

Constelaciones 207

La acumulación en la mesa 219

El “alrededor provinciano” 231

Nudos ciegos 249

La forastería 271

Quebradas 289

Un final: abrir el lugar 297

Sobre la autora 305

Referencias 307

Índice onomástico y de temas 335

Sobre LASA Press 347

Lista de imágenes

Figura 1. Horacio Zabala, *Hacha*, 1972, 1998. Cortesía del artista. © Henrique Faria. 117

Figura 2. Horacio Zabala, *Las deformaciones son proporcionales a las tensiones I, II, III*, 1974. Cortesía del artista. © Henrique Faria. 119

Figura 3. Horacio Zabala, *Argentina empaquetada*, 1974. Cortesía del artista. © Henrique Faria. 123

Figura 4. Beatriz González, *La última mesa*, 1970. © Beatriz González. Fotografía: Tate. 146

Figura 5. Carolina Caycedo, *Serpent River Book and Table,* 2017. Cortesía de la artista. 168

Figura 6. Carolina Caycedo, *Yuma*, de la serie *River Books*, 2016. Cortesía de la artista. 171

Figura 7. Carolina Caycedo, *YUMA, or the Land of the Friends,* 2014. Cortesía de la artista. 174

Figura 8. Dolores Cáceres, *#SinLimite567*, Sala 5, 2015. Cortesía de la artista. 182

Figura 9. Dolores Cáceres, *#SinLimite567*, Sala 6, Señalética, 2015. Cortesía de la artista. 183

Figura 10. Dolores Cáceres, *#SinLimite567*, Cartel, 2015. Cortesía de la artista. 186

Figura 11. Dolores Cáceres, *#SinLimite567* (detalle), Sala 5, 2015. Cortesía de la artista. 189

Figura 12. Adolfo Nigro, *Jironada 18,* 1999. Cortesía de sus herederos. 202

Figura 13. Adolfo Nigro, *Jironada, Tarjetón*, 1999.
Cortesía de sus herederos. 203

Figura 14. Adolfo Nigro, *Jironada, Homenaje a Mathias Goeritz*,
1999. Cortesía de sus herederos. 205

Agradecimientos

Provincias Un-Idas comenzó en el momento en que terminé de pensar y de escribir *Buenos Aires y las provincias: relatos para desarmar* (Beatriz Viterbo, 2014). De algún modo, creo que este nuevo libro es la continuación de esas reflexiones traídas esta vez hacia el presente.

Ahora que miro el recorrido posescritura y ya con demasiadas páginas escritas, me doy cuenta de todo lo que ha quedado fuera, de los textos que me acompañaron durante años y que no están, pero que, sin embargo, fueron claves a la hora de repensar estas *Provincias Un-Idas*. Pienso, para nombrar solo algunos, en Gabriela Cabezón Cámara, Alejandra Costamagna, Mariano Quirós, Amalia Lú Posso Figueroa, Cristóbal Gaete, Oscar Barrientos, Hernán Arias, Pilar Quintana, Federico Falco, Lorena Salazar Masso, Leticia Obeid, Esteban Duperly, Galo Ghigliotto, Carlos Gamerro, Laura Ortiz Gómez, Cynthia Rimsky, Horacio Benavides, Jonnathan Opazo Hernández, Johanna Barraza Tafur, Vanesa Londoño, Estela Figueroa, Paulina Flores, Oliverio Coelho y tantos otros. De todo este grupo de ausentes, no puedo dejar de mencionar a Hernán Ronsino. Tenía un largo capítulo que finalmente no incluí en la versión final porque sentía que había ya demasiados argentinos. Una parte de ese capítulo, su ruina o resto, se puede leer en el artículo "Leer por el lado de Chivilcoy: La descomposición de Hernán Ronsino en el pueblo de Sarmiento", que apareció en *Cuadernos lírico* (2019).

Quisiera agradecer, también, a quienes contribuyeron en este nuevo proyecto crítico, ya que *Provincias Un-Idas* ha tenido interlocutores generosos en diferentes ciudades, en diversos congresos y en charlas en campus. Antonia Viu, Constanza Ceresa, Cristina Dalmagro, Marcy Schwartz, Luis Cárcamo-Huechante, María del Carmen Marengo, Carina González, María Teresa Johansson, Betina Keizman y Luis Valenzuela me permitieron continuar mis reflexiones en los talleres y charlas que organizaron en sus respectivas universidades. Con Leila

Gómez tenemos un diálogo de años en torno a la *Revista Conversaciones* de la Sección Estudios del Cono Sur (LASA). Mis estudiantes graduados, presentes y pasados, han sido siempre una fuente de intercambio y crecimiento. Con ellos, he examinado ideas, armado montajes, probado itinerarios y dialogado sin fin. Carolina Gómez Montoya, Rocío Gordon, Jason Bartles, Luis Charry, Julia Tomasini, Norman Mora Quintero, Sofía Maurette, Juan Manuel Díaz, Daniela Hernández, María Victoria Herrera Arvay, Andrea Torres Armas, Gianinna Malatesta, Ramiro Caces Barbosa y María Pilar Srur me han permitido, además, acompañarlos de cerca en sus respectivos proyectos críticos. Para Rocío y Jason tengo, a su vez, unas gracias muy especiales y ellos saben muy bien por qué. Cecilia Avalle, Daniela Bulansky, Antonia Viu, Silvia González, Sergio Waisman, Daniela Hernández, María José Navia, Loreley El Jaber, Alexis De la Rosa y Sofía Silva usaron el viejo sistema de valijas para traerme libros de editoriales independientes de poca circulación fuera de los países de origen. Mi amigo Juan José Daneri recorrió las librerías de Bogotá con mi lista. Sin su ayuda hubiera sido difícil acceder a ciertos textos. Isadora Quintana encontró referencias en la web, aun cuando solo contaba con datos vagos o un título. María José Navia, por su parte, además de los varios libros en valija que generosamente trajo las veces que le pedí, me llevó a la librería Lolita, en Santiago, donde encontré mucho más de lo que andaba buscando. Rubén Libros, la librería ya mítica de la ciudad de Córdoba, sigue siendo mi lugar, ahí me pierdo y escucho atenta las sugerencias de Rubén. Leo, WhatsApp de por medio, busca y consigue lo que necesito.

Flaminia Ocampo me recibió generosamente en la casa de Elvira Orphée en Buenos Aires y me permitió caminar entre sus cosas y pertenencias. Fue una mañana de domingo, temprano; el sol entraba por los ventanales que dan al parque. En esa visita, me entregó copias de sus novelas inhallables, porque no habían sido republicadas. Muchas de las copias que me regaló tienen las correcciones en lápiz de las erratas, realizadas por la misma Orphée. Un tesoro en sí mismo. Dolores Cáceres tuvo la gentileza de mandarme los materiales y las fotos de su exhibición en el Museo Caraffa de la ciudad de Córdoba, los cuales reproduzco bajo su permiso. Horacio Zabala, Carolina Caycedo, Beatriz González y los herederos de Adolfo Nigro (Joaquín Nigro Novoa, Trilce Nigro Novoa, Inés Nigro y Violeta Nigro Giunta) han tenido la cortesía y generosidad de permitirme reproducir las imágenes de sus obras en este libro. Agradezco también a la galería Henrique Faria, de Nueva York, que representa a Horacio Zabala y en especial a Eugenia Sucre, quien tramitó los permisos para que pudiera reproducir sus *Anteproyectos*. Y unas gracias especiales para Trilce Nigro Novoa, quien buscó y me mandó las *Jironadas*. Mario Verdugo me hizo llegar su *Curepto...*; María José Navia me sugirió la colección Surcos del Territorio, de la editorial La Pollera y por ella descubrí *Hija ilustre*, de Bernardita Olmedo, que me trajo en su valija. Las conversaciones con Chila Hidalgo fueron fundamentales para adentrarme en Carlos Vives y La Provincia, aunque mucho de ese saber compartido quedó fuera de este libro.

El seminario de los viernes o The Washington Consortium in Latin American Theory Seminar, un grupo de colegas con el que trabajamos lecturas teóricas y que mantenemos activo desde hace ya muchos años, ha sido siempre un escape y una increíble fuente de intercambio de ideas. A todos los que participan de él, mi agradecimiento por el diálogo sostenido durante todo este tiempo, pero debo destacar, sobre todo, a "los viejos", con quienes he compartido, desde el comienzo, una charla continua que, espero, siga.

Un apartado especial debo a Gwen Kirkpatrick, quien ha tenido una generosidad inconmensurable hacia mi trabajo. Aquí quisiera, si es posible, pensarla como esa guía que, en realidad, siempre busqué cuando empecé en la academia norteamericana. A Gwen, absolutamente todo, pero todo, mi más profundo agradecimiento. Otras gracias especiales van para Eyda Merediz, mi "compañerita"; sin su apoyo constante y su buen humor (chistes incluidos), mi rutina diaria en la universidad tendría otro color y semblante.

A los miembros del comité editorial de LASA Press y a los lectores anónimos que leyeron el manuscrito les agradezco la oportunidad de publicar en este proyecto editorial abierto que hace posible que mi trabajo sea accesible no importa en qué lugar se esté. A Julieta Mortati, mi agradecimiento por su ayuda en todo este proceso. Va también un profundo agradecimiento para Adrián Gorelik por las palabras en la contratapa que acompañan este trabajo. Agradezco, a su vez, la lectura atenta del manuscrito de María Nochteff y de Jorgelina Núñez.

El Departamento de Español y Portugués de la Universidad de Maryland me otorgó, en 2021, la beca de investigación Jorge Aguilar

Mora. Más allá de lo que implicó la beca, quisiera resaltar aquí los diálogos que he mantenido con Aguilar Mora desde mi llegada a Maryland. Diálogos que me han permitido aprender de la rigurosidad crítica y de la honestidad intelectual de Jorge. Su ausencia es algo que ahora se siente. Manel Lacorte, por su parte, me permitió acomodar mis clases del semestre de otoño de 2023 para poder terminar este libro. Andrea Torres Armas y Ramiro Caces Barbosa ayudaron a tramitar los permisos y publicar las imágenes.

Sofía y Santiago son mis provincias y a ellos les dedico este nuevo libro.

Y Jerry es el que siempre está aquí.

Un comienzo

Desde que Michel Foucault afirmó, en el ya hipercitado artículo "Des espaces autres" (1967), que el espacio iba a ser la gran preocupación de la posmodernidad, no ha quedado lugar sin ser pensado por la crítica cultural. Así, han surgido un sinnúmero de estudios que se han enfocado en trazar mapas, armar itinerarios, estudiar casas, archipiélagos, mares, en cartografiar ciudades, concentrándose en las capitales y en las varias megalópolis latinoamericanas. Se han investigado fronteras, villas miseria, barrios. Se han hecho arqueologías, se han pensado los no-lugares y el tercer espacio, los shoppings y los museos. Se ha trabajado lo local y lo global, los desplazamientos migratorios y los puntos de contacto. De todo este caudal de posibilidades, la provincia y lo provincial siguen siendo conceptualizados críticamente desde paradigmas de lectura que refuerzan categorías binarias y cerradas y que no sirven para pensar la explosión de espacios provinciales que se está dando en el presente tanto en la literatura, como en el cine y en las artes visuales. Es más, a pesar de esa explosión, se sigue considerando aun hoy la provincia en tono peyorativo y hasta diría condescendiente. En el mejor de los casos, se la piensa en función al eje centro-periferia o en torno a lo regional, como una suerte de perpetua novela de la tierra, como si no fuera posible leerla por fuera de estas categorías binarias y restringidas.

Lo que sigue es un intento por pensar la provincia más allá de estos paradigmas. O mejor, *Provincias Un-Idas* se propone como un montaje que se despliega como itinerario para intentar contornear a la provincia más allá del campo, el regionalismo, el localismo identitario, más allá también de la periferia, de la mirada iluminadora del centro, del telurismo, las raíces y el folclore. Modos todos de armar grandes y pequeños relatos ejemplificadores de lo que se supone son o siguen siendo esos lugares. A su vez, *Provincias Un-Idas* se propone como un itinerario/montaje que intenta pensar la provincia más allá de la violencia, del extractivismo, del atraso y del no desarrollo, del estancamiento y del desastre, es decir, más allá de los muchos y variados colonialismos, del fracaso y de la condena; todos atributos comunes que se le confieren cuando se la lee. Más allá, digo, no porque niegue las carencias, la desigualdad, las políticas de extracción y las diversas violencias que marcan a las provincias, sino porque quedarse solo en ellas es, en mi opinión, consolidar modos estancos de leerlas, como si la provincia solo fuera factible de articularse desde la pérdida, en el desecho, como zona a la que se expropia o como el lugar donde se corroboran los desastres y se demuestran los fracasos. De este modo, "más allá" significa posibilitar e imaginar un montaje y un posicionamiento que se salgan de ese cauce que se ha pensado como único y que se ha vuelto hegemónico en la crítica cultural. "Más allá", en definitiva, como la posibilidad de imaginar para las provincias una práctica estética y política que, por lo que desarrollaré en las páginas que siguen, se les ha negado sistemáticamente.

Provincias Un-Idas es, a su vez, un itinerario crítico que busca acompañar ese "fantasma de la provincia" que, según los escritores reunidos en Llolleo en el 2013, "recorre la República" de Chile, pero que, en mi opinión, recorre y se presentiza por fuera de los límites de ese país, en las prácticas culturales contemporáneas latinoamericanas. Basta asomarse en la literatura, el cine y las artes visuales de nuestro presente para comprender que hay provincias por todos lados, como si ya fuera esperable encontrarse con una heterogeneidad de lugares por fuera de las capitales. Y ese fantasma que, sin duda, está en el presente necesita y demanda nuevas aproximaciones críticas para que la provincia vuelva a ser pensada sin repetir esos paradigmas que la fijan, una y otra vez, en el fatalismo de la condena. Una propuesta posible para reflexionar teóricamente esa provincia que hay en la contemporaneidad es el itinerario que trazo en las páginas que siguen y que he llamado *Provincias Un-Idas*.

Antes de comenzar quisiera hacer una breve advertencia sobre el corpus de este trabajo que, por supuesto, no es abarcador ni exhaustivo, ni se propone como prescriptivo ni paradigmático. En todo caso, se presenta como una modesta propuesta de lectura que se suma a muchas otras que buscan pensar en el presente. A vuelo de pájaro, se puede comprobar que hay una presencia abultada del archivo cultural argentino, con fuertes referencias al chileno y con la presencia de una serie de escenas puntuales del archivo colombiano que no pretenden abarcar la heterogeneidad cultural de ese espacio. Asimismo, se comprobará que la lectura de José María Arguedas va a quedar aislada y desprendida del archivo peruano y andino. Los desfases visibles e innegables del corpus hablan, en todo caso, de los límites de mi propia máquina de leer y de mi propio archivo que sirve de base para configurar la mesa de montaje y la constelación de textos que se entrelazan en el recorrido. Otro, sin duda, podría haber sido el itinerario y otra podría haber sido la mesa de montaje. Sin embargo, lo que intenté hacer fue construir una nueva aproximación teórica a la provincia para presentarla como un concepto o herramienta heurística para reflexionar en el presente. Para ello, trabajo con los textos que, a mi criterio, mejor se adecuaban para delinearla, más allá de la supuesta procedencia nacional. Espero, entonces, que *Provincias Un-Idas* sirva de puntapié para muchos otros itinerarios factibles de hacerse, en cuanto que la mesa de montaje, como propone Raúl Antelo, está siempre abierta y lista para barajarse y dar de nuevo. *Da capo*, dice el crítico.

Para cerrar este comienzo, basta decir que *Provincias Un-Idas* se conjuga como un itinerario que, lejos de cerrar las provincias en un paradigma hermenéutico con sentidos fijos, las imagina en la apertura de un estar, una suerte de intemperie (la expresión es de Oscar del Barco, que la toma de Juan L. Ortiz) en la que se tejen redes, constelaciones. En esa intemperie, *hay* (emergen) las Provincias Un-Idas, nudos configurados por imágenes dialécticas en tensión que trazan contornos o "alrededores", pero que no hacen nunca el clic característico de las piezas de los rompecabezas porque el dibujo no está predeterminado. Por el contrario, los fragmentos, siempre en plural, se relacionan y se yuxtaponen, se concatenan, se avecinan anacrónicos y muestran el proceso mismo de construcción, las aristas mal cosidas, el lado del revés, el montaje. Dichos relatos e imágenes, siempre en tensión (dialéctica), configuran un contorno que esboza, en la inestabilidad, una poética del habitar, una práctica y un estar estético y político abierto, en movimiento, que despliega la heterogeneidad radical que esos lugares conjugan cuando se los ve por fuera del relato del atraso y de la condena.

Hacer el itinerario de esas Provincias Un-Idas es, entonces, mi consigna aquí.

En torno a la provincia, hoy

Comienzo con una serie de titulares, porque los titulares de los diarios tienen la virtud de la concisión: "La pandemia nos llevará de regreso al campo" (*Gatopardo*); "Coronavirus y el regreso al campo" (*El Espectador*); "Huir del virus: ¿y si nos vamos a vivir al campo?" (*El Periódico*); "Pandemia y migración: ¿se agotó el modelo de vida en las grandes ciudades?" (*Infobae*); "Qué bonito el campo" (*Revista Mercurio*); "¿Y si nos vamos todos?" (*Revista Ñ*); "Abandonar la ciudad: el fenómeno migratorio hacia zonas rurales" (*emol*); "Neocampesinos, una opción de vida que va en aumento" (*El Colombiano*). Puedo seguir, pero creo que la relación está establecida: frente a la catástrofe, se busca una salida lejos y fuera de las grandes urbes para armar allí, en esa lejanía, un refugio. Y así va emergiendo, frente a lo que no se puede controlar, la vuelta a lo natural, a una naturaleza rural que se construye, en los diarios, con tonos bucólicos de *locus amoenus*, tal como lo presenta Raymond Williams en su clásico *La ciudad y el campo*. El campo o, por lo menos, eso que se llama campo está de nuevo en boca de muchos como solución y como paliativo, como una opción a la que se aspira. Volver al campo. Recuperar los pueblos, asentarse en ciudades chicas, dejar las grandes ciudades es la consigna. Salir, huir, empezar de nuevo, fuera de las metrópolis y de las capitales, en otras palabras, migrar fuera de Buenos Aires, de Santiago, de Bogotá.

Esta vuelta o esta salida no es, sin embargo, un fenómeno exclusivo producido por la pandemia y por el covid-19. Una tendencia similar ya se había registrado, por lo menos en la Argentina, luego de la crisis económica del 2001 que desestabilizó al país. Tan es así que luego de esa crisis se produjo, junto a la fuerte emigración principalmente hacia países europeos, una migración interna, pero a la inversa de la ocurrida durante la década de los cuarenta durante la primera industrialización, ya que ahora se salía fuera de Buenos Aires, fuera de la gran ciudad, en busca de la ruralidad de las provincias. Los titulares de la época se hicieron eco de esta tendencia y la definieron como lo hacen ahora, como una vuelta al campo, como una suerte de neorruralismo puesto en marcha, esta vez, por la catástrofe económica. Hernán Vanoli (2014), precisamente, en su artículo "La era del nuevo ruralismo" publicado en *La Nación*, evalúa ese proceso de "inversión" y de "vuelta al campo" de las últimas décadas y lo presenta como una tendencia "fuerte" y ya consolidada en 2014, mucho antes de la pandemia. Este proceso migratorio visto como neorruralidad o como "migración de amenidad" fuera de los espacios metropolitanos no es un fenómeno exclusivo de la Argentina. En Chile, por ejemplo, este desplazamiento no es nuevo y hay varios estudios que trabajan el "irse a la montaña" o el salir al campo como un cambio de estilo de vida (Marchant y Jara 2017; Marchant y Navarro 2018). Asimismo, en Colombia se viene produciendo esta tendencia de migración citadina hacia afuera que viene a contrarrestar los constantes desplazamientos forzados hacia las ciudades-refugio producidos durante décadas como consecuencia de las diferentes manifestaciones de la violencia (Méndez Sastoque 2012; Méndez Sastoque 2013). Una vuelta al campo que, en el caso de Colombia, se inscribe dentro del largo proceso de pacificación posconflicto que abre nuevos espacios rurales. La crónica autobiográfica en forma de diario *Viajes de campo y ciudad* de Laura Acero, en la que narra su salida fuera de Bogotá y que ya lleva dos ediciones y una reimpresión (2018, 2020, 2023), se puede leer como un relato que ejemplifica esta tendencia en los diferentes países.

Hablar de campo, como lo hacen los titulares, es, en mi opinión, una perífrasis que esconde un modo reductivo de hablar de las provincias, de esos espacios heterogéneos y difíciles de ser clasificados bajo un solo término pero que, como se sabe, tienen todos la particularidad de estar fuera de la ciudad-capital.[1] Estos espacios provinciales reducidos a

---

1 Más adelante trabajo la conceptualización de provincia en Colombia, espacio que, como se sabe, está políticamente dividido, desde la última reforma constitucional de 1991, en 32 departamentos y un distrito capital, con una serie de subdivisiones de segundo y tercer orden. Las provincias son, en cambio, residuos de carácter histórico y su presencia es espectral, como plantearé más adelante.

campo en los titulares están constituidos por montañas y un sinnúmero de espacios rurales, pero también por pueblos (pequeños, medianos y grandes) y ciudades de diverso tamaño (algunas de las cuales son chicas y otras no lo son tanto). A tal punto que muchas veces lo que los titulares esconden es que dichos desplazamientos fuera de los espacios metropolitanos se producen hacia ciudades o pueblos provinciales. "De hecho", como explican Lucía de Abrantes, Ricardo Greene y Luciana Trimano (2020) en "Huir de la metrópolis y de la pandemia", "durante las últimas décadas la huida no ha sido tanto a parajes idílicos y aislados, rodeados de praderas, aguas cristalinas y nevados, sino a otras ciudades conocidas como intermedias o no-metropolitanas".[2]

Esas ciudades, que hoy pasan inadvertidas en los titulares de los diarios pero que rescatan los investigadores chilenos y argentinos, fueron visibilizadas por James Scobie (1988) en *Secondary Cities of Argentina: The Social History of Corrientes, Salta, and Mendoza, 1850-1910,* su libro póstumo, donde haciendo uso de una mirada cuantificadora y ordenadora las clasifica como "principales" y "secundarias" dependiendo del número de habitantes.[3] Si se toma la ordenación taxonómica de Scobie, la mayoría de las ciudades provinciales, aun aquellas que se constituyen

---

2 Las ciudades que se mencionan en el artículo son "Iquique, Curicó, Valdivia, Castro, Punta Arenas en Chile; y en Argentina, Villa Mercedes, Bariloche, Posadas y Bahía Blanca". Asimismo, los investigadores hacen ver que "la Ciudad de Buenos Aires, por ejemplo, mantiene su población estable desde 1947, período desde el cual el crecimiento se concentró en sus zonas periurbanas. Desde los ochenta, sin embargo, tanto la ciudad como su conurbano se han mantenido estables, mientras que algunas ciudades periféricas y entornos rurales han evidenciado crecimientos intercensales de hasta el 50%. Para Chile, si en el período 1940-1970, las grandes ciudades crecieron al 3.1% anual, desde entonces a la fecha su ritmo ha caído a un 1.9%. Las ciudades no metropolitanas, en cambio, mantienen un crecimiento demográfico del 2.5%, duplicando el promedio nacional". Ver, además, de De Abrantes y Greene (2019), "El modo de vida en ciudades no metropolitanas: disolviendo el binario urbano-rural".

3 *Secondary Cities of Argentina* (1988) no tuvo la repercusión de los otros ensayos de Scobie que son considerados clásicos: *Argentina: A City and a Nation* (1964) y *Buenos Aires: Plaza to Suburb, 1870-1910* (1974), lo que habla del lugar que ocupaban las ciudades provinciales en el imaginario urbano argentino.

como capitales de provincia, serían consideradas "secundarias" y estarían "por debajo" de las capitales nacionales, que se instalarían por "encima". Después de todo, las ciudades provinciales, incluidas las que son capitales, no llegan a configurarse como megalópolis comparables a las grandes capitales, salvo São Paulo.[4] Más allá de la jerarquización cuantitativa implícita en la clasificación de Scobie, que presupone un orden lineal y progresivo que rechazo, lo que me interesa destacar y rescatar de su visión es su capacidad de ver por fuera de lo establecido.[5] Es este gesto el que le permite visualizar, cuando nadie o pocos lo hacían, la presencia de una red de ciudades provinciales desperdigadas por el espacio nacional. Lo importante del trabajo de Scobie es que complejiza y amplía la experiencia urbana de América Latina al salir de los grandes centros y analizar ciudades que pasaban desapercibidas.

Es esta posición de Scobie la que me interesa retomar para recalibrar los titulares de los diarios a los que vuelvo, ya que más que hablar de ir al campo, propongo en este ensayo invitarlos a ir a provincia, a entrar a la provincia sin subterfugios, sin coartadas localistas ni idealizaciones. Entrar a provincia, digamos, como un modo de aceptar las heterogeneidades que se engloban bajo ese rótulo. De ahí que al volver a los titulares recientes de los diarios no puedo dejar de pensar en las simplificaciones con las que se resuelven las innegables contradicciones de esos espacios, en las borraduras implícitas que se inscriben en esas odas celebratorias a la vida rural y en la persistencia de los lugares comunes en torno a estos espacios que aún perduran. Y frente a estas líneas de lectura, no puedo dejar de pensar que nada ha cambiado, que, a esos espacios definidos ya como campo, regiones, territorios, provincia, como ciudades chicas o

---

4 Rio de Janeiro podría ser vista como excepción a esta regla, pero a diferencia de São Paulo, fue capital de Brasil hasta la fundación de Brasilia en 1960.

5 Muchas de las ciudades provinciales podrían ser leídas hoy bajo una versión actualizada de la clasificación de Scobie que privilegia el nivel de población y de recursos. Algo de eso hacen Greene y De Abrantes (2021, 232) al estudiar las "ciudades intermedias" o "citadinas", entendidas como "ciudades no metropolitanas" que "pueden diferir en tamaño, población, historia o base productiva, pero comparten modos de imaginar, sentir y actuar que las hace distinguibles de otros ordenamientos territoriales".

medianas, como pueblos o lugares turísticos, se los sigue viendo y juzgando desde una dicotomía valorativa que los aplana y los simplifica. En tiempos de inestabilidad, a esos espacios se los idealiza como panaceas de lo natural y de lo puro, mientras que la mayoría de las veces se los sigue viendo y pensando como condena, en el doble significado que esta palabra tiene en castellano, es decir, como sentencia judicial o castigo y como destino fatal, trágico. Por eso, a dichos espacios solo se los ve como lugares estancados, sin progreso, sin desarrollo, sin posibilidad de cambio. En síntesis, como lugares "secundarios", pero entendido ahora el término como de segunda categoría, ya que la "secundarización" los identifica como carenciados y desprovistos de contemporaneidad.

¿Cuál es ese campo al que los habitantes urbanos aspiran en las notas de los diarios? ¿Cuáles son las matrices de sentido, los relatos que lo significan? Y, ¿qué pasa con esas matrices de sentido cuando se cambia el ángulo de la pregunta y se piensa ese campo desde la provincia, en la provincia? En los diarios, la respuesta es clara. Fuera de ellos, la cosa se complica, ya que todo depende del lugar desde donde se lee y se construye ese discurso de y sobre el campo. Por lo tanto, hay algo que ya queda claro en el comienzo de este libro: no habrá idas al campo y reencuentros con la Arcadia y la pastoral. Por el contrario, lo que propone este ensayo es devolverle a la provincia la heterogeneidad que le niega la mirada reductiva que la hace campo, ruralidad o, en el mejor de los casos, periferia o margen de un supuesto centro inamovible. Asimismo, este ensayo deja de lado los criterios modernos de desarrollo sostenido que los llamados centros imponen a las provincias para evaluarlas. En otras palabras, se propone entrar a provincia para trazar relatos que la saquen de la irreversible condena y la signifiquen en su pluralidad y complejidad, sin aplanamientos, ni idealizaciones, aceptando sus muchas tensiones y varias contradicciones. Después de todo, hoy la provincia, las zonas, los pueblos chicos y medianos, los espacios rurales, las tonadas, las ciudades "secundarias", antes recluidos a los límites certeros de una mala literatura regionalista, están en todos lados y proliferan en el cine, la literatura, las artes visuales, en los espacios digitales. La provincia, insisto, y no solo el campo, se hace presente en lenguajes narrativos y poéticos, en archivos de imágenes, de discursos y de sonidos y acentos que pluralizan los relatos y las definiciones. Y estos lugares se hacen presentes y visibles no solo en la Argentina que supo visibilizar Scobie antes de morir, sino en otros países de América Latina, como en Chile y en Colombia, tal como propongo en este ensayo. Basta leer la narrativa de Hernán Ronsino, Andrés Gallardo, Alejandra Costamagna, Diego Zúñiga, Federico Falco, Pilar Quintana, Philip Potdevin, Selva Almada, Marcelo Mellado, Piedad Bonnet, Mario Verdugo, Juan Cárdenas, Cynthia Rimsky, las crónicas de Galo Ghigliotto, Jonnathan Opazo Hernández, Daniel Villalobos, Bernardita Olmedo, Cristóbal Gaete y Leila Guerriero, los cuentos de Paulina Flores, Laura Ortiz Gómez, la poesía de Diana Bellessi, Horacio Benavides y Estela Figueroa. Basta ver el cine de Lucrecia Martel, Víctor Gaviria, Marcela Said, Álvaro Delgado Aparicio, y hasta el de Alfonso Cuarón, o apreciar las fotografías de Raúl Goycoolea y de Livia Corona Benjamin, la pintura, los videos, los montajes y las performances e instalaciones de Carolina Caycedo, Adrián Villar Rojas, Cecilia Vicuña, Beatriz González, Dolores Cáceres, Horacio Zabala y Adolfo Nigro.

Puedo seguir nombrando y haciendo listas. Lo importante a destacar es lo obvio: hay una provincia en nuestro presente, una provincia que se despliega en prácticas artísticas y culturales que demandan ser analizadas y pensadas desde un nuevo lenguaje conceptual que las vea y las narre fuera del pintoresquismo, del color local, de la identidad regionalista, del realismo referencial y hasta de la restricción que las termina transformando en campo. En otras palabras, fuera del idealismo del *locus amoenus* y fuera del estancamiento. Fuera del insulto peyorativo y de los estereotipos, de la cargada y de la broma pesada. Fuera de la condena. Digo esto para empezar porque en nuestro hoy de pospandemia y de diversas crisis económicas, de economías globales y extractivistas, hay una provincia compleja y plural, prácticamente imposible de consolidar bajo un solo paradigma hermenéutico de características certeras y unitarias, universales, construido de una vez para todas ellas. Hacia esa provincia en plural e inabarcable es adónde va este trabajo para armar, como propuesta, un itinerario crítico que empiece a dibujarlas, no para encerrarlas bajo un modelo único de lectura, sino para empezar a hablar.

El itinerario

El itinerario que sale de estas páginas se conforma a partir de la puesta en práctica de un entramado de textos que dialogan y configuran un contorno y, por lo tanto, van armando, entre los fragmentos, constelaciones de sentido. Por eso, *Provincias Un-Idas* se presenta como un itinerario aleatorio y contingente, que bien podría haber sido otro, pero que diseña, de todos modos, una aproximación teórica y conceptual para la provincia. Una aproximación, debería aclarar, que no busca personificar ni reflejar las diferentes provincias históricas. Por el contrario, el itinerario que se traza en *Provincias Un-Idas* se construye a través del montaje de una serie de textos en el que no se presta mucha atención a los límites genéricos y a las diferencias clasificatorias entre las diversas artes. De ahí que las constelaciones que van surgiendo se desplazan entre diferentes prácticas culturales. El mismo desplazamiento se nota en la temporalidad, ya que *Provincias Un-Idas* se sale de la linealidad cronológica y hace un uso condensado del presente para centrarse en una contemporaneidad marcada por anacronías, residuos y reactualizaciones, restos y discontinuidades, junto a la permanencia de artistas más allá de las fechas de las publicaciones o realizaciones de sus obras. Estas condensaciones temporales son las que permiten leer los diferentes entramados como prácticas actuales. Así, Marta Brunet, Elvira Orphée, Antonio Di Benedetto, Pablo de Rokha, para nombrar algunos, se presentifican junto a otros escritores contemporáneos con obra abierta que también trabajo, como Selva Almada, Álvaro Bisama o Juan Cárdenas.

Hay, a su vez, un último desplazamiento en el itinerario que es *Provincias Un-Idas*, ya que se sale de los archivos culturales nacionales para establecer diálogos entre espacios culturales que no se leen comúnmente en sintonía. El itinerario que resulta es, por lo tanto, un montaje de escenas que nunca se delinean como equivalentes, pero que entrelazan prácticas culturales localizadas en la Argentina, Chile y Colombia, una mezcla "rara" y tal vez indefendible de espacios culturales que no se leen en diálogo. De ahí que las escenas enhebradas se tocan de modo efímero, sin demarcar equivalencias. El trazado de líneas de lectura entre Chile y la Argentina pareciera no necesitar mucha justificación, ya que no es infrecuente realizar un cruce entre ambos países. Como se sabe, hay un amplio archivo de lecturas críticas de diversas disciplinas que los ponen en diálogo y hasta se ha construido una categoría de análisis, Cono Sur, que supuestamente los aglutina a partir de una serie de características comunes y de sistemas comparativos que los emparenta. Mucho se podría decir y cuestionar sobre esta construcción como categoría de análisis. Asimismo, mucho se podría decir de lo que dicha categoría borra o simplifica para producir analogías y líneas de lectura. Lo importante es que la categoría relativiza la arbitrariedad de articular líneas de lectura entre la Argentina y Chile sin recurrir a largas explicaciones.

La presencia de Colombia en *Provincias Un-Idas*, sin embargo, resulta sorprendente, ya que no hay una sólida tradición crítica de lecturas que justifique este diálogo y pareciera, por lo tanto, que los cruces propuestos son más producto de un "relacionismo" relativista que simplifica estos tan diversos espacios culturales.[6] Es más, la inclusión de Colombia en este trabajo puede verse como forzada, como un agregado caprichoso o un uso teórico que tiende a aplanar la complejidad cultural de ese espacio marcado por la heterogeneidad de sus regiones. Y sin duda, antes de seguir, debo reconocer la construcción de un artificio crítico al leer estos tres países en constelación de sentido. Ahora bien, el primer gran problema para justificar la presencia de Colombia en este itinerario es la situación ambivalente de la provincia en ese país. Como se sabe, la Constitución de 1991 aún vigente, bajo el Título XI "De la organización territorial", privilegió, a primera vista, la división del territorio colombiano en departamentos, distritos, municipios y territorios, con lo cual se reitera el ordenamiento territorial marcado por la Constitución de 1886 que había restringido la antigua división en provincias que se había mantenido vigente desde la colonia (Jaramillo Jiménez 2010, 39). A pesar de ratificar esta división en departamentos, la Constitución de 1991 prevé o deja abierta la puerta para reintroducir las provincias y las regiones como entidades territoriales, si la ley lo determina. Esta recuperación de la provincia en la Constitución de

---

6 Marcy Schwartz en *Public Pages: Reading along the Latin American Streetscape* (2018) también realiza un cruce entre Colombia, Argentina y Chile para leer las políticas de lectura implementadas en dichos espacios nacionales. Un texto que me sirvió a la hora de pensar mi propio cruce.

1991, junto con la defensa de la región y de los territorios, se debe en parte a la gran labor realizada por Orlando Fals Borda, quien participó de la Asamblea Nacional Constituyente y luego de la Comisión Constitucional de Ordenamiento Territorial (COT), transformándose en uno de los defensores de la descentralización (Fals Borda 2000, 29).[7]

Más allá de los complejos debates constituyentes y de la serie de textos publicados por Fals Borda con claras propuestas para el ordenamiento del territorio, que escapan los alcances de este ensayo, me interesa resaltar la ambivalencia de la presencia-ausencia de la provincia como unidad administrativa de organización territorial y política en Colombia, ya que si se acepta la perspectiva de Fals Borda, se debe admitir que "las provincias siguen relativamente vivas" en ese país (1988, 31).[8] Es más, para el llamado padre de la sociología en Colombia, "esas líneas de punticos que aparecen en los mapas" para delimitar los departamentos "son ficciones, [que] no reflejan la realidad" (2010, 168), artificios que se adoptan por imitación a Francia (170). Por eso, dice, los colombianos "los ignoramos en la práctica" (168) porque no responden a las autonomías de los pueblos (169) que, de acuerdo con el crítico, estarían mejor representados a través de otras figuras territoriales como son la región, la provincia y los territorios (etis), los que configurarían "una

---

7 Fals Borda participa como constituyente en la Asamblea por "la Alianza Democrática M-19, expresión política civilista de uno de los grupos guerrilleros que participaron" de la Convención en ruptura con otras fuerzas marxistas y foquistas que se negaron (Jaramillo Jiménez 2010, 39). Lo importante de su accionar es que sus ideas respetaron principios de autonomía local, gobierno regional y democracia participativa. Es más, la inclusión del Título XI en la Constitución se ha atribuido a la labor de Fals Borda en el COT.

8 Fals Borda llegó a hablar de "130 provincias en Colombia" (1988, 31). La defensa de la provincia, por encima de la división en departamentos, la inscribió en "Ordenamiento territorial e integración regional en Colombia" incluido en *La insurgencia de las provincias: Hacia un nuevo ordenamiento territorial para Colombia* (1988). Véase también "El reordenamiento territorial: itinerario de una idea" (1993), *Región e historia. Elementos sobre el ordenamiento y equilibrio regional en Colombia* (1996) y *Acción y espacio: autonomías en la nueva república* (2000).

República regional, una unión de Regiones" (171). Después de todo, explica Fals Borda (170):

> No se pensó que nosotros los colombianos teníamos raíces históricas, ya que teníamos figuras territoriales arraigadas en la tradición que nos permitía organizarnos adecuadamente. Una de esas figuras, propia, nuestra aunque provenga de la época colonial, es la Provincia [...] Colombia nació como una unión de Provincias, no de departamentos. El primer nombre de nuestro país fue "Provincias Unidas de Nueva Granada", y la provincia ha seguido viva en muchas partes del país.

Es, precisamente, esta latencia ambivalente observada por Fals Borda en Colombia la que me llevó a visualizar la provincia como un resto, o, mejor dicho, como una presencia espectral que persiste más allá de las nomenclaturas y que puede ser redefinida y rearticulada más allá de "los punticos". Tal es esa persistencia que el propio Fals Borda en *Acción y espacio*, un ensayo de 2000, vuelve a defender la provincia al corroborar la subsistencia de las prácticas de "crear subregiones, zonas, secciones o asociaciones" (40) que persisten dentro de los departamentos y en la realidad de los hechos más allá de los nombres otorgados. Hecho que lo lleva a afirmar sin tapujos que "el espacio no desaparece como tal, sino que se redefine, se relocaliza o se desborda" (40), como si la espectralidad de la provincia en Colombia dejara una marca que no se borra a pesar de los diferentes procesos de ordenamiento territorial.[9] Esta persistencia provinciana, latente, nunca del todo borrada, está ahí, dice Fals Borda, en las prácticas culturales, junto a las otras figuras

---

9 En *Acción y espacio* (2000, 40-41) también nota que la provincia, para muchos, implica una "imagen negativa" al ser entendida como "reflejo de una imagen atrasada y pueblerina", una "percepción despectiva", ya que "en algunos círculos cultivados de Colombia, a los habitantes de fuera de las metrópolis se les ve todavía como 'simples provincianos', es decir, como gentes marginales y montunos dejados atrás por las fuerzas del progreso". Para resolver el problema "que es de naturaleza espacial y técnica y no nominal" y "para evitar dar la impresión de dogmatismo provinciano", opta por introducir "el término de subregión para acompañar o suplantar el de provincia", aunque,

espaciales, como la región y los territorios, pensadas también para conjugar la innegable heterogeneidad de Colombia. Tal vez como prueba de esa persistencia no del todo borrada pueda leerse la explosión de ventas del álbum *Clásicos de la provincia*, el gran éxito de 1993 que catapultó a Carlos Vives y al grupo La Provincia a la fama.[10] De este modo, la latencia de la provincia, señalada por Fals Borda, está y persiste en Colombia por fuera de los varios y diversos punticos.

La provincia, entonces, se presenta en *Provincias Un-Idas* a través del uso de tres espacios culturales que, probablemente, poco tengan en común. Y, sin embargo, el cruce entre ellos constituye el modo de abordar la provincia como un concepto o una categoría teórica que busca mostrar el montaje de su propia construcción y, por lo tanto, su propia contingencia. Por lo pronto, quisiera señalar que son esas diferencias innegables no solo entre Colombia y la supuesta dupla Argentina/Chile, sino entre los tres archivos culturales, las que me permitieron pensar constelaciones de sentido y, sobre todo, fue el recurrente proceso de ordenamiento y reordenamiento territorial que ha caracterizado a Colombia el que me permitió visualizar la fluidez y movilidad de esos otros espacios culturales como Chile y la Argentina, donde pareciera que (y resalto la apariencia) las configuraciones espaciales son fijas o, por lo menos, más estables. Por todo esto, quiero aclarar que mi propio itinerario se puede ver, en palabras de Fals Borda, como una línea arbitraria de punticos que van armando constelaciones de sentido con relatos y con imágenes dialécticas en tensión que no se resuelven en simples justificaciones. Es más, la construcción de este itinerario tripartito da por resultado una imagen dialéctica que no pretende alisar ni aplanar dichas tensiones.

---

luego aclara: "La designación formal queda en manos de quienes organicen la entidad".

10 No intento hacer un estudio de Vives y su música aquí, solo me interesa resaltar la persistencia de un modo de nombrar prácticas culturales. Véase *Travesías por la tierra del olvido: modernidad y colombianidad en la música de Carlos Vives y La Provincia*, de Manuel Sevilla, Juan Sebastián Ochoa, Carolina Santamaría-Delgado y Carlos Eduardo Castaño Arango. Debo a Chila Hidalgo observaciones sagaces en torno a Vives en nuestras charlas.

Para terminar esta breve "defensa" de mi itinerario hecho corpus, quisiera hacer notar lo obvio: las referencias a Colombia, a Chile y a la Argentina en este texto deben leerse como escenas de lectura o intervenciones fragmentadas, pequeños usos (o abusos) que hago para tallar mejor los alcances que trato de darle a esta aproximación teórica a la provincia. Con esto quiero decir que *Provincias Un-Idas* no es un estudio sobre Colombia y sus complejas regiones, tampoco es un estudio que intenta mapear los territorios y las luchas comunitarias ahí articuladas. Por el contrario, apenas es un diálogo (modesto) con algunas referencias puntuales con ese archivo complejo, un acercamiento que me permite reflexionar sobre la persistencia de una provincia que no se reduce a ser solo estancamiento, espacio de la violencia, lugar de la explotación, zona de la extracción. De igual modo, debería decir que *Provincias Un-Idas* tampoco es un estudio sobre Chile, sino un intento por proponer una posibilidad de lectura que permita pensar un más allá de "Santiago y las provincias" y de la verticalidad de un país que se sigue conjugando, a pesar de los diversos intentos de regionalización, desde la capital y el valle central.[11] Por último, debería aclarar que *Provincias Un-Idas* tampoco es un estudio sobre la Argentina, a pesar de ciertas persistencias en su archivo, ese gesto ya lo propuse en *Buenos Aires y las provincias: relatos para desarmar* (2014).

Leído con ojo cuantitativo y porcentual, se podría decir que hay en *Provincias Un-Idas* un cierto abuso de este último archivo o una insistencia que desequilibra el balance equitativo entre los tres archivos culturales. A pesar de este desbalance, las recurrencias al archivo argentino no representan un paradigma de lectura para analizar otras configuraciones culturales. Más bien, lo que he tratado de proponer es una serie de preguntas que se interpelan cambiando las focalizaciones y las orientaciones. Después de todo, eso es a lo que alude la palabra "itinerario", es decir, la posibilidad de actualizar un camino, una ruta que supone, y aquí parafraseo la definición del *Diccionario de la lengua*

---

11 "Santiago y las provincias" es el asunto de un email que me mandó Mario Verdugo el 15 de noviembre del 2022 para continuar el diálogo que habíamos entablado en Santiago a partir de mi *Buenos Aires y las provincias* y su *Curepto es mi concepto*. A él pertenece, entonces, esta referencia o este título.

española, paradas, lugares, desvíos, accidentes, puntos de encuentro y de contacto. A diferencia de los caminos que van hacia un destino final, el rumbo de este itinerario no está prearreglado ni permanece fijo, sino que es una variación que se conjuga en el proceso de hacerse, en el camino. Más que un viaje lineal que va derechito hacia un domicilio, *Provincias Un-Idas* es apenas una trayectoria o un derrotero que se desliza.

Para terminar esta explicación del itinerario hecho corpus solo me basta decir que hay, sin duda, mucho de arbitrariedad y de corte en lo propuesto. Sin embargo, los textos y las prácticas que van apareciendo en *Provincias Un-Idas* se justifican en y por los arreglos, en y por las vueltas que se configuran en este trabajo. Hasta se podría pensar que hay en él algo de tautología, pero como las tautologías siempre terminan cerrando los pliegues en sistemas de equivalencias, logrando síntesis que cierran las tensiones, rechazo esta lectura porque el itinerario propuesto intenta realizar el movimiento opuesto. En otras palabras, *Provincias Un-Idas* se articula como una puesta en tensión, un tramado aporético que se imagina como una posibilidad. Así, frente a otras posibles constelaciones de textos, frente a otras geografías y frente a otros muchos y varios itinerarios, *Provincias Un-Idas* solo sirve y funciona como un hilo, un complemento y suplemento a esos otros modos (diversos, diferentes, distintos) de agrupar.

El “giro a provincia” o el “descubrimiento”

Para empezar a pensar la provincia fuera de la identificación reductiva con el campo que caracteriza los titulares a los que he hecho referencia, comienzo con ciertas líneas de lectura a partir de una contextualización primero en la Argentina y luego en Chile que me permitirá contestar y deconstruir dos modos de nombrar y leer la provincia que, a pesar de ser problemáticas por reductivas, siguen vigentes. Me refiero tanto a las varias lecturas teóricas que estudian y codifican el “neorruralismo”, que supuestamente caracteriza la nueva “vuelta al campo”, como las que proclaman una suerte de “descubrimiento” de los supuestos “interiores” por parte de las capitales. Ambas estrategias se activan de modo complementario y se suplementan, y ambas, a su vez, presuponen una mirada binaria fija en el eje centro-periferia. A estas dos narrativas complementarias se suma un relato que persiste (y no se borra) en torno a la provincia y que trabajaré hacia el final de este capítulo. Me refiero a la identificación de la provincia como condena, como un espacio chato y estático que reduce lo provincial y al provinciano al estereotipo peyorativo. Dicho con palabras de Mario Verdugo (2022, 23), la provincia parece ser "un bodrio", "una charca, una noria insalubre donde se pudren los proyectos, un espacio sin posibilidades de elección o transformación, un fantoche de vida detenida cuya única función es servir de trasfondo para el dinamismo de afuera".

Para adentrarme en estos modos reductivos de construir las provincias, dejo de lado la actualidad de la pospandemia con el fin de analizar, como un primer paso, la crisis argentina del 2001, que se vive, de acuerdo con Andrea Giunta, como un cambio cultural.[12] En *Poscrisis. Arte argentino después de 2001*, Giunta (2009, 25) lee la cultura "cosmopolita, intensa, contradictoria" de esa Buenos Aires que recorre a partir de la construcción de una escena o de "una serie de tácticas" (15) que ejemplifican ese cambio cultural. Para evaluar dichos cambios palpables en la ciudad, Giunta se pregunta: "¿Sigue siendo la Argentina un país encerrado en una ciudad?" (69). La respuesta que da en 2001 es tajante, ya que observa la caducidad del modelo endogámico en la ciudad, mientras propone construir nuevos itinerarios que hagan ver "prácticas situadas en contextos específicos, que multiplican las escenas y que relativizan la representación centralista de Buenos Aires" (69). Para Giunta, entonces, la crisis hace ver que ya no se puede seguir recurriendo a los viejos binarismos estancos porque "hoy ya no es posible hablar del 'interior', sino que hay que referirse a diferentes centros en el mapa del país" (51). De ahí que, para pensar la cultura del país, la crítica comienza a pensar la posibilidad de abrirse a otros espacios más allá de su ciudad. Giunta también es tajante cuando lee la crisis como un final abrupto que interrumpe la trama urbana: "El siglo xx terminó a fines de

12 Giunta (2009, 15) señala que sus observaciones de los cambios culturales son coyunturales, ya que trabaja y lee ese presente en caliente, en el mismo hacerse.

2001", "Un período llegaba a su fin" (26), actualizando, con este gesto, la postura de Emilio Renzi, quien en *Respiración artificial* ve la ficción de Borges "como un intento consciente de concluir con la literatura argentina del siglo XIX" (127). Si con Renzi o Piglia, las "líneas básicas" que definen la literatura del siglo XIX tienen su final en la escritura de Borges, con Giunta, las "líneas básicas" que definen el siglo XX acaban con esas imágenes de la crisis que registra al caminar las calles de Buenos Aires, las cuales demandan la composición de un nuevo lenguaje social o "un conjunto de términos nuevos" (17) que repiense la relación arte y política y hasta la posibilidad misma de tener planes utópicos (21). Muerte y resurrección, fin y comienzo, corte y vuelta a empezar, quiebre y continuidad son, en definitiva, las señales que registra Giunta, en caliente, por las calles de su Buenos Aires.[13]

Se podría afirmar que hay un cierto consenso en leer el 2001 como un acontecimiento traumático que marca un viraje, como si a partir de dicha crisis ya no fuera posible pensar el "enigma de la Argentina" —para usar una expresión de José Nun—, apelando a las estrategias y los modos de leer practicados durante ese otro período "que llegaba a su fin", como si la radicalidad del cambio demandara un "nuevo punto de partida" (Giunta 2009, 27), una nueva mirada capaz de leer lo nuevo y lo que ya estaba allí.[14] Si bien la crisis del 2001 como acontecimiento

---

13 Giunta, por supuesto, no está sola en esta evaluación de la crisis argentina del 2001 como un final de época y como una emergencia de nuevos sujetos y prácticas culturales. Sylvia Saítta (2014, 132), por ejemplo, abre su panorama de la narrativa argentina de finales de siglo XX y principios del XXI observando que la crisis clausura "el imaginario de los años noventa" de la fiesta menemista, mientras expone "un presente signado por la exclusión social, la desocupación, la marginalidad urbana, la disgregación social". Maristella Svampa lo resume mejor que nadie en el título de su libro *Cambio de época: movimientos sociales y poder político* (2008). Los titulares de los diarios también se hacen eco del fin de época: sirve como ejemplo "Diciembre de 2001, el mes que cambió a la Argentina" (*El País*, 15 de diciembre de 2016).

14 Numerosos son los estudios focalizados en la crisis argentina del 2001 desde una diversidad de disciplinas y perspectivas. El artículo de Nun que menciono está en *Broken Promises?: The Argentine Crisis and Argentine Democracy (2006)*, editado por Edward Epstein y David Pion-Berlin. Claudio Belini

traumático no está en duda, hay modos diferentes de acercarse y de explicar esos hechos. Por mi parte, me interesa pensar la crisis argentina del 2001, que no viví en las calles de Córdoba, sino desde las pantallas de la televisión y por las notas de los diarios, enfatizando la discontinuidad inscripta aun en el concepto mismo de cambio de época. Quisiera subrayar un fluir entre las "innovaciones", los quiebres y las emergencias con las "continuidades de un proceso", algo que hasta la misma Giunta observa cuando lee la crisis como final del siglo xx. Este énfasis en la discontinuidad me permite, a su vez, dejar de lado la linealidad implícita que supone una visión dicotómica y binaria entre un antes y un después. Por lo tanto, más que proponer el 2001 como cierre y origen específico de un nuevo orden, me interesa pensar la crisis literalmente como un acontecimiento de la política, según la entiende Jacques Rancière (2004, 12-19; 2009, 19-44), es decir, como un momento de interrupción y revelación que permite visualizar o ver de otro modo ciertas prácticas que permanecen invisibles o invisibilizadas o que no son legibles todavía.

Con esta aproximación no quiero negar los cambios que sin duda hubo, tampoco pretendo borrar las manifestaciones culturales (colectivos de arte) que se produjeron ni la emergencia de nuevos sujetos políticos (cartoneros). Por el contrario, busco trabajar cómo la crisis de diciembre del 2001 en cuanto evento hace legibles y visibles ciertas prácticas culturales y ciertos sujetos sociales. De este modo, las rupturas y emergencias de prácticas culturales que sin duda se dieron entran en diálogo con otras que ya se practicaban, pero que eran "invisibles" e "ilegibles" en ese Buenos Aires previo a la debacle económica. En este sentido, la lectura de la crisis como "parteaguas" debe ser matizada, como proponen Cara Levey, Daniel Ozarow y Christopher Wylde (2016, 22), a partir de un estudio detenido que "rechaza las dicotomías entre lo 'viejo' y lo 'nuevo'" porque busca incorporar "tanto los elementos de continuidad como los de cambio" (21). Después de todo, afirman estos

---

y Juan Carlos Korol (2012) estudian la historia económica del siglo xx en la Argentina y cierran su recorrido con la crisis. Claves son las ediciones *De la crisis del 2001 al kirchnerismo*, de Cara Levey, Daniel Ozarow y Christopher Wylde (2016); y *The Argentine Crisis at the Turn of the Millennium*, de Flavia Fiorucci y Marcus Klein (2004).

politólogos, "los episodios de crisis y de post-crisis revelan una sorprendente continuidad con el panorama pre-crisis" (22).[15]

A la luz de estas discontinuidades, quisiera repensar la propuesta de Giunta (2009, 69) de leer la crisis del 2001 como el punto de partida que permite construir un nuevo mapa o trazar un nuevo "itinerario por distintas ciudades del país". Celebro este descubrimiento de los otros itinerarios culturales y comparto, también, el desenmascaramiento de la centralidad de la ciudad de Buenos Aires que señala Giunta al proponer nuevos modos de configurar el espacio. Sin embargo, no puedo dejar de preguntarme si no hay en este gesto de Giunta un reconocimiento que simultáneamente va de la mano con otro tipo de borradura respecto a la complejidad de los itinerarios culturales del país, ya que me parece que lo que Giunta está marcando es, en realidad, el despertar de Buenos Aires frente a su cerrazón o frente a su propio "ombliguismo". Un despertar que sitúa a la ciudad, de nuevo, como juez de las provincias y que le niega visibilidad a la persistencia de sus prácticas fuera de ese ojo rector. Poscrisis, parece decir Giunta, Buenos Aires descubre de nuevo el país y su complejidad o puede verse como parte de ese país y no como la gran excepción.[16] Poscrisis, dice Giunta, Buenos Aires ya no puede

15 Dentro de estas discontinuidades, entran en escena ciertas movilizaciones sociales. Por ejemplo, los cortes de ruta y el movimiento piquetero comienzan a gestarse en provincias en plena democracia menemista, cuando se dan una serie de levantamientos como el de Santiago del Estero (Santiagazo de 1993), los de Neuquén (la pueblada de Cutral Co y Plaza Huincul en 1996), el de Corrientes (la Plaza del Aguante, 1999), y varios más en Córdoba, Tucumán, Jujuy, Chaco. Fundamental es el trabajo de Javier Auyero en "Glocal Riots" (2001), "Los cambios en el repertorio de la protesta social en la Argentina" (2002) y *Contentious Lives: Two Argentine Women, Two Protests, and the Quest for Recognition* (2003). Giunta (2009, 29) también hace referencia, citando a Auyero, a esta continuidad de la movilización cultural, pero aclara que "esta experiencia acumulada estalló cuando el reclamo ya no involucró a un sector particular [...], sino a la sociedad en su totalidad. Incluso a la clase media argentina [...]" (31), enfatizando, por ende, su visión de considerar la crisis del 2001 como el origen de nuevas prácticas.

16 Todo esto lo trabajo en detalle en *Buenos Aires y las provincias: relatos para desarmar* (2014), al que remito.

ser considerada como el paradigma o la vara desde la cual se evalúa la complejidad de las configuraciones espaciales.

Es más, hoy en día tanto la literatura como el cine contemporáneos representan esas mismas capitales, a las que antes se concebía como una unidad o totalidad encerradas en sí mismas, como espacios fragmentados, en los que se resalta una mirada localizada en los barrios —que ahora se vuelven protagonistas— porque resulta imposible narrar o visualizar una ciudad capital total y única. Así, cobran protagonismo el "Sanhattan" de Alberto Fuguet, el Once de Washington Cucurto, el Flores de César Aira, el Zanjón de la Aguada y la Bellavista de Pedro Lemebel o la Villa Celina de Juan Diego Incardona. Esta fragmentación de la ciudad en sus diversos barrios ha sido leída como un proceso de "barrialización" que rechaza las pasadas lecturas aglutinantes y totales, cuando se concebía a la gran ciudad como una unidad. Por este motivo, la ciudad capital de hoy conjuga la gran preocupación que alarmaba tanto a Bernardo Subercaseaux (1954) en *Chile o una loca geografía*, quien al leer Santiago y la diversidad peculiar de sus muchos barrios observaba la desarticulación de esa ciudad total y unitaria que quería y anhelaba asir: "Aquí, cada barrio es una aldea pequeña y sus habitantes parecen haber olvidado que pertenecen, en conjunto, a una agrupación mayor" (163), explica Subercaseaux, para luego afirmar con preocupación que en Santiago la vida ocurre "'puertas adentro'" porque "cada barrio es un pozo de promiscuidades e historias que no afloran a la vida urbana" (164).[17]

---

17 Tanto Carolina Rolle en *Buenos Aires transmedial: los barrios de Cucurto, Casas e Incardona* (2017) como Jorge Locane en "Años 00, Argentina. El barrio protagoniza la novela" (2013) y en *Miradas locales en tiempos globales* (2016) han trabajado en detalle el proceso de "barrialización" de la ciudad de Buenos Aires en la novela contemporánea. Héctor Hoyos (2003), en su tesis doctoral "Bogotá en su narrativa: la fragmentación como lugar literario", se aparta de los estudios que siguen viendo a Bogotá como una unidad y totalidad para trabajarla desde la fragmentación. Véase de Hoyos (2002) también "Observaciones para una poética de la literatura urbana bogotana". Luz Mary Giraldo (2001) en *Ciudades escritas* estudia diferentes modos de articular la ciudad en la narrativa colombiana de la segunda mitad del siglo XX. La diversidad de los imaginarios que analiza, sin embargo, presuponen una ciudad capaz de ser

Más allá de la innegable barrialización de las ciudades capitales, me interesa resaltar aquí el itinerario supuestamente descubridor, por parte de estas ciudades, de lo que está más allá y que las pone finalmente en contacto con el país. Un itinerario que, como observé, se revigoriza con la pandemia de covid-19 y con los nuevos llamados a dejar las grandes ciudades. Esta estrategia "descubridora" que parece repetirse con cada catástrofe revela un modo de relacionarse con el país, como si las capitales necesitaran el sacudimiento de una crisis de turno (económica, social, ambiental, política) para poder abrirse y reconocer lo que de otro modo ignoran e invisibilizan.[18] Algo parecido puede pensarse en relación con el "estallido social" en las calles de Santiago a partir del 18 de octubre del 2019. Allí, en esas calles movilizadas que estallaron bajo el lema #Chiledespertó, los jóvenes y los movimientos sociales buscaban reinscribir la ciudad, el modelo económico, la distribución de la riqueza bajo un modelo diferente al neoliberal prevalente y pensar la posibilidad de rearmar Chile a partir de un nuevo proyecto de sociedad. Así, la revuelta, que emerge "de modo espontáneo" por fuera del sistema de partidos políticos tradicionales y que inmediatamente se expande por todo el país (Garcés 2020, 53-74), "abre las posibilidades de recrear y

---

representable como tal. En relación con Santiago, véanse de Carlos de Mattos, Oscar Figueroa, Pedro Bannen y Diego Campos (eds.) (2005) *Huellas de una metamorfosis metropolitana: Santiago en Eure 1970-2000,* y de Fernanda Márquez (2007) "Imaginarios urbanos en el Gran Santiago: huellas de una metamorfosis", donde analiza la fragmentación de la ciudad. Creo que Guadalupe Santa Cruz (2013) es la que mejor piensa esa fragmentación de la ciudad al leerla como una "ciudad archipiélago", en su ensayo homónimo incluido en *Lo que vibra por las superficies*: "Santiago no es uno" (140) escribe: "Las calles que transitamos y las páginas que escribimos en Santiago pertenecen a una ciudad desmembrada" (137).

18 Sergio Boisier plantea una interrelación entre políticas descentralizadoras y catástrofe. Clave en su lectura es el terremoto de Chillán de 1939 y los terremotos y maremotos de mayo de 1960. Para una lectura de la interdependencia entre literatura y catástrofe en Chile, véanse la tesis doctoral de Arturo Márquez-Gómez (2011) "Desastre y desvío: narrativas de la catástrofe en el Chile contemporáneo" y, por supuesto, Francine Masiello (2013) en "Cuerpo y catástrofe", incluido en *El cuerpo de la voz.*

reimaginar el futuro de las ciudades de Chile" (18).[19] De este modo, el estallido no se queda en los ataques a las estaciones de metro, el saqueo a las farmacias y los supermercados y otras acciones de protesta, sino que deviene, de acuerdo con Luis Del Romero e Isidro Puig Vázquez (2021, 329), en "eventos propositivos", ya sea asambleas, petitorios, cabildos, que buscan construir comunidad y restablecer la tela social fragmentada.[20] Dichas prácticas comunitarias visibilizadas por el estallido, según los geógrafos políticos, son las que resignifican el espacio público (327-337) mientras que demandan un nuevo pacto social que vendría a través de una reforma constitucional (337).

El estallido del 2019 propone, en síntesis, rehacer Chile, rearmarlo o refundarlo, a partir de un nuevo pacto social más equitativo que se reclama mientras suceden aún los hechos en las calles del país (Garcés 2020, 26; Folchi 2019, *Chile despertó*). Al igual que la crisis argentina del 2001, el estallido también se vio y se vivió como un fin de época, como un nuevo comienzo de lo que iba a venir: Chile, explica Mario Garcés en sus artículos escritos mientras suceden los hechos, "ya no es el mismo que ayer" (26), "el cambio social" y "el derrumbe del modelo" se palpan en las calles y "un ciclo de historia social política se cierra" (31). O, como

---

19 La "espontaneidad" del estallido y la supuesta "sorpresa" que desenmascara "el agotamiento de las formas políticas tradicionales" (Garcés 2020, 20-21) no deben borrar los "síntomas" o movimientos de protesta anteriores que fueron transformando la sociedad chilena. Dentro de estos movimientos que preceden al estallido, Garcés señala, entre otros, "el movimiento mapuche, desde fines de los noventa; el movimiento estudiantil, secundario y universitario (mochilazo, en 2002; revolución pingüina en 2006; movimiento por la educación pública en 2011); el movimiento No + APF desde 2016; el mayo feminista de 2018; los diversos movimientos socioambientales y de lucha por el agua y los territorios; las luchas y huelga de los profesores en 2018" (12). Luis Del Romero e Isidro Puig Vázquez (2021) estudian el conflicto mapuche, el estudiantil y el de pobladores por la vivienda.

20 Para una descripción detallada que recrea los sucesos del estallido, véase de Laura Landaeta y Víctor Herrero (2021) *La revuelta. Las semanas de octubre que estremecieron Chile*. Nótese que el título del libro iba a ser *El fin del milagro*, el cual plasma la sensación de fin de época. Mauricio Folchi (2019) en *Chile despertó* compila múltiples perspectivas de los historiadores del Departamento de Ciencias Históricas de la Universidad de Chile.

explican los historiadores de la Universidad de Chile en *Chile despertó*: "Esta rebelión popular marcará un antes y un después" (Folchi 2019, 19), ya que lo que está en juego es "la refundación política del país".

Como antes lo había hecho Giunta, tanto Garcés como los historiadores de la Universidad de Chile van trazando en caliente una lectura de lo que la crisis abre para el país, el después que va a venir o que, por lo menos, debería venir y que se resume bajo el lema "el Chile que queremos" (Garcés 2020, 80) por fuera de la desigualdad, la precarización, el endeudamiento, los abusos de poder, el enquistamiento de "las largas sombras de la dictadura" (14), las políticas extractivistas, la centralización. Así, el despertar pone al Chile posestallido "en la encrucijada" (45), y la salida que se demanda es un nuevo acuerdo social que solo sería posible a partir de un cambio constitucional en el que se busca constituir un Estado plurinacional, atento a las demandas de esa sociedad civil que reclama un nuevo modelo que, como observa José Luis Martínez en *Chile despertó*, ya no puede caer en "relatos unitarios y sin matices" (Folchi 2019, 40). Ahora es la diversidad de problemas estructurales de Chile lo que ha emergido en ese "despertar" de Santiago y del país: la desigualdad social y económica del modelo neoliberal, la privatización de la salud, la educación y los recursos naturales como el agua, los derechos de los pueblos originarios, la carencia de justicia ambientalista, la centralización política, las inequidades territoriales, la democracia participativa y directa frente a los residuos de la dictadura, los gobiernos regionales, las luchas feministas y de los grupos lgbtq+ son los puntos centrales que ya no se pueden invisibilizar y son los que se proponen resolver a través de ese nuevo pacto cívico que traería la nueva Constitución de la república.[21]

De toda esa serie de problemas estructurales, me interesa detenerme en un aspecto del estallido social: las denuncias en torno al centralismo de Santiago y el supuesto "despertar" que reclama la desconcentración,

---

21 Según Garcés (2020), el estallido provoca "una reactivación democrática" (31) y es el que "instaló el tema del cambio de la Constitución", ya que antes de la movilización "el cambio de la Constitución no estaba en la agenda del gobierno ni de ningún partido político y si lo estaba en algún partido de izquierda no era prioridad" (74).

la descentralización y la reorganización del país a partir de una mirada más equitativa que no niegue a las provincias y a los territorios. El problema, sin duda, no es nuevo, ya que, como observa Patricio Aroca (2020) en su columna de opinión en *Ciper*, estuvo ya presente como una preocupación urgente que se debía resolver "desde los albores de la nueva democracia".[22] Lo que destaca Aroca en su estudio es que el sostenimiento del modelo económico neoliberal posdictadura, mantenido por todas las fuerzas políticas durante esos treinta años de la nueva democracia, ha agudizado aún más el problema centralista, porque las políticas de mercado han producido una alta concentración de la riqueza en Santiago y, por ende, una mala distribución de esta en el resto de las regiones: "Hay una capital que se lleva todo y doce distritos

---

22 Para Boisier (2000), la descentralización y la reordenación del territorio nacional desde una política regional que contrarrestara el modelo portaliano centralista se comienza a pensar a partir del terremoto de Chillán de 1939, aunque, explica, "hay que esperar a un segundo gran desastre natural, los terremotos y maremotos de mayo de 1960, para que de este fenómeno surja, ya en forma más explícita, una política estatal de desarrollo regional". Boisier señala que todos los modelos de planificación regional y descentralización nunca rompieron con el modelo concentrado en Santiago y la llamada Región Metropolitana. Cabe destacar que las políticas de "regionalización" durante la dictadura de Pinochet (1973-2000), "enmarcadas en un discurso fundacional, destinado a cambiar los destinos del país" (Arenas 2009, 30), también se pensaron como un "ordenamiento territorial" que vendría, en el lenguaje de la época, a acelerar "la integración nacional" y "el proceso de modernización" (Boisier 2000). Las medidas adoptadas dividieron el país y conglomeraron las provincias en regiones, un diseño que sigue vigente luego del rechazo del proyecto constitucional de 2022. Estas medidas regionalizadoras, impuestas "con la fuerza de un decreto-ley", intensificaron el centralismo debido a las políticas de mercado y al modelo extractivista de la dictadura (Boisier). Francesco Penaglia Vázquez, Esteban Valenzuela y Jessica Legua (2018) estudian las soluciones propuestas por los gobiernos posteriores, aunque la descentralización en Chile ha quedado, en palabras de Federico Arenas, como "una historia inconclusa" o por venir. La resistencia al modelo se da en movimientos regionales (Aysén, Magallanes, Calama) y en las luchas de los pueblos originarios por sus territorios. Ambas resistencias fueron reivindicadas durante el estallido social.

que la proveen", sentencia Aroca.[23] El estallido, entonces, viene a actualizar la pregunta por el excesivo centralismo, por la concentración y la desigualdad territorial, mientras que, al mismo tiempo, revela los mecanismos apropiativos y extractivistas del modelo neoliberal de esas décadas que estallan. O, como plantean Carla Marchant Santiago y Yerko Monje-Hernández (2021, 137), el estallido rompe con "la invisibilización histórica de las problemáticas de los espacios rurales" al hacer ver "los conflictos socioambientales que se encarnan en los espacios rurales", los cuales, antes del estallido, habían permanecido como problemas secundarios o de las regiones.[24]

Leído desde la pluralidad de reivindicaciones, el estallido cobra profundidad resignificativa, ya que no solo hace ver de nuevo el problema del centralismo exacerbado de Santiago, sino que también revigoriza las demandas y luchas socioambientales contra el sistema extractivista, como si hubiera sido necesario "un evento de gran magnitud, como el estallido, para que se visibilizaran" en la capital (136). De este modo, los "diversos desequilibrios estructurales no resueltos [son] los que han reaparecido con más fuerza desde el estallido social" (136), como si, de golpe, surgiera un más allá de Santiago que clama por ser escuchado o que es, finalmente, escuchado. O, por lo menos, algo de esto está implícito en la conceptualización misma del "despertar", el cual, leído

23 Para Aroca (2020), la solución para la desconcentración no pasa solo por una descentralización a nivel político del Poder Ejecutivo a través de la elección de gobernadores regionales, sino que demanda todo un nuevo reordenamiento económico y territorial, ya que sostiene que es el mercado el que produce la concentración.

24 Carla Marchant Santiago y Yerko Monje-Hernández (2021, 136) presentan tres conflictos socioambientales anteriores al estallido, a los que consideran como antecedentes fundamentales "de muchas de las demandas". Son el conflicto contra la represa Ralco en Alto Biobío; el movimiento de defensa de los cisnes en Valdivia contra la industria forestal en la región de Los Ríos y el movimiento social Patagonia Sin Represas que se levanta contra el proyecto HidroAysén (127-135). Agudamente notan que "sería extraño presentar como un elemento reciente la defensa de los territorios ancestrales por parte de las comunidades indígenas, cuando la espesura cronológica de [estas luchas] puede arrojarse varios siglos atrás con facilidad" (127).

desde esta narrativa del descubrimiento, supone no solo un despertar de Chile en cuanto país, sino también de Santiago en cuanto centro. En esta narrativa del estallido, Santiago "despierta" y "escucha" los reclamos descentralizadores y descubre lo que antes no quería ver: las desigualdades sociales y territoriales, la pluralidad constitutiva. Este "despertar" de Santiago que descubre la pluralidad constitutiva pero silenciada queda sobre todo en evidencia en la resignificada Plaza Italia, donde, como observa Juan Carlos Skewes (2021, 32), el "aluvión de la estética mapuche volcada en los muros, las calles, las performances es, en este contexto, un vuelco en los complicados entramados interculturales". Es más, explica el crítico, en esa plaza —donde "se enarbola la wenüfoye (canelo del cielo) o bandera mapuche" en la estatua del general Baquedano, se proyecta sobre la fachada de los edificios Turri "la imagen de Camilo Catrillanca, comunero mapuche asesinado un año antes por las fuerzas policiales" (27) y se levanta un chemamull (28)— "tal vez por primera vez en la historia republicana la multitud [en la capital] se reconoce a sí misma si no como mapuche al menos como hermana de la causa indígena" (27). Allí, en Plaza Dignidad, se produce, entonces, un "giro" o "un balbuceo apenas" (32), luego especifica Skewes, al que ve como "el inicio de un diálogo entre pueblos que comienzan a descubrirse de un modo diferente al acostumbrado" (32). Un nuevo diálogo, observa Skewes, que se continuaría en el nuevo pacto político que iba a traer, pero que no trajo, la nueva Constitución plurinacional que, como se sabe, fue rechazada en 2022 por la mayoría de los chilenos.

El "balbuceo" que lee Skewes me permite continuar pensando sobre los alcances de una narrativa que demanda el despertar o que supone un giro. De acuerdo con esta narrativa que se evidencia tanto en la crisis del 2001 como en el estallido, las voces de las provincias emergen en una Buenos Aires y un Santiago que ahora, finalmente, escuchan. El balbuceo daría luego paso a un gesto inclusivo que comienza a admitir una proliferación de espacios y de sujetos provinciales, junto a los reclamos territoriales y culturales. De este modo, esos espacios provinciales ya no quedarían relegados a lo local o lo regional y, por lo tanto, secundarizados, sino que constituirían una parte legítima del acervo nacional. El despertar demandaría leer el cine y la literatura del presente por fuera del paradigma meramente regionalista. Así, la sorpresa inicial que suscitó el cine en provincia de Lucrecia Martel con su primer largometraje

La ciénaga (2001), y que sacó al espectador del llamado "nuevo cine" fuera de la ciudad capital y de la hegemonía de la tonada porteña, hoy quedaría fuera de lugar dentro de la narrativa de la ciudad "despierta".[25] De igual modo, tampoco parecería tan novedosa la decisión de Víctor Gaviria de dejar resonar en sus films del llamado "tríptico de Medellín" el parlache y las tonadas de Medellín que rompieron, como nota Jorge Rufinelli (2004, 16), la hegemonía del acento bogotano en el cine colombiano. Es más, hasta diría que hoy en día se ha vuelto una demanda de las nuevas producciones culturales la necesidad de pluralizar los espacios, lo que ha dado como resultado todo un nuevo vocabulario de imágenes visuales que multiplican los paisajes y las configuraciones espaciales, mientras que el espectador también es expuesto a un archivo sonoro de diferentes tonadas y acentos que rompen con la antigua monotonía de la tonada porteña o bogotana.[26]

---

25 La llamada "trilogía de Salta" está compuesta por *La ciénaga* (2001), *La niña santa* (2004) y *La mujer sin cabeza* (2008). Mucho se ha escrito ya sobre el cine de Martel, pero sugiero la lectura realizada por Rocío Gordon (2017) en *Narrativas de la suspensión* y la de Pedro Lange-Churión (2012) en "The Salta Trilogy: The Civilized Barbarism in Lucrecia Martel's Films". Son interesantes, a su vez, las reflexiones de la propia Martel con respecto a la hegemonía de los lenguajes (inglés) y acentos (porteño); véase, al respecto la entrevista "Cuando en un país la realidad se está negando, la lengua sufre mucho" (2018). En esa entrevista, además, complejiza la locación en Salta de sus primeras películas.

26 Hay varios trabajos importantes que se están realizando para ampliar la visión del cine argentino centralizado en Buenos Aires y que estudian la proliferación de modos de articular la provincia tanto en el cine de ficción, como en el documental y la animación. Véanse el proyecto dirigido por Ana Laura Lusnich, "Cartografía y estudio histórico de los procesos cinematográficos en Argentina (1896-2016)", el dossier "El cine argentino en su dimensión regional" en *Aura. Revista de Historia y Teoría del Arte* (2018), editado por la misma Lusnich junto con Javier Campo, o el dosier "La producción regional en el cine argentino y latinoamericano", coordinado por Silvana Flores para *Imagofagia. Revista de la Asociación Argentina de Estudios de Cine y Audiovisual* (2019). Flores, por su parte, ha revisado el regionalismo en *El nuevo cine latinoamericano y su dimensión continental. Regionalismo e integración cinematográfica* (2013). Algo similar puede observarse, de acuerdo con Emily

Frente a las actitudes de las ciudades capitales que se "despiertan" y "descubren" se podría hablar de un "giro a provincia", una suerte de corrimiento de la mirada que se vuelve inclusiva hacia esos otros espacios antes relegados a lo regional. Sin embargo, pensar esta diversidad de espacios provinciales en la escena cultural del presente como una suerte de "descubrimiento o redescubrimiento" de las provincias leído en clave de "giro a provincia" constituye, en mi opinión, una reducción simplista. Precisamente, hablar de "giro a provincia" presupone tomar como punto de partida y aceptar una estrategia de reconocimiento por parte de los centros que, una vez más, "giran" y se abren, visibilizando lo que antes han opacado, lo cual termina reafirmando dichos centros como los verdaderos distribuidores de legitimidad. Hasta tal punto es así que cuando se inscribe el relato del "descubrimiento o redescubrimiento"

Hind (2004), respecto del cine de México, ya que los cineastas contemporáneos, según la crítica, han dejado de fijar su mirada de modo exclusivo en la Ciudad de México, para explorar la diversidad cultural de ese país, sin recurrir exclusivamente a ese otro espacio también hegemónico, que es el de la frontera con Estados Unidos. Films como *Ya no estoy aquí* de Fernando Frías de la Parra, *Tiempo compartido* de Luis Gerardo Méndez o *La niña en la piedra (nadie te ve)* de Maryse Sistach y José Buil sirven como ejemplo para comprender cómo los espacios se van multiplicando y saliendo de ciertos patrones establecidos. Otro tanto puede decirse del cine chileno en su exploración de espacios provinciales. Más allá del cine de Raúl Ruiz (trabajado por Verónica Cortínez [2018] en *Fértil provincia y señalada: Raúl Ruiz y el campo del cine chileno*), otros ejemplos son *El viento sabe que vuelvo a casa* de José Luis Torres Leiva, *Nadie sabe que estoy aquí* de Gaspar Antillo, *Sentados frente al fuego* de Alejandro Fernández Almendras y el corto *La isla* de Dominga Sotomayor. Con respecto al cine colombiano, Minerva Campos (2017) observa la emergencia de nuevas localizaciones, formas de financiación y estéticas como una tendencia del nuevo cine que se abre "tímidamente" a partir de 2003 y del fomento del programa Proimágenes, que ha hecho posible la aparición de películas celebradas como *La sirga* de William Vena, *El abrazo de la serpiente* de Ciro Guerra, *Los hongos* de Oscar Ruiz Navia. Otros trabajos importantes sobre el nuevo cine colombiano son el artículo de Carlos de Oro e Iris Klotz (2016) "Cine, pobreza y marginación en el Pacífico colombiano" y el de Gloria Pineda (2018) "El nuevo cine colombiano en Cali. La estética del cine de autor subvencionada por Francia". Una referencia clave es también *Cinembargo Colombia. Ensayos críticos sobre cine y cultura* de Juana Suárez (2009).

en clave de giro es factible observar a la vez una estrategia de lectura en torno a las provincias en la cual se las incluye pero desde un paradigma que se vuelve excluyente, ya que dicho gesto termina afirmando el poder rector de la capital para organizarlas y nombrarlas. Después de todo, se hace un llamado a la provincia o se gira hacia la provincia como un modo de compensar algún tipo de carencia que ese centro comienza a sentir como propia poscatástrofe de turno. Así, la narrativa del descubrimiento por parte de las capitales y el supuesto "giro a provincia" que supone emergen como una especie de paliativo que viene a compensar la falta que se visualiza y nos debería obligar a pensar los alcances de dicha inclusión.

En el caso particular de la Argentina, el supuesto "giro a provincia" inaugurado por la crisis del 2001 tendría como antecedente otro giro que, según el estudio *De utopías y desencantos. Campo intelectual y periferia en la Argentina de los sesenta* de Victoria Cohen Imach (1994, 16, 26), se produjo en la década de los sesenta, cuando precisamente se produce, de acuerdo con la crítica, el "gradual descubrimiento de la periferia" por parte de la ciudad capital justamente durante los años en que se cuestionan el modelo de país y los alcances reales de la Argentina moderna. Según la lectura de Cohen Imach, es en ese momento de grandes cuestionamientos profundos cuando Buenos Aires mira a las provincias ("gira") y las "descubre", trayendo la "consagración innegable" (18) de Héctor Tizón, Antonio Di Benedetto, Juan José Hernández y Daniel Moyano en el circuito editorial porteño y la incorporación paulatina de dichos autores al canon nacional (18), bajo una narrativa que irrumpe y que se presenta como una "conciencia de la periferia" (28), compartida, según la crítica, por todos los autores, más allá de las obvias diferencias en sus estéticas (28). Al analizar este supuesto "giro a provincia" en los sesenta, Cohen Imach no cuestiona, sin embargo, los términos bajo los cuales se lee y se incorpora a este grupo de autores, cuando se los visualiza y se los presentiza desde el enfoque del "descubrimiento".[27] Quiero decir que para insertarlos dentro de esa narrativa

---

27 Cohen Imach no habla de "giro a provincia" como lo propongo, sino que usa la imagen del descubrimiento. En *Buenos Aires y las provincias* realizo una lectura crítica de este supuesto "descubrimiento del Interior" al que veo como

de la periferia marcada por el centro —que, como bien afirma Cohen Imach, se propulsa a través del Centro Editor de América Latina, de la revista *Primera Plana* y de la lectura de ciertos críticos— estos escritores deben ser señalados e incluidos como representativos de un discurso regionalista, aun cuando se observe y reivindique que ellos actualizan y hasta rompen las convenciones del regionalismo típico marcado, como se sabe, por el discurso identitario y por una impronta referencialista donde se privilegia la presencia del paisaje, el folclore, el color local y el apego al terruño. En el prólogo introductorio a *La espera y otros cuentos* de Daniel Moyano, publicado por el Centro Editor de América Latina, Ana María Amar Sánchez (1982, I) nota cómo estos "escritores del Interior" descubiertos en los sesenta "adscriben a una literatura apartada del tradicional regionalismo provinciano", ya que

> pese a la intención "testimonial" y a la voluntad de ejercer una crítica sobre ciertos aspectos de la realidad, no hay [en este grupo de escritores de provincia] una reproducción minuciosa de ambientes, ni descripciones de paisaje, tampoco apela al pintoresquismo ni intenta reflejar las jergas provincianas, rasgos todos característicos de la literatura del interior tradicional. (IV)

Si Buenos Aires descubre el Interior en los sesenta, de acuerdo con Cohen Imach, pareciera que algo similar se podría decir con respecto a la reciente perspectiva historiográfica focalizada en la construcción provincial para pensar la historia de Chile. Armando Cartes Montory (2020a, 19) y el grupo de historiadores que participan del volumen *Región y nación. La construcción provincial de Chile. Siglo* xix (2020b) "piensan a Chile desde las regiones", pero lo hacen sin recurrir a la narrativa del descubrimiento por parte del centro para explicar los nuevos sentidos que se proponen para alejarse definitivamente de un paradigma interpretativo que prioriza la llamada excepcionalidad chilena,

---

otro modo de afirmar y de fijar la dicotomía centro-periferia (Demaría 2014, 415-426).

la centralización y la construcción de periferia.[28] En *Región y nación*, en cambio, se trazan líneas de lectura que revisan las complejas relaciones entre provincias y nación, entre ciudades y pueblos, entre campaña y espacios urbanos para no reducir la conformación del Estado chileno a "la inexorable marea de la centralización" (2020b 13), que, como observa Marcela Ternavasio, en el prólogo introductorio de la colección, ha servido como modelo de análisis. O, como explica Cartes Montory (2020a, 23) en la introducción, "en el Chile democrático del siglo XXI, con una ciudadanía crecientemente educada y empoderada, y una economía que descuella en la región, ya es llegado el tiempo de dejar atrás la coraza centralista del albor republicano".

¿Cómo se lee, entonces, más allá de esta coraza centralista? ¿Cómo se piensa esa "construcción provincial de Chile" (24) más allá del descubrimiento del "estallido" y del fracaso de la Constitución? O, mejor, ¿cómo se hace para volver a darles la densidad a las tensiones provinciales borradas por la narrativa del centralismo y la excepcionalidad sin restaurar esa mirada del centro como descubridora o iluminadora de la periferia que celebra Cohen Imach en los sesenta? Cartes Montory y los historiadores reunidos en *Región y nación* proponen otra estrategia: rearmar la historiografía del país a partir de "una mirada poliédrica" (2020a, 36) con lo cual, sin decirlo, se descarta cualquier tipo de "giros" a provincia desde un centro que se mantiene inmutable. En cambio, reclaman "múltiples trabajos que asum[an] una perspectiva mejor contextualizada" y "menos jerarquizada" para visualizar "las tensiones regionales", "la participación provincial en la construcción del Estado-nación" (36), es decir, todo lo que no se visualizaba debido a la supremacía del paradigma interpretativo centralista.[29] "Solo de esta

---

28 La llamada "excepcionalidad chilena" es, en palabras de Cartes Montory (2020a), una "autoimagen" que se resume así: "En el concierto hispanoamericano... [surge] un país que, sin grandes sobresaltos, avanzó rápidamente en la consolidación de un Estado moderno y eficaz. Menos atravesado por conflictos sociales, raciales o provinciales que sus vecinos, [Chile] pudo organizarse prontamente y asumir un destino común de nación" (36).

29 Sintetizo, sin duda, la propuesta de la edición. Cartes Montory (2020a) propone seguir una línea de indagación ya puesta en marcha tanto en Colombia,

forma", concluye Cartes Montory, "las singularidades y contradicciones de territorios entonces más diversos y autónomos pueden evidenciarse" (40). La diferencia de perspectiva de este proyecto historiográfico con respecto a la narrativa del descubrimiento es notoria. Ahora se va abriendo otro modo de pensar esos espacios provinciales que están y han estado y que han venido configurando diferentes diseños espaciales. Un modo que, sin duda, permite salirse de la narrativa del descubrimiento y del giro que termina incluyendo desde la exclusión o, por lo menos, desde la entronización de un centro revelador que sigue siendo el paradigma desde el que se juzga. Por eso, rechazo leer la escena contemporánea desde el "giro descubridor" porque instaura un gesto tan aplanador como la reducción de la provincia a campo propia del neorruralismo que leeré a continuación, ya que dicha narrativa, insisto, presupone la reinscripción de un eje inmutable donde a las provincias les toca siempre el rol pasivo de ser descubiertas e iluminadas por el centro. Este tipo de aproximación afirma, además, una narrativa causal y determinada, con un origen marcado y específico, que nos priva de ver otras constelaciones de sentido, cercenando, por lo tanto, la complejidad cultural de esos espacios tal como lo hace la idealización del neorruralismo arcádico que pronto trabajaré.

Mario Verdugo (2022) comprende muy bien esta estrategia del "giro" descubridor de un centro que, cuando necesita, sale a buscar a la provincia para leerla y enquistarla desde esa mirada central y significadora. En *Curepto es mi concepto. Ensayos sobre literatura y territorio*, una colección heterogénea de "ponencias, prólogos, columnas, reseñas, plegarias o artículos indexados" "de un período extenso (2010-2021)", Verdugo plantea de modo explícito que la provincia, a la que llama "la provincianidad", "continúa funcionando como un tonto útil, una pieza

---

Perú, México como en la Argentina (36), pero que sigue siendo "reciente" en Chile (41): "Pendiente se encuentra en Chile una aproximación más descentrada y equilibrada de la historia de la organización del país. Si bien los eventos regionales son consignados en los grandes relatos nacionales no aparecen significados en forma que recoja su influencia en la narración general" (37). La colección, planteada como un viaje, respeta el "arreglo vertical" del país que se ha transformado en un modo ya clásico de configurar Chile que trabajaré en la segunda parte al leer a Pablo de Rokha.

libre pero mustia, un comodín al que en fecha reciente —por desgracia— se han endilgado nuevas servidumbres escriturales" (2022, 9). Esas "nuevas servidumbres escriturales" son, de acuerdo con Verdugo, la instalación de "la poética hiking y de su prima hermana, la poesía de segunda vivienda", "la narrativa de los hijos versión veraneo en el sur" y "la trepidante propuesta de un regreso o 'giro' hacia la naturaleza, el terruño, el silencio y otras criaturas fantásticas y crueles" (9). Antes de *Curepto...* y de toda la fuerza crítica que se inscribe en esos ensayos, Verdugo ya había publicado, en 2018, *Arresten al santiaguino! Biblioteca de autores regionales*, un texto también heterogéneo donde recoge una serie de notas originalmente publicadas en *The Clinic*, entre 2011 y 2015, en su columna titulada "Biblioteca regional".[30] Si bien ambos textos tienen "la representación de espacios periféricos" como "tema común" (Verdugo 2022, #10), creo que es en *Arresten al santiaguino!* donde neutraliza y contrarresta el gesto descubridor del centro, aun antes del estallido y de los balbuceos que se escuchaban por las calles de Santiago, sin siquiera recurrir a la denuncia explícita de sus ensayos posteriores.

En *Arresten al santiaguino!*, Verdugo arma una biblioteca o archivo donde va incluyendo una suerte de diccionario biográfico fragmentado en el que se resalta a diferentes escritoras y escritores "regionales" con diversos grados de reconocimiento. Según el propio autor, dicho archivo "quería ser la cara infame de una investigación que [...] realizaba en la Universidad Católica de Valparaíso y que después continuaría en la Universidad de Talca" (2018, 169). Una suerte de "historia de la infamia" en la que Verdugo reemplaza los "infames" borgeanos por escritores de provincia (y uso aquí el gentilicio a propósito): un grupo variopinto que solo tiene en común el hecho de articular, en su (mala

---

30 El título de la biblioteca, como observa en el epílogo, es una cita literal tomada de la Junta Civilista de Antofagasta, cuyo tesorero era Julio Asmussen (Verdugo 2018, 169), en el momento en que esta se propone, en la década de los treinta, romper con el centralismo mapochino y fundar "la República Independiente de Archibolia", la cual se anexaría a la provincia vecina de Salta (54). Frente a la rebelión, Santiago manda un delegado, "un avión con ametralladoras" (54), quien "fue recibido con orden de arresto y una turba enardecida" (54). Verdugo menciona como fuente de la rebelión el trabajo del historiador Floreal Recabarren (54).

o buena) literatura, espacios fuera de la zona central metropolitana. En su selección, Verdugo no aplica un criterio estético o ideológico estricto que termine homogeneizando los "infames" de ese archivo. Por el contrario, los escritores que incluye son extremadamente heterogéneos: van del regionalismo (Jorge González Bastías) a diferentes marcas de lo experimental (Pepita Turina, Raúl Lara, Madradel), pasando por escritores de derecha (Jorge Alcayana, Erich Rosenrauch), otros más progresistas (Héctor Carreño Latorre) y otros con proyectos de corte disruptivo (Julio Asmussen, Eugenio Mimica). Es esta heterogeneidad de la mirada selectiva del editor la que termina armando un verdadero panorama abarcador, una vista o escena, donde se resaltan las diferencias y la carencia de un criterio unificador estricto para esa diversidad. O, mejor dicho, al usar como criterio aglutinador el genitivo "de provincia", hace ver la imposibilidad de construir una definición identitaria capaz de condensar la multiplicidad de articulaciones estéticas e ideológicas que va presentando. Algo así como si Verdugo dijera que, bajo el rótulo "escritor de provincia", se pudiera incluir a todo aquel que está o que nació o que hace referencia en sus escritos a lugares fuera del espacio metropolitano. De última, todos los escritores que incluye en su biblioteca de algún modo lo son, todos escriben sobre, de, en o desde la provincia, armando una multiplicidad que solo la figura del archivo, en su pluralidad y condición sumatoria, puede representar.

Estas "vidas breves" van mapeando en su pluralidad la persistencia y la presencia de una escritura que se inscribe y se afirma más allá de Santiago, independientemente del supuesto "descubrimiento" santiaguino. Y esto es lo que me interesa rescatar de la colección de Verdugo: lo que hace, al sumar y seguir sumando voces heterogéneas, estéticas diferentes, modos opuestos de posicionarse, ideologías en tensión, es devolverles a esos espacios la heterogeneidad y la autonomía de decir y de producir cultura independientemente de la mirada central que las juzga y las clasifica. Es decir, la colección de Verdugo desenmascara, sin grandes pronunciamientos, una amplitud de diversidades que están y han estado, que se conjugan y persisten, que surgen y dialogan ahí, en las provincias o en la capital a la que se han mudado. Esos escritores están, nos muestra Verdugo, y escriben y articulan poéticas y lo siguen haciendo, aun cuando pocos los leen, aun cuando no publiquen en los grandes conglomerados, aun cuando el centro no los descubra, aun cuando sus estéticas sean referencialistas y conservadoras, aun cuando algunos de ellos hagan mala literatura. O, dicho de otro modo, la escritura en provincia se da más allá del gesto descubridor, o no, del centro. Por supuesto, no toda ella es "buena" literatura, no todo lo que se produce más allá de la zona metropolitana vale la pena de ser leído o incorporado al gran canon de la literatura nacional. Ese no es el punto, el punto es otro. El punto es que la escritura está ahí en provincia y estuvo en provincia y estará en provincia más allá de la mirada central que la clasifica. Por eso creo que el gesto de Verdugo en *Arresten!*, que aquí rescato y comparto, es necesario e importante, porque nos obliga a diferenciar la presencia de las escrituras que se producen en y sobre las provincias del gesto descubridor del centro que gira y las ve, las incorpora, las coopta y las capitaliza.

Para terminar de romper con este "giro a provincia", quisiera tomar la escena final con la que cierra *Camanchaca* (2015), la primera novela de Diego Zúñiga publicada originalmente en 2009, para ilustrar con esa imagen de la niebla la perspectiva que este texto busca articular al salirse del simple "descubrimiento". La imagen final es reveladora y allí aparece, por primera vez en la novela, la referencia explícita a la camanchaca del título, a esa niebla baja y espesa que viene del Pacífico y que caracteriza el desierto de Tarapacá. Es importante notar esta aparición tardía en la novela de ese fenómeno que ha estado, sin embargo, latente en la casi totalidad del texto, ya que la memoria misma que permea la narrativa del Yo puede también leerse como una suerte de niebla que entra y sale de ese presente del joven universitario en el que parece no pasar mucho. *Camanchaca* y, en especial, esta escena final, se ha leído como parte de la llamada "literatura de los hijos", la cual reflexiona, desde el uso de una primera persona, tanto sobre los crímenes de la dictadura como de la transición democrática.[31] Sin negar esta lectura

31 Alfredo Fredericksen Neira (2021) define así la llamada "literatura de los hijos": "Los chilenos nacidos en los años setenta y ochenta, que eran niños durante la represión militar, a los que sus padres protegían callando antes que compartiendo con ellos, ocupan hoy un lugar preponderante en la narrativa nacional. Su mirada tiene puntos en común: el primero es un intento de rellenar los huecos que dejaron esos silencios. Lo autobiográfico tiene así un fuerte peso en sus obras, en las que la memoria pasa de lo íntimo a lo

ya canónica de la novela, por mi parte, propongo repensar esta escena desde el paradigma de la excepcionalidad y del centralismo, que Ternavasio y Cartes Montory observan como hegemónico en las narrativas configuradoras de la nación y del Estado chilenos. Para ello, cito en extenso el fragmento final:

> Cruzamos el desierto entre sombras y neblina. Me acerco a la ventana. Veo mi reflejo. Veo a mi papá. Intento observar las estrellas, pero no se ve nada. Es la camanchaca, dice mi papá. Yo lo observo de reojo. Él conduce a ciento cuarenta kilómetros por hora. Cierro los ojos. Y los veo en la carretera, ahí, tendidos en la carretera. Los cuerpos. Niños y viejos. En mitad de la carretera. Los veo en mitad del desierto, y mi papá los esquiva, acelera y los esquiva. (Zúñiga 2015, 120)

"Cruzamos el desierto", dice el joven, y en ese viaje por la nada y en el medio de la nada, conducido por un padre que no ve nada y que acelera para llegar de vuelta a casa —la novela, como se sabe, narra varios viajes, entre ellos, el de Iquique a Tacna—, la vista del joven se enfrenta, primero, con la presencia abultada de la camanchaca, que en su origen etimológico significa "oscuridad" en aymara, como si lo que hiciera la niebla fuera, precisamente, afirmar la invisibilidad de ese desierto: "Hay que tenerle respeto al desierto y a la carretera", dice el padre, en otro viaje por el desierto de Atacama, cerca de Antofagasta, "porque no cualquiera puede conducir por ahí" (Zúñiga 2015, 19). Una niebla que impide ver bien la carretera, que se cierra y que hace que el desierto se vuelva "azul, como si lo cubriera un manto" (29), donde un pueblo, unas casas, todo, "se confunden con el desierto" (29). Frente a esa nada,

---

político y viceversa. Tienen una visión crítica de la transición a la democracia en su país. Coinciden en el gusto por el cuento o la novela breve. Y, además, abundan algunos rasgos estilísticos: muchos ejercen una prosa directa, casi cinematográfica, de frases y escenas fragmentadas, tal como quedó la sociedad posdictadura". Dentro de esta línea, son fundamentales los artículos de Lorena Amaro Castro (2014), María Angélica Franken Osorio (2017) y el libro de Rubí Carreño (2009) *Memorias del nuevo siglo: jóvenes, trabajadores y artistas en la novela chilena reciente.*

o frente a ese manto que lo cubre todo, el "Yo" logra ver lo que está ahí, latente pero visible: "Los cuerpos. Los niños y viejos" (120). Los "bultos" que el padre no quiere o no puede o se niega a ver, mejor, porque los esquiva en su carrera a ciento cuarenta kilómetros por hora en la ruta.

Puesta esta escena en diálogo con el prólogo de Ternavasio y la introducción de Cartes Montory en *Región y nación*, bien se puede leer la imagen de la camanchaca desde otra perspectiva. Vista desde la apertura que estos historiadores proponen, bien se podría ver esa niebla como el paradigma interpretativo centralista que ellos cuestionan porque cubre y oculta y transforma en desierto todo lo que no sea pertinente a esa narrativa. Un modelo de análisis que, como el padre que maneja el auto, no se detiene a ver los "bultos" de las provincias que, por supuesto, están ahí, que han estado ahí desde antes. Esta imagen del manto que cubre no supone la nada en el desierto ni el desenmascaramiento de un centro que lo ilumina. Implica sí, demanda, otro modo de posicionarse para poder visualizar los matices de los bultos que, bien vistos, son cuerpos, son niños y viejos. Así, más que un giro hacia los bultos, la imagen del joven que observa a través de la camanchaca implica un ver de frente, de asumir y de no esquivar lo que está ahí tendido "en la carretera", "en mitad de la carretera". Mirar, entonces, "en el parabrisas la trizadura" (Zúñiga 2015, 119), la fragmentación que hace posible distinguir "el desierto entre sombras y neblina" (120).

Para terminar, vuelvo a Verdugo (2022) y a su colección de infames, de buenos y malos escritores, que piensan y delinean, como pueden, la heterogeneidad de la provincia. Y frente a esos infames, me pregunto, con él y junto a él, cuándo será posible salirse, finalmente, de "la verticalización valorativa del par centro-periferia" (21) y terminar de una vez con las narrativas de los descubrimientos y con el insulto que presupone la necesidad de ser constantemente descubiertos.

Salir del campo, entrar a provincia

Y el descubrimiento hecho giro me lleva de nuevo al punto de partida con el que inicié este capítulo, y retomo ahora sí la "vuelta al campo" y el "neorruralismo" que se inscribe también como una suerte de compensación o paliativo. Para ello, vuelvo al artículo "La era del nuevo ruralismo" de Hernán Vanoli (2014) que ya he mencionado, donde se expone esta nueva tendencia neorrural como un modo de definir el "éxodo" voluntario de jóvenes (y no tanto), generalmente de clase media, fuera de Buenos Aires a distintas localidades del llamado Interior:

> Hoy el neorruralismo es una tendencia fuerte entre jóvenes profesionales urbanos que, atosigados por el boom automotor, cansados del estrés y casi siempre por medio de alguna conexión familiar, ven el resquicio para huir al campo y emprender un nuevo estilo de vida con menos ruido, pero con intactas conexiones a Skype y redes sociales.

Vanoli llena su artículo de divulgación con diferentes ejemplos de huidas fuera de la ciudad de Buenos Aires hacia ese espacio que, a grandes rasgos, llama, en la bajada del texto, "campo". Tal como lo presenta, ese campo al que huyen los porteños está marcado por "un contacto con la tierra" y por ser un espacio en que "la naturaleza forma parte del cotidiano". Casi la misma propuesta se lee en un artículo de abril del 2020 de Cintia Jaime, también para *La Nación*, donde se reinscribe la tendencia "neorrural", aunque ahora el impulso a migrar venga de la mano de la pandemia: "Coronavirus: el futuro está en los pueblos", sentencia el título del artículo.[32] En este artículo de 2020 hay, sin embargo, una espe-

---

32 Hay innumerables artículos de este tipo en diarios y revistas argentinas, además de una serie de reportes en televisión y radio. Sirven como ejemplo: "Pandemia y migración, ¿se agotó el modo de vida en las grandes ciudades?" de Pablo Nardi en *Infobae* (mayo de 2020); "Éxodo: aumentan las consultas para migrar de la ciudad a los pueblos" de Catalina Bontempo para *La Nación* (17 de junio de 2020), "Los pueblos, la alternativa", un reporte en C5N del 21 de julio de 2020. La fundación suiza ES VICIS, dirigida por Cintia Jaime, ha impulsado el programa "Bienvenido a mi pueblo", cuyo objetivo es el de promover la repoblación y "remigración" a comunidades rurales. En Colonia Belgrano (provincia de Santa Fe) se realizó una prueba piloto con quince familias elegidas entre veinte mil postulantes. La fundación asegura que ya hay cinco poblaciones más en la provincia de Santa Fe dispuestas a recibir a nuevas familias.

cificidad que puede llegar a pasar desapercibida: Jaime habla de pueblos, mientras que Vanoli habla, a grandes rasgos, de campo. Entre ambos espacios, sin embargo, se establece una relación casi de identificación, porque lo que ambos proveen, frente a las diferentes catástrofes, son nuevas estrategias de vida que se presentan como equivalentes porque se califican estos espacios haciendo uso de una retórica de "contraurbanización".[33] Así, lo que se persigue con la huida al campo o al pueblo es un estilo de vida alternativo que rompe con las demandas de la ciudad y se configura como una arcadia pastoril que, como propone Luciana Trimano (2017, 469), "organiza la visión del entorno". O dicho con las palabras de una de las nuevas migrantes citadas por Jaime (2020) en su artículo: "Ahora estoy feliz aquí, en el pueblo: crecí como persona, mis hijos son libres, cada mañana abro la ventana, siento el viento en mi cara y veo la naturaleza". Por su parte, Julieta Quirós (2019), una antropóloga que dice hacer "antropología *at home*" y que se autodenomina como neorruralista "jipi" en las sierras de Córdoba, sintetiza el neorruralismo como opción de vida del siguiente modo:

> La migración neorrural invierte el itinerario campo-ciudad de la migración típicamente "moderna" no solo en lo que se refiere a su trayecto geográfico sino también, como señala Nogué (1988, 146), a la valoración que (re)asigna a cada uno de estos espacios. Podríamos decirlo así: el neorrural no busca "progreso" —se saturó de sus secuelas o de buscarlo sin éxito—, sino más bien "regreso" —regresar a las formas "de antes", a los modos en que sus abuelos o bisabuelos supieron vivir—; el neorrural no migra buscando mejores oportunidades económicas, ni arrastrado por ofertas o demandas de trabajo productivo, sino que lo hace buscando un tipo de "calidad de vida" que la ciudad no ofrece o dejó de ofrecerle: una vida

33 Contraurbanización (*counter-urbanization*) es la terminología usada por la bibliografía inglesa para denominar las nuevas migraciones de clase media fuera de las ciudades, que suponen una revalorización de lo rural como entorno residencial. Hugo Ratier (2002) en "Rural, ruralidad, nueva ruralidad y contraurbanización. Un estado de la cuestión" clarifica el uso de los diversos términos.

> más simple, más tranquila, con más naturaleza. Estamos hablando, en suma, de gente que depone el mentado "derecho a la ciudad" para reivindicar, en cambio, un "derecho al campo" (que no tuvo). (Quirós 2019, 275)[34]

Tal como se los presenta a los "neorrurales" en estos artículos, pareciera que da lo mismo mudarse a un campo, a las sierras de Córdoba, a un pueblo de la provincia de Santa Fe, Buenos Aires o Mendoza. En el artículo de Vanoli, por ejemplo, todo se vuelve "campo", todo se ruraliza al volverse contacto con la naturaleza, como si dijera implícitamente que todo lo que no es Buenos Aires —o, por extensión, las grandes ciudades provinciales (Rosario, Córdoba, Mendoza), de donde provienen los nuevos migrantes— es sinónimo de "contacto con la tierra". No sé hasta qué punto se pueden comparar e igualar las sierras de Córdoba —marcadas, como plantea Luciana Trimano (2016), por el "capitalismo cabañero" y el mercado turístico— con una estancia mayoritariamente sojera de Santa Fe, o pensar como equivalentes una chacra en San Miguel del Monte a 110 kilómetros de Buenos Aires con un pueblo pequeño en la provincia del Chaco. Lo interesante de este tipo de aproximación "neorrural" es que no repara, en ningún momento, en la mirada aplanadora que ve todo como sinónimo de naturaleza y que termina reinscribiendo una visión dicotómica entre el campo y la ciudad, entre progreso y atraso, entre lo rural y lo urbano, aun cuando sostiene que su visión no recae en estos paradigmas binarios. O, dicho de otro modo, lo que este tipo de aproximación no puede observar es que se termina construyendo un concepto expandido y expansivo que reduce todo lo que sucede en esos espacios heterogéneos fuera de las grandes ciudades a una categoría englobante que se termina nombrando como "campo" ("derecho al

---

34 Rescato del artículo de Quirós (2019) su lectura de las diversas relaciones de poder y las diferencias económicas y sociales que se producen con la venida de los nuevos migrantes en los espacios serranos que los absorben: "El neorruralismo merece ser interrogado, *también*, como proceso de (re)inscripción espacial de relaciones de clases históricamente configuradas" (276; itálicas en el original).

campo", dice Quirós), pero que otros llaman "ruralismo" u otro modo general de nombrar los espacios fuera de las (grandes) ciudades.[35]

Lucía De Leone (2016), por su parte, al analizar las tendencias culturales contemporáneas, hace notar lo que la crítica denomina como una "insistencia en lo rural" (187), una "revisualización del campo" (188) o la persistencia de una "literatura no urbana, de provincia, y que revisita imaginarios rurales" (184) como característica sobresaliente de una gran parte de la producción estética contemporánea. Para De Leone, el campo al que hace referencia, en su estudio de la contemporaneidad, "es menos un sitio homogéneo que un espacio expandido y expansivo, una renovada cantera de imaginarios, materiales, representaciones, temporalidades y usos múltiples que conviven en la escena cultural contemporánea" (195). En consecuencia, De Leone complejiza la categoría "campo" que dice observar como persistente en el presente, mientras que rechaza de cuajo el "ruralismo literario" (183) decimonónico que se afirma en la dicotomía campo/ciudad. Es más, De Leone afirma "el total agotamiento" de dicha "fórmula tradicional" (195), en cuanto que el "campo" que ella observa se inscribe "como un polo menos dependiente" (195) de la ciudad de Buenos Aires y "se perfila como un lugar tan inestable como propulsor de inestabilidades" (196). De este modo, De Leone desplaza la fórmula tradicional campo/ciudad. Por mi parte, concuerdo con esta marca de lectura. Sin embargo, De Leone luego admite que "lo rural se presenta hoy todavía diferente de su par conceptual dicotómico tradicional (la ciudad y en especial Buenos Aires)" (195), con lo cual termina reinscribiendo la dicotomía Buenos Aires/campo y transformando a la ciudad en la vara desde la cual se evalúan y se juzgan los otros espacios, lo que constituye, en mi opinión, un modo

---

35 Es interesante mencionar aquí la lectura "inversa" de Locane (2016) en *Miradas locales en tiempos globales*, quien también rompe con el binomio campo/ciudad para observar cómo la globalización y el neoliberalismo han producido una configuración espacial centrada en una ciudad fragmentada. Si bien con Locane "todo se urbaniza", coincido con su lectura en la necesidad de repensar lo local, los particularismos y de "devolverles significatividad a los espacios y territorios locales y a las subjetividades asociadas" (55). Como en la de Locane, mi propuesta tampoco niega lo global ni pretende contrarrestar esa impronta para "afirmar universos endogámicos comunales" (55).

de volver a conferirle a Buenos Aires la excepcionalidad que la crisis del 2001 supuestamente había borrado.

Hasta cierto punto, se podría decir que la aproximación de De Leone articula dos movimientos simultáneos en tensión: por un lado, redefine el ruralismo desde una amplitud conceptual, pero, por otro lado, lo reinstala como un concepto restrictivo, ya que la pluralidad de espacios que dice notar en las nuevas narrativas la termina fijando bajo la construcción de un término englobante que las reduce a ser "campo" o a ser ruralidad.[36] Al aferrarse a esta concepción del campo, De Leone, como Vanoli, a quien cita, no termina de indagar en la complejidad de la literatura contemporánea que, como ella misma dice, rompe con la tradicional fórmula campo/ciudad porque inscribe una heterogeneidad de espacios. Precisamente, al optar por la categoría campo y por un concepto de lo rural entendido en sentido amplio como "todo aquello perteneciente o relativo a la vida del campo y sus labores" (186), De Leone termina neutralizando la heterogeneidad que reconoce e identifica en la literatura contemporánea. Es más, su campo también se transforma en una fórmula abarcativa que engloba la "literatura no urbana, de provincia, y que revisita imaginarios rurales" (184) creando un sistema de equivalencias donde la provincia se restringe al identificarse de modo casi exclusivo con lo no urbano y lo rural.

Hay en este modo de leer un sistema de equivalencias y de binarismos que me gustaría descomponer, ya que, desde esta perspectiva, el campo es lo no-urbano; lo que está fuera de la ciudad, es la provincia y es lo rural; con lo cual la provincia se reduce a ser lo rural y lo no-urbano, de ahí que la provincia termina siendo siempre una versión del campo. En esta cadena de equivalencias, el campo se torna un concepto "expandido y expansivo" no porque esté siendo articulado por las producciones artísticas contemporáneas, sino porque se va amplificando hasta comerse los matices. O dicho de otro modo, los espacios que De

---

[36] Joachim Michael (2016), quien reflexiona sobre la representación del campo en las películas de Lucrecia Martel y de Albertina Carri, sugiere una relación de continuidad campo/ciudad y rechaza la noción de atraso como característica de la ruralidad. Debo la referencia del artículo de Michael a Rocío Gordon.

Leone reconoce como los lugares heterogéneos que están siendo explorados por la nueva narrativa argentina contemporánea —menciona en el artículo los "escenarios no metropolitanos", los "lugares de transición: el afuera del pueblo, el pueblito de provincia donde se palpita el campo" (184), "la vera de una ruta inhóspita del norte del país" (184), el Chivilcoy de Hernán Ronsino y el pueblo de la provincia de Buenos Aires de *Blanco nocturno* de Ricardo Piglia (187)— terminan siendo aglutinados y nivelados bajo un rótulo homogeneizador aunque se lo piense como heterogéneo. O para decirlo con ejemplos literarios: no es lo mismo y no se pueden igualar la estancia de Elena Arteche en *El desperdicio* de Matilde Sánchez; la estación de servicio en las afueras del "pueblito de provincia" donde suceden los hechos narrados en *El viento que arrasa* de Selva Almada, y Malihuel, el pueblo de *El secreto y las voces* y de otras novelas de Carlos Gamerro. Este modo de leer desde las equivalencias, en definitiva, es una estrategia que termina afirmando que salir de Buenos Aires (o de alguna otra ciudad "importante" y no secundaria que no se menciona) es un modo de conjugar algún tipo de ruralidad, como si el campo borrara las diferencias y los matices.

Ya Sarmiento en su discurso "Chivilcoy programa" (1899, 264), pronunciado en la colonia agrícola durante su visita en 1868 para celebrar su presidencia, advierte sobre la insistencia de usar ciertas palabras sin tener en cuenta lo que señalan:

> ¿Por qué, pues, continúa siendo siempre "campaña" el país donde se cuentan por docenas las villas, donde hay ciudadanos como los de Chivilcoy y San Nicolás [...]? Las consecuencias de este continuar en uso una antigua denominación que ya no tiene significado se traduce en leyes y vicios orgánicos.

"Vicios orgánicos", dice Sarmiento, asumiendo la perspectiva de "un simple observador de los hechos" (264), o modos enquistados de leer que no permiten apreciar eso que Sarmiento dice que está ya presente: "las docenas de villas", "los ciudadanos", los pueblos, es decir, eso que la palabra "campaña", tal como se la conjugaba, no señala. "Vicios orgánicos", dice Sarmiento, que invisibilizan lo que ya debería verse. Trimano (2016) pareciera que tiene en cuenta esta recomendación de Sarmiento cuando se lanza a repensar el "neorruralismo" y las "vueltas" al campo a partir de un estudio etnográfico en Las Calles, "una comuna del departamento de San Alberto en el Valle de Traslasierra, al oeste de la provincia de Córdoba" (214). Para Trimano, es importante dejar de lado las generalizaciones y las reflexiones abstractas, ya que considera que las nuevas migraciones internas a provincias deben ser "interpretadas a partir de las particularidades de su contexto espacio-temporal" (215). A diferencia de lo presentado en el artículo de Vanoli, Trimano se niega a definir el "neorruralismo" unidireccionalmente, es decir, solo desde la perspectiva de los migrantes urbanos en busca del contacto con la tierra y de un estilo de vida alternativo y que son llamados "gringos", en el caso particular de Las Calles, por los "paisas" o "lugareños". Para evitar esta unidireccionalidad, considera necesario analizar dicha práctica a través de los "procesos de interpenetración y coexistencia" de las "dos situaciones interrelacionadas": la de los migrantes urbanos (los gringos) y la de la sociedad receptora (los paisas). En su estudio contextualizado, Trimano (2017, 216), por lo tanto, trabaja también la perspectiva local de los "paisas", quienes buscan "preservar su identidad frente a nuevas presencias en su territorio", confiriéndole a su trabajo una complejidad y densidad que carecen aquellos que parcializan la mirada solo en los migrantes urbanos. Tal como lo plantea, el "neorruralismo", al que siempre inscribe entre comillas, debe analizarse a partir de las nuevas relaciones sociales y de las tensiones que se dan entre los grupos.

Trimano, asimismo, complejiza la fórmula ciudad/campo fundante de la sociología rural, ya que observa que hoy es necesaria una perspectiva superadora de la disyunción dicotómica. Después de todo, el "campo" al que llega el neorruralista ya ha sufrido una transformación superadora del paradigma fundador que estableció de modo categórico dicha oposición (2016, 215; 2017, 469). Lo que habita el "gringo", explica Trimano, es una "ruralidad *trendy*, una entelequia productiva" que inscribe nuevas configuraciones, porque esos espacios ya han dejado de ser "puros". Es más, apunta, en las sierras de Córdoba, "las actividades económicas ancestrales [rurales] han desaparecido o se han limitado a producciones familiares y artesanales [...] mientras el turismo se consolida como actividad económica y configura la fisonomía de las comunas mediante la demanda de servicios e infraestructura" (2017, 468). Bien podría decirse entonces que lo que hay en esos espacios supuestamente rurales de las sierras de Córdoba son pueblos o comunas que se van transformando en "pueblo-empresa" o en una "marca registrada" que se vende como ruralidad (2016, 227). Parques temáticos, si se quiere, al aire libre y con paisanos.

El estudio contextualizado de Trimano nos hace ver algo que debería ser obvio: el campo propiamente dicho, la ruralidad, las comunidades de las sierras, los pueblos, las ciudades chicas o medianas y las capitales de provincia no son lo mismo y no pueden leerse como si se siguiera una tabla de equivalencias. Cada uno de estos espacios, en su materialidad histórica, articula una heterogeneidad y diferencias que solo se visualizan si se dejan de lado categorías y nomenclaturas fijas y englobantes. En otras palabras, si se procede tal como Sarmiento propone hacerlo en Chivilcoy, es decir, a partir de una mirada que no procede a construir generalizaciones, sino a cuestionar y a redefinir los conceptos que se usan. Solo desde una perspectiva abierta a los matices, se podrá salir de la unidireccionalidad restrictiva del neorruralismo, pegada a los migrantes urbanos y a sus registros bucólicos. Asimismo, si se procede como lo propone Sarmiento en Chivilcoy, debería hablarse, en todo caso, de una "nueva ruralidad" superadora de la estricta dicotomía fundante de la sociología rural que separaba los términos. Acercarse hoy a lo rural, como observa Cristóbal Kay (2007, 32), supone necesariamente dejar de lado "las grandes teorías y abstracciones que pierden influencia" para adoptar, en cambio, "estudios más específicos" que "enfatizan la agencia y la capacidad de los sujetos para crear sus propias estrategias de vida". Así, la "nueva ruralidad", una categoría que no puede igualarse al neorruralismo y que busca aglutinar las diversas teorías que intentan "ampliar la visión del campo de lo agrario a lo rural" (32), se focaliza en los cambios y las nuevas prácticas que se observan "en el campo" como consecuencia de la globalización, del neoliberalismo y de la llamada industrialización del agro. Tan es así que uno de los aportes centrales de estas teorías es el de reconocer la "multifuncionalidad de los espacios rurales debido a la creciente importancia de las actividades no agrícolas y de la más fluida e intensa interrelación entre lo rural y lo urbano y lo local con lo global" (Trimano 2012, 74).[37]

---

37 No debe confundirse la "nueva ruralidad" con el llamado "neorruralismo". La primera es un término que proviene de la sociología rural y de las ciencias

La mirada reductiva de esos espacios hechos "campo" por parte del neorruralismo se desintegra en el momento en que se lee una novela como *Rutas argentinas* de Carlos Bernatek, centrada en Danel, un pueblo ficticio de la provincia de Santa Fe, "metido en la pampa de los gringos" (2000, 66) y atravesado por una serie de rutas que lo conectan con lugares reales, como lo son Santa Fe, San Francisco, Rafaela, Pueblo Puccio, Rosario y Buenos Aires. Tal como se presenta en *Rutas argentinas*, el pueblo, que "daba la impresión de colgar de un extremo del mapa" (66), se destaca como un núcleo de sentido sobre "el fondo oscuro del campo" (239). A pesar de estar "metido" en la pampa gringa, Danel no se presenta tragado por ese "fondo oscuro", es decir, no se conjuga como un lugar indiferenciado con respecto a ese fondo que sería el campo. Por el contrario, el narrador focaliza su mirada de modo exclusivo en el pueblo y sus contornos como si hiciera un paneo para luego ajustar la cámara en un zoom que enmarca el plano secuencia solo en Danel y deja, fuera de campo, el fondo oscuro rural y la serie de rutas. Así, el narrador se detiene en mostrar las peculiaridades de la vida en el pueblo a través de una profusión de personajes y de historias, como si se olvidara que en el fondo hay campo. Y si bien, por un lado, subraya "esa sensación del tiempo detenido, de inmovilidad, de que las cosas allí siempre iban a ser iguales, idénticas, como si nada ni nadie pudiese alterar ese designio" (66), por otro, va armando la complejidad encerrada en ese pueblo a partir de un detenimiento cuidadoso en los diferentes lugares que van configurando la cotidianeidad y pluralidad de ese espacio: la cooperativa, el hotel Excélsior, la casa de los Müller, la de Nievas, la de doña Asunta, el restaurante Logroño, los bares El Sajonia y el Gloria, la terminal, la plaza. De este modo, el Danel de Bernatek apunta a mostrar la especificidad de la configuración de un espacio urbano provinciano

---

sociales y busca trabajar nuevas prácticas implementadas en un espacio ya industrializado. Dentro de estas nuevas aproximaciones, no hay consensos sobre cómo definir la "nueva ruralidad" y podría decirse que hay dos tendencias extremas y antagónicas: "La que predica el fin de lo rural, y la que afirma que la categoría conserva todavía su especificidad" (Ratier 2002, 12). A su vez, esta corriente estudia también los procesos de ruralización de las grandes ciudades (huertas comunitarias, *countries* o barrios cerrados).

que no es equivalente al campo, aunque lo tenga como fondo, donde se podría ver una ruralidad tal como la plantea Kay en su estudio, aunque la novela tienda a silenciarla porque le interesa iluminar la especificidad de ese pueblo.[38]

El Danel de Bernatek, por lo tanto, nos obliga a repensar los modos de nombrar los espacios. Específicamente, lo que me interesa destacar es el cuidado con que el narrador trabaja los diversos matices entre ese pueblo "metido en la pampa de los gringos" y el campo o el fondo oscuro que surge en un más allá del pueblo y de las rutas que, en realidad, la novela nunca explora. Precisamente, en *Rutas argentinas*, el narrador se ocupa de describir esa zona *entre* lo que serían las afueras de Danel, donde el pueblo se va descomponiendo —"Aquel era un sector fronterizo del pueblo con el campo propiamente dicho, zona de tugurios, negocios antiguos y suciedad ancestral de talleres mecánicos y gomerías" (75)— y la "entrada" a eso que se va abriendo como fondo oscuro y volviéndose algo impreciso que se nombra como campo. El narrador, por lo tanto, demarca una zona liminal "por donde se divisaban los yuyos del final del pueblo, del principio del campo" (85), o, como dice en otra ocasión, por donde surge el "paisaje del final del campo, del comienzo del pueblo" (63). Esta zona liminal entre pueblo/campo precisa un modo de leer que vuelve legibles y visibles las diferencias y los matices que para otra mirada pasarían desapercibidos. Así, el narrador de *Rutas argentinas* comprende que para narrar Danel en su complejidad no basta con afirmarlo solamente desde la presencia aglutinadora y avasallante de ese campo que está y que el narrador vislumbra pero que, insisto, la novela no explora. Después de todo, ese entre-lugar entre pueblo y campo, demarcado por el narrador, indica una relación de complementariedad, pero no de equivalencia entre ambos. Lo que quiero decir

38 Cynthia Rimsky (2022), en *La vuelta al perro*, reflexiona sobre esta invasión citadina a los pueblos de provincia, aunque nunca cae en el lugar común de los neorruralistas, a pesar de que ella misma junto con su pareja formen parte de una migración interna. Bajo la mirada de Rimsky, los pueblos que recorre en su motoneta nunca terminan igualados, aunque sean vecinos: "El camino interior lleva al pueblo vecino, es parecido a este, pero es distinto" (60); "Los pueblos son tan distintos de cómo uno los imagina desde la ciudad y de cómo los viven sus habitantes; la naturaleza no hace compañía, es muda, sorda, ciega" (70).

es que en la novela de Bernatek hay pueblo y hay campo (entendido a la vieja usanza), y entre ambos hay un pasaje, una zona de contacto que el narrador se encarga de nombrar.

Rutas argentinas inscribe, de este modo, una relación de complementariedad que hay que entender, ya que el narrador hace ver que Danel, en cuanto pueblo, se avecina al campo. O como bien dice el narrador: Danel es "eso, un pueblo *con* campo" (147; mi énfasis). Si la complementariedad apuntada por el narrador hace que el pueblo se "ruralice" —después de todo, es un pueblo con campo; es un pueblo cuya especificidad es estar cerca del campo—, la misma complementariedad se debe leer también en relación con ese campo que aparece como fondo y que la novela olvida. Es decir, el campo que está en *Rutas argentinas* es un campo *con* pueblo, un campo que ya no puede desprenderse de ese entorno urbano que está ahí y que lo complementa. De este modo, *Rutas argentinas* desestructura el binarismo estanco y enfatiza lo que las teorías de la "nueva ruralidad" hacen ver con respecto a la flexibilización de la dualidad rural-urbano. *Rutas argentinas* nos hace ver algo más, algo que, en mi opinión, se les escapa a las teorías de la nueva ruralidad: la necesidad de empezar a diagramar simultáneamente una "nueva urbanidad" para esos pueblos y ciudades con campo. Una nueva teoría no para asentar la dualidad dicotómica campo/ciudad, sino para enfatizar los flujos y las relaciones complementarias entre los espacios y para hacer ver la dinámica de los pueblos y las ciudades chicas dentro de eso que se aplana indefectiblemente como campo.[39]

Rutas argentinas, al hacer ver la complejidad que desafía el rótulo "campo" para todas esas narrativas que se ubican en provincia, pone en práctica la misma definición de provincia que Marcelo Mellado ([2001] 2021) propone, con toda su carga irónica, en su novela homónima, *La*

---

39 Greene y De Abrantes (2021, 234) proponen "lo citadino" como una tipología con características peculiares para pensar la ciudad no metropolitana que permanecen sin ser investigadas: "A medida que los estudios sobre las metrópolis fueron ganando terreno, los aportes sobre ciudades no metropolitanas fueron siendo poco a poco marginalizados. [...] La teoría siguió delineando los límites de estas dos entidades monolíticas [rural y urbana] y se olvidó de recuperar las contradicciones, los pliegues, tonos híbridos y escalas que se dibujan en los territorios".

provincia.[40] Explica Mellado que la provincia "es aquella zona que hace de la diferencia mínima la identidad máxima" (2021, 14), es decir, en la provincia los matices, las contradicciones, los pliegues, las escalas, las marcas sutiles se resaltan porque, de lo contrario, todo parece volverse monótono, homogéneo y estanco. De lo contrario, continúa, la provincia será siempre definida como "un síntoma descomposicional del país otro en que nos reconocemos como otredad" (14), como una suerte de ruralidad que "nos penetra a todos, o al menos [como] una sensación de campo [que] circula por nuestras venas nutricias, mucho huacho a pata pelada recorriendo pampas y valles detrás de algún piño huidizo" (13). Una definición simplista que Mellado visualiza en la escritura lárica que termina reduciendo a la provincia a ser "la geografía, o espacio físico que habitan [los poetas]" (79), una suerte de "absolutez y determinación terrestre" reivindicatoria de "las ondas telúricas del territorio como soporte textual" (79). Para marcar el rechazo a esta concepción de la provincia, el final de la novela de Mellado desenmascara, en clave satírica, los lugares comunes a los que las prácticas y los discursos neorrurales, con sus vueltas al campo, reducen lo provincial. Así, *La provincia* termina narrando cómo Eulogio Bolla, en compañía de su vecino Rogelio Rojo, diseña en los cerros de La Cordillera de la Costa un "complejo ecológico turístico con cabañas, termas, sauna, baños con barro, paseos en mula, vuelos en parapente, etc." (130) que responde a dichos mitos de ruralidad. La descripción humorística del proyecto "agrocultural", que "combinaría la cultura costera con la cultura agrícola del interior, desplegando un abanico de iniciativas creativo-emprendedoras, las que redundarían en micro dispositivos empresariales en las áreas de turismo rural y de la empresa agrícola innovadora" (133), sirve para exponer y destruir con sarcasmo todo ese sistema neorrural de pensar los espacios no capitalinos. Por esto el proyecto "agrocultural" incluye "ecoturismo, terapias de sanación, tecnologías agrícolas alternativas de

40 En "Imaginaciones transurbanas: paisaje, distopía y cuerpo en la literatura y cine del Cono Sur", Constanza Ceresa, María Teresa Johansson y Betina Keizman (2018, 7) complejizan las reducciones y simplificaciones en torno a las narrativas contemporáneas situadas "fuera o al borde del espacio predilecto de la ciudad".

corte californianas, parapente, deporte de aventuras, paseos en mountain bike, costismo (como alternativa al andinismo), turismo científico en el área de la botánica y de la ornitología, fotografía ecoambientalista, pintura y escultura ecopsicológica, elaboración de quesos de cabra y oveja, talleres de poesía costina, arquitectura y diseño rural, y etcétera, sobre todo etcétera" (133).

En diálogo con Mellado se puede leer la obra de Andrés Gallardo, quien tanto en *La nueva provincia* ([1987] 2015) como en *Tríptico de Cobquecura* ([2007] 2016) construye una de las críticas más sólidas a este tipo de relato neorrural que aplana la provincia como campo. Para desmantelar la identificación de la provincia como prototipo de una suerte de arcadia criollista, Gallardo hace uso del humor, la ironía y el sarcasmo, los mismos mecanismos que practica Mellado en sus textos. Una estrategia que ya está presente en *Cátedras paralelas*, su primera novela, de 1985, republicada por Overol en 2018, en un gesto que bien puede leerse como una crítica sarcástica al resurgimiento de las tendencias neorrurales.[41] Precisamente, en *Cátedras paralelas*, Juan Pablo Rojas Cruchaga, alias Rojitas, el protagonista y profesor cesanteado de Semiótica, se vuelve la caja de resonancias que encarna todos los lugares comunes con los que se nombra la provincia como campo, desde su uso de la retórica de la novela criollista hasta la articulación de los discursos preestablecidos que ensalzan las virtudes campestres y que repiten los mismos clisés que aparecen en el artículo de *La Nación* (2014). Esta retórica, ya empaquetada, se hace evidente en el diálogo que Rojitas entabla con su Nana al tratar de convencerla de volver al campo en Rinconada de Tromén, luego de haber perdido su trabajo en la universidad: "En este país, Nana, las ciudades están podridas, este es un país falsamente urbanizado; aquí la única institución sólida es el interior del país y nosotros

41 Creo que la participación de Mario Verdugo como asesor en la editorial tiene mucho que ver con la recuperación de esta obra de Gallardo, una novela que, como se explicita en la contratapa, "no ha sido objeto de toda la atención que se merece" (la cita de la contratapa pertenece a *Las novelas de la dictadura y posdictadura chilena* de Grinor Rojo [2016]). La editorial Liberalia reedita otras dos novelas de Gallardo: *La nueva provincia* ([1987] 2015) y *Tríptico de Cobquecura* ([2007] 2016).

nos vamos al campo a vivir una vida de trabajo de verdad..." (Gallardo 2018, 47-48), dice Rojitas, "volveremos al origen [...] Es un retorno a las raíces, Nana, vamos a emprender una vida nueva, real [...]" (48). De más está decir que la Nana no acepta la visión celebratoria de Rojitas, ya que, a diferencia de su patrón, no tiene una visión idealizada ni arcádica del campo. Al contrario, para la Nana "Rinconada de Tromén es un peladero que apenas da para que viva un par de gañanes" (49) y por eso no se va y se queda en la ciudad: "No. No, mijo, yo prefiero hasta a los sinvergüenzas de aquí a los pobres diablos de allá. Yo no me voy" (49).

A pesar de que la Nana no comparte su visión, Juan Pablo Rojas Cruchaga (Rojitas) no está solo en este proceso de impostación retórica. Su defensa de lo neorrural se reitera en la novela también en la voz del exiliado Miguel, quien, desde la distancia de un país extranjero, se desvela por volver y "mirar el campo, los sauces, la primavera, la cordillera todavía con nieve" (31). Es esta nostalgia por el terruño la que lleva a Miguel a recomendarle a Rojitas no abandonar Chile, porque el exilio, le escribe en una carta, es "una enfermedad" (32) en la cual se está "muy solo" (34). Asimismo, lo insta a optar por "trabajar en una escuela rural rodeada de álamos, de cardenales rojos, de zarzamora, mirando la cordillera" (31), reiterando la idea de la provincia como una arcadia pastoril. Rojitas termina haciendo caso en parte a lo que le propone Miguel, más por falta de alternativas que por otra razón, y termina yendo al campo, a la Rinconada de Tromén y a la chacra heredada La Gloria, rebautizada ahora Santa Elcira, para encontrar refugio luego de fracasar en la universidad y en su Taller de Semiótica. En Rinconada de Tromén y en la chacra heredada de la abuela, Rojitas se reencuentra con don Venancio Patoja, el lugareño que ha vivido toda su vida en el campo y al que trata de convencer con su discurso arcádico. Está de más decir que Rojitas, en el campo, no logra actualizar las diversas páginas de la novela criollista que tiene en mente cuando habla con Patoja y que predeterminan los espacios provinciales. Tampoco logra devolverle a la chacra de su abuela el antiguo esplendor, no porque no tenga potencial de producción, sino porque es un espacio que demanda trabajo duro y continuo, o, como le dice don Venancio, exige romperse la espalda (73-74). Una realidad que Rojitas experimenta, pero que no termina nunca de entender ni ver del todo, porque todas sus experiencias son pasadas por el tamiz de la narrativa criollista en la que cree y por relatos de progreso que no logra poner en práctica.

Este desapego de la realidad o, mejor dicho, esta pulsión de ver el campo solo mediatizado a través de los discursos preestablecidos se hace evidente en sus "veleidades literarias" que lo llevan a leerle a Patoja en voz alta los "textos representativos" de la literatura chilena (93), con especial detenimiento, por supuesto, en la narrativa criollista, incluido "El último disparo del Negro Chávez" de Oscar Castro (95), como si fueran piezas testimoniales. A diferencia de don Venancio, que cuestiona constantemente lo que escucha, Rojitas literalmente cree en la adecuación referencial de la narrativa criollista que cita en esas sesiones con don Venancio y, por lo tanto, propone dicho paradigma retórico como el modelo para entender la realidad del campo: "Oiga, Patoja, usted me está pichuleando" (96), le dice. "Le he leído no sé cuántos cuentos, los mejores cuentos de la literatura chilena, le he leído novelas que muy bien podrían ser el reflejo de su propia vida y usted se pasa todo por las bolas" (97). Cuando don Venancio se queda dormido, en una de esas sesiones de lectura, Rojitas lo reprende precisamente por no valorar a ese "maestro" de la narrativa criollista que "supo dar vida a los personajes y dar fuerza a sus historias sin renunciar a la imaginación y sin deformar la realidad" porque logra transcribir la retórica: "así habla la gente del campo" (94). Son esas mismas "veleidades literarias" las que lo llevan a imaginar ahí, en el campo, a Mariano Latorre (104), a recitar a Pablo Neruda y sus odas a la cebolla y la alcachofa y a analizar los poemas de Pedro Prado y la épica de Alonso de Ercilla (102-104). Toda una parafernalia retórica que Rojitas asume como representativa de ese campo y a la que cita, una y otra vez, "con calma, con respeto y sin sobreactuar" (93).

Este detenimiento en *Cátedras paralelas* sirve, entonces, para observar cómo Gallardo, a través de Rojitas, deconstruye con humor cada una de las figuras retóricas de la arcadia pastoral que ha fijado el campo en un paradigma discursivo que se presenta como realista. Rojitas, en la versión de Gallardo, termina siendo un lector inocente y literal. Al final de cuentas es don Venancio Patoja, el lugareño que no exotiza, y no el profesor de Semiótica de la universidad, el que logra entender el poder de la literatura. Es Patoja y no Rojitas el que logra aprehender la construcción del "paisaje campesino", el "folklor puro", la jerga criollista, todo eso que se presenta como "lo típico" del campo y de la provincia (116). Y esa es, de última, la gran lección que presenta *Cátedras paralelas*, una lección que los que están embebidos en el paradigma neorrural no podrán aceptar, porque van por otra línea, una paralela y, como se sabe, las paralelas nunca se cruzan. Son estos neorrurales los que se mantienen fieles y no cuestionan el poder de los relatos. Algo que, por supuesto, Patoja, en su supuesta ingenuidad, logra ver. Gallardo, de este modo, funda una "nueva provincia", que se sale del aplanamiento neorrural para devolverles a esos espacios, como la Rinconada de Tromén o Cobquecura o el ficticio Coelemu en sus otras novelas, la complejidad que se les niega cuando se los hace sinónimo de campo y se siguen repitiendo los relatos que lo significan.

Ahora bien, ¿qué pasa con el rótulo "campo" si se lo lee anclado en Colombia y, por lo tanto, fuera tanto del contexto argentino que traza Vanoli, como de la crítica satírica que emprenden Mellado y Gallardo en Chile? O mejor, ¿cómo pensar el campo y los "vicios orgánicos" que parece suscitar esa figura si se la piensa ahora en torno a Colombia, un espacio cultural marcado durante décadas por los desplazamientos forzados hacia las ciudades como consecuencia de las sucesivas y constantes violencias?[42] Tal vez habría que admitir que las preguntas que surgen en torno al campo en Colombia son necesariamente otras, ya que, en la pluralidad regional que constituye ese país, dicha figura no tiene el lugar preponderante que tiene en otros archivos. Por eso, se me podría decir que esta pregunta en torno al campo está mal pensada. Es más, se me podría decir que, en Colombia, la imagen espacial hegemónica del

42 Frank Safford y Marco Palacios (2002, 301-302) resumen así la urbanización: "In 1938 only 29 percent of Colombia's population lived in the cities; at the end of the [20th] century the proportion was 70 percent. [...] In less than fifty years a predominantly rural country had become a nation of cities. A nation of cities —it is important to emphasize the plural. [...] [as] there is a tendency for population to concentrate in the four large regional capitals— Bogotá, Medellín, Cali, and Barranquilla". *Una nación desplazada. Informe Nacional del Desplazamiento forzado en Colombia* (2015) del Centro Nacional de Memoria Histórica y las páginas web tanto de la Consultoría para los Derechos Humanos y el Desplazamiento (CODHES), como del Museo Nacional de la Memoria aportan mucho más que datos y estadísticas.

archivo cultural de ese país de regiones es la selva y no el campo. Precisamente, María Ospina (2014, 244) hace ver que es la selva, o "los espacios codificados como selva", pautados ya desde la novela fundacional *La vorágine* (1924) de José Eustaquio Rivera, la imagen espacial que se mantiene en el archivo cultural colombiano y que reaparece, de acuerdo con la crítica, "insistentemente desde finales del siglo xx como el lugar al que retornan, en una suerte de peregrinaje, autores, lectores y espectadores en tiempos de debates sobre el lugar que ocupa la naturaleza y nación frente a las violencias y globalización" (244). Asimismo, Minerva Campos (2017, 11) nota que gran parte del llamado "nuevo cine colombiano", caracterizado, según la crítica, por un "tono antropológico" que busca "otorgar verismo a las historias de ficción", se concentra también en la exploración de la zona del Amazonas y de la costa pacífica.[43] Frente a estas exploraciones de la selva puestas en marcha por dicho cine, Ospina (2017, 249) propone hablar de un "giro rural", ya que muchos de los films contemporáneos del "nuevo cine colombiano" inscriben lo que la crítica denomina como "argumentos naturales" (*natural plots*), es decir, son films que se concentran en darle primacía a ese espacio central en el mito fundacional colombiano de la naturaleza exuberante que estudia, por su parte, Margarita Serje (2011) en *El revés de la nación*.[44]

---

43 Campos (2017, 13) hace notar una tendencia al autoexotismo que ha sido ampliamente criticada: "Desde hace un par de años existen voces críticas desde la academia y la crítica acerca de cierta autoexotización presente en títulos de la periferia cinematográfica; el eje de la discusión es la adecuación de estas películas a las expectativas de la crítica, los festivales o los distribuidores internacionales. Más recientemente, estas críticas han aparecido también en el entorno de los creadores y en las propias películas".

44 María Ospina, como Campos, toma el tema de la autoexotización en el nuevo cine colombiano y hace una lectura minuciosa de films tales como *El vuelco del cangrejo* (Oscar Ruiz Navia, 2009) y *La sirga* (William Vega, 2012), en los que lee modos alternativos de mapear los espacios y sujetos rurales al construir una sintaxis visual que se niega a producir "postales turísticas" rurales (250, 255). Tanto Ospina como Campos critican, sin embargo, el cine de Ciro Guerra. Ospina también lee las campañas oficiales de promoción del turismo y de la industria cinematográfica como una maquinaria que codifica el espacio rural.

En la ruralidad colombiana, la selva y no el campo es, entonces, la imagen espacial recurrente en el archivo cultural.[45] Hasta tal punto es así que la propia Serje observa que dicha selva es "la condición de posibilidad" que permite la construcción de Colombia como país de regiones, ya que esas zonas tórridas se configuran como los "confines", el "revés de la nación", los baldíos, las fronteras internas, en definitiva, como los espacios por fuera del modelo colonial y estatal que hacen de Colombia un espacio nacional dividido en zonas, donde, dice Serje (8), "la periferia parece ser la norma, mientras que el centro es la excepcionalidad". Para ella, la importancia de la selva o eso que se construye como selva —entendida simultáneamente como naturaleza exuberante, pero también como espacio "vacío" y como "zona roja" o lugar de la violencia— en el imaginario colombiano debe deconstruirse porque mal esconde el modelo colonial y el paradigma progresista de la historia universal que presupone la asincronía entre las regiones (171). Sin negar esta imagen hegemónica de la selva que propone Serje al leer y deconstruir el mito de Colombia como país de regiones, me interesa ahora detenerme en esa otra categoría englobante que es la del campo o ruralidad que emerge tanto en las diversas lecturas realizadas en torno a los desplazamientos forzados hacia los centros urbanos que han caracterizado la historia de Colombia desde La Violencia, como durante las diversas negociaciones y acuerdos de paz que dan paso al llamado posconflicto, cuando se busca una reestructuración y una nueva política agraria que intenta integrar al diseño estatal los espacios despojados y ocupados por la violencia interna.[46]

---

45 Serje, en *El revés de la nación*, hace una distinción entre la selva y lo rural que no tiene en cuenta Ospina. Para Serje (2011, 168), la categoría de lo rural difícilmente se puede adjudicar a la selva. Por el contrario, considera que lo rural es el futuro que se prevé para ellas.

46 Juan Restrepo Salazar (2014, 30), en *La cuestión agraria: tierra y posconflicto en Colombia*, señala que la Ley 1448 de 2011 buscaba restituir la tierra a los campesinos despojados por la violencia: "Cerca de casi seis millones de hectáreas [del territorio colombiano] se han visto afectadas, cuatro por abandono forzoso y dos millones por usurpación violenta por parte de algún grupo

Según Jacques Aprile-Gniset, la migración rural forzada a las ciudades constituye una particularidad del caso colombiano que lo distingue de otros procesos de urbanización latinoamericanos, en cuanto que "la violencia agraria [ha sido] la 'partera' de la ciudad colombiana" (citado en Sánchez Steiner 2008, 57). O, como plantea William Ospina (2018), en "Esta tierra donde es dulce la vida", una serie de crónicas para su columna en *El Espectador* en las que revisa las dicotomías modernas en torno al campo/ciudad, para proponer un nuevo paradigma que reemplace el extractivismo y el consumo exacerbado y que busque superar las dicotomías a través de una "reconciliación entre el mundo urbano y el mundo natural" (2018a; 2018b):

> Lo que aquí nos expulsó del campo no fue la naturaleza sino la violencia, la violencia que llenó los campos de miedo y de incertidumbre y destruyó la vieja vocación campesina de hospitalidad, de confianza y de solidaridad. En cierto modo nuestras ciudades son más campesinas que antes, el gran proyecto urbano se ve alterado sin fin por barriadas que no saben de arquitectura ni de urbanismo, que improvisan un orden urbano precario y caótico, donde también la nostalgia del campo se deforma y se desnaturaliza.

Esta particularidad presentada por Ospina es corroborada por el informe *Una nación desplazada* del Centro Nacional de Memoria Histórica de 2015, donde se apunta que la migración forzada a las ciudades tiene varios ejes temporales (el informe hace un recuento de ellos a través de la historia colombiana) como consecuencia de diferentes causas. Por ejemplo, durante La Violencia (entre 1948 y 1958), marcada por el asesinato del líder liberal Jorge Eliécer Gaitán (9 de abril de 1948) y el llamado "Bogotazo", dichos desplazamientos estuvieron signados por las confrontaciones bipartidarias entre conservadores y liberales, siendo Bogotá la ciudad a la que se migró principalmente. Con el surgimiento de las Fuerzas Armadas Revolucionarias de Colombia (FARC) y

---

ilegal". La evaluación positiva de la ley está marcada por una defensa de su propio accionar como ministro de Agricultura y Desarrollo durante los primeros tres años de la presidencia de Juan Manuel Santos.

el Ejército de Liberación Nacional (ELN), en las décadas de los sesenta y setenta, recrudece la lucha en el campo y emerge, a su vez, la violencia paramilitar. Nuevas olas de migración forzada se producen hacia las ciudades, a las cuales se concibe como "ciudades-refugio". La consolidación del narcotráfico y el cultivo de coca, a partir de la década de los setenta, se suman a los conflictos. Todos estos elementos concatenados se agravan en los noventa, con lo cual el desplazamiento forzado termina volviéndose arma de guerra y un modo sistemático de controlar los territorios. En este período se produce el llamado "gran éxodo forzado" tanto a las "ciudades refugio" como al exilio.

Frente a esta pluralidad de violencias, durante las dos presidencias de Juan Manuel Santos (2010-2016), comenzó un largo proceso de negociaciones de paz para obtener la desmovilización de los grupos armados mientras que, en simultáneo, se procuraba poner en marcha una política agraria que restituyera las tierras a las familias despojadas. Tan es así que, durante el llamado posconflicto, la cuestión agraria y los modos de repensar y reestructurar los espacios rurales han estado en el centro de los grandes debates políticos y económicos. Se ha procurado reconfigurarlos y "reanclarlos", para usar una expresión de Serje (2011, 68), dentro de modelos espacio-temporales coordinados por el Estado y se ha buscado volver a alinearlos en las redes determinadas por el mercado extractivista que, por supuesto, han reabierto nuevas tensiones y resistencias, ya que tanto las comunidades afrocolombianas como las indígenas, junto a grupos de campesinos y ambientalistas, se han enfrentado sistemáticamente a dicho paradigma de explotación. La Ley 1448 de restitución de tierras, las negociaciones de paz en Oslo, el Acuerdo de La Habana (2016), la no rectificación del acuerdo por el referéndum de 2016, las diversas leyes agrarias que se han propuesto, los intentos por redefinir cambios estructurales y políticas de desarrollo sostenible constituyen todas medidas de rearticulación y de inclusión de dichos espacios rurales abiertos posconflicto dentro del paradigma estatal, el cual, como se sabe, está marcado por una concepción de mercado y por políticas extractivistas.

Junto a estos modos de inclusión, han surgido, además, otras apuestas que apuntan a rediseñar fuertes cambios de paradigma ya sea por parte de las comunidades indígenas y afrocolombianas en sus luchas por los territorios, o por los llamados "agrodescendientes" (Ospina,

2018b). Absalón Machado Cartagena (2021) en *La ruralidad que viene y lo urbano*, por ejemplo, diseña un cambio de paradigma que busca sustituir la explotación de recursos del extractivismo vigente para esa nueva ruralidad en proceso de devenir posconflicto. Para ello, propone repensar las relaciones entre lo urbano y la ruralidad por fuera del capital financiero y especulativo a partir de una adhesión a lo que denomina como el "buen antropoceno", junto con la participación activa de las comunidades y la implementación de un nuevo pacto social y económico de equidad basado en el respeto de la biodiversidad y de las culturas comunales. En la visión de Machado Cartagena, la nueva ruralidad se presenta como una "eutopía", es decir, como un modo de pensar lo posible (18, 21) en el que se propone un nuevo reordenamiento territorial y social y una vía diferente para el llamado desarrollo que tiene muchos puntos de contacto con la vuelta al campo que se ha venido dando.[47]

En relación con este contexto marcado por la migración forzada a las "ciudades-refugio", por el despojo de tierras, por las políticas agrarias y los rediseños de paradigma que el posconflicto ha buscado poner en práctica y la presencia de esos jóvenes que salen fuera de las ciudades buscando alternativas de vida por fuera del mercado extractivista, es factible, entonces, preguntarse por los modos de construcción del campo como categoría englobante también en Colombia. Aunque debería aclarar que aquí me concentro en específico en los alcances que el neorruralismo contemporáneo puede llegar a tener en un país en donde el campo ha sido juzgado sistemáticamente como el espacio de la violencia, y que, por supuesto, no identifico esta tendencia con las

---

47 En el diseño propuesto por Machado Cartagena (2021, 80, 162-167) para "la ruralidad que viene" se restituye el rol de las provincias defendido por Fals Borda como un modo de lograr la "planificación regional" y "una visión integral urbano-rural". Esta visión de resaltar las provincias como modo de descentralizar y reorganizar también está presente en otros proyectos de diferente alcance ideológico. Por ejemplo, la oficina de la CEPAL en Bogotá procuró, en 2017, ampliar la noción de ruralidad en Colombia a partir de una clasificación de las provincias en "rurales", "urbanas" e "intermedias", una taxonomía que vendría a reenmarcar las relaciones urbanas-rurales. Véase "Configuración territorial de las provincias de Colombia. Ruralidad y redes", de Juan Carlos Ramírez y Johan Manuel de Aguas (2017).

diversas luchas de las comunidades afrocolombianas e indígenas por sus territorios.[48] Ospina, en las crónicas ya mencionadas, trabaja "esa suerte de nostalgia por el campo" que, dice, "Colombia vive hoy" y para hacerlo, revisa una serie de dicotomías modernas en torno a campo/ciudad; civilización/naturaleza; progreso/arcadia bucólica para plantear una zona de contacto que termine por borrar el binarismo de la barra (2018b). El título que se repite en las tres crónicas que constituyen la serie, "Esta tierra donde es dulce la vida", pareciera afirmar una suerte de bucolismo, que se presenta como una suerte de definición de eso que sería el campo. Sin embargo, Ospina deja saber que el título es una cita del poema "Morada al sur" del poeta Aurelio Arturo, quien reconstruye "su casa en los campos, de su tierra natal" sin caer "para nada en los hábitos de la tradición", porque, aclara Ospina, Arturo logra inventar un lenguaje, "una nueva manera de nombrar las cosas" (2018c). Es más, para Ospina, Arturo "no idealiza", "no está construyendo un refugio bucólico de plenitud y de ilusión para huir de la realidad, porque algunos de los fragmentos más poderosos del poema hablan también del duelo y del espanto que están en su morada" (2018c). Lo que me interesa rescatar de esta serie de crónicas es, precisamente, el llamado que hace Ospina a repensar "una nueva manera de nombrar las cosas" para plantear las relaciones entre los binarismos en ese presente que intenta asir en las crónicas de *El Espectador*. Entonces, la pregunta que surge es cómo nombrar de nuevo hoy el campo en el archivo cultural de Colombia, cómo nombrar las cosas que se repiten, pero respetando los matices para no caer en meras dicotomías ni en simplificaciones reductivas que terminan aplanando.

Para ello, me detengo en *El campo al fin de cuentas no es tan verde* de Víctor Gaviria, una colección de crónicas publicada originalmente en 1982 en Medellín por la revista *Acuarimántima* junto con Ediciones Hombre Nuevo, y reeditada en Bogotá por Seix Barral en 2022. Es decir,

---

48 No considero las luchas por los territorios de las comunidades afrocolombianas e indígenas como parte de este neorruralismo que estoy presentando. Al contrario, como observaré en el capítulo siguiente en relación al no uso del término territorio en mi trabajo, considero que son estos grupos los que resisten los aplanamientos y la falta de matices.

recurro a un texto que se publica en una de las "ciudades refugio" que recibe esos contingentes de desplazados cuando los desplazamientos forzados eran moneda corriente, pero que se reedita en 2022, en plena pospandemia y posconflicto, cuando los neorruralistas colombianos, según Marlon Méndez Sastoque, ya son tendencia y se han largado a ocupar esos nuevos espacios abiertos que antes estaban marcados por la violencia interna. Ya desde el título mismo, la colección de Gaviria instala la fuerza de ruptura que deconstruye la supuesta armonía del campo y la homogeneización que critica también Bernatek. Con una sola frase hecha título contundente, Gaviria desarma la narrativa bucólica actual que construye ese espacio como plácido y homogéneo, como arcadia neorrural. Es más, si se contextualiza la colección de crónicas en la década de los ochenta cuando se publica por primera vez, la ironía del título trae, aunque sin nombrarla, la violencia que viene sistemáticamente expulsando a los migrantes rurales fuera del campo hacia las "ciudades-refugio". Después de todo, el campo verde se ha transformado en campo de batalla. Lo importante es, sin embargo, que la ironía implícita en el título, que desplaza el bucolismo y refiere también a la violencia, acaba con toda posibilidad de simplificación frente a la producción de ese espacio. Asimismo, la complejidad que abre la ironía se presenta como un pacto de lectura para la sucesión de breves crónicas que vienen después y que, por supuesto, descarta todo tipo de parcializaciones valorativas. En definitiva, la ironía rompe por igual las totalizaciones implícitas, como si dijera al unísono: el campo no es solo bucolismo, pero tampoco es solo violencia.

Si las crónicas de Ospina adoptan por título un verso de Arturo para repensar las relaciones campo-ciudad, se podría decir que la colección de Gaviria realiza el mismo gesto, ya que toma como título un verso del poema "Se eu morrer novo" de Fernando Pessoa, el cual figura, traducido al español, como epígrafe: "Me senté otra vez a la puerta de mi casa. / El campo, al final de cuentas, no es tan verde".[49] La mayoría de las crónicas que conforman la colección no se centran exclusivamente en la singularidad del campo, sino que van mostrando una diversidad

---

49 El poema original "Se eu morrer novo" se publicó bajo el seudónimo de Alberto Caeiro en *Poemas inconjuntos*. Véase Arquivo Pessoa.

de lugares provinciales no necesariamente "rurales": así surgen ciudades y pueblos como, por ejemplo, Medellín, Liborina, Jurado, Bahía Solano, junto a espacios familiares y domésticos. Precisamente, los fragmentos narrativos que configuran *El campo al fin de cuentas no es tan verde* (Gaviria 2022) complejizan lo familiar y lo mundano, detallan lo minúsculo y desmenuzan la cotidianeidad, es decir, trazan aquello que se ve meramente como rutinario o menor, los pequeños detalles y lo que pasa desapercibido. En la colección de fragmentos, además, no hay un arco narrativo y las historias se entrecruzan y quedan abiertas, como si lo que se quisiera mostrar fuera el despliegue, la constelación de relatos.

El título irónico de la colección construye, sin embargo, el campo como un término abarcativo, una suerte de categoría englobante que vendría a enlazar la dispersión de las crónicas. A su vez, el epígrafe refuerza esta idea del campo como categoría inclusiva, ya que en dicho paratexto se presenta la mirada de un Yo que mira y juzga desde afuera, desde la puerta de su casa, eso que se ve como un todo verde. Desde el título y el epígrafe se establece una interrelación entre espacio y sujeto, entre voz, mirada y lugar que se observa y se juzga. Lo que va surgiendo de esa conexión entre campo y puerta no es un bloque unitario. Por el contrario, va asomando un Yo íntimo, casi poético, que se articula a través de esos fragmentos en imágenes entrelazadas, pero no cerradas, como si lo que quedara "al fin de cuentas" fuera la profundidad de la sugerencia y la sutileza de esa voz que se posiciona y mira y que juzga al mismo tiempo. O, dicho de otro modo, esa voz que se arma en los fragmentos juega irónicamente con los paratextos para hacer saber que lo que va a venir es mucho más que mera superficie, lugar común, rótulo estereotipado. Un pacto de lectura que luego se cimienta en la crónica "La estrella del pastel amarillo", a la que propongo leer como una suerte de arte poética, en donde ese Yo explica que no se puede "reconstruir [por ejemplo, la conversación que se tuvo alguna vez con el tío], poco a poco, llenando los vacíos, para asignarle un sentido único" porque "siempre es una tarea estúpida..." (Gaviria 2022, 138). En todo caso, advierte ese Yo, hay que decir lo que se dice y lo que no se puede decir y mostrar, en ese proceso, "el tránsito de lo rutinario al asombro" (141).

Las imágenes encadenadas en las diferentes crónicas van revelando, por lo tanto, ese tránsito, para resaltar los pequeños detalles, las tonalidades de lo minúsculo, como si lo que se quisiera mostrar fuera aquello que se desdeña por chico, pero que es, precisamente, "lo que hace escribir" (139) a esa voz poética de las crónicas: "Para escribir no hace falta nada en particular, nada distinto a lo que a cada cual le ha sucedido, por insignificante o monótono que sea" (137-138). Por eso, lo que surge y se funda es "un lugar nuevo, un lugar que no preceda ni continúe al de ahora, un lugar con espíritu [en el] que echemos a andar a nuestros deseos" (143). Un lugar, en definitiva, en el que se puedan observar los matices, ya que "a pleno mediodía hay oscuridades repentinas, puntos ciegos, manchas donde el árbol suspendido se interrumpe, un ojo que nos pestañea en el aire y nos desaparece por instantes" (139). O un lugar en el que "después de haber llamado y buscado a la semejanza" se pueda tener "la espléndida libertad de decir no, de negar el marco de la ventana, los cristales, la luz misma, de barrer lo que paulatinamente se celebra por existir" (142). En síntesis, un lugar así, tal como lo describe Gaviria en estas crónicas, nunca puede ser solo tan verde. Nunca puede simplificarse bajo las categorías reductoras y absolutas que se le imponen al campo, a la provincia, a la ciudad chica cuando se las ve solo como arcadia o como condena. Asimismo, nunca puede ser confinado solo al despojo de la violencia, ya que, en el medio de ella, y entre ella, Gaviria nos hace ver la cotidianeidad, lo chico, la persistencia de prácticas familiares, los ritos mundanos. Como si, con sus crónicas, hiciera suyas las palabras con las que Juana Suárez (2010, 43) cierra su introducción al estudio de los sitios de la contienda en Colombia, en donde aclara que su detenimiento en la Corporativa Cachivache y en el trabajo de El Colegio del Cuerpo de Álvaro Restrepo es "un recordatorio de que Colombia no produce solamente horror".

Vuelvo de nuevo al título para detenerme en la alocución adversativa, "al fin de cuentas", que sirve para abrir los lugares comunes y hacer ver una complejidad que queda borrada desde la mirada evaluativa aglutinadora. *El campo al fin de cuentas no es tan verde* puede leerse, por lo tanto, como la fundación de un posicionamiento y un modo de acercarse a las cosas que busca salir de las simplificaciones. Un modo que luego se plasmará, más allá de estas crónicas de juventud, en la producción cinematográfica de Gaviria cuando se adentra en la ciudad de Medellín y en las consecuencias de la expulsión violenta. Precisamente, en su llamado "tríptico de Medellín", Gaviria desnuda, de acuerdo con

Jorge Rufinelli (2004, 16), la parte invisible de la ciudad y plasma las capas de violencia. En las películas *Rodrigo D. No futuro* (1990), *La vendedora de rosas* (1998) y *Sumas y restas* (2003), la violencia de la ciudad de Medellín después de los desplazamientos forzados se articula de modo realista, incorporando, como plantea Gabriela Polit Dueñas (2006, 124), a los jóvenes de las comunas como actores no profesionales y atendiendo "el lenguaje de sus protagonistas". Leída desde el campo, desde uno de esos "sitios de la contienda" de los que habla Suárez, el Medellín de la trilogía se constituye como una "ciudad-refugio", es decir, como la ciudad receptora que ha recibido y recibe parte de los grandes desplazamientos forzados. Ahora bien, leída desde Medellín, tal como lo hace Gaviria luego en su trilogía fílmica, la ciudad misma se configura como otro "sitio de la contienda", ya que también es un espacio violento, marcado por la pobreza, la explotación y el narcotráfico.

A diferencia de las crónicas, en la trilogía de Medellín, Gaviria no esconde el horror del que habla Suárez; por el contrario, lo expone y lo hace palpable, y mucho se ha escrito sobre esto. Sin embargo, no es lo único que hace Gaviria en esos films y aquí vuelvo al posicionamiento y al modo de leer las cosas que he leído en *El campo al fin de cuentas no es tan verde*, ya que en la trilogía fílmica Gaviria no se queda solo en la exposición de las muchas violencias que sufren sus protagonistas, sino que le da también a la ciudad de Medellín —y esto es lo que me interesa destacar ahora— una presencia cinematográfica que no tenía en el cine colombiano, debido a la centralidad de Bogotá en dicho cine. En palabras de Gaviria, "se designó a Bogotá como capital indiscutible de la actividad cinematográfica", prescindiendo de otras ciudades como Medellín, Cali y Barranquilla, lo cual terminó fijando "un cine perpetuamente azuloso, lleno de cielos grises y de personajes de suéter" (Gaviria y Álvarez 2003, 32). Así, en el llamado "tríptico de Medellín", Gaviria, más allá de la violencia que representa y expone, pone en práctica un modo de hacer cine en provincia en el que se rompe la uniformidad de los espacios de ese "cine perpetuamente azuloso".

En esa trilogía, Gaviria lleva a cabo los postulados defendidos en "Las latas en el fondo del río", una suerte de manifiesto escrito junto con Luis Alberto Álvarez en 1982 y republicado en 2003, en el que se destaca la necesidad de producir un cine en provincia posicionado, atento a la rugosidad de los lugares.[50] O, para usar el lenguaje de las crónicas, practica un cine que hace ver que el supuesto campo, al fin de cuentas, nunca es tan verde:

> Nuestro cine y nuestra televisión han sido sedentarios en el sentido de creer que entre el que mira y lo mirado no debe oponerse ningún obstáculo, que lo filmado debe estar lisa y obedientemente ante la cámara, sin asperezas, sin perfiles, sin espaldas, dando educadamente la cara. Más que sedentarios, es la negación de que hay lugares que atravesar, espacios que se diferencian y se interponen. Es simplemente la creencia y el mito del espacio liso, sin obstáculos, siempre de frente, de cara al espectador, como los actores frontales y sobreiluminados de una telenovela o la cara inexpresiva de un locutor de noticiero (Gaviria y Álvarez 2003, 37).

Esta carencia de posicionamiento o este rechazo de las particularidades espaciales, explican Gaviria y Álvarez (33), hace que las cosas sean "intercambiables, que [sea] lo mismo un lugar que otro, un objeto que otro, una persona que otra". Esta negación, asimismo, aplana —"Todo es intercambiable" (34)— y termina borrando "la conciencia de estar mirando, desde un punto preciso, una constelación de cuerpos reales, cada cual con su extraño derecho a no ser arrasado, a poner resistencia" (37). Por eso, el cine en provincia, explican al unísono, no puede desechar la presencia del espacio y su complejidad, aun cuando hable de y muestre la violencia. Por el contrario, debe indagar en "el aire, los arbustos, las barandas, las puertas o los innumerables cuerpos que rodean a un actor" (37) para resaltar, no su carácter representacional, sino el

---

50 "Las latas en el fondo del río" se publicó en la revista *Cine 8* en 1982 (mayo-junio), pero luego fue reproducido en la revista *Kinestocopio* en el 2003, de donde tomo las citas. Una versión completa del texto está en *Geografía virtual*, la página web de Julián David Correa. "Las latas" critica puntualmente la centralidad de la capital en el cine colombiano: "Bogotá ha sido constituida por designio, no de la divina providencia sino de claros y precisos intereses políticos y burocráticos, en lugar único e inamovible para todo el que en este país desee emprender algo". Rufinelli (2004, 32), por su parte, también trabaja en detalle este manifiesto de Gaviria.

hecho de que "se bastan a sí mismos" (33), obligando, por lo tanto, al espectador a relacionarse "conflictivamente con la imagen", "separándose y acercándose", obstaculizando lo que ve (37).

De este modo, los lugares que van plasmándose complejizan la monotonía del color verde y van dando paso a un "mundo inconstante y voluble, como una novia infantil. Discontinuo…", dice en "Las lejanas lecciones" (Gaviria 2022, 97), donde van surgiendo una serie de imágenes y sensaciones que se concatenan y se entrelazan y que van entrando y enlazándose "como una mano que saluda" (96). O, como explica en "El transeúnte que saluda" (125-127), lo importante a rescatar no es la fijeza del niño que está detrás de la reja de un jardín, sino su capacidad de mirar "la multiforme y femenina vida de un barrio a través de la reja de un jardín", es decir, su capacidad de "entrecerrar los ojos hasta hacer las pestañas dos rayas sombrías" y desde allí "observar la vida que les sucede a los fugaces transeúntes", sabiendo que "lo que sucede es casi nada, pequeñas emociones, esperas, personas adultas que pasan frente a él", pero que, sin embargo, le permiten al niño fundar, "necesita fundar", "la leyenda de la acción". Desde ese puesto "tras la reja", situado en su Medellín del tríptico, Gaviria nos hace ver que, en provincia, también hay un mundo que pasa y que no se queda quieto, porque nunca es, a la larga, ni tan verde ni tan estrecho, aunque sea violento.

Si Gaviria rompe con la monotonía del color, las crónicas y sus películas abren también un mapa sonoro que se sale de la neutralidad del lenguaje para practicar las particularidades de un habla que pluraliza las entonaciones y la fijeza del castellano estandarizado. O como hace ver en la crónica "El lenguaje de la piscina":

> Dentro de algunos años […] escucharemos, allí en la pantalla, todo lo que ahora oímos sin prestarle atención: canciones de escuela, ruidos de patio, declaraciones de novios en los barrios, pronunciaciones llenas de tics de los profesores de colegio, las calles empinadas de los suburbios recorridas a las seis por un murmullo alegre que va azulándose… Y, sobre todo, la deliciosa dicción de las muchachas del servicio, una dicción de tierras bajas, costeñas…
>
> Toda esa región de palabras y sonidos que son ahora tierra muda. (Gaviria 2022, 89)

> Algún día, pienso, escucharemos en la pantalla las palabras menores. El ronroneo de los camiones que marchan por la autopista hacia la costa, las luces amarillas que avanzan hablándose en voz alta. (92)

Una tierra muda que se torna sonora en el llamado "tríptico de Medellín", un tabú que, como plantea en "Las latas en el fondo del río" (Gaviria 2003, 39), se rompe porque se deja de lado esa "forma de hablar artificial", una suerte de "esperanto" que sale de la televisión bogotana, para dar paso a un habla que se reconoce y que se practica. Así, Gaviria, como observa Rufinelli (2004, 27), "desarrolla la capacidad de escuchar", ya que "en vez de desechos, él descubrió y entendió" la pluralidad de las prácticas, de los modos de decir. Suárez (2010, 81), por su parte, en su análisis del tríptico observa que ese mapa sonoro que se despliega en las películas "privilegia la forma de hablar de sus actores conocida como parlache, [el] registro lingüístico que era casi exclusivo de *pistolocos* y sicarios en los comienzos de los ochenta", lo cual provoca que el espectador, aun el hablante de español, deba "descifrar y traducir las expresiones más comunes del parlache".[51] A lo que por mi parte agregaría, Gaviria, al ponernos frente a esas palabras menores, nos saca de la fijeza de lo verde para hacernos escuchar un mapa sonoro, hecho de acentos y tonadas, un mapa que nos acerca a la violencia mostrándola con toda su fuerza, pero también a la entonación de ese "lenguaje de la piscina" que él también nos ayuda a sentir. De este modo, el verde se llena de matices, mientras que los lugares de la provincia se conjugan en sonoridades en plural, porque los límites que marcaban los "vicios orgánicos" de Sarmiento poco o nada ya tienen para decir. Y podría agregarse que esta es, a grandes rasgos, la lección que se aprende cuando se renuncia al campo y a los relatos que lo codifican, cuando se sale a explorar lugares plurales que solo comparten el estar en provincia.

---

51 Suárez (2010, 84) luego nota que "la extrañeza (o la violencia lingüística) ante el parlache fue menor ante la exhibición de *Sumas y restas*, pues telenovelas, narrativas, canciones y habla popular han ido incorporando este lenguaje en lo cotidiano. [...] Ese lenguaje que incomoda en las películas de Gaviria de pronto se ha hecho normativo [...]", lo que "señala cómo los valores del narcotráfico [...] se fueron haciendo normales".

La provincia como condena

Hay algo de cierto en esos "vicios orgánicos" que observa Sarmiento en Chivilcoy, sobre todo, si por "vicios orgánicos" se entienden las maneras persistentes de nombrar las provincias aún hoy. Después de todo, más allá del supuesto "giro", más allá de los neorruralismos y de los diversos descubrimientos, la provincia sigue siendo conceptualizada críticamente desde paradigmas de lectura que refuerzan categorías binarias y restringidas y que no sirven para pensar la explosión de espacios provinciales que se están dando en el presente. Es más, a pesar de esa explosión, y aquí habría una contradicción irresuelta, todavía se sigue juzgando la provincia en tono peyorativo y, hasta diría, condescendiente. O, en palabras de Mario Verdugo (2022, 22):

> No estaría de más preguntarse qué pasaría si la mitad de las monstruosidades o bellaquerías que hasta hoy se predican sobre los sujetos de provincias se dijeran de un afrodescendiente, un judío, un mapuche o una mujer. Lo provinciano es todavía una otredad condenable con total impunidad, una otredad demasiado ligera, por ejemplo, para los paladines poscoloniales o para las conciencias espabiladas que promueven las leyes antidiscriminación.

Con la ironía que lo caracteriza, Verdugo muestra la persistencia de una narrativa que concibe a la provincia solo como condena, en la doble acepción que, como ya he mencionado, la palabra tiene en castellano: como sentencia jurídica que implica un castigo y como destino fatal, trágico. Basta leer con detenimiento los programas de ciertos congresos internacionales para corroborar que la provincia y lo provinciano mantienen su estatus de mala palabra. Tan es así que un día, en un congreso de literatura, un colega me dijo sin reparos frente a mi insistencia en pensar esos espacios: "Ustedes, los provincianos, no pueden sacarse la provincia de encima". La frase condensa, en mi opinión, la inevitabilidad de la condena a la que se nos reduce a los provincianos o, por lo menos, a los que trabajamos con dichos espacios. Digamos que a la provincia y a lo que se inscribe como provinciano se los ve todavía como la representación de un cierto localismo pobretón.[52] Algo de todo esto se lee en *Hija ilustre* de Bernardita Olmedo (2022, 9), un texto híbrido de memorias en el que la narradora se pregunta una y otra vez si la provincia no constituye, en realidad, el espacio del que uno/a se quiere siempre ir: "Ser de provincia. Ser sureña. Ser de acá", afirma, para luego del silencio implícito en el punto y aparte decir sin vueltas y a continuación de la preposición adversativa, "Pero siempre me quise ir".[53] Un ser que es un estar en salida, propone Olmedo, abierto y en búsqueda de algo más, como si se construyera en ese salirse una liminalidad de la cual no hay afuera. Un espacio que, precisamente por estar abierto, nos constituye; es decir, que está siempre presente aun en la ausencia, que es, en definitiva, como Olmedo concluye su precioso texto. Por eso, en la frase final de *Hija ilustre* acepta lo que sabe cierto: "Un pueblo que no nos suelta" (100) se levanta como un modo de conjugar la paradoja que constituye la provincia más allá de la condena. Un modo de reapropiarme de lo que mi colega me tiró quizá como un insulto, pero que aquí revindico como un modo de estar y de conceptualizar. Por todo esto, no puedo dejar de preguntarme si es acaso posible hacerle justicia a un lugar tan estigmatizado. O, mejor dicho, ¿es posible pensar la provincia fuera de la condena, fuera del provincialismo, de la condescendencia?

La provincia como condena, la provincia como mala palabra. Mucho de esto hay en *Humo hacia el sur*, la novela de Marta Brunet (1946) en la que crea, como observa María Eugenia Brito (2000), un pueblo imaginario y sin nombre en el sur de Chile "que funciona como metáfora de la precariedad de los sistemas político-culturales de las

---

52 El hecho de seguir escribiendo y publicando en español, cuando la preponderancia del uso del inglés se ha vuelto hegemónica en la academia latinoamericana en los Estados Unidos, reafirmaría, para algunos, mi participación en ese espacio que no puedo sacarme de encima.

53 *Hija ilustre* pertenece a la colección Surcos del territorio, de la editorial independiente La Pollera, de Santiago de Chile, que publica "obras de no ficción que narran la experiencia de crecer en algún pueblo o ciudad de la provincia" (contratapa). Debo a María José Navia la referencia y los libros de la colección que me trajo en su valija.

pequeñas provincias" y donde se presentan, de acuerdo con la crítica, "vidas mínimas presionadas por los códigos represores y autoritarios provenientes de un sistema feudal".[54] A primera vista, la novela es eso: un espacio opresivo que pinta lo peor de la provincia, ya que en ella se detalla, de modo descarnado y directo, la rigidez de ese espacio al que se describe como sentencia. Tan es así que ese pueblo sureño, pegado a la cordillera y limitado por un puente trunco, incompleto, que lo encierra, se perfila como un núcleo autosuficiente donde se exhiben las características consabidas del provincialismo: el apego al terruño, el estancamiento, la negación al cambio, los chismes lapidarios, la rutina repetitiva y la férrea jerarquía social de una oligarquía local que se arrincona en su fundo. Es más, el pueblo mismo se inscribe —apelando a un determinismo claustrofóbico— como un reflejo mimético y directo de una voluntad de poder. El pueblo es, por lo tanto, el resultado del accionar de doña Batilde, su fundadora, quien procede a diagramarlo sobre sus tierras como si fuera "la copia perfecta de su alma despiadadamente geométrica, en la que la simetría era una forma de la ferocidad rampante y la posesión un acto de dominio" (Brunet 1946, 21). Así, el plano mismo del pueblo —configurado en grilla de "monótonas calles" de "idénticos cuadriláteros", donde se desperdigan las mismas casas de madera y "una plaza, en el medio" (21)— fija un sistema de equivalencias en el que todo está ya predeterminado y el lenguaje solo viene a reflejar esa realidad preestablecida de modo directo.

La cerrazón y la inmovilidad de la provincia se hacen aún más palpables en el modo como la novela diagrama los límites del pueblo.[55]

---

54 La obra de Brunet ha sido recuperada y revalorizada en Chile a partir de la década de los noventa. Fundamentales son los estudios de Kemy Oyarzún, María Eugenia Brito y Natalia Cisterna. La Universidad de Chile y la Universidad Alberto Hurtado publicaron sus *Obras completas*, en dos tomos (2014 y 2017), a cargo de Cisterna. El Comité Marta Brunet de la Universidad de Chile, a la que Brunet legó sus derechos, promueve su obra.

55 Esta cerrazón monótona y repetitiva del pueblo se evidencia, a su vez, en las rutinas de la clase alta, cuyos miembros solo se visitan entre sí, imposibilitando la fluidez con otros habitantes del pueblo: doña Batilde frecuenta casi diariamente a María Soledad mientras que sus respectivos esposos, Juan Manuel de la Riestra y Ernesto Pérez, también se relacionan.

Precisamente, el pueblo de doña Batilde, que colinda con la cordillera, termina de modo abrupto en "un tajo" "ancho y profundo", "por cuyo fondo corrían tumultuosas las aguas del río" (23), y por sobre el cual "se alzaba ya incompleta la estructura de un puente". Un puente a medio hacer, paralizado y transformado en un muñón, que enfatiza, sin duda, la condena de vivir bajo la opresión conservadora, la inmovilidad rutinaria de los que viven adentro. O, en palabras de Brito (2000), un puente que simboliza "un lugar 'entre' las poblaciones rurales conservadoras y oligárquicas del sur de Chile y las ciudades [del norte] movidas por el afán progresista liberal de las tendencias laicas, modernizadoras", pero que, al estar incompleto, se yergue como un símbolo de "una geografía significativamente enclaustradora y, por ello, castradora". Después de todo, tanto el "tajo" sobre la tierra como el puente "manco" (Brunet 1946, 33) convierten al pueblo en "un puño" (193), una imagen que apuntala y sintetiza la narrativa de la provincia como un lugar sin salida, como un destino trágico del que no hay escapatoria. Este destino fatal del provincialismo se reafirma, a su vez, en el desenlace de la novela, donde se presenta la ineludible terminación del puente en un futuro cercano que hará realidad la sentencia que los habitantes murmuran y saben: "el día que se termine, se termina el pueblo" (33). De este modo, la apertura ya inevitable provoca el desencadenamiento de una serie de hechos trágicos que culminan con la destrucción del pueblo por un gran incendio, causado por doña Batilde, quien termina suicidándose (se tira por el tajo) cuando comprende que el pueblo, al abrirse, dejará de ser el centro de su poder.[56]

El tajo sobre la tierra, el puente sin terminar, el suicidio de quien se niega a cambiar, la destrucción frente a la apertura del progreso vendrían a corroborar, entonces, la narrativa de una provincia siempre cerrada en sí misma y condenada a repetir, sin muchas variaciones, las características deterministas que le correspondería articular. Es esta

---

56 El pueblo, tal como lo presenta la novela, es un umbral y una "encrucijada de caminos" que absorbe las riquezas de las provincias del sur que deben "pasar" por él para llegar a la capital (Brunet 1946, 61-62). El hecho de que el puente se mantenga sin terminar enfatiza aún más el poder del pueblo como punto de contacto.

supuesta fijeza que *Humo hacia el sur* inscribe la que llevó a la crítica tradicional, de acuerdo con Kemy Oyarzún (2000), a leer la novela como un ejemplo más del criollismo: "Recordemos que se la ha considerado 'criollista' o regionalista con toda la desvalorización cultural asignada a esos términos, en particular a partir de ciertas vanguardias".[57] A Brunet, precisamente, se la ha leído dentro de esta tendencia criollista, verosímil y realista, apegada a lo local y a los proyectos rurales y, por estas razones, Ángel Rama (2013, 42) la considera la "última representante del regionalismo", anterior a la transformación narrativa de los transculturados ejemplificados por Juan Rulfo y José María Arguedas. Es esta caracterización de regionalista la que se lee en clara contraposición a la otra tendencia representada por la obra de María Luisa Bombal en la que se resalta, según observa Oyarzún (2000), el "'vuelo' poético y [de] raigambre modernista" que "remitía a proyectos estéticos urbanos" y "preconizab[a] una narrativa intimista" de tono surrealista.

Una dicotomía férrea se crea, entonces, entre ambas escritoras: a la narrativa de Brunet se la encierra dentro de un canon localista de "literatura de espacio", mientras que a la de Bombal se la piensa como "una literatura de lenguaje" y, por ende, cosmopolita. Un binarismo, aclara Oyarzún, que reaviva en Chile "la antigua dicotomía latinoamericana entre 'rulfianos' y 'cortazarianos', reduplicando polémicas de épocas y lugares dispares". Desde esta lectura binaria, los roles son claros: a Bombal se la lee "a partir de coordenadas 'cosmopolitas', con un proyecto

---

57 Oyarzún (2000) se encarga de desmitificar el criollismo simple de Brunet en su artículo "Género y canon: la escritura de Marta Brunet" con el que dialogo. Berta López Morales (1999) analiza la historia de la recepción crítica de su obra y presenta *Humo al sur* dentro del contexto de "la polémica entre los criollistas y los imaginistas" y de la demanda de los primeros de producir una literatura que mostrara la realidad rural, el paisaje y los personajes típicos de la provincia. López Morales adhiere a la división presentada por Carlos Moreno, quien observa "dos etapas [...] la primera llamada criollista abarcaría desde *Montaña adentro*; *Bestia dañina*; *María Rosa, flor de Quillén*; *Bienvenido* y *Reloj de sol*. La segunda comenzaría con *La mampara*, luego *Humo hacia el sur*; *Raíz de sueño*; *María Nadie* y, finalmente, *Amasijo*" (citado en López Morales 1999). Remito también al estudio de Brito (2004) "La pertenencia histórica de Marta Brunet".

cultural supuestamente orientado al surrealismo", mientras que "la chillaneja parecía más arcaica, más provinciana, más conservadora". Oyarzún, por su parte, rechaza esta lectura y nos hace ver cómo la crítica tradicional construye entre Brunet y Bombal una divisoria de aguas, una canonización "bipolar", que se asemeja mucho al tajo y al puente manco de *Humo hacia el sur*, ya que entre ambas no es factible un diálogo, ni siquiera un pasaje.[58]

¿Cómo superar, entonces, esta dicotomía que fija a Brunet fuera de la supuesta modernidad de Bombal? O, ¿cómo leer *Humo hacia el sur* sin caer en la trampa de considerarla solo como una expresión que ilustra la provincia como retraso y como condena? ¿Por qué no leer hoy la novela como lo propone la propia Oyarzún, es decir, fuera del mito de la "naturalidad del lenguaje directo" y de la supuesta referencialidad estanca de un realismo localista y mimético? Para superar este modo binario de leer y continuar, por lo tanto, con la sagaz lectura de Oyarzún, propongo pensar las imágenes de la novela (el tajo, el puente a medio hacer, el pueblo-puño, el puente muñón) como una reflexión crítica que desnuda los modos bipolares de canonización que restringen lo provincial a la condena. Es decir, propongo pensar *Humo hacia el sur* no solo como una narrativa que muestra la condena de la provincia, sino como una que señala esos modos atávicos y restringidos de leerla, ya que la novela despliega, junto con la rigidez de doña Batilde, un uso del lenguaje que se aparta de la mera referencialidad, puesto que hay que salirse de la trampa de que el lenguaje oral escrito es un referente natural. Como explica la propia Oyarzún, hay que pensar que dicha oralidad dialectal que Brunet maneja es también una "enunciación literaria", un constructo escritural.

Además, en *Humo hacia el sur* se advierte otro uso del lenguaje que debería resaltarse. Me refiero a toda una poética en torno a la infancia y los juegos —visible en el personaje de Solita— junto con una poética

---

58 Para Oyarzún (2000), esta divisoria de aguas implica, a la vez, la lectura de una progresión en la obra de Brunet que la crítica, acertadamente, contesta: "Desde las coordenadas canónicas, la literatura de Brunet solo se 'moderniza' a partir de *Raíz de la tierra*, aquí es donde el lenguaje cambia de giro, supuesta adaptación estándar al uso dialectal urbano".

del vacío y del dolor —articulada, sobre todo en el capítulo tres, por Pedro Molina— que, leídas desde las demandas del criollismo, se dejan de lado, porque resuena allí un lenguaje lírico e intimista, trabajado, que se despega de la directa referencialidad de lo local:

> Ella es un árbol, se ha convertido en un árbol. Tiene un nido sobre el hombro y en los dedos le cantan las hojas. Está llena de ramas, de pájaros, de secretos mensajes. Sus raíces se hunden en la tierra entre claras vetas de agua, raíces que llegan hasta más debajo de siete estados de tierra, justo donde los enanos se afanan separando por montones las piedras preciosas. Ella es el árbol que canta, el pájaro que habla y el agua de la vida. (Brunet 1946, 78)

Desde Pedro Molina y desde Solita, *Humo hacia el sur* se abre fuera de la referencialidad de un realismo inocente y posibilita la construcción de una narrativa que saque a la provincia del determinismo de la condena. Precisamente, la lectura que hace Oyarzún de Brunet propone dejar de lado la canonización bipolar y parteaguas de la crítica tradicional, esos "tajos" infranqueables en mi lectura, para pensar "la cultura en términos más flexibles y móviles" y desmoronar "los dualismos excluyentes de este rígido fresco". Un modo, dice Oyarzún, que permita que "los matices empiecen a aflorar". Un modo, en definitiva, que se sintetiza a través de una serie de preguntas que, más allá de la referencia a la supuesta universalidad que rechazo, reafirman el itinerario de mi propio proyecto: "¿Por qué imaginar el supuesto 'regionalismo' de Marta Brunet en oposición rígida al 'universalismo' de María Luisa Bombal? ¿Es que no se puede pensar cierta universalidad (dinámica, histórica y pluralista, por cierto) precisamente asumiendo la riqueza y complejidad de lo local?", nos lanza Oyarzún abriendo un puente entre esos dualismos estancos que separan y enfrentan, como si fueran dos orillas opuestas.

Esta desvalorización persistente de la provincia que Oyarzún expone en su lectura de la tensión entre Brunet y Bombal me lleva ahora a revisar la polémica entre Julio Cortázar y José María Arguedas que se da entre 1967 y 1971. En ella, el escritor argentino sentencia (uso este verbo a propósito) a la provincia y, por extensión, a los provincianos, al destino trágico de conjugarse como sinónimo de "lo estrecho, lo parroquial y hasta diría lo aldeano" (Croce 2006, 171).[59] Un destino que lleva a los provincianos a quedarse pegados a la cerrazón de lo particular, al color local y a todo aquello que no es cosmopolita. Tal como la visualiza Cortázar, durante esa polémica, la provincia solo se identifica con la escritura regionalista, entendida esta como un intento por reflejar y fijar (y otra vez, uso estos verbos a propósito) la realidad auténtica del pago chico. Las palabras de Cortázar en la "Carta a Roberto Fernández Retamar" (Croce 2006, 172), considerado como el texto que da inicio a la polémica, son claras al respecto: los provincianos, afirma de modo rotundo, "se obstinan en exaltar los valores del terruño contra los valores a secas, el país contra el mundo, la raza (porque en eso se acaba) contra las demás razas". Los provincianos, en definitiva, están condenados a trabajar un archivo de relatos e imágenes precisos pero reductivos que reproducen los contornos físicos de un entorno geográfico.

La respuesta de Arguedas, reivindicadora de la provincia y de lo provinciano, no se deja esperar y en 1968 publica, en la revista *Amaru*, un anticipo de lo que luego será el "Primer diario" de *El zorro de arriba y del zorro de abajo* ([1971] 1992), su libro póstumo. En ese "Primer diario", Arguedas se presenta como un "escritor provincial" (18) frente a don Julio, a quien cataloga como un "escritor profesional" y arrogante

---

59 La polémica Arguedas/Cortázar abarca una serie de textos que se fueron publicando desde 1967 hasta 1971 en diferentes medios. Comienza con la "Carta abierta a Roberto Fernández Retamar" de Cortázar en *Casa de las Américas* en 1967 (Croce, 2006), luego incluida en *Último round*. Arguedas le contesta en 1969 con un texto publicado en la revista *Amaru*, que forma parte del "Primer diario" de *El zorro de arriba y el zorro de abajo* publicado póstumamente en 1971 (Arguedas, 1992). Por su parte, Cortázar vuelve sobre el tema en la entrevista que sale en la revista *Life en español* titulada "Julio Cortázar: un gran escritor y su soledad" (1969). Arguedas le contesta con otro texto en *Amaru* titulado "Inevitable comentario a unas ideas de Julio Cortázar" también de 1969 (Croce, 2006). Una vez publicado *El zorro...*, las críticas de Arguedas a Cortázar se despliegan tanto en el "Primer" como en el "Tercer diario". En *El zorro...*, hay críticas fuertes que no se limitan solo a Cortázar, ya que Arguedas "habla con audacia" (1992, 14) también de Carpentier, Fuentes, Lezama Lima y Vargas Llosa, mientras que rescata a Rulfo, Vallejo, Guimarães Rosa, García Márquez y Nicanor Parra. Marcela Croce (2006) recoge los textos mencionados en *Polémicas intelectuales de América Latina*.

"que de veras cabalga en flamígera fama, sobre un centauro rosado" (173). Es más, en ese "Primer diario", Arguedas afirma orgulloso: "Soy provinciano de este mundo" (174). En el contexto de la polémica, tal como lo conjuga Arguedas, lo provinciano debe entenderse, en primer lugar, como un modo de rechazar la profesionalización y mercantilización que le achaca a su contraparte, don Julio. De este modo, escribir "provincialmente" significaría separarse de esa escritura "que se ha aprendido y se ejerce específicamente, orondamente para ganar plata" (Arguedas 1992, 18). Tal como la define Arguedas, la escritura provincial presupone un estar por fuera del mercado y de las modas editoriales, porque se la practica apegada a la cultura local y es, por ende, fiel a la experiencia y a la vida (la afición por el terruño que le reclama Cortázar). Explica Arguedas: el escritor provincial escribe "por amor, por goce y por necesidad, no por oficio [...] para interpretar el caos y el orden" (18). Ahora bien, en Arguedas, el caos y el orden que el escritor provincial debe conjurar, más allá del profesionalismo del mercado, están íntimamente relacionados con la realidad cultural del Tawantinsuyo y con la necesidad que siente de "recuperar el vínculo con todas las cosas" a través de la escritura de lo propio (7). Es, precisamente, este apego o fidelidad a la cultura local la segunda característica que Arguedas reivindica para la escritura provincial y la que termina, en definitiva, separándolo de los cronopios "universalistas" de don Julio. Así, Arguedas elabora su estética en torno a esta experiencia de lo local, ya que considera al Perú "una fuente infinita para la creación" (285), en cuanto que es a partir de ese aquí y en ese aquí —"incluso sin movernos de ese aquí mismo" (258)— donde se conjugan un "lenguaje artístico" (257) y una epistemología que "claro, tiene, como el [saber] predominantemente erudito, sus círculos y profundidades" (174).

Como bien señala Javier García Liendo (2017, 99-100), Arguedas construye una tradición intelectual que entiende a la provincia "como un locus de reflexión e intervención" y en la que incluye a José Carlos Mariátegui y a la revista *Amauta*, a la que ve como "un espacio que interconecta diversas provincias del Perú" (103). Lejos de promover un provincialismo estático y esencialista, García Liendo hace ver en su estudio cómo Arguedas rechaza tanto "una cultura nacional homogénea con matriz en el castellano y la cultura criolla de la costa" que implicaba "la asimilación indígena y la pérdida de la cultura local" (115), como el aplanamiento y, por ende, la unificación de dichos mundos provinciales bajo discursos y prácticas meramente homogeneizantes e integracionistas. Por el contrario, Arguedas "tiene como clave la interconexión, no la homogenización" (115) y cree, dice García Liendo, en "el poner en contacto, hacer chocar, las diversas culturas locales", ya que su concepción de la cultura nacional es, precisamente, afirmar la interconexión entre las provincias (115). De este modo, Arguedas postula, según García Liendo, un mundo andino "en plural", interconectado, es decir, "como un conjunto social y dinámico, en continuo proceso de migración, interconexión y transformación", con lo cual "cuestiona así la imagen característica en las ciudades de la costa, de un mundo andino estancado y atomizado" (135).

Esta defensa de lo provincial lanzada por Arguedas —y que golpea a Cortázar tanto por su inserción en el mercado, por su técnica narrativa, como por los temas y la perspectiva adoptada— no ha logrado, sin embargo, imponerse ni subvertir la carga negativa que aún mantiene ese espacio cuando se lo sigue caracterizando como un discurso representativo de lo parroquial. Es más, a primera vista y sin tener en cuenta la lectura de García Liendo, pareciera que Arguedas y su defensa de la provincia confirman y ejemplifican cabalmente la crítica que le hace Cortázar. Después de todo, Arguedas (1992, 21) se regocija en armarse desde un cierto antiintelectualismo —no comprende el *Ulysses* de Joyce, confiesa— mientras que define su propia escritura desde un cierto referencialismo esencialista apegado a lo local, a eso "intocado por la vanidad y el lucro", como lo son, por ejemplo, "algunas fiestas de los pueblos andinos del Perú" (13). Así, en Arguedas, hay una reivindicación del trabajar/escribir *in situ* (Croce 2006, 199), un preocuparse por defender lo que particulariza la experiencia de su lugar, como si quisiera dejar claro que su escritura se liga íntimamente a una vivencia, a un conocimiento subjetivo del mundo. Asimismo, hay en él un rechazo directo y explícito a la perspectiva de "los cortázar" —lo escribe con minúscula—, que reclaman el distanciamiento como necesario para poder ver y leer lo propio: "a veces", escribe Cortázar (1969, 54) en la revista *Life*, "hay que estar muy lejos para abarcar de veras un paisaje".

A simple vista, el tono de la polémica parece provocar una división tajante e irreconciliable entre ambos escritores, semejante a la que la crítica tradicional de Chile establece entre Marta Brunet y María Luisa

Bombal, basada en una valoración estanca y binaria que fija el regionalismo y el provincianismo como fuerzas equidistantes del universalismo y del cosmopolitismo. Como lo ha planteado ya Mabel Moraña (2006b, 113), la polémica trasciende a los participantes y termina dividiendo las aguas entre los escritores "apegados al sustancialismo regionalista" y los cosmopolitas, entre los cuales se alinea por supuesto Cortázar. Desde su perspectiva, quizá lo más relevante haya sido que la polémica demarca cuál de los dos grupos termina ganando la partida del prestigio intelectual (113).[60] Luego de la lectura de Moraña, parece fútil volver a detenerse en la polémica; sin embargo, creo que es necesario volver a revisarla. En mi opinión, dicho intercambio marca un momento de quiebre en el que se desechan (de nuevo) la provincia y lo provinciano como irrelevantes, para articular, en cambio, una narrativa (moderna) que tiende a reducir la producción cultural de América Latina a los centros identificados con las capitales nacionales o con las grandes megalópolis (Río, San Pablo), pero que borra o relega a un localismo identitario y étnico lo producido en otros espacios culturales, a veces como si no existieran. De este modo, el cosmopolitismo se afianza como una práctica discursiva exclusiva de ciertos espacios urbanos, volviéndose, por lo tanto, excluyente y restrictiva, ya que esta termina reduciéndose a ciertos paradigmas estancos y preconcebidos en vez de pluralizarse. Dentro de este sistema binario, la provincia no tiene otra opción más que transformarse en residuo regionalista, es decir, identificarse con la referencialidad del terruño narrado desde una retórica realista.

Hay que volver, entonces, a revisar la polémica para leerla más allá de estos binarismos estancos y para ahondar en esas "convergencias ocultas en el nivel profundo" entre ambos escritores que Ana María Barrenechea (1997, 523) señala cuando revisa la polémica en 1995, pero que no termina de explorar en su estudio. En otras palabras, es importante

60 Ya en el "Primer diario" hay inscripta una axiología que reitera esta partición de aguas que menciona Moraña y que, a su modo, Cortázar también reivindica. Arguedas (1992, 12-13, 18, 178) coloca su escritura junto a la de Juan Rulfo, João Guimarães Rosa y Gabriel García Márquez, y relega al bando profesional y cosmopolita a don Julio, Alejo Carpentier, Mario Vargas Llosa y Carlos Fuentes.

pensar cómo esas "posiciones en parte radicalmente diferentes" (523) inscriben puntos de diálogo y una zona de pasajes, ya que no todo en la polémica constituye un parteaguas. Entre otras cosas, Arguedas (1992, 21-22) le dice a Cortázar lo siguiente: "Todos somos provincianos, don Julio. Provincianos de las naciones y provincianos de lo supranacional que es, también, una esfera, un estrato bien cerrado, el del 'valor en sí', como usted con mucha felicidad señala". Y luego insiste en afirmar su provincialismo usando una frase que quisiera resaltar, ya que a través de ella puedo empezar a pensar esas "convergencias" de las que habla Barrenechea. Escribe Arguedas: "Hasta podemos hablar, poéticamente, de ser provincianos de este mundo" (22). Don Julio, está de más decir, no acepta ese "provincialismo" y el regionalismo a secas y sigue empecinado en defender esos valores cosmopolitas que, como nota Moraña, presuponen un universalismo de corte sustantivo. Cortázar, en definitiva, no ve que el provincialismo que rescata Arguedas es una epistemología y un lenguaje poético que lo sitúa en una práctica cultural "local" si se quiere, pero que, por sobre todo, desplaza y contesta categorías totales, fijas y homogeneizantes, que le imponen la colonialidad de saber. De ahí que, frente a la unidad de lo nacional, de lo supranacional y del valor en sí, Arguedas se pluraliza y se desplaza en lo provinciano. Se podría decir que con ese gesto abre la unicidad del saber y del estar cosmopolita moderno que Cortázar propone como substancia y, por lo tanto, paradójicamente como condena, aunque sea de otro tipo.

No obstante, en el texto que escribe para *Life en español* respondiendo las preguntas que le hiciera Rita Guibert, Cortázar comienza a abrir lo que antes ha cerrado, ya que sutilmente ve un posible cruce entre provincia —aunque, por supuesto, para él, sigue siendo una mala palabra— y esos valores universales que, según él, permanecen fijos. Así, frente a ese "todos" de la frase de Arguedas que lo involucra a él también en esa provincia que enfáticamente rechaza, Cortázar (1969, 55) responde del siguiente modo: "De acuerdo; pero menuda diferencia entre ser un provinciano como Lezama Lima, que precisamente sabe más de Ulises que la misma Penélope, y los provincianos de obediencia folclórica para quienes las músicas de este mundo empiezan y terminan en las cinco notas de una quena" (55). La apertura también puede leerse, en ese "señor que jamás salió de su barrio de Buenos Aires y que sabe más sobre André Breton, Man Ray y Marcel Duchamp que cualquier crítico europeo o norteamericano" (55) que Cortázar dice conocer. Y "cuando digo saber [aclara] no me refiero a la fácil acumulación de fichas y libros, sino a ese entender profundo que usted busca con relación al *Ulises*, esa participación fuera de todo tiempo y de todo espacio que se entabla o no se entabla en materia literaria" (55).

Al apelar tanto al señor culto de Buenos Aires como a Lezama para desarrollar un acercamiento a lo provinciano que nada tiene que ver con la cerrazón del terruño, Cortázar acepta, a su modo, que la provincia puede ser una categoría vacía y vaciada que puede y debe ser resemantizada. Como si le dijera a Arguedas: soy provinciano siempre y cuando se pueda redefinir la provincia de este otro modo. Sin embargo, como para Cortázar la provincia es sinónimo de terruño, mera referencialidad y falta de técnica narrativa, la apertura que apenas abre se cierra, ya que no hay posibilidad de pensar otra opción fuera del cosmopolitismo universalista y eurocéntrico del exiliado que defiende en la polémica para llegar a ese "entender profundo" que reclama "la materia literaria". En esta valoración, Cortázar no nota que deja lo europeo como la vara desde la cual juzga y evalúa todo. Tampoco puede ver que el cosmopolitismo tal como lo piensa se vuelve universalista, normativo y excluyente. Y como quien dice, arma otro tipo de condena. Por eso, no puede aceptar el juego inclusivo que le propone Arguedas desde el "todos" y opta, directamente, por separarse de esa proyección. En definitiva, para Cortázar (1969, 54), los provincianos siguen aferrados a esos "complejos regionales" tan característicos de los escritores "sedentarios" que "hacen su obra sin apartarse, como dice el poeta, del rincón donde empezó su existencia" porque están empeñados en repetir una "reafirmación enfática de permanencia *in situ*". Así, la apertura que Cortázar ve en Lezama es derivativa de su participación en la "república cosmopolita de las letras", ya que es esta la que le permite alejarse de los "complejos regionales" tan característicos de los "escritores sedentarios". O, dicho de otro modo, Lezama es Lezama porque, al igual que el señor de Buenos Aires, ha logrado trascender su localismo para ponerse a conjugar ese lenguaje que es de todos aquellos que han sabido abrirse fuera "del rincón donde empezó su existencia" y de las cinco notas de una quena. Podría decir que, para Cortázar, lo que permanece inalterable es esa totalidad universalista que él identifica con lo europeo y occidental.

¿Dónde está la apertura en Cortázar que flexibiliza la rigidez que le atribuye a la totalidad cosmopolita? ¿Dónde se puede ver una salida que lo saque de esa condena universalista que ha armado? Sin duda, la apertura de Cortázar, tal como se conjuga en la polémica, es factible de realizarse en su defensa de la poética del exilio, de esa lejanía que reclama para ver lo propio y para "abarcar de veras un paisaje", sobre la que volveré más adelante.[61] Pero también la apertura a la condena que ha construido por defender una supuesta universalidad estática se inscribe en su definición de la "autenticidad en la literatura latinoamericana" y en su modo de leer el Macondo de Gabriel García Márquez, tal como lo plantea en el texto que publica en *Life en español*. Escribe Cortázar (1969, 55): "García Márquez sabe como nadie que el sentimiento de lo autóctono vale siempre como una apertura y no como una delimitación". Y luego continúa: Macondo "es increíblemente colombiano y latinoamericano porque además es muchas otras cosas, viene de muchas otras cosas, nace de una multiforme y casi vertiginosa presencia de las literaturas más variadas en el tiempo y en el espacio", es decir, Macondo es autóctono porque narra eso que se reconoce como propio y porque se abre y no se queda fijo. O, dicho con las palabras de Arguedas (1992), porque logra plasmar una poética provinciana, es decir, un "lenguaje artístico" (257) y una epistemología que "claro, tiene, como el [saber] predominantemente erudito, sus círculos y profundidades" (174).

Por lo pronto, la polémica Cortázar/Arguedas nos da la sensación de que estamos ante un diálogo de sordos, ya que pareciera que entre ambas posturas no hay posibilidad de inscribir pasajes, puntos de contacto, más allá de lo que proponga Barrenechea. Es más, la polémica entre estos escritores pareciera que reafirma la opinión de Foucault de rechazar las polémicas como un procedimiento válido para construir saber porque ellas solo pueden verse como un campo de batalla. Después de todo, dice Foucault (2014, 382) frente a Paul Rabinow, las polémicas solo buscan la alienación del otro en cuanto constituyen una estrategia de guerra donde ese otro es siempre visto como el adversario al que hay que destruir y combatir. Sin duda que la polémica entre

---

61 Trabajo en detalle esta poética del exilio en relación con la forastería más adelante.

Cortázar y Arguedas enfatiza estas características observadas por Foucault; después de todo, ambos acentúan sus diferencias frente al otro. Sin embargo, al releerla hoy, es posible observar en ambos una mala lectura de las palabras del otro. Así, Cortázar lee mal la propuesta de Arguedas, ya que no puede ver que lo que el escritor le planteaba con la frase "todos somos provincianos, don Julio" es la posibilidad de conjugar otras alteridades epistemológicas u otras formas de estar en el mundo. O dicho en palabras de Moraña (2006a, 332; itálicas en el original): Arguedas "defendió en más de una ocasión el privilegio epistemológico de ciertas formas de provincianismo que legitimarían, según él, determinadas *posiciones de sujeto*: ya no solo determinadas *estéticas* sino también determinadas éticas de la producción intelectual en áreas periféricas". Pero, al mismo tiempo, tampoco hay dudas de que Arguedas lee mal a Cortázar, ya que no puede ver que la defensa del distanciamiento hecha por su contrincante en relación con la poética del exilio y su redefinición de la "autenticidad" son también una apertura epistemológica que le permite salir de la cerrazón de ciertas categorías a las que denomina como "universales".

Los malentendidos entre ambos reafirman la desconfianza expresada por Foucault frente a este tipo de intercambios, ya que inscriben, como explica Moraña (2006b, 103), "un escenario hiperbólico que obstaculiza la búsqueda de verdad". No obstante, la polémica, tal como lo propone Barrenechea, también puede evidenciar esos puntos ciegos entre los contrincantes, esos puntos que ellos mismos no pueden notar, pero que están ahí para ser desentrañados. Desde esta perspectiva, bien se puede observar cómo se va perfilando, entre ambas cegueras o sorderas, una "zona de contacto" en la cual la disyuntiva Arguedas/Cortázar, remarcada por esa barra que los separa, puede repensarse desde la expansión de la conjunción: Arguedas *y* Cortázar. Una conjunción, quiero enfatizar, que no aplana las tensiones entre los dos, sino que me permite ahondar en la complejidad de esa afirmación categórica de Arguedas que expande y provincializa al mismo Cortázar cuando le dice "todos somos provincianos, don Julio. [...] [y] hasta podemos hablar, poéticamente, de ser provincianos de este mundo" (Arguedas 1922, 22).

La polémica y las distintas versiones de la provincia que ahí se inscriben presentan, en síntesis, un problema a resolver, ya que el intercambio entre Cortázar y Arguedas, leído a la distancia, demanda salirnos de los antagonismos tan categóricos y proceder, por ende, como propone Oyarzún en torno a Brunet y Bombal. Entonces, la pregunta que surge en ese más allá de la discrepancia es una que nos obliga a repensar una aproximación a la provincia que nos saque por igual tanto de los universalismos normativos de los varios cosmopolitismos occidentales, como de la mera regionalidad periférica e identitaria que reclama un fundamentalismo cultural y localista. O, dicho en otras palabras, la pregunta que surge de la polémica cuando no se acentúan solo los antagonismos es cómo elaborar una aproximación a la provincia que respete la proliferación de lugares de enunciación y de posibilidades epistemológicas y poéticas sin caer en la mirada restrictiva que repite ciertos parámetros consensuados o jerarquizados por la crítica. O mejor aún, la polémica sirve para empezar a "explorar formas *otras* de interpretación y representación que permitan el reconocimiento de alteridades epistémicas y sus correspondientes registros simbólicos" de las que habla Moraña (2017, 160). Otras formas, al decir de la crítica, que reconozcan la pluralidad de saberes, pero sin caer en un mero relativismo cultural donde todo valga del mismo modo, ya que, como plantea Boaventura Sousa Santos (2015, 116): "La cuestión no es atribuir igualdad de validez a todos los tipos de saber, sino en permitir una discusión pragmática entre criterios de validez alternativos, una discusión que no desclasifique de partida todo lo que no se ajusta al canon epistemológico de la ciencia moderna" o del saber hegemónico. Por el contrario, lo que importa al armar la provincia fuera de lo consabido es la posibilidad de pensarla como una constelación de fuerzas en tensión que, lejos de aplanar las diferencias, permita, en cambio, una nueva forma de relación entre los saberes, una que consiste, según Sosa Santos, "en conceder 'igualdad de oportunidades' a las diferentes formas envueltas en disputas epistemológicas" (116).[62]

---

62 Como explica Sousa Santos (2015, 116): "La ecología de saberes no implica la aceptación del relativismo [...] el relativismo, en cuanto ausencia de criterios de jerarquía entre los saberes, es una posición insustentable pues vuelve imposible cualquier relación entre conocimiento y el sentido de transformación social. Si todo tiene igual valor como conocimiento, todos los proyectos de transformación social son igualmente válidos, o de la misma forma, igualmente inválidos. La ecología de saberes trata de crear una nueva forma de

La provincia armada como una constelación de saberes, relatos e imágenes en tensión no-resuelta permite, en mi opinión, empezar a indagar sin reparos en la multiplicidad epistemológica que observa Moraña (2006a, 332-333) cuando le propone a la crítica académica latinoamericanista repensar tanto "la multiplicidad de subjetividades, de sistemas culturales heterogéneos y en conflicto constante", como las diversas "relaciones problemáticas entre Estado, individuo, cultura". Este enfoque propuesto por Moraña nos obligaría a dejar de priorizar un discurso cultural que solo se preocupa por verificar, una vez más, las "articulaciones con antiguas metrópolis políticas o culturales, [...] [la] inserción en el occidentalismo, [y el] no [...] acceso a la universalidad" (332-333). En las páginas que siguen, pongo en marcha este pedido de Moraña. Para hacerlo, propongo reclamar la provincia como una nueva estrategia crítica de lectura, como un nuevo enfoque que nos permitirá literalmente provincializar el presente para empezar a demandar esa igualdad de oportunidades que nos exige Sousa Santos.

---

relación entre el conocimiento científico y otros saberes. Consiste en conceder 'igualdad de oportunidades' a las diferentes formas envueltas en disputas epistemológicas".

PARTE I

Un itinerario conceptual

Provincializar el presente

Provincializar, digo entonces con Arguedas, como si con este gesto pudiera armar un posicionamiento, un modo de estar entre los textos, de leer los relatos y de profundizar en la multiplicidad de las imágenes, en definitiva, como un modo de armar una entrada al presente que se escapa. Provincializar como un intento por salir de la verticalidad del eje centro-periferia y horizontalizar en un montaje sabiendo, sin embargo, que en esa horizontalización no hay borradura de poder, de las relaciones de poder, sino que, por el contrario, ellas se multiplican y se visualizan, porque ya no hay un solo y único centro que irradia e ilumina. Un montaje supone, por lo tanto, esta provincialización, es decir, una des- y re-contextualización de piezas y de fragmentos que se pliegan y se ponen en movimiento y que, al hacerlo, enfocan zonas que siempre han estado activas, pero que para la crítica permanecían ensombrecidas, calladas. Provincializar, en síntesis, como un modo de redefinir el presente o, mejor, de estar en el presente sabiendo que a la larga lo que se propone es diseñar un itinerario, una articulación para hacer sentido, (armarlo), admitiendo, desde el comienzo, que nada es definitivo y que otras bien podrían haber sido las entradas, otros los modos de leer y de estar y de conjugar.

Antes de ir a la provincia en el presente es necesario volver a abrir un paréntesis para conjugar la provincialización tal como se la inscribe en estas *Provincias Un-Idas* en relación con los nuevos cosmopolitismos "situados" que buscan, a diferencia del cosmopolitismo en el que cree Cortázar, inscribir una superación del universalismo eurocéntrico implícito en ciertas ideas del escritor argentino. Un universalismo que, como se sabe, ha sido ya desbancado por las teorías poscoloniales y decoloniales al demostrar lo que tal discurso universalista encierra: una "república de las letras", es decir, una construcción histórica marcada por relaciones de poder. Ahora bien, todos estos nuevos cosmopolitismos llevan la traza de algún tipo de adjetivo que los circunscribe y los talla, una observación que tomo de Jacqueline Loss (2005, 16). Podría decirse que los cosmopolitismos ahora no se dan a secas, sino que están modificados por las cualidades que les aporta dicho adjetivo, como si el adjetivo fuera el que los sitúa y los hace responder a una cierta especificidad que los "ancla" en un cierto paradigma cultural. Basta leer algunos nombres para corroborarlo: "cosmopolitismo parcial" (Appiah), "cosmopolitismo telúrico" (Andermann), "cosmopolitismo arraigado" (Cortina). En estos nombres (y en otros), el adjetivo sirve de compensación para asegurar que el cosmopolitismo del que se habla es otro con respecto al que una vez se construyó como universalista, normativo, occidental, blanco, masculino, heterosexual y estanco. Asimismo, esos cosmopolitismos con adjetivo rechazan también el "cosmopolitismo global" aún en auge que, en palabras de Homi Bhabha (2013, 94), configura "aldeas globales" fundadas "en ideas de progreso que guardan complicidad con las formas de gobierno neoliberales y las competitivas fuerzas del mercado libre".

A pesar de que estos estudios críticos se dedican a deconstruir —unos mejor que otros— la carga universalista innegable del cosmopolita *per se*, pareciera que lo que estos nuevos cosmopolitismos con adjetivo buscan hacer es "abrir" dicha categoría para marcarla desde una relacionalidad que enfatiza la puesta en práctica *in situ*. Este gesto es importante, ya que abre la "república de las letras" para hacer visibles la normatividad y la taxonomía que antes se ocultaban bajo el supuesto universalismo. A mi entender, no basta con enfatizar la relacionalidad a través del adjetivo, ya que muchas de estas teorías, una vez que marcan la interrelación, luego caen en el lugar común de incluir ciertos parámetros culturales para "diversificar" ese cosmopolitismo que se sigue viendo como central, hegemónico y, por ende, superior a otras formas discursivas. Quiero decir, luego de un poderoso juego deconstructivo, se termina afirmando la superioridad epistemológica de un cosmopolitismo ahora más incluyente e inclusivo, más consciente de las diferencias y de los contextos históricos, pero con la misma carga normativa y excluyente que ha tenido siempre.

Desde esta perspectiva, los lugares están ahí para ser apropiados, para supuestamente abrir una episteme que queda fija y que, a la larga, no se cuestiona, o solo se cuestiona para que expanda los límites ya establecidos y los deje entrar a participar y formar parte de ese paradigma. En estas lecturas, el lugar, la localidad de la articulación, termina evacuándose o ensombreciéndose porque lo que en realidad importa es seguir conjugando la episteme cosmopolita, aunque sea ahora *à la* Bhabha, una episteme que tiene en cuenta las diferencias y los particularismos, dando paso a un cosmopolitismo híbrido y "situado" (Bhabha 2013, 89-108). Así, lo que nos muestra este modo de leer ya no es que el señor de Buenos Aires y Lezama Lima en provincia —como propone Cortázar en la polémica con Arguedas— puedan leer a Joyce y entenderlo, sino que lo que se enfatiza en estos nuevos cosmopolitismos es el cómo lo hacen y desde dónde lo hacen. Algo que parece no importarle mucho a Cortázar. Después de todo, el "entender profundo" que reclama ya está establecido, para él, por esa "república de las letras" metropolitana a la que, por lo menos, en la polémica se aferra como legitimadora de saber.

Mi propuesta de provincializar y de ir a la provincia para pensarla como una epistemología y una poética plural y heterogénea busca quedarse en la articulación situada, pero ya no para explorar el cosmopolitismo que debe ser de todos, sino para profundizar en esa zona ensombrecida, ese lugar que se pasa tan rápido a veces porque lo que importa es dialogar o negociar con esa "república de las letras" que, con lecturas como la de Pascale Casanova (2004), de nuevo ha quedado fija y fijada. Por eso me interesa Arguedas, pero también Lezama y hasta el mismo Cortázar. Me interesan, insisto, no porque abren esa república que no se cuestiona, ni porque la pluralizan y la diversifican, sino porque la rompen. Implícita está aquí, sin duda, la afirmación contundente de Ignacio Sánchez Prado (2006, 33), quien escribe: "Borges no ingresa a la modernidad literaria. La destruye". Así, la provincia y las voces situadas que hablan no deben leerse como una mera reivindicación de un supuesto nativismo o autenticidad que rechaza el universalismo, sino como modos de saber, de estar, de decir, de sentir que aspiran a entrar en esa discusión epistemológica de la que habla Sousa Santos (2015, 139), "en igualdad de oportunidades" para romper y superar la monocultura del saber y para posibilitar un entramado cultural que vea el universalismo literalmente como lo que es, "como una particularidad occidental cuya supremacía como idea no reside en sí misma, sino más bien en la supremacía de los intereses que la sustentan". O, como lo diría Arguedas, hay un aquí que no se mueve del aquí mismo, pero que está abierto y en diálogo y en relación con otras prácticas, que conjuga lenguajes artísticos y epistemologías, todos en plural. Un aquí, propone Arguedas (1992, 174), que no solo tiene "sus círculos y profundidades", sino que es capaz de transformar el universalismo estanco de don Julio y de la "república de las letras" en lo que Sousa Santos (2015, 139) denomina un "universalismo negativo", es decir, uno que afirma que "todas las culturas son incompletas y, por lo tanto, pueden ser enriquecidas por el diálogo y por la confrontación con otras culturas". En definitiva, uno que acepta "la idea de la imposibilidad de completud cultural".

Esta provincialización hacia la que voy es una propuesta que dialoga con el proyecto de Dipesh Chakrabarty (2000, 46) en el sentido de que también supone un viraje, un desplazamiento —no una simple inversión— que busca imaginar una heterogeneidad radical que contesta las narrativas privilegiadas del universalismo moderno. Mi propuesta, por lo tanto, hace énfasis en la locación, en el modo de construir morada, en la poética del habitar que reflexiona sobre ese lugar en el que y a partir del cual se articula una enunciación. En otras palabras, la crítica que realiza Chakrabarty en torno al historicismo la asumo como propia, pero la complemento con una crítica enfática hacia el concepto de espacio, aunque debería decir, de la producción de ese espacio que se torna lugar. Me explico: Chakrabarty (3-4, 27) lee esa figura imaginaria e hiperreal que llama Europa a partir de una crítica aguda al historicismo que la sostiene y que le permite, a dicha categoría, presentarse como una tradición viva que puede encadenarse sin interrupciones con la tradición griega y trazar una línea de continuidad progresista hasta nuestros días (6-8). Es esta linealidad la que justifica y sostiene lo que Johannes Fabian (2014) ha denominado como "la negación de la contemporaneidad" —"*the denial of coevalness*" (Chakrabarty 2000, 8; Fabian 2014, 37-70)— para esos otros espacios culturales que son definidos desde el "no todavía" —"*not yet*"— por una Europa que se instala en una estructura temporal fija y normativa que Chakrabarty (2000, 6-7) resume como "primero en Occidente/Europa, luego en otras partes", "*first in the West/Europe, and then else where*".[63] De este modo,

63 Nótese que el "*not yet*" que Chakrabarty critica es el que produce el historicismo. Por su parte, Sousa Santos (2015, 126-132) reivindica, al proponer su sociología de las emergencias, un "Todavía-No" que lee como posibilidad (potencialidad)

la provincialización de Chakrabarty desmonta el tiempo homogéneo, secular e histórico que hace posibles las modernidades incompletas de los espacios coloniales (15) para proponer, a su vez, un tiempo benjaminiano o derridiano dislocado (*out of joint*) que posibilite la contemporaneidad de un tiempo plural y condensado (88, 95) que desenmascare cómo la historia misma está determinada por dentro por este límite. Así, la posibilidad de una historia subalterna, de una voz minoritaria y de una Europa provincializada solo será posible, para Chakrabarty, desde el absoluto cuestionamiento de la concepción del tiempo y de la historia que lo sostiene.

Desde mi perspectiva, a esa crítica al "*not yet*" debemos complementarla con una crítica al "no allí"/"*not there*", ya que la negación de la contemporaneidad, en mi opinión, viene siempre acompañada por una negación a la coespacialidad, la cual implica, a la vez, una suspensión de la correlación y de la correspondencia, es decir, se niega hasta la posibilidad misma de estar junto al otro, de volvernos no iguales, sino vecinos.[64] De este modo, la negación metropolitana de la contemporaneidad se inscribe en el espacio a partir del trazado de límites que va alejándose de la reciprocidad y produciendo una linealidad verticalista que rechaza una vecindad epistémica entre ese "aquí" donde se instala la voz y que, por ende, sí produce saber, y aquel otro lugar, el "allí", que es destituido y desplazado fuera. Esta linealidad distributiva, ahora inscripta en el espacio y no solo en el tiempo, es la que acaba instalando un

---

y capacidad (potencia). Es precisamente este "Todavía-No" el que contesta la mera linealidad del progreso, en cuanto abre el horizonte de lo posible logrando una ampliación simbólica de los saberes y prácticas.

64 Cuando estaba elaborando esta perspectiva frente al espacio, noté que United Airlines había lanzado una nueva campaña que sintetiza, en una frase, la diferencia que estoy tratando de postular. Así, la compañía de aviación explica en su revista *Hemispheres*: "*We just don't think globally. We fly there*". En la foto del anuncio, se ve desde el aire una ciudad que se despliega sobre la playa y que está circunscripta por un límpido cielo azul y por montañas verdes, remarcando la copresencia de la naturaleza y la modernidad. "*We fly there*", dice United, afirmando la superioridad de su aquí/*here* del despegue. Es United la que se acerca a ese *there*, que se mantiene fijo, esperando la presencia de la voz/mirada que venga a descubrirlo.

eje centro-periferia inamovible. Desde mi perspectiva, el "*not yet*" de Chakrabarty siempre se espacializa en un "*not there*"/"no allí" que les niega a ciertos espacios la posibilidad de co-estar con ese "aquí"/"*here*" en el que se posiciona la voz enunciativa y desde el cual se juzga a sí misma como autónoma y autosuficiente, por más que dependa de ese otro "allí", transformado en un "allá", al que rechaza y desplaza fuera para armarse. Este "aquí"/"*here*" soberano de la voz se alza por encima de ese "allí"/"*there*" señalado como una carencia, con lo cual la supuesta horizontalidad distributiva del binarismo simétrico no hace más que ocultar, como señala Boaventura Sousa Santos (2015, 104), "una relación vertical". O, dicho de otro modo, el binarismo siempre se instala como una jerarquía distributiva en la que solo el centro —la voz del Padre, el logos— se percibe a sí mismo como un arriba y un "adentro", el "aquí" desde donde se enuncia, mientras que las llamadas periferias son instaladas siempre en un abajo y en un "afuera", en un "allí" o en un "allá", como si entre ambas se inscribiera una grieta inconmensurable o, en palabras de Sousa Santos, una "línea abismal", que divide "la realidad social en dos universos, el universo de 'este lado de la línea' y el universo 'del otro lado de la línea'" (160). Buenos Aires y las provincias, Santiago y las provincias, Bogotá y las provincias, zonas todas que quedan marcadas por el "allí", el "no aquí" y por el "no todavía", o "*not yet*" del que habla Chakrabarty.

Esta división no es, por supuesto, inocente, ya que lo que se coloca en el "allí", en el "no aquí/*not here*", pierde no solo visibilidad, sino que, por, sobre todo, pierde la capacidad de volverse "aquí": voz, sujeto, espacio capaz de producir conocimiento. En el mejor de los casos, solo se admite que lo que "ocurre" en ese "no allí"/"*not there*" es un conocimiento que no alcanza, que no podría llegar a llamarse saber. Así, el "no todavía/*not yet*" se actualiza en una relación distributiva que se condensa siempre como en un "no allí", una negación en el espacio en donde la voz y la mirada se quedan fijas en ese "aquí" que marca la línea abismal de la que no se puede salir, mientras paradójicamente pone en acción la concatenación del tiempo lineal propulsor del progreso. De este modo, las partes se inmovilizan en un estatismo que demarca una relación sujeto-objeto que afirma, entre ambos términos, la imposibilidad de la contemporaneidad y de la copresencia: ese estar "con", "junto a", que nos vuelve no iguales (nunca lo somos), sino vecinos. Cuando se afirman de modo exclusivo el "no todavía/*not yet*" y el "no allí/*not there*", ya no es posible postular una vecindad entre ese "aquí" y el "allá", porque lo único que se afirma es la construcción de binarismos paralelos. Por eso, entre ellos solo es factible el trazado de la línea abismal (la grieta) que divide, fija y aísla la distribución de los adverbios de lugar.

Antes de continuar, es importante aclarar que, con esta provincialización que cuestiona tanto el "no todavía/*not yet*" del historicismo como el "no allí/*not there*" del binarismo verticalista y jerárquico, no pretendo negar las relaciones de poder que son factibles de ser observadas no solo en los varios "allá", sino también en los "aquí" que se invisibilizan. Mucho menos pretendo aplanar la complejidad de los lugares en una supuesta horizontalidad global mundializada y puesta en boga tanto por la literatura mundial como por los neoliberalismos. Lo que intento es abrir la rigidez de un binarismo espacial restrictivo que no permite a las llamadas periferias y a los márgenes pensarse como epistemologías vecinas, es decir, "con", "al lado de", en conjunción con otras "ecologías de saberes" (la expresión es de Sousa Santos) en constantes negociaciones de los sentidos. Precisamente, Sousa Santos (2015, 103-104) hace ver que "la forma más acabada de totalidad [...] es la dicotomía, ya que combina, del modo más elegante, la simetría con la jerarquía" y la simetría —explica— "es siempre una relación horizontal que oculta una relación vertical". A diferencia del allanamiento horizontal y simétrico, de la mundialización y de otros discursos aplanadores, en este ensayo intento armar un itinerario hecho con fragmentos, con piezas de diferentes tamaños y formas, con lugares que se saben, se sienten y se perciben como distintos, como un montaje o una "ecología" que supone ambientes conectados, marcados por interrelaciones e intrarrelaciones, por un *entre* que no oculta los modos de poder.

Por eso, lo que propongo en estas *Provincias Un-Idas* es una provincialización hecha de montajes de lugares asimétricos, heterogéneos, múltiples, pero que colindan y se relacionan, que aspiran a ser vecinos —a estar con el otro, a coexistir o estar "al lado de"— mientras saben, al mismo tiempo, que también están marcados por relaciones de poder, apropiaciones y reapropiaciones que los desarman, los aíslan y los alían y los vuelven a rearmar en varios diseños. En definitiva, lo que contesto con esta provincialización es la centralidad soberana de una episteme restrictiva, exclusiva y excluyente que obliga a las provincias a narrarse de un modo predeterminado y singular que las sentencia a seguir siendo la condena o la salvación, el margen o la periferia, según los dictámenes y necesidades de un centro autoerigido como tal. En otras palabras, con esta provincialización contesto la sanción categórica de los supuestos jueces que nos imponen un único paradigma, frente al cual a los provincianos solo nos queda la posibilidad de negociar la admisión, de apropiarnos de ciertas marcas por medio de la hibridez, el deseo, la fagocitación, para lograr una cierta flexibilización del paradigma ordenador que nos permita ingresar y participar, pero sin terminar de romper o de cuestionar las reglas del juego.

Luego de todo lo anterior, bien puedo decir con Moraña (2006a, 332): "Otra vez con la provincia, hemos dado, Sancho". Una cita que la crítica usa como subtítulo para repensar los alcances de la llamada *world literature/literatura mundial* y, por supuesto, contestarla. Frente a lo que considera "una estrategia reincidente y naturalizada" de pensar América Latina "desde categorías, procesos y *lugares* teóricos europeos" (319), Moraña propone salirse de estos parámetros para pensar "las formas expresivas y representacionales de sociedades que existen enquistadas en el interior de culturas *nacionales* como sub-productos residuales del colonialismo" (333). Para lograr este viraje, hace un llamado al latinoamericanismo para que deje de lado su preocupación por insertarse en el occidentalismo (332) que sería, a la larga, lo que intentan lograr algunos nuevos cosmopolitismos deseantes contemporáneos. Asimismo, con este gesto que cita desde la ironía, la crítica exhorta al latinoamericanismo a que comience a crear nuevos conceptos o "nuevas categorías para pensar la interculturalidad" (Moraña 2017, 160), o, por lo menos, a modificar los ya construidos para que sirvan a nuestro presente desterritorializado y global. Dichos nuevos conceptos —aclara Friedhelm Schmidt-Welle en diálogo con Moraña (2017, 95)— no deben pensarse desde interpretaciones esencialistas o relativistas, sino que deben reflejar "el carácter procesual y, sobre todo, relacional de los objetos de estudio", es decir, no deben pensarse como "conceptos empleados al azar fuera del contexto histórico cultural concreto". Los nuevos conceptos que propone Moraña y que reitera Schmidt-Welle dejan de lado la provincia de la cita que usa como subtítulo. Por el contrario, la crítica hace una lista de opciones en la que se aferra a nociones como las de frontera, localidad, agencia, subjetividad colectiva, la "modernidad múltiple" de Bolívar Echeverría, la "ecología de saberes" de Sousa Santos, "el reconocimiento de alteridades epistémicas y sus correspondientes registros simbólicos" sin pensar en esa provincia a la que ha hecho referencia (Moraña 2017, 160-161; Borsò 2017, 163). En Moraña, la provincia queda relegada a la ironía de la cita, sin posibilidad de transformarse en conceptualización crítica.

Josefina Ludmer (2010), por su parte, hace un gesto similar al de Moraña en su ensayo *Aquí América Latina: una especulación* cuando llama a repensar las categorías estancas que no se adecuan ya a nuestra contemporaneidad y propone, en cambio, nociones como la posautonomía y la isla urbana para territorializar las escrituras de nuestro presente. El mismo Sousa Santos, citado a su vez por Moraña (2015, 108), también plantea la necesidad de salirse de los paradigmas establecidos para "recuperar la experiencia desperdiciada", en cuanto que "lo que está en cuestión es la ampliación del mundo a través de la ampliación y diversificación del presente", explica el crítico (2015, 108). Para lograrlo, Sousa Santos propone elaborar un nuevo espacio-tiempo que responda a otra razón, ya que "Solo a través de un nuevo espacio-tiempo será posible identificar y valorizar la riqueza inagotable del mundo y del presente" (108).[65]

Todos estos críticos mencionados están haciendo ver la necesidad de abrir el foco y la mirada crítica fuera y más allá de los conceptos ya marcados y significados de un modo único y preciso para adentrarnos en el presente. La provincialización que se propone en este trabajo se hace cargo de esos llamados. Así, con la provincia y a partir de la provincia procuro elaborar un concepto, o ese nuevo espacio-tiempo que reclama Sousa Santos, para el presente. A diferencia de los críticos mencionados, retomo esos espacios opacados y relegados a los que se sigue pensando como margen y condena y desde categorías binarias estancas. Después

---

65 Sousa Santos elabora toda una serie de nuevos conceptos y una terminología para esa nueva razón que propone. Surgen como estrategias de lectura la razón cosmopolita, el epistemicidio, la ecología de saberes, la traducción, el pensamiento abismal, la sociología de la ceguera, la sociología de las ausencias, la de las emergencias, el universalismo negativo, la razón metonímica, la epistemología del Sur.

de todo, aún hoy la palabra "provincia" y "provinciano/a" se usa como insulto o para condensar las características negativas implícitas en el estereotipo. Un ejemplo claro de este uso estereotipado se puede ver en una de las entradas del diario de Ricardo Piglia, quien para descalificar a Victoria Ocampo y a su revista *Sur* recurre al epíteto sin necesidad de elaborar mucho más: así *Sur*, dice Piglia (2017, 91), es una "revista muy provinciana". Recurrir a la provincia y a lo provinciano como un modo de sintetizar la carga negativa del estereotipo está presente también en Antonio Gramsci (2003), en el momento preciso en que intenta abrir y contestar la cerrazón de la perspectiva eurocéntrica. Cito la carta desde la cárcel que le manda a su hermano Carlo el 28 de septiembre de 1931. Escribe Gramsci:

> Wells, en *Short History of the World*, tiende a romper la costumbre de pensar que solo hubo historia en Europa, especialmente en la antigüedad; Wells habla de la antigua historia de la China, de la India, de la medieval de los mogoles en el mismo tono con que habla de la europea. Demuestra que, desde el punto de vista mundial, Europa debe dejar de ser una provincia que se cree depositaria de la totalidad de toda la civilización. (Gramsci 2003, 338; citado también en Capuzzo y Mezzadra 2012, 49)

Me interesa destacar la tensión que plantea Gramsci entre la heterogeneidad cultural y la fijeza universalista de una Europa encerrada en sí misma. Desde su perspectiva, Europa es una provincia no porque sea vecina de esos otros saberes, sino porque la juzga desde el mismo punto de vista despectivo que adoptan años después Cortázar y luego Piglia. Europa hecha provincia, hecha condena, dice Gramsci, porque se cierra en su propia etnocentria. Europa es esa provincia, porque es clasificada como un terruño tan sustancialista y absoluto como cualquier otro espacio cultural marcado por el peor de los regionalismos. Ahora bien, desde Chakrabarty, esa Europa que Gramsci denuncia como provincia por su cerrazón se empeña en universalizarse y en adjudicarse la totalidad de la historia. Por eso, dice el crítico, Europa debe provincializarse para dejar de ser una provincia *à la* Gramsci. Desde mi lectura, esa Europa hiperreal y discursiva es una provincia que debe dejar de ser ese tipo de provincia que le adjudica Gramsci —y esto no es un juego de palabras— para conjugarse como una provincia tal como se postula en este ensayo, es decir, como un lugar enunciativo fragmentado y abierto, un montaje de relatos, imágenes y prácticas en tensión que, lejos de volverse espacios lisos, muestran las negociaciones de los sentidos. Por eso, la provincia que emerge de este itinerario co-está, co-habita y se avecina a esos otros espacios culturales mencionados por los críticos. Una provincia, en definitiva, que se sale del binarismo que la fija en el "no allí/ *not there*", en el "*not yet*", en el "no todavía".

Provincias Un-Idas

¿Es posible pensar la provincia desde un estar ya no predeterminado por raíces esencialistas ni por discursos identitarios? ¿Es posible afirmar una perspectiva crítica que la enuncie como un espacio-tiempo, un lugar de enunciación y una práctica que está en constante movimiento y que, lejos de mostrarse como una identidad, se construye como un discurso que se va vaciando y llenando de sentidos y literalmente haciéndose en esa misma puesta en práctica? Si las respuestas a estas preguntan decantan en un sí, habría entonces que decir que la provincia está porque se hace, porque se articula en una poética no representacional, y no porque sea el referente de una narrativa identitaria que se presenta como un *a priori* que hay que reflejar. Así, la provincia que dibuja *Provincias Un-Idas* busca desnaturalizar dicha categoría de sentidos que la vuelven sustancialismo, sin caer, por supuesto, en una borradura que niega los anclajes. De este modo, la provincia que este ensayo postula para el presente no es la provincia histórica con nombre propio que se va pintando con colores diferentes en los mapas políticos de las escuelas. No es tampoco esa organización política y social que se va constituyendo como países a partir de las ciudades coloniales, tal como lo estudia con sagacidad, entre otros, José Carlos Chiaramonte. Por el contrario, la provincia a la que apela este ensayo es una idea conceptual, hecha con palabras, textos, imágenes y prácticas. Es, en síntesis, una zona liminal, un punto de contacto *entre* que demanda una máquina de leer con múltiples entradas disciplinarias y no un objeto de estudio fijo, capaz de ser asido y comprendido por un solo modo de mirar.

En *Buenos Aires y las provincias: relatos para desarmar*, luego de mostrar cómo se fue construyendo el binarismo en el archivo argentino, busqué construir una aproximación a la provincia como lugar de enunciación. Al mismo tiempo, intenté abrir nuevas maneras de pensar la producción del espacio para contestar cierta cerrazón de los estudios latinoamericanos que persiste en identificar lo urbano con las capitales o con las megalópolis latinoamericanas. Ahora en *Provincias Un-Idas* propongo continuar y profundizar esta línea de estudio, ya que busco armar la provincia como un espacio-tiempo, como una epistemología y una poética descentrada que posibilite la impronta de Chakrabarty (2000, 46) de imaginar que el mundo es radicalmente heterogéneo. O, para decirlo con Gramsci, me gustaría pensar esa Europa —la hiperreal de la que habla Chakrabarty (3-4, 27)— también como una provincia, aunque él use el término desde una perspectiva que enfatiza la condena. Más que volver a pensar en binarismos, en eje centro-periferia, en cosmopolitismos situados, en modernidades incompletas y periféricas, en márgenes y negociaciones con la razón occidental, busco articular, en cambio, lo que Sousa Santos (2015, 115) define como una "justicia cognitiva", que es ni más ni menos que una apertura epistemológica superadora de la "visión única" (81), capaz de reconocer al otro como igual (87), no porque lo sea sino porque admite la copresencia y la coexistencia de las diferencias y la solidaridad. Solo desde esta "justicia cognitiva" se podrá, por un lado, superar esa "línea abismal" que persiste en afirmar una "monocultura del saber" —la expresión también es de Sousa Santos (110)— que se mantiene aún hoy fija en plena posmodernidad y pos/de/colonialidad. Asimismo, se podrá romper, por otro lado, la cadena de los varios binarismos que reducen y opacan la pluralidad de modos de pensar. O, como propone Sousa Santos: "Pensar el Sur como si no hubiese Norte, pensar la mujer como si no hubiese hombre, pensar el esclavo como si no hubiese señor" (108). Y desde ese *allí* que ha sido sistemáticamente invisibilizado, repensar de veras la heterogeneidad y las diferencias en nuestro presente.

En *Conceptualism in Latin American Art: Didactics of Libertation*, Luis Camnitzer (2007) usa, casi al pasar, el término provincia desde el sentido complejo que quiero construir. En una nota donde explica los fundamentos teóricos que están en la base de la exhibición *Global Conceptualism: Points of Origin, 1950s-1980s* —curada junto con Jane Farver y Rachel Weiss en el Queens Museum of Art de Nueva York— afirma que la intención de la muestra fue "decentralize the view of the development of conceptualism and to see all regions of the world as provinces within an overall federation and as equal partners using conceptualist strategies to respond to local issues within local histories" (2007,

267). Leída desde la cita, para Camnitzer, la provincia deja de lado la carga negativa que le otorga Gramsci cuando hace el mismo gesto para resemantizar Europa. Bajo su mirada, en cambio, se abre como un espacio que se multiplica y deja de ser liso, porque se arruga en los nudos de lo local, en las contextualizaciones y en las recontextualizaciones que le otorgan especificidad a este arte.[66] Para desenmascarar la multiplicidad de ese arte conceptual que quiere renombrar, Camnitzer plantea una federación de provincias pensadas como socias no homogéneas, posicionadas y situadas y, por ende, marcadas en historias locales, dice, conjugadas en contextos específicos y tensionadas por relaciones de poder. Mejor sería decir que Camnitzer piensa una federación de provincias, hecha de formas y contornos diferentes, nunca iguales; de piezas fragmentadas, heterogéneas, en las cuales se pueden evaluar también las tensiones y relaciones de poder, aunque se las quiera pensar en igualdad de condiciones con respecto a ese otro arte conceptual que, desde el norte, se inscribe como hegemónico.[67]

La provincia que nombra casi al pasar Camnitzer le sirve como estrategia para trazar su geografía del arte conceptual, ya que al provincializar destaca las diferencias, los particularismos de lo local y las

---

66 En todo caso, la acepción de la provincia tal como la entiende Gramsci es conjugada por el curador de la muestra *Information* del MOMA, Kynaston McShine, quien en 1970 se propone abrir el modelo hegemónico del arte conceptual e incluir en dicha muestra a artistas de la periferia y, por lo tanto, "internacionalizar" el arte conceptual. Escribe McShine, en el ensayo incluido en el catálogo de esa muestra: "The art cannot afford to be provincial, or to exist only within its own history, or continue to be, perhaps, only a commentary on art" (citado en Camnitzer 2007, 189-190). Cabe destacar que el propio Camnitzer es muy crítico de esta muestra y del enfoque evaluativo del curador.

67 La igualdad que plantea la cita no debe confundirse con homogeneidad o con borradura de las relaciones de poder. Precisamente, toda la lectura de Camnitzer con respecto al conceptualismo latinoamericano es un modo de precisar las diferencias del conceptualismo con respecto al *conceptual art* de los Estados Unidos y Europa. Camnitzer produce una teoría que permite leer las particularidades de lo local y se niega a ser leído desde una narrativa rectora y homogeneizante. En todo caso, en la lectura de Camnitzer del conceptualismo latinoamericano hay implícita una afirmación de la "justicia cognitiva" de Sousa Santos.

relaciones de poder, mientras que, al mismo tiempo, rompe con el verticalismo de un arte conceptual que se circunscribe a las prácticas de un Norte que cierra los ojos frente a otras articulaciones. Un Norte, explica Mari Carmen Ramírez (2005, 43), que "sigue privilegiando a un pequeño grupo de tipo iconoclasta integrado por artistas americanos y británicos cuyo trabajo vino a la luz pública, al final de los sesenta, bajo la forma redundante de la proposición lingüística, ideática". Camnitzer al provincializar logra, por lo tanto, abrir los orígenes de los conceptualismos en una federación de diversas entradas en la que se enfatizan los particularismos y las complejidades en un movimiento que Jacobo Jacoby definió como "'una manera de pensar' sobre el arte en relación a la sociedad" (Ramírez 2005, 43). Como explica Ramírez, siguiendo el posicionamiento de Camnitzer: el conceptualismo latinoamericano presupone relaciones complejas entre arte, política, ideología, lenguaje, contextos, reconfiguraciones del espacio y participación sensorial del espectador que no pueden reducirse a meros juegos tautológicos (43).

Provincias Un-Idas propone, entonces, apropiarse y citar este gesto de Camnitzer que no aplana ni globaliza lo que él llama federación de provincias en un discurso o práctica predeterminada. Por el contrario, el gesto de federalizar, de provincializar que rescato aquí permite destacar la multiplicidad de prácticas, es decir, armar la horizontalización de una mesa de montaje que se configura a partir de las puesta en interrelación de esas provincias en las que se destacan las dependencias, el entrelazamiento, las tensiones, los encadenamientos, las rugosidades, las fracturas, las discontinuidades, los muchos engranajes de poder, las ilaciones y las reciprocidades, los canjes y las permutas. Así, con Camnitzer y Ramírez, se plantea una federación de provincias que le quita protagonismo a un modo (binario, vertical, homogéneo) de leer el arte conceptual apegado al Norte global, pero también se puede proponer como un mecanismo de entrada al arte y la literatura que circulan en el presente donde hay provincia por todos lados. Una federación de provincias, pienso por mi parte, como un modo de abrir los itinerarios unitarios y centralizados que aún practican ciertos estudios culturales anclados, de modo exclusivo, en las grandes capitales o en las megalópolis, como si no hubiera nada que decir fuera de ellas. O, mejor, una federación de provincias que funcione como un montaje o una ecología situada de saberes y de modos de pensar y de decir, como *Provincias Un-Idas*, diría yo, siempre y cuando se entienda ese guion que parte el participio y la palabra nueva que surge en mayúscula como las marcas que deconstruyen la supuesta unidad de esa totalidad que se presenta como unión.

Provincias Unidas (sin guion y sin letra mayúscula en el medio del participio) es, como se sabe, el nombre (y la genealogía) que adoptan en 1816 las provincias del virreinato del Río de la Plata al declarar en Tucumán la independencia de España y al dibujar, en palabras de Álvaro Kaempfer (2009, 21), "un cuerpo político de cohesión del virreinato y tránsito a un orden autónomo". Cabe aclarar que no es en el Congreso de Tucumán la primera vez que se ha usado ese nombre. Como notan José Carlos Chiaramonte y Nora Souto (2010, 32) en *De la ciudad a la nación. Organización política en la Argentina,* ya desde el Estatuto Provisional de 1811, sancionado por el Primer Triunvirato, "se generalizó la denominación de *Provincias Unidas del Río de la Plata*, aludiendo así, con un lenguaje indudablemente inspirado en la historia de la independencia de los Países Bajos, al origen del nuevo Estado como reunión de provincias".[68] Al sancionar la independencia, el Congreso de 1816 mantiene la primera parte del nombre que enfatiza la "reunión de provincias", pero reemplaza, con un poco de grandilocuencia, "Río de la Plata" por "Sud América", con lo cual el relato emancipatorio procura, según Kaempfer (2009, 33), "preservar la unidad del conjunto deteniendo, de paso, la fragmentación del armazón colonial". De acuerdo con Kaempfer, es este relato de la declaración el que produce "un discurso político que no solo imagina, sino que cohesiona, ordena y disciplina un cuerpo político" (19) pensado como Estado.

---

68 Precisamente, el Primer Triunvirato, compuesto por Feliciano Chiclana, Manuel de Sarratea y Juan José Paso, sancionó en 1811 un "reglamento a su antojo y paladar, para todas las provincias, que lleva por título el de *Estatuto Provisional del Gobierno Superior de las Provincias Unidas del Río de la Plata a nombre de Fernando VII*" (Busaniche 2005, 331). El propósito de dicho Reglamento era asegurar "el imperio de las leyes hasta tanto las provincias reunidas en congreso de sus diputados establezcan una Constitución permanente" (331-332).

Un Estado, sin embargo, aún no forjado, leído en tiempo futuro, pensado como una máquina disciplinaria que vendría a contener los territorios, a fraguar un orden autónomo a partir de la suma de ciudades reunidas que, como se nota en el texto fundador, están en clara tensión entre ellas más que en una certera unión (25). En su discurso ante el Congreso, el diputado Laguna por la provincia de Tucumán hace notar, como señala José Luis Busaniche (2005), dichas tensiones al explicar los diferentes alcances que se le da a la supuesta unidad durante el Congreso, ya que no todos los diputados estaban conjugando los sentidos de las palabras de igual modo:

> Quien juró *Provincias Unidas* no juró la unidad de las provincias. Quien juró y declaró las *Provincias en Unión* no juró la unidad ni la identidad, sino la confederación de las ciudades. Las palabras *unidas* y *unión* nacen del verbo *unir* y la palabra *unidad* del adjetivo *uno a uno* a lo que corresponde la filosófica expresión *identidad*. De aquí es que la palabra *unidad* significa un *individuo*, una sustancia sin relación de las partes, *un todo*; pero la unión significa el contacto de partes realmente distintas y separadas. (citado en Busaniche 2005, 344; itálicas en el original de Busaniche)

En esta cita, es evidente que las Provincias Unidas en el texto fundacional que las nombra no han logrado consensuar los términos de la unión. Por el contrario, pareciera que lo único que tienen en común y las une, como explica Kaempfer (2009, 32), es precisamente el deseo emancipatorio, como si las Provincias Unidas fueran "un diseño de comunidad" proyectado y por venir, cuya forma política específica aún no se ha cristalizado ni como un sentido consensuado ni como una realidad histórica. Por lo tanto, la unidad literal de esas provincias, que el nuevo nombre adoptado señala, tiene mucho de gesto retórico, ya que ni siquiera logra responder a una forma política aceptada unánimemente porque, como lo expresa el diputado Laguna citado por Busaniche, "unidad" y "en unión" no son lo mismo. Tampoco va a responder a una idea previa de nación, ni siquiera a una protonación en ciernes, ya que esta "tendencia a colocar la nación en un comienzo ha sido prácticamente desterrada en la actualidad" (Chiaramonte y Souto 2010, 15), porque "no hay evidencia alguna de que [...] existiese una nación" en el comienzo de ese proceso (11).[69] Es más, para Chiaramonte y Souto, la unidad, tal como se la concibe en el proceso emancipatorio, se inscribe a partir del poder autónomo de las diferentes ciudades que luego devendrán en las provincias actuales (16, 32), es decir, que "el origen del nuevo Estado era fruto de un pacto entre entidades preexistentes [las ciudades] que habiendo recuperado sus derechos sellaban su unión por medio de sus representantes" (34). En consecuencia, el nombre de Provincias Unidas parece aludir, en realidad, a una narrativa apenas definida que subraya la "reunión de ciudades-provincias", entidades soberanas preexistentes cuya unidad está marcada por el rechazo al colonialismo y al despotismo, y por una expresa voluntad de organizarse (34).[70] Tan es así que se podría concluir que "Provincias Unidas de Sud América" es el nombre que se da y que señala esa "reunión de provincias" y es, por lo tanto, una denominación que "no alude a institución ni asociación previa al Congreso y, de hecho, surge en interdicción con los referentes o entidades que lo habrían convocado" (Kaempfer 2009, 39).

Me interesa destacar de esta lectura de Chiaramonte, que retoma a su modo Kaempfer, la mirada constructivista y contractualista con respecto al proceso mismo de asociación entre las ciudades-provincias. Es esta unión entre entidades despojadas del principio de las nacionalidades y de esencialismos homogeneizantes la que permite revisar y pensar la complejidad y las negociaciones implícitas bajo el nombre Provincias Unidas. Una unión que, como nota el diputado Laguna citado por

---

69 Chiaramonte y Souto sostienen una aproximación no genealógica al concepto de la nación que comparto y que es un punto de vista ya consensuado en la historiografía contemporánea. Elías Palti (2003), en *La nación como problema. Los historiadores y la "cuestión nacional"*, trabaja en detalle las diferentes concepciones de nación y la emergencia de un discurso antigenealógico en el pensamiento político al que remito.

70 En estas páginas, se puede observar una deuda visible al trabajo de Chiaramonte. Una deuda que, por otra parte, la interpretación de Kaempfer también comparte. Fundamentales para mi lectura han sido *Ciudades, provincias, estados: orígenes de la Nación Argentina 1800-1846* (1997), *Nación y estado en Iberoamérica. El lenguaje político en tiempos de las Independencias* (2004) y *De la ciudad a la nación. Organización política en la Argentina* (2010), en colaboración con Nora Souto.

Busaniche, estuvo plagada, desde el texto fundacional, de imprecisiones, silencios y vacíos visibles, y diversidad de aproximaciones, porque lo que allí se percibe es el debate por los sentidos y hasta el mecanismo mismo de la negociación. Una negociación o serie de negociaciones que solo logra consensuar un acuerdo en torno a la emancipación política, que es "el único consenso legible", según Kaempfer, porque "toda diferencia es subordinada a la ruptura" (52-53).[71] Es, precisamente, este juego de negociaciones e intercambios —visible tanto en el texto fundacional estudiado por Kaempfer como en los pactos interprovinciales posteriores trabajados por Chiaramonte y Souto— lo que es importante retomar en estas lecturas que exponen el carácter transaccional que subyace a la emergencia de las Provincias Unidas como pacto de alianza. O, dicho de otro modo, la apropiación de ese juego de negociaciones y de acuerdos relacionales es lo que permite trazar la fundación de un nuevo itinerario conceptual en el presente que venga a resaltar lo que Chiaramonte y Souto (2010, 62) proponen en las conclusiones de su libro *De la ciudad a la nación. Organización política en la Argentina*: la posibilidad de empezar a pensar un espacio cultural heterogéneo marcado tanto por "la convivencia de gente de distintos orígenes culturales" por fuera del marco restrictivo, esencialista y homogéneo del "principio de las nacionalidades", el cual constituye, para los autores, "un falso supuesto histórico" que "puede convertirse en un peligroso argumento en manos de gobiernos autoritarios". Un itinerario conceptual que, extrapolando parte de lo que menciona el diputado Laguna citado por Busaniche, rechaza la exclusividad y la preeminencia de la "unidad" que corresponde a la identidad y a la homogeneidad que centraliza y borra las partes —"un *individuo*, una sustancia sin relación entre las partes, *un todo*" (Busaniche 2005, 344), dice el diputado— para rescatar, en

---

71 Aquí Kaempfer (2009, 51) sigue a Halperin Donghi, a quien cita: "La ruptura con el despotismo produce una cohesión que no otorga autoridad para zanjar la forma de gobierno de esa unión. Para Halperin Donghi, 'la unanimidad se hace en torno de la declaración de la independencia [...] pero se rompe en torno al problema de la forma de gobierno' [...] El nombre propio [Provincias Unidas] no eliminó ese debate y, de hecho, dejó abiertas todas las opciones, incluyendo la opción monárquica que en la América hispana formulara previamente Francisco de Miranda".

cambio, una reunión "en unión" entre las partes que privilegie y considere, en palabras de Laguna, "el contacto de partes realmente distintas y separadas" (344). O, para volver a la propuesta de Camnitzer, rescatar la federación de provincias que le permite pensar y leer las diferencias y especificidades de los muchos modos de articular el conceptualismo.

A ese conjunto de relatos, que emerge de este proceso de producción de sentidos y que señala, a su vez, las prácticas mismas del negociar, lo construyo como un montaje hecho itinerario que denomino *Provincias Un-Idas*, resaltando el guion que divide el participio porque lo que este nombre demarca es, precisamente, la imposibilidad de una unidad determinada y fija, es decir, entendida como un todo que se levanta como sustancia, al decir de Laguna. Por el contrario, lo que propongo aquí es un itinerario descompuesto en unión, un montaje de fragmentos que se van recomponiendo y rearmando en nuevos diseños. De ahí que este itinerario que traza las *Provincias Un-Idas* debe ser literalmente entendido como la grafía de un lugar que se arma en constante desplazamiento, a través de pactos y de posicionamientos, de interrelaciones y de tensiones irresueltas, de negociaciones y resemantizaciones que luchan, sin conseguirlo, por fijar los sentidos. En síntesis, *Provincias Un-Idas* es un itinerario alejado de las especificidades de lo empírico, producido en procesos y prácticas discursivas donde los consensos y los antagonismos son siempre inestables, donde las "uniones" y las "de suniones" entre los fragmentos se inscriben en movimiento, donde los relatos, las imágenes y las prácticas históricas que circulan enfatizan una inestabilidad en la que se convive en tensión, un *entre* partes que a veces también se enquistan en una normatividad excluyente y exclusiva. Así, *Provincias Un-Idas* es la grafía, el trazado a lápiz, de un montaje conceptual que no refiere a un espacio cultural predeterminado, sino que viene a hacerse entre yuxtaposiciones que devienen itinerarios. Es, en otras palabras, una máquina escrituraria que se vale del montaje y de las recontextualizaciones, que son las estrategias que caracterizan, de acuerdo con Camnitzer, el arte conceptual.

Habría, a su vez, otra entrada para elaborar los contornos de este itinerario conceptual propuesto en este trabajo. Para ello, hay que dejar el Congreso de Tucumán de 1816 y tomar como punto de reflexión el Congreso de 1811 reunido en Santafé de Bogotá, donde se intenta sentar las bases políticas para las provincias del virreinato de Nueva Granada.[72] De ese congreso surge el Acta de Federación de las Provincias Unidas de Nueva Granada —redactada por Camilo Torres y firmada el 27 de noviembre de 1811 también por los representantes de Antioquia, Cartagena, Neiva, Pamplona, Tunja— en cuyo artículo 5 se procede a "desconoc[er] expresamente la autoridad del poder ejecutivo o regencia de España, cortes de Cádiz, tribunales de justicia y cualquier otra autoridad subrogada" que no sea la de las provincias (recopilado en Posada 1924, 2). Al mismo tiempo, el Acta expresa la necesidad de constituir una Federación que respetara la igualdad, independencia y soberanía de las provincias reunidas y por unirse (artículos 6, 10, 11; recopilado en Posada 1924, 2-4).[73] Una suerte de organización política que buscaba

---

72 Abro un breve paréntesis en torno a Chile que, a diferencia de las actuales Argentina y Colombia, no tomó el nombre de Provincias Unidas. Como se sabe, Chile "se funda en el centro y de allí se expande" configurando tres ciudades originales que luego devienen provincias: Santiago, La Serena y Concepción (Cartes Montory 2020a, 19). Mucho se ha escrito sobre la llamada "excepcionalidad chilena" en el contexto de la organización nacional, entendida esta como una visión que enfatiza el afianzamiento del centralismo en la consolidación estatal, sin mucha resistencia por parte de las provincias. Francisco A. Encina resume dicha excepcionalidad al presentar a Chile como "un país natural e históricamente centralizado" (citado en Cartes Montory 2017, 129). Un mito que, de acuerdo con Cartes Montory, se debe recalibrar, ya que dicha excepcionalidad solo se entiende frente a la borradura de la participación de las provincias, sobre todo de Concepción (2017, 130; 2020, 22-23, 36). En todo caso, lo que acepta Cartes Montory es que en Chile el proceso de centralización y los pactos con las provincias "ocurrió antes que en otras regiones" (134). Explica el historiador: "Chile no fue la excepción a esta tensión recurrente [entre centralismo y con/federación] en la organización estatal, si bien resolvió más rápido que en otras latitudes, por una imposición temprana del centralismo estricto" (139).

73 El Acta de Federación del Congreso de 1811 la tomo de la recopilación realizada por Eduardo Posada en *Congreso de las Provincias Unidas*, de donde cito. Nótese que de las dieciséis provincias que constituían la Nueva Granada (Santafé, Tunja, Socorro, Pamplona, Santa Marta, Cartagena, Riohacha, Panamá, Veraguas, Chocó, Nóvita, Antioquia, Popayán, Mariquita, Neiva y Casanare) solo seis participaron del primer Congreso de Santafé en 1810 (Santafé, Pamplona, Socorro, Neiva, Nóvita, Mariquita); en el segundo congreso de 1811

ordenar la serie de diversos levantamientos cabilderos y junteros que se habían ido dando en diferentes ciudades provinciales del virreinato de Nueva Granada en 1810.[74] Al igual que la Declaración de la Independencia en Tucumán, el Acta también funciona como un intento por disciplinar y ordenar el espacio político. Ahora bien, hay una diferencia fundamental en esta reunión de provincias neogranadinas con respecto a las provincias del Río de la Plata, ya que, en lo que es hoy la Argentina, la Primera Junta "sale" del Cabildo de Buenos Aires, capital del virreinato, y se lleva a provincias, mientras que, en la Nueva Granada, son los movimientos cabilderos de las ciudades provinciales los que "llegan", como explica Anthony McFarlane, a la capital del virreinato. Dice McFarlane (2002, 53): "La rebelión llegó entonces a la capital de la Nueva Granada, Santafé de Bogotá".

Si bien las diversas juntas provinciales en la Nueva Granada, como explica McFarlane, "se instalaron sin derramamiento de sangre, y lograron una transferencia de poder [...] relativamente suave" (54), no lograban superar las rivalidades entre ellas. Por eso, "la construcción de un orden político nuevo, estable e integrado, resultaría mucho más difícil que derrocar al antiguo, puesto que el vacío del poder dejado por el colapso del Gobierno español fue llenado no por uno, sino por varios gobiernos auto-proclamados" (55). De este modo, los intentos por lograr la unificación de la Nueva Granada "bajo una autoridad única" (58) terminan en fracaso y hasta en guerra civil; después de todo, el centralismo de Cundinamarca, bajo el liderazgo de Antonio Nariño, entra en abierto conflicto con el proyecto federalista impulsado por el Congreso

---

convocado por Camilo Torres participan, en cambio, las provincias de Antioquia, Cartagena, Neiva, Pamplona y Tunja. Los diputados de Cundinamarca y Chocó eran, en cambio, partidarios del centralismo de Santafé ya bajo el liderazgo de Antonio Nariño.

74 Los levantamientos a los que hago referencia son los siguientes: Cartagena (18 de mayo), Cali (3 de julio), Pamplona (4 de julio), Socorro (10 de julio), Santafé de Bogotá (20 de julio). Estos levantamientos seguían, a su vez, a los ya producidos en Quito (agosto de 1809) y en Caracas (18 de abril de 1810).

y las provincias.[75] Como consecuencia de este enfrentamiento entre proyectos políticos, "la Nueva Granada se fracturó en muchos pedazos, rompiéndose generalmente a lo largo de las fronteras de las provincias coloniales y a menudo subdividiéndose todavía más a lo largo de las líneas de fractura dejadas por las rivalidades municipales dentro de las provincias" (58). O, como concluye McFarlane, el historiador al que estoy siguiendo, "la dispersión de la soberanía se volvió el rasgo característico de vida política en la Primera República" (58) que se continuó, luego, a lo largo de la vida de la república, ya que, como observa Francisco Múnera (1988) entre otros, el ideal de una nación homogénea nunca cuajó en Colombia.[76]

---

75 Los primeros intentos de configurar una organización política centralizada en la Junta y el Congreso de Santafé de Bogotá contaron con fuertes oposiciones de las ciudades principales. Cartagena, por ejemplo, se independizó formalmente de España en noviembre de 1811 y se negó a participar de dichas tendencias centralistas. Cundinamarca, bajo el liderazgo de su presidente Nariño, buscó establecer un Gobierno centralizado al que las provincias, congregadas en Tunja, se opusieron. Como explica Hermes Tovar Pinzón (1983, 200), "los enfrentamientos ideológicos en torno a la naturaleza del Estado republicano crearon facciones que llegaron a tomar las armas para defender sus propias convicciones". Estas guerras internas tienen, para Tovar Pinzón, una "doble dimensión: de una parte, las que brotan en las provincias por mantener intacta su unidad y, de otra parte, las que organiza la naciente república para hacer prevalecer sus criterios sobre la naturaleza federal o central del Estado" (189). El panorama se complica porque varias provincias de la Nueva Granada permanecen bajo el control español, tales como Santa Marta, Popayán y Pamplona.

76 Múnera (1998) en *El fracaso de la nación: Región, clase y raza en el Caribe colombiano (1717-1810)* trabaja el fracaso del concepto de nación en Colombia al realizar un estudio que rompe con los tres mitos fundacionales puestos en marcha por José Manuel Restrepo que, según el historiador, siguen vigentes sin terminar de ser cuestionados (13). El primer mito "predica que la Nueva Granada era, al momento de la independencia, una unidad política cuya autoridad central gobernaba el virreinato desde Santa Fe" (13). El segundo se refiere a que la elite criolla dirigente "se levanta contra el gobierno de España impulsada por ideales de crear una nación independiente" (14). El tercero es el mito que atribuye la independencia exclusivamente a dichas elites criollas sin tener en cuenta la activa participación de los indígenas, las castas y las

Bien podría decirse que el primer intento organizativo de las Provincias Unidas de Nueva Granada que termina en fracaso inserta, de modo tácito, el guion en el participio que marcaría la unión colombiana. Precisamente, esos primeros años de la organización de la Nueva Granada han sido aglutinados bajo la denominación, un poco despectiva, de "Patria Boba", que resalta la inestabilidad, el fracaso político y la inmadurez de sus líderes.[77] McFarlane (2002, 49) trata, en cambio, de evaluar este período rescatándolo como un "momento importante", en cuanto "comenzó la búsqueda de nuevas formas de identidad, y se iniciaron los experimentos con nuevos tipos de expresión y organización política". Para no caer en juicios de valor despectivos propone llamarlo "Primera república" (48). Más allá de estas designaciones, la llamada "Patria Boba" es un período relativamente corto (1810-1815) marcado por las guerras civiles, la rivalidad entre provincias y la inestabilidad constitucional y constituye, a la vez, un intento de federación política que "trataba de legislar para una república inexistente" (Silva 2013, 107) y aglutinar, bajo el nombre de Provincias Unidas de Nueva Granada, diversas jurisdicciones constituyentes que se hallaban fragmentadas por viejas rivalidades, con sueños autonómicos y sin claros límites territoriales, aun cuando una gran parte de ese territorio se encontraba bajo el dominio español (108).[78] Bien se puede pensar, entonces, que eso que

---

comunidades negras (14). Para romper con estos mitos, Múrena trabaja los conflictos entre Cartagena de Indias y Santa Fe de Bogotá, y las diferentes concepciones de nación y de Estado que se proponen. A su vez, demuestra la activa participación de las clases populares, en las que destaca la "dinámica racial" (23) y la importancia de las castas, los mulatos y los esclavos libres en los eventos de la independencia.

77 De acuerdo con Posada (1924) los años de la llamada "Patria Boba" "cayeron en lamentable olvido" y mucho se perdió luego de la reconquista española (VII). "De ahí que muchas de las actas, decretos y oficios de ese cuerpo legislador sea difícil de encontrar un siglo después y resulte incompleta toda compilación de sus trabajos" (VII). Posada rescata la labor historiográfica de Restrepo y Groot, y las colecciones de O'Leary, Blanco y Azpurúa, aunque insiste en la pérdida de muchos documentos (VII, VIII).

78 Muchos historiadores contemporáneos hablan de la necesidad de volver a trabajar este período no del todo agotado y que ha sido poco estudiado o

se llamó Provincias Unidas de Nueva Granada inscribe el mismo gesto que Chiaramonte y Souto leen en torno al Río de la Plata. Después de todo, Provincias Unidas de Nueva Granada fue, en palabras de Renán Silva (2013), una "república federal en el aire" (108) que puede leerse también como una "utopía aislada carente de efectos sobre la realidad política, en virtud de su propia ineficacia para controlar y dar forma a la sociedad que intentaba organizar" (109). De ahí que la llamada "Patria Boba" fracasó y se disolvió en una dispersión de provincias, regiones y ciudades en pugna, configurando —y tomo esta imagen de McFarlane (2002, 75)— "una colcha de retazos [*quilt*] de estados y de provincias".

Esta colcha de retazos es, a grandes rasgos, la imagen que emerge del fracaso de la Primera República y de las Provincias Unidas de Nueva Granada, pero es, al mismo tiempo, una imagen que ha persistido en el diseño de Colombia como un país de regiones, un mito fundacional que, como observa Margarita Serje (2011), se inscribe casi sin cuestionar el aparato conceptual que lo produce. Por mi parte, esta imagen de la colcha de retazos me sirve para trazar el montaje implícito en el itinerario conceptual que enfatiza el guion y que deja ver el reverso de lo supuestamente liso y continuo. Así, la colcha de retazos que lee McFarlane se da vuelta y muestra las suturas, los parches, el entrelazado que desarma los planos lisos y continuos. Ahora bien, para mostrar la colcha de retazos y para seguir elaborando esta máquina escrituraria que es *Provincias Un-Idas*, recurro a una serie de mapas intervenidos por el artista conceptual Horacio Zabala, presentados en 1973 bajo el nombre de "Anteproyectos", en el Centro Arte y Comunicación de Buenos

---

relegado. Por ejemplo, Renán Silva habla de "un olvido injusto" (2013, 104, 107). Armando Martínez Garnica en "La independencia del Nuevo Reino de Granada. Estado de la representación histórica" ofrece un panorama del estado de la historiografía reciente, mientras que sus estudios "El movimiento histórico de las provincias neogranadinas" junto con su monumental *Historia de la primera república de Colombia* son una referencia importante. Rebecca Earle (2000), por su parte, hace un buen resumen de la "Patria Boba" en *Spain and the Independence of Colombia*.

Aires (CAYC) dirigido por Jorge Glusberg.[79] Estos *Anteproyectos*, según el propio Glusberg, intentaban "explicitar las estructuras represivas de la sociedad en la que le ha tocado [a Zabala] actuar como artista y arquitecto" (citado en Herrera 2007, 10), con lo cual bien pueden ser leídos, como lo propone Ana Longoni (2013, 27), "en la clave de una estética de la violencia, no solo en cuanto explícita una toma de posición frente al conflicto desatado, sino en cuanto sus intentos dilemáticos de entender y practicar el arte como política insurgente, como modo de acción, incluso como sistema a impugnar".

De la diversidad de *Anteproyectos* presentados por Zabala, me centro en aquellos que juegan con mapas intervenidos de la Argentina, las contra-cartografías opacas —como las denomina el curador Fernando Davis (2013, 12; 2007, 15)— que "a través de 'tensiones', 'deformaciones' y 'hundimientos' del territorio" (Davis 2013, 11) alteran o "trastorna[n] el régimen legible del mapa para interrogar el orden geopolítico explícito en el trazado" (12). En particular, me detengo en algunas intervenciones sobre mapas de la Argentina para observar cómo dicha "contra-cartografía" —un término que también usa Longoni— interpela modos estancos de leer mientras que propone, a su vez, nuevas lecturas sobre ese objeto ya tan codificado como lo es el mapa escolar. En otras palabras, me interesa

---

79 Cabe destacar que Zabala pertenecía al llamado Grupo de los Trece del CAYC, un "grupo interdisciplinario de artistas visuales que practicaban una versión regional del arte conceptual que se denominó conceptualismo ideológico. Un tipo de arte que hablaba de los sistemas políticos y sociales del contexto latinoamericano a partir de ciertos modelos aportados por las ciencias, en el caso de Zabala, la arquitectura y su metodología proyectual. Un arte de procesos más que de objetos, lo definía Jorge Glusberg, un arte de sistemas" (Herrera 2007, 10). Nótese, sin embargo, que desde la lectura de Camnitzer (2007), la denominación de "conceptualismo ideológico" utilizada por María José Herrera, siguiendo a Simon Marchan Fiz, sería una redundancia ya que este crítico considera que el arte conceptual latinoamericano (conceptualismo, en su nomenclatura) tiene como condición *sine qua non* una impronta ideológico-política, que es lo que marca la diferencia con el arte conceptual tal como se lo articula en Europa y en los Estados Unidos (22-36). Glusberg es, sin embargo, el primero en utilizar la denominación "conceptualismo ideológico" para caracterizar la obra de Zabala y la del Grupo de los Trece (Davis 2013, 14).

detenerme en el proceso de "idear" "la deformación del territorio argentino", ya presente en el anuncio mismo de los *Anteproyectos*.

Basta detenerse en *Hacha, 1972-1998* (figura 1) para comprender el alcance disruptivo que Zabala les da a sus intervenciones sobre el espacio cartográfico que, como bien plantea Davis, constituye un discurso disciplinario que se presenta como objetivo y representativo de una supuesta realidad mesurable y cuantificable a través de una serie de códigos ya establecidos (2013, 11-12). Es más, *Hacha* literalmente corta de cuajo cualquier tipo de transparencia legible en el mapa escolar de la República Argentina marca Rivadavia o "mapa político" —como se lo denomina en la escuela— y termina presentándolo como un *readymade.*[80] Y al proponerlo como *readymade*, dicho mapa escolar y familiar se transforma en un problema que hay que repensar. El hacha que parte o que raja la convención consensuada del espacio obliga al espectador a problematizar la familiaridad del trazado hasta transformar esa versión escolar, normativa y disciplinada, en un objeto opaco que demanda ser analizado. O, dicho de otro modo, la rajadura del hacha cuestiona la legibilidad de lo legible, ya que el espectador que sabe cómo leer y qué pedirle a un mapa político se da cuenta de que ahora tiene que hacerle otras preguntas más allá de la normatividad del mapa político que demarca puntualmente los bordes de las provincias en colores diferentes con sus respectivas capitales. O, como explica Davis:

> Si los dispositivos gráficos del mapa y del dibujo de planos remiten a un orden que sistematiza y mensura el territorio, que objetiva y recorta superficies y límites, Zabala pone en conflicto esta lógica técnico-instrumental, enturbiando la imagen con sus opacidades, produciendo fugas y turbulencias del sentido que desarreglan la distante racionalidad que organiza las sintaxis cartográfica y arquitectónica. (2007, 15)

Hacha nos obliga, entonces, a revisar la configuración de los espacios y cuestionar el arreglo de lo dado, porque la rajadura que se inserta sobre

---

80 Los mapas escolares más comunes en la Argentina son marca Rivadavia, una marca de principios del siglo XX (1917) que se especializa en útiles escolares.

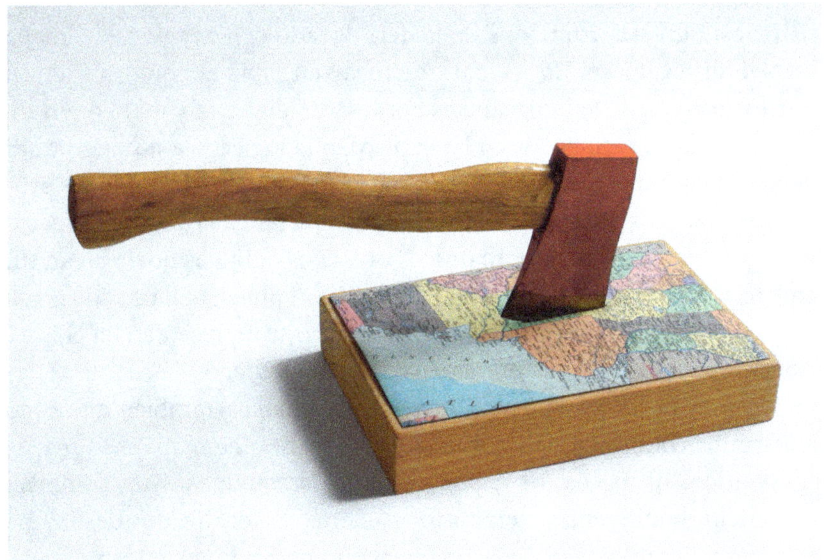

Figura 1. Horacio Zabala. *Hacha*, 1972, 1998.
Hacha de hierro, base madera, mapa impreso, 50 x 20 x 50 cm.
Cortesía del artista y de Henrique Faria, Nueva York.

el mapa escolar por el accionar de la herramienta de trabajo se transforma en una apertura que libera al espectador de las convenciones cartográficas y de los límites impuestos a lo legible, como si los colores que identifican las provincias y los bordes negros que las limitan fueran ahora la marca por donde se puede empezar a pensar la arbitrariedad del dispositivo. Ahora bien, aunque *Hacha* rompe el ordenamiento disciplinario y la legibilidad del mapa político, el "anteproyecto" no termina de proponer otras alternativas de ordenación, como si lo que se quisiera mostrar fuera solo la posibilidad de "deformar" la familiaridad de ese territorio. Y dejar claro que se puede pensar por fuera de los órdenes disciplinarios.

Para comprender los alcances de la ruptura inserta en *Hacha*, hay que recurrir al tríptico *Las deformaciones son proporcionales a las tensiones I, II, III* (figura 2), un anteproyecto de 1974, que forma parte de la colección permanente del museo Tate Modern de Londres y que se expone en la sala 10 del cuarto piso, dedicada al CAYC y al arte de sistemas.[81] En este tríptico, Zabala deja de lado el *readymade* del mapa escolar utilizado en *Hacha* para delinear en lápiz el contorno de un territorio al que se le esfuman sus bordes, donde tierra y mar conviven. Los tres mapas delineados en lápiz pierden la lógica y la nomenclatura del "mapa político", ya que los límites y los colores de las diferentes provincias y de los países se borran como si se dejara a la vista un espacio vacío y vaciado. La borradura de los contornos políticos no da lugar, sin embargo, a los accidentes geográficos que componen el llamado "mapa físico" —la otra categoría escolar— ya que no se representan en el interior de esos territorios las montañas, los ríos, los lagos, las llanuras, las mesetas, es decir, las convenciones que se señalan, también apelando a distintos colores predeterminados, en este tipo de mapa. Los mapas no políticos ni físicos del tríptico de Zabala son apenas un contorno esfumado de diferentes "territorios nacionales" focalizados desde una escala que permite visualizar una versión que bien puede identificarse con América del Sur, aunque esta aparezca fragmentada o, mejor dicho, "cortada" en el meridiano 24, justo debajo del Trópico de Capricornio que está bien demarcado y señalado en la letra de imprenta típica de los arquitectos. Sobre el ángulo inferior derecho de cada uno de los mapas del tríptico hay, además, un recuadro que detalla la escala característica del lenguaje cartográfico, con lo cual el mapa apenas contorneado adquiere un registro de verosimilitud que se proyecta también sobre el territorio representado, más si se tiene en cuenta que el tríptico responde a "las normas IRAM (Instituto Argentino de Racionalización de Materiales) nº 4504 y 4508" (Davis 2013, 11).[82] Asimismo, el contorno

---

81 Zabala produce varios *Anteproyectos* en los que "deforma" mapas, como por ejemplo "De-formaciones" y "De-formaciones II" (1974). Se puede consultar el catálogo de los *Anteproyectos* en https://issuu.com/fundacionalon/docs/zabala.

82 En la Argentina el dibujo técnico está regido por las normas IRAM, es decir, del Instituto Argentino de Normalización y Certificación. Dichas normas codifican el modo de presentar el material, ya desde las líneas que se deben usar para cada instancia, los tipos de letras, el rayado según los materiales, las escalas reglamentadas, hasta el modo de plegar o de doblar los materiales. Por ejemplo, la norma 4504 establece los formatos y las medidas de la hoja sin recortar. La norma 4508 establece las características del rótulo de plano,

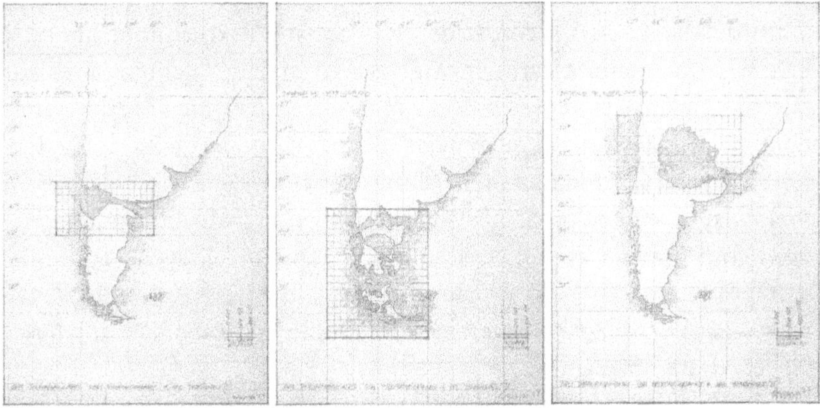

Figura 2. Horacio Zabala. *Las deformaciones son proporcionales a las tensiones I, II, III* (tríptico), 1974.
Lápiz sobre papel, 31,5 x 64,5 cm.
Cortesía del artista y de Henrique Faria, Nueva York.

de los mapas no flota en un espacio vacío, sino que se inscribe dibujado sobre el canevás, también trazado con lápiz, en el que se resalta el sistema de coordenadas geográficas (medidas de latitud y longitud) que encuadran los territorios, los cuales quedan fijados en un determinado plano en relación con los paralelos y meridianos marcados.

La sintaxis cartográfica que se visualiza en el tríptico corrobora, por lo tanto, el discurso normativo y disciplinario de la geografía que se enfatiza, en mi opinión, como un modo de subrayar aún más la verosimilitud de la representación. Hasta diría que Zabala apela a estas normas y códigos preestablecidos por la disciplina —"detalles" no inútiles, si se los evalúa desde la cartografía— para provocar un "efecto de realidad" que funciona, como explica Roland Barthes (2009, 220), como una "ilusión de referencia", aunque "esos detalles" que "se supone denotan directamente lo real, no hacen otra cosa que significarlo, sin decirlo". De este modo, los mapas esfumados y contorneados, pero trazados con

el recuadro en el cual se indica la denominación, la escala y el número de representación. El recuadro de la escala debe ir colocado en el ángulo inferior derecho. Véase el manual del IRAM en la página web de la institución.

tanto detalle, apelan a construir una verosimilitud, aunque ahora se los use para desenmascarar el carácter regresivo de la empresa realista que apela a la "desintegración del signo" —como explica Barthes— "en nombre de una plenitud referencial" (221). En el caso de Zabala, a diferencia de lo mencionado, dicha desintegración viene a señalar que el sentido que se hace pasar por significante en el realismo "no depende de la conformidad al modelo [referencial] sino de las reglas culturales de representación" (216). Y, precisamente, son esas reglas culturales de representación de los territorios nacionales lo que Zabala en el tríptico viene a desfamiliarizar.

Para proceder a desfamiliarizar aún más los territorios, Zabala apela al uso de otra norma cartográfica: el uso del recuadro expansivo o mapa de detalle que se enclava dentro del de base para resaltar una zona. En cada uno de los mapas que constituyen el tríptico, el recuadro inserto o mapa de detalle destaca la sección intervenida. En el primero, la ampliación se da en torno al sur de las provincias de Buenos Aires y La Pampa para cruzar las de Río Negro y Neuquén, borrar los Andes y meterse en la región de la Araucanía en Chile. En el segundo, la Patagonia chilena y argentina se desintegra, mientras que, en el tercero, el Río de la Plata se expande hasta constituir una gran laguna, una suerte de laguna Mar Chiquita extendida, que invade gran parte de las provincias de la llamada Pampa húmeda. En ninguno de los tres mapas se establecen los accidentes geográficos, ni los límites políticos que separan los territorios nacionales y los países limítrofes: Chile, Bolivia, Paraguay, Brasil, Uruguay y la Argentina son espacios "vacíos", sin marcas políticas ni físicas preestablecidas, más allá de las inscriptas por la intervención misma en los mapas detalle. Estas "deformaciones" dibujadas sobre el espacio —la denominación viene del propio título dado por Zabala— inscriben una desintegración de la configuración espacial que reproduce el *readymade* del mapa escolar y que tenemos incorporados en nuestros modos de leer el espacio nacional y el continental: la división en provincias, los puntos que señalan las ciudades y las capitales, los límites entre los países, la presencia de ríos y lagunas fácilmente identificables. Entrar, entonces, al tríptico supone un nuevo modo de visualizar lo que se da por sentado o, como plantea Zabala en una entrevista que le hace Daniela Gutiérrez (2016) para *La Nación*, supone una reflexión en cuanto que su proyecto procura "hacer que lo que se ve pueda ser pensado".

Tal como lo usa Zabala, el lenguaje cartográfico en el tríptico sirve para sacarnos fuera de la norma, para desdisciplinar la mirada y permitirnos leer la fluidez de los contornos que ahora se presentan, en la intervención y por la intervención, como agua. Después de todo, pareciera que son los océanos Atlántico y Pacífico los que invaden el territorio, hasta llegar a juntarse en los trípticos I y II. Creo que no es casual el uso del agua como modo de abrir la cerrazón de esos espacios, ya que la fluidez de ese elemento es la que permite poner en movimiento discursos —el cartográfico, el nacional, el territorial— que de otro modo permanecerían fijos y estancos. Hacer agua es un modo de hundir y Zabala, en el tríptico, hace agua lo establecido para abrir los preconceptos que fijan un territorio dentro de una narrativa nacional o continental. De hecho, el territorio que surge de esas intervenciones es y no es el de la República Argentina, es y no es Chile, es y no es Uruguay, como si se produjeran en sus mapas un desplazamiento y una recontextualización —las dos estrategias propias del conceptualismo latinoamericano según Camnitzer— que obligan al espectador a dejar de lado sus propios esquemas para adentrarse en la fluidez de esa deformación resaltada. Al seguir los trazados de la intervención, el tríptico da forma a un itinerario conceptual y produce una nueva configuración espacial que se debe visualizar desde una reflexión crítica para empezar a comprender los alcances de esas tensiones y deformaciones del título. O mejor, da forma a un itinerario en el que el signo —como dice Barthes— ya está desintegrado, porque más que servir al referente, ese itinerario anuncia la arbitrariedad de la geografía y el desplazamiento de los significados, el cuestionamiento de la representación estanca, la posibilidad de producir nuevos enunciados, nuevas travesías, nuevas cartografías. Una geografía que hace agua es, por lo tanto, una que hunde identidades. Asimismo, una geografía que hace agua es una que resalta la producción cultural y ya no referencial del espacio, como si lo que se resaltara de esa geo*grafía* fuera el proceso mismo de grafiar.

La cartografía que leo en Zabala, por lo tanto, es una que desorganiza porque permite repensar el espacio a partir de nuevas interrelaciones, nuevos itinerarios, que poco tienen que ver con el consensuado en los mapas escolares de colores. Es, en definitiva, una cartografía que, en palabras de Davis (2013, 22), subvierte "la dictadura de lo visible hegemónico" al desafiar "la falsa unidad de lo visible normado". En otras palabras, es una cartografía que me permite apropiarme del procedimiento de Zabala para proceder a operar del mismo modo ahora sobre el nombre propio que se dan las provincias a partir del Estatuto Provisional sancionado por el Primer Triunvirato en 1811, como establecen Chiaramonte y Souto en su estudio, o del Acta de Federación de las Provincias Unidas de Nueva Granada redactada por Camilo Torres. Precisamente, al apropiarme del gesto de Zabala y al intervenir el nombre propio de "Provincias Unidas" con un guion, mi versión del hacha, busco volver a enfatizar la arbitrariedad del pacto, la contingencia de la alianza para resaltar eso que Chiaramonte y Souto señalan como una "reunión de provincias" (2010, 32).

Hacer como Zabala y hacer agua en el territorio del nombre y meter un guion en el medio del participio como una cuña que desestabiliza. A su vez, resaltar con mayúscula la palabra nueva que emerge del tajo y hacer ver con este gesto cómo es posible formar "otra" palabra en el interior de ese mismo participio. Con este doble gesto que separa y resignifica el participio que funciona como adjetivo y modifica al sustantivo, busco señalar la tensión entre la unidad y la fuga, entre la fijeza de una identidad nacional que se asume aún hoy como un "paquete" y el desplazamiento que ponen en marcha al articularse los lugares. Para continuar elaborando los alcances de la ruptura del hacha-guion, sirve de nuevo recurrir a Zabala y tomar otro de sus *Anteproyectos*, esta vez *Argentina empaquetada* (1974) (figura 3). Un anteproyecto que reitera el uso del mapa escolar marca Rivadavia hecho ahora envoltorio de dos cajas que se presentan como una encomienda atada y lacrada, lista para enviarse.

El *readymade* del mapa se presenta, una vez más, como un índice que condensa la narrativa nacional que se "empaqueta" a través de la escuela. Un discurso que, como el mapa, está armado con y por convenciones disciplinarias y disciplinantes, un discurso que queda cerrado, fijo, hasta sellado con lacre e hilo para impedir cualquier tipo de intervenciones. Es más, las cajas envueltas por los mapas escolares deberían "contener" los sentidos que significan y sellan la argentinidad del título: la presencia absoluta y condensada de un discurso identitario que se debe asumir como ahistórico y uniforme para todos. Sin embargo, las cajas envueltas con los mapas escolares no contienen nada, imagino que están literalmente vacías, que se vuelven livianas más allá del hilo y del lacre que las cierra. Un vacío es, entonces, lo que está ahí empaquetado

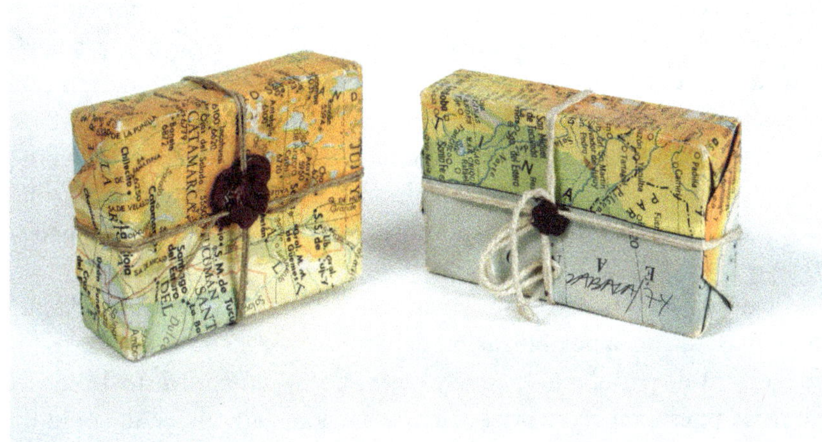

Figura 3. Horacio Zabala. *Argentina empaquetada*, 1974.
Mapas impresos, lacre, hilo. 10 x 20 cm.
Cortesía del artista y de Henrique Faria, Nueva York.

por Zabala. Y este vacío hecho "paquete" es, en mi opinión, el cuestionamiento más radical a ese discurso nacional y nacionalista que se ata y se presenta para ser consumido acríticamente. Más si se tiene en cuenta que el anteproyecto de Zabala se puede leer como una alusión que juega con uno de los tantos sentidos populares de la palabra "paquete", que nombra al engaño, truco o mentira que se "vende".

Tal como están presentadas en el anteproyecto, las cajas reúnen todas las características de una encomienda típica del correo argentino de la década de los setenta, cuando se ataba y lacraba lo que se mandaba. Por lo tanto, bien pueden ser consideradas como parte del arte correo en el que Zabala participa a partir de esos años.[83] Leída *Argentina empa-*

83 A partir de la década de los setenta Zabala participa del arte correo, que constituye, de acuerdo con Davis (2013, 14), "una estrategia desde la cual interrogar y apostar a subvertir, en la activación de circuitos colaborativos y plataformas descentradas alternativas, a los espacios artísticos institucionales, los ordenamientos de poder que regulan el trazado y organización disciplinaria de los territorios y sus representaciones".

quetada como arte correo, la fijeza del paquete lacrado y, por ende, la cerrazón de ese discurso nacional contenido en las cajas pasan a flexibilizarse porque las cajas —y también el discurso que supuestamente contienen— entran a circular por redes, a desplazarse en intercambios, hasta transformarse en "una cartografía móvil y descentrada que no solo desafió los peajes institucionales del arte y sus trayectos normados [...]", sino que también "apuntó a fisurar las fronteras nacionales" (Davis 2013, 15).

Habría, sin embargo, otra lectura posible para *Argentina empaquetada* más allá de la flexibilización del arte correo. La propuesta es retomar el sentido popular del paquete y leer ahora el anteproyecto de Zabala como la puesta en escena del discurso nacionalista inscripto como un *readymade*, es decir, como "un producto confeccionado, ya hecho" (21) que se usa para ser desplazado y recontextualizado y al que se le niega la función para la que se lo realizó, según explica Zabala (2012) en *Marcel Duchamp y los restos del readymade.* Como ya he observado, el mapa escolar que envuelve la caja puede ser visto como un *readymade*, pero me gustaría hacer extensiva dicha clasificación al propio discurso nacionalista que configura y construye —sin admitirlo— una nación sin fisuras, uniforme y fija que debe continuarse como legado. Así, la nación *readymade* que es encerrada por el otro *readymade* del mapa escolar "está ahí", contenida, afirmándose como una "realidad material" o un objeto que "solo se parece a sí mismo, autorreferencial y tautológico en su tragicómica simplicidad" (Zabala 2012, 23). La nación-*readymade*, hecha "paquete", encerrada y contenida en las cajas, es un ideal cívico que se mantiene inalterable como una presencia a la que se le van borrando y puliendo las variantes, las diferencias, las negociaciones, los cambios y las luchas por los sentidos, hasta dar como resultado visible la opacidad de una homogeneidad que se inscribe uniforme y lisa. O, para volver a las palabras del diputado Laguna, hecha "unidad" entendida como "una sustancia sin relación de las partes, un *todo*". De este modo, *Argentina empaquetada* desenmascara lo nacional como "paquete", pero al hacer de dicho paquete una encomienda pone a circular eso que se presenta como fijo, como inmutable y seguro. En esta circulación que abre redes lo primero que cae es el fundamentalismo de las esencias nacionales para dar lugar, en cambio, al vacío que en realidad contienen esas cajas. O, dicho de otro modo, los "paquetes" hechos encomiendas se desvían no solo porque se desplazan, sino porque abren en el fundamento una nada, un vacío que no se muestra, pero que el espectador percibe frente a las cajas envueltas. La *Argentina empaquetada* es, así, esa apertura que subvierte la fijeza y la socava.

El diseño cartográfico que proyecta Zabala en sus *Anteproyectos*, en conclusión, poco tiene que ver con el que vende la marca Rivadavia. Al contrario, su cartografía visualiza la deconstrucción de la nación ya en la década de los setenta, cuando esta se mantenía aún como una categoría fundamental en el discurso político de la época. En *Provincias Un-Idas*, quisiera reiterar este gesto de Zabala y producir, como él, un itinerario que se escribe y que está en tensión constante entre la unidad y la fuga, la forma cerrada y la apertura de la ida, entre un todo que nunca termina de construirse y el fragmento que huye. Un itinerario que interpela los varios "paquetes" del orden establecido y que hace agua lo que se presenta como fijo. El guion que parte y la mayúscula que se resalta en el participio son, sin duda, un modo de nombrar este itinerario hecho de montaje que hace visible la fluidez de los sentidos, las interrelaciones y las negociaciones que ahora quedan expuestas, a flor de piel. Asimismo, el guion y la mayúscula en el participio son las marcas que permiten abrir el "paquete" y resaltar el vacío. Y son, por último, los guiños que muestran las suturas que se esconden cuando se cose una continuidad.

De algún modo, el itinerario que se arma al adoptar este nombre solo en parte puede leerse como un "regreso al origen", a esa nomenclatura de las "Provincias Unidas" que Chiaramonte y Souto rescatan y estudian. Por eso, mejor es pensar este itinerario-montaje que aquí propongo como una construcción que "empaqueta" (escribe) territorios de otro modo: uno que deforma como propone Zabala y que lejos de resaltar la unidad y uniformidad continua de la nación, busca pensar un posicionamiento que indague en la diversidad cultural de territorios que se arman como "reunión de provincias", fragmentos en constantes negociaciones y en procesos de alianzas, en constantes circulación y desplazamientos en donde, a veces, también pueden llegar a conjugarse como nación o como región. En otras palabras, *Provincias Un-Idas* se sale de la búsqueda de lo que unifica y la fija como unidad, para pensar, en cambio, la posibilidad de trazar un itinerario que se inscribe y se articula más por lo que tiene de diferente que por lo que dice tener en común. Y en ese desplazamiento fuera de los "paquetes" nacionales y regionales, la literatura contemporánea, las artes visuales y el cine del presente tienen mucho que mostrar y decir. La proliferación de lugares —uso esta palabra a propósito— ya es una marca de nuestra contemporaneidad, una marca de nuestro presente que se abre y se multiplica. Asimismo, el cruce "raro" y, tal vez, "indefendible" entre la Argentina, Chile y Colombia que arma este itinerario que es *Provincias Un-Idas* se presenta, entonces, como un "paquete" arbitrario o como una imagen dialéctica en tensión que no se resuelve (ni lo intenta) en una síntesis, porque busca resaltar la yuxtaposición, una conjunción tensionada que no encaja.

Como el tríptico de Zabala, *Provincias Un-Idas* también procura hacer agua e incrustar un mapa detalle en eso que llamamos "cultura nacional", "cultura regional", "cultura provincial" para empezar a reflexionar sobre otros modos de nombrar que no se "empaquetan" como una unidad. En todo caso, *Provincias Un-Idas* conjuga una unión de fragmentos, una federación cuyo montaje puede hacer agua. Un modo burdo, si se quiere, de resaltar las idas o los desplazamientos, de pensar las discontinuidades y los vacíos, de empezar a trabajar con las tensiones y las negociaciones ahora en la horizontalidad de una reunión de provincias nunca iguales, nunca las mismas, nunca fijas. Un modo burdo, en definitiva, de salirse de los muchos paquetes que nos arman los *readymade* nacionales, cosmopolitas y globales, para empezar a circular por lo chico, para empezar a andar en provincia.

En defensa de un término

¿Por qué el término *provincia*? ¿Por qué insistir con la provincia, si es una palabra tan saturada de sentidos que despierta sospechas y reticencias y que demanda, a cada paso, una defensa? ¿Por qué "volver" a ella, en definitiva, si el montaje de fragmentos que se inscribe en estas páginas poco tiene que ver con la referencialidad material de las provincias históricas? ¿Por qué no usar, en cambio, otros términos? El concepto de región, por ejemplo, ha sido redefinido y reivindicado por un grupo de historiadores y críticos, mientras que el término territorio es ampliamente usado por los movimientos comunitarios, políticos y socioambientales.[84] Asimismo, Bruno Latour (2014; 2020), en su giro hacia la Gaia, propone repensar y hacer uso del término "zonas críticas". Con esto quiero decir que hay opciones, siempre las hay. Y sin embargo, *Provincias Un-Idas* se queda pegada a un término que tiene un pasado colonial y una alta carga de ambigüedad, ya que, como explica Armando

84 La bibliografía en torno a la resignificación de la región es imposible de resumir en una nota. En *Buenos Aires y las provincias* dialogo con diferentes propuestas, entre ellas, la de Ricardo Kalimán. Los estudios de Eric Van Young con respecto a México han sido pioneros. Una buena introducción a su trabajo es "Haciendo historia regional. Consideraciones metodológicas y teóricas" (1987). Asimismo, la bibliografía en torno a la construcción del territorio como un concepto marcado por la colectividad y las luchas de las comunidades y organizaciones indígenas y afrocolombianas, en especial de la región del Pacífico colombiano, es imposible de resumir en una nota. El estudio de Arturo Escobar *Territories of Difference: Place, Movements, Life, Redes* (2008) fue iluminador para comprender por qué mi trabajo no podía hacer uso del concepto territorio. El artículo de María López Sandoval, Andrea Robertsdotter y Myriam Paredes "Space, Power, and Locality: the Contemporary Use of Territorio in Latin America Geography" (2017) es un buen resumen de las diferentes apropiaciones y usos del término.

Cartes Montory (2020a, 24-27), bajo el término provincia se podía referir a todo un territorio político-administrativo —por ejemplo, la provincia de Chile en el mapa de Martin Waldseemüller de 1507 y en el poema épico de Ercilla— o señalar, en cambio, los territorios acotados que les correspondían a las ciudades coloniales y luego independentistas. Una indefinición en torno a los marcos geográficos y políticos de las provincias que se mantuvo, como nota el historiador, hasta bien entrado el siglo XIX (26, 28).

Más allá de las ambigüedades e indefiniciones que el término pudo tener, hay una persistencia en su uso para nombrar esos espacios fuera de las capitales, aun cuando se han producido nuevos ordenamientos territoriales, como es el caso de Colombia luego de la promulgación de la Constitución de 1991 o de los diversos procesos de regionalización y descentralización que se dieron en Chile a partir de la creación de la Comisión Nacional de Reforma Administrativa y del Fondo Nacional de Desarrollo Regional durante el régimen militar de Augusto Pinochet.[85] En este sentido puedo hacer mías las palabras de Orlando Fals Borda (1988, 52), quien, como he observado, hace ver que en Colombia, más allá de la instalación de los departamentos "como entidad territorial" en la Constitución de 1886, la provincia nunca terminó de ser erradicada, a pesar de no tener legalidad constitucional y de que los departamentos hayan sido ratificados en reformas constitucionales posteriores. Al respecto, afirma Fals Borda, "ni las provincias ni las veredas desaparecieron de la conciencia popular y siguieron jugando a nivel de la realidad, así no hubieran sido consagradas constitucionalmente" (52). Persiste, por lo tanto, aún en Colombia, "una tendencia casi constante

---

85 Para una visión de los procesos descentralizadores y regionalizaciones en Chile, recomiendo el artículo de Cartes Montory (2018) "La regionalización en Chile", que resume las diferentes instancias desde la Constitución de 1925 hasta el último proceso constituyente, pasando por las medidas tomadas por el régimen militar y el Informe de la Comisión Asesora Presidencial del Gobierno de Michelle Bachelet. El estudio de Esteban Valenzuela (2015) *Descentralización ya. Conceptos, historia y agenda* trabaja esta problemática desde una perspectiva de defensa del federalismo y de la regionalización, y de un fuerte rechazo al centralismo.

de mantener a la provincia [...] como unidad territorial básica" (30-31) que se repite en Chile y en la Argentina.[86]

Esta perseverancia del uso del término *in situ* señala, a mi modo de ver, la subsistencia de un concepto que para definirse necesita el armado de una red o serie de relaciones para poder significarse y otorgarse sentido, como si su autonomía o soberanía viniera, precisamente, de ese ponerse en relación. Después de todo, la provincia es un término relacional, un ponerse en contacto para hacerse como tal, es decir, es un término que se recorta en relación con otros y junto con otros. La red de relaciones que conjuga la provincia no debe ni puede ser reducida, sin embargo, a ser la parte o sinécdoque de un "todo" preestablecido que la signifique; por el contrario, la provincia que se pliega para definirse no apela a integrarse, como rompecabezas que hace clic a un diseño unitario y único que la contenga y, por ende, que la signifique. La provincia tiene, en cambio, la capacidad de armarse en múltiples diseños; de ahí que la provincialización que defiendo debe verse como la puesta en práctica de un proceso (y no me refiero a una evolución) nunca acabado, siempre por hacerse, como si siempre estuviera *in medias res*.

Antes de continuar presentando mi defensa del término, necesario es aclarar por qué *Provincias Un-Idas* no usa ni propone, para trazar este itinerario conceptual en el presente, otros términos como el de "territorio", "región" o el de "zona crítica". Estos son, sin duda, conceptos actuales "con mejor prensa" y sin la carga negativa que acarrea la provincia. Asimismo, todos estos términos son conceptos que circulan y han sido conjugados en la academia desde una variedad de discursos disciplinarios,

86 Para Fals Borda, la región y la provincia constituyen los mecanismos clave para diagramar un nuevo ordenamiento territorial que supondría, en ese 1988 de *La insurgencia de las provincias*, un nuevo pacto social basado en políticas descentralizadoras. Nótese que en 1988 el presidente Barco presentó al Congreso un intento (fallido) de reforma constitucional que proponía, entre otras medidas, la resurrección de la provincia como entidad territorial y política para reorganizar la nación y coordinar el desarrollo regional (Fals Borda 1988, 275). Con respecto a la persistencia de la provincia en Colombia, téngase en cuenta, además, que la ley 1454 de 2011 prevé la constitución de provincias. Tan es así que, en 2016, por la Ordenanza 54, se crea la provincia de Cartama en el Departamento de Antioquia (Machado Cartagena 2021).

sobre todo, por la geografía política, los estudios culturales, las ciencias sociales y la antropología. El término "territorio", en particular, ha sido resemantizado desde el activismo y por las diferentes comunidades indígenas y afrocolombianas en sus luchas y movilizaciones *in situ* que defienden, no solo la propiedad de la tierra, sino un modo de vida, una cosmovisión y una identidad que resiste el paradigma neoliberal extractivista que contamina y destruye los ecosistemas, la biodiversidad y las culturas locales en su avance por la apropiación de los recursos. Explica Alice Beuf (2017, 19): "El territorio se ha vuelto un elemento esencial en la movilización en contra de la avanzada del neoliberalismo en los espacios rurales". Tan es así que solo la defensa y reivindicación del territorio y el acceso a la propiedad de la tierra —la frase que resume esta diferencia es "queremos territorio y no tierra"— garantizan "la preservación de formas de vida y economías populares" (19) desde una dinámica colectiva que involucra la construcción de identidad y el respeto a la vida y la biodiversidad.[87] Esto se debe a que dichas comunidades conjugan el

---

87 La frase "Nosotros no queremos tierra, queremos territorio" resume la lucha de las comunidades indígenas y afrocolombianas que va más allá de una defensa de la propiedad de la tierra, ya que el término supone una comunidad identitaria y una cosmovisión, un modo de vida, que se reivindica frente al mercado marcado por el consumo y el extractivismo. Por ejemplo, Juan Cárdenas en su novela *Elástico de sombra* (2019b, 65) hace referencia a esta diferencia de modo explícito en boca de Francia Márquez, activista afrocolombiana y actual vicepresidenta de Colombia, cuya voz se incorpora en la novela: "No somos los propietarios, somos los cuidadores, los guardianes de estas tierras. Los que sabemos cuidar de la vida. [...] [ellos] son agentes al servicio de una gran máquina global de muerte, que subsiste gracias a la producción de muerte. Y nosotros somos todo lo contrario: nosotros producimos y cuidamos la vida. O lo que viene a ser lo mismo, cuidamos el futuro [...] esto ya no es solo una lucha por la propiedad de la tierra, es una lucha por la defensa del planeta en su totalidad. [...] Son dos cosas bien distintas". Asimismo, Escobar (2008) traza la producción de dicho concepto en relación con las luchas comunitarias de la región del Pacífico afrocolombiano, al mostrar cómo las apelaciones a los conceptos de "tierra" y de "campesino" ya no respondían a las demandas culturales, identitarias, políticas, económicas y de defensa de la biodiversidad y cosmovisión de dichas comunidades (Escobar 2008, capítulos 1 y 3).

término "territorio" como un espacio de resistencia y de autoorganización comunitaria, factible de ser resignificado a partir de la defensa de la tierra, los ecosistemas y la biodiversidad, tanto como de formas de participación activa y directa que promulgan la creación de relaciones sociales contrarias al modelo extractivo-exportador sustentado por las grandes empresas, los Estados neoliberales y hasta por algunos de los llamados progresistas. Así, el territorio, en estos movimientos sociales, es un término que implica un activismo y un posicionamiento *in situ* que supone una convivialidad y un compromiso ya no solo con, sino también desde dichas comunidades y regiones culturales. O, como resume Beuf (2017, 13), "hoy en día la territorialidad y el territorio están subordinados a las lógicas identitarias y no al contrario".

El uso del término "territorio", como nota Rita Segato (2007), supone "procesos activos de identificación y de representación" (73) que la crítica califica como "militante" (73). Así, si bien aparece asociado a relaciones de poder, envuelve, al mismo tiempo, una dimensión simbólica-cultural: "el territorio ya nace como representación" (71), y por esto, "tiene carácter especular, como todo discurso, como toda narrativa. [ya que] Es una representación que nos representa" (73-74). De ahí que sea una conceptualización compleja que revela y subraya relaciones de poder en un espacio determinado, mientras supone, a su vez, prácticas identitarias colectivas que resignifican y valorizan modos locales de articular el poder frente a un modelo extractivista que se rechaza. De este modo, el territorio, para los movimientos sociales, es "un significante de identidad" (Segato 2007, 73) y se levanta como una estrategia biopolítica emancipatoria en íntima conexión con la defensa de esas experiencias comunales y culturales. Leído desde esta articulación que le imprimen los movimientos sociales y comunitarios al término, *Provincias Un-Idas* no puede conjugarlo ni practicarlo en estas páginas por respeto a las luchas y a los compromisos de dichas comunidades. Después de todo, el itinerario que aquí se propone —o el "territorio" que *Provincias Un-Idas* traza— es una máquina de leer, un camino conceptual marcado por la cita (re-cita) y el montaje de prácticas textuales. O, dicho de otro modo, es una intervención crítica conjugada por redes de textos —de diversos tipos, pero textos al fin— que bordean la materialidad de las cosas, sabiendo que lo hacen desde la materialidad de los lenguajes o de las prácticas discursivas que se analizan. Un modo, si se quiere, de admitir tanto las limitaciones de este itinerario frente a las prácticas comunitarias *in situ* como del activismo académico.

Recurrir, por otra parte, a las "zonas críticas" *à la* Bruno Latour para definir el itinerario de *Provincias Un-Idas* sería apegarse a una perspectiva material, poshumana que este trabajo no desarrolla. Como se sabe, el término "zona crítica" fue desarrollado por la geociencia, pero fue adoptado y redefinido por Latour (2020) como un modo de repensar la naturaleza y la tierra fuera de los parámetros modernos y de acortar la distancia entre "el mundo en que vivimos" y "el mundo del que vivimos". Si bien *Provincias Un-Idas* tiene puntos de contacto con lo propuesto por Latour, como observaré más adelante, la apuesta de este itinerario solo se acerca a indagar esos "mundos que habitamos" en y desde el arte y la literatura, profundizando sobre una materialidad diferente a la que explora la geociencia. La provincialización que está en estas páginas puede verse como un modo de indagar sobre esa pregunta que, según Latour, está presente hoy en torno a los lugares, porque ya la gente no quiere vivir sin espacio (2020, 17), despegada de ellos o anexada como si estuvieran instalados sobre un decorado. O, dicho de otro modo, la gente, explica Latour, quiere vivir *en* (2020, 17) y desde ese ahí —en ese *in situ, in livu*— tratar de responder el significado de ese estar desde una variedad de opciones que le permita entender la *Terra incognita* ya no desde la objetividad del afuera científico y del globo terrestre, sino desde el "adentro" de esa tierra. Y, sin embargo, la provincialización de la que hablo es una apuesta pequeña, ya que constituye solo uno de esos muchos caminos posibles, es decir, es solo una de las múltiples opciones posibles para indagar ese "estar". Y es una entre muchas, se entiende, porque constituye una apuesta que escarba en la política de la estética al detenerse en prácticas textuales y artefactos culturales.

Con las "zonas críticas" de Latour, la provincialización tal como se conjuga en este trabajo comparte, entonces, la resistencia a la unificación (2020, 16), la importancia de lo local, la irrupción legal y política de los bordes establecidos (2020, 13), la no fijeza de los sentidos, la fragmentación y la provisionalidad de los modelos (2020, 13-15), la reivindicación de lo heterogéneo y lo discontinuo, la interrupción y la necesidad de pensar la zona como algo construido, y no dado. Y al enumerar las coincidencias de la provincialización con las "zonas" de Latour no puedo dejar de pensar que, en realidad, la reflexión sobre la provincia que aquí se desarrolla bien se podría rastrear en la "zona saeriana" y en ese estar sin atributos. Así, si Humboldt es el modelo implícito en las "zonas críticas" de Latour, aquí, en las *Provincias Un-Idas*, como antes en *Buenos Aires y las provincias*, retomo y reivindico la zona de Juan José Saer como modelo de práctica y de lectura. De este modo, la provincialización de *Provincias Un-Idas* vendría a ser la teorización de la "zona saeriana", es decir, en *Provincias Un-Idas* emerge la presencia espectral de Saer y de su zona, actualizados en este itinerario como deuda o como el fantasma de la provincia del que habla Marcelo Mellado y sobre el que volveré más adelante.

Falta, por último, defender el uso del término provincia en torno a la otra escala que es el término región. Para fundamentar mejor los alcances de este uso, me detengo brevemente en la lectura que hace Armando Martínez Garnica en su estudio sobre las provincias neogranadinas, quien propone dejar de lado el concepto de región y rescatar, en su lugar, la conceptualización de la provincia. Una visión que también comparte Chiaramonte, quien sigue defendiendo el uso del término provincia aun frente al auge de los estudios regionales.[88] A pesar de que Martínez Garnica acepta considerar a la región como una circunscripción espacio-temporal, tal como la definen los teóricos que han resignificado el concepto fuera del mero referencialismo (Van Young 1987, Kalimán 1999), el historiador se aleja del concepto porque nota que el mismo presupone ya una constelación de relatos basados en algún tipo de axiología previa. Es decir, la región se construye o se practica buscando algún tipo de característica común que permita encerrar prácticas culturales "dentro" de esa circunscripción o categoría teórica. En palabras de Martínez Garnica (2001, 9), "el concepto de región es un receptáculo semántico vacío que, a discreción, es llenado por cada investigador o planificador con un argumento de homogeneidad seleccionado". Desde este punto de vista, la región es una "operación de gabinete" que necesita de y apela a un criterio homogeneizante, aunque arbitrario, para constituirse como tal:

---

88 Para entender el despegue del historiador con respecto al concepto de región, léase "Sobre el uso historiográfico del concepto de región" (2008) y la polémica que sostuvo con Susana Bandieri.

> Pueden ser algunas tradiciones comunes (*región histórica*), cierta homogeneidad en el hábitat (*región natural*) o de los modos del hacer, el decir o el representar (*región cultural*). Incluso el argumento puede ser una descripción de lo que se produce o intercambia (*región económica*), o el deseo de inducir en esas actividades algún crecimiento (*región de planificación*). En cualquier caso [concluye el historiador], lo que determina la extensión territorial de la región es un argumento de homogeneidad discrecionalmente seleccionado por el investigador o planificador, dado que la intención que subyace en toda definición regional es el cálculo de los trabajos realizados sobre la unidad de análisis así construida. (Martínez Garnica 2001, 9; itálicas en el original)

De acuerdo con Martínez Garnica (10), muchos historiadores adoptan estas conceptualizaciones sin darse cuenta de que "son ellos mismos los que las han construido con el fin de aumentar la eficiencia de sus trabajos y controlar el tamaño de las fuentes que les proveerán los datos pertinentes". Por esto, rechaza el concepto de región para concentrarse en la defensa de la provincia, a la que ve ya no como "producciones de gabinete, sino como resultados del propio acontecer social que es estudiado" (11). Para Martínez Garnica, la provincia es, sin duda, consecuencia de la aplicación de una forma administrativa colonial impuesta (13), pero es, por sobre todo, un constructo social e histórico, con una evolución determinada, ya que si bien se inicia con la conquista militar española sobre los pueblos originarios, luego se continúa, durante la historia republicana del siglo XIX, como un "largo proceso" de "integración social a la nación" y de "dependencias mutuas con el Estado" (15).[89]

---

89 Nótese que Martínez Garnica (2001) en "El movimiento histórico de las provincias neogranadinas" realiza todo un argumento en torno a los orígenes de la provincia en el Imperio romano y los usos de dicha clasificación: "El concepto de *provincia* como un conglomerado de nativos de un territorio, diferenciado de sus gobernantes foráneos por la lengua, la cultura y la organización propia, se remonta a la época de la organización ecuménica del *Imperium* de Roma, concebido como un dominio universal del linaje de una capital metropolitana sobre muchas provincias étnicamente distintas (Galia, Hispania, Judea, etc.)" (14). Es más, "las provincias de Roma no se consideraban partes integrantes

Martínez Garnica establece, por lo tanto, una diferencia entre provincia y región que, de acuerdo con su propuesta, se basa en la artificialidad homogeneizante de la segunda, frente a la supuesta autenticidad del proceso histórico de la primera. De ahí que su reivindicación de la provincia deviene una defensa de la misma en cuanto praxis histórica, cultural y social, con claras conexiones a los procesos constituyentes de las diferentes naciones latinoamericanas.

Tal como la concibe Martínez Garnica, la provincia tiene todo un peso histórico y cultural empírico y comprobable. Es más, las diversas historias a escala local que se han venido escribiendo, sobre todo en las últimas décadas, confirman el proceso histórico innegable.[90] Sin

---

de su república, sino dependientes y tributarias. Al fin y al cabo, la palabra *provincia* se formó en latín de las raíces *pro* y *vinco*: lo obtenido por un acto exitoso de conquista, venciendo la resistencia de los nativos" (14; itálicas en el original). Esta conceptualización de la provincia es la que usa la Europa medieval y la que se aplica luego en América: "La representación de 'provincias de un imperio' fue también una tradición medieval, la cual da cuenta de una experiencia histórica particular, establecida entre grupos de conquistadores y grupos étnicos vencidos" (14). Para la Europa medieval, "una *provincia* era una población étnicamente diferenciada, puesta bajo la autoridad de un señor extranjero" (13; itálicas en el original). El uso que le da la Roma imperial al término provincia fue luego también aplicado por el imperio español en América: "La tradición medieval del término provincia permitió así a los soldados castellanos nombrar, durante el siglo de la conquista de las Indias, a las distintas 'naciones étnicas', entendiendo por ellas a los grupos indígenas que compartían lengua, religión, usos y costumbres. Nombraba así una peculiar manera de ser, compartida por otros, y no simplemente la división territorial a la que fue reducido el concepto durante el siglo XVIII" (13-14).

90 Los proyectos contemporáneos que, desde la historiografía, se abren a repensar nuevas entradas para viejos modelos centralizados proponiendo una escritura de la historia a partir de una escala regional y local son fundamentales para comprender la diversidad que se encierra bajo proyectos nacionales. Claves en este sentido son los tres volúmenes editados por Susana Bandieri y Sandra Fernández (2017) *La historia argentina en perspectiva local y regional: nuevas miradas para viejos problemas* y el ya mencionado *Región y nación: la construcción provincial de Chile, siglo XIX* de Cartes Montory (2020b). A su vez, los trabajos de Mateo Martinic y su Instituto Patagónico marcaron un modo de construir la historia regional. Asimismo, el trabajo de Jorge Pinto

embargo, la provincia que sale de esta mesa de montaje y del itinerario crítico que es *Provincias Un-Idas* se despega de esta provincia *à la* Martínez Garnica para rescatar, en cambio, esa "producción de gabinete" que el historiador solo ve como factible en el concepto de región. Es decir, me interesa tomar la arbitrariedad metodológica y heurística que el historiador lee en torno a la construcción de la región, pero ahora aplicada a la conceptualización misma de la provincia. Cabe destacar, a su vez, que la conceptualización de provincia que estas páginas defienden rechaza y se desprende también de la marca homogeneizadora que Martínez Garnica lee en torno a la región. Con esto quiero decir que la provincia que surge de este trabajo es una suerte de híbrido con respecto a la visión presentada por Martínez Garnica, ya que si, por un lado, rescato la arbitrariedad de la región como constructo de gabinete, por otro, descarto los criterios de homogeneización implícitos que lee el historiador. Asimismo, la provincia, ahora arbitraria y construida, asume la multiplicidad y pluralidad implícita en la praxis. De este modo, la provincia que emerge aquí es una intervención conceptual que busca destacar la heterogeneidad aleatoria y la posibilidad del fragmento. Por eso, la provincia que se despliega en las *Provincias Un-Idas* resalta la propia contingencia y la arbitrariedad de lo que se encierra bajo ese rótulo, porque la constelación de relatos y las redes de imágenes y de prácticas que la constituyen se va entrelazando y negociando sin producir ningún tipo de resolución dialéctica ni de producto reificado. En provincia o, por lo menos, en las Provincias Un-Idas se enfatizan la vecindad y la tensión, la posibilidad de "estar junto a" y en pleno conflicto, sin síntesis conciliatorias.

Recurrir a las palabras de Oscar del Barco es importante para terminar de armar esta defensa de la provincia como fragmento conceptual.

Rodríguez en torno a la Araucanía ofrece otra perspectiva a la que remito. Con respecto a Colombia, hay una diferencia ya que en este país ha tenido una fuerte tradición historiográfica que ha leído la diversidad de regiones. Basta señalar dentro de esta línea, el trabajo de Nancy Applebaum *Mapping the Country of Regions* (2016). Un acercamiento al proyecto editorial de HiSTO-ReLo. *Revista de Historia Regional y Local* ayuda a comprender los alcances de dicha visión historiográfica.

En su lectura de la obra de Maurice Blanchot, Del Barco (2017, 31) observa que toda tarea crítica es una forma de escribir una perseverancia, ya que, dice, uno "nunca abandona sus temas. Vuelve a ellos desde otro círculo". Ahora bien, el círculo que propone Del Barco

> presupone estar en lo mismo, pero de una manera distinta, volver al punto de partida pero sabiendo que no hay punto de partida, que todo comienza en cada instante; la línea recta implica un origen y un fin, una superación del pasado hacia un futuro pleno; mientras que en el círculo, al avanzar, cada uno de sus puntos es una plenitud, por consiguiente un olvido, una supresión; cada punto contempla todo y a su vez, en el vértice de la paradoja, jamás se cierra. (31)

La provincia que presenta este itinerario es, entonces, ese contorno vacío que está presente y señalado en los mapas y en los archivos, pero que para llenarlo de sentido hay que optar, cada vez, por trazar una geo-grafía, una coreo-grafía, una red de imágenes y un tramado de historias, relatos y prácticas que la marquen. Al llenar el sentido de ese casillero vacío, lo que siempre surge, con cada vuelta, es una constelación de textos, imágenes y prácticas que jamás se cierra, porque se sigue abriendo y entrelazando, configurando y negociando. La provincia "Ida" no es, por lo tanto, un producto acabado, sino un itinerario marcado por la ida/salida, un proceso de estar "con" y de inter-relacionarse, o, mejor dicho, es una práctica de circunscribir e intervenir. Algo de mesa de montaje —*à la* Raúl Antelo (2015) en su *Archifilologías latinoamericanas*— tiene estas *Provincias Un-Idas*, algo de esa máquina de leer donde "nada se fija en ella de manera definitiva", donde "todo, en rigor, está para ser rehecho, redescubierto, reinventado" (37). Por eso, como la mesa de Antelo, las Provincias Un-Idas están también abiertas a "contaminaciones, desplazamientos, accidentes, reinterpretaciones y recontextualizaciones incesantes" (37), en otras palabras, al "arreglo de una escena y la violencia del encuentro" (113). Así también, como la archifilología de Antelo, estas Provincias Un-Idas no son "la representación de algo ya dado, sino la idea o el gesto crítico que nos permiten barajar y dar de nuevo". De ahí que se levantan como "constelaciones de elementos, configuraciones de sentido o encabalgamientos de valores", itinerarios e intervenciones que, en definitiva, "están regidos por el *con*, por la articulación, más que por una esencia pretendidamente común o compartida" (263).

"Barajar y dar de nuevo" (263), dice Antelo. Y eso hace *Provincias Un-Idas*. Como primer paso, vuelve a ese punto de partida del nombre para decirlo de otro modo. Si se adopta el punto de vista de Chiaramonte, bien se puede decir que la ciudad hecha provincia es el punto de partida de una serie de narrativas, pero es un punto de partida que bien podría haber sido otro y que, en muchos casos, lo fue. Basta leer la historiografía genealógica para ver cómo esta se dedicó a construir, también arbitrariamente, una proto-nación que nunca estuvo actualizada como tal. Desde esta perspectiva del círculo que propone Del Barco o de la mesa de Antelo, volver a provincia sería un gesto que nos saca de la linealidad y de los orígenes certeros, de los mapas unitarios y ciertos. Volver a provincia es siempre un volver a empezar a partir de lo chico y del fragmento, es volver a narrar posibles definiciones y relatos que negocian los sentidos y determinan las escalas. O, mejor, es instalarse en la bisagra de un *con* que desagota la totalidad cerrada y hermética de la unidad porque, como nos enseña Zabala, todo eso que se empaqueta hay que hacerlo agua. Y barajar de nuevo, como propone Antelo. Por eso, debe leerse como una vuelta a la narración, o como un intento por indagar en lo que no acaba y no cierra. Y, por todo esto, *Provincias Un-Idas* es también un modo de abrir y de expandir geografías hechas de grafía.

Para terminar de pensar esta persistencia de la provincia como categoría conceptual para el presente, me detengo en el ensayo introductorio de Carlos Schilling al presentar el segundo tomo de la edición facsimilar de la revista *escrita*, una revista en la que Del Barco participaba y que se publicó en Córdoba entre 1980 y 1986, a razón de un número por año, con el propósito explícito de intentar "cruzar literatura y psicoanálisis" (Schilling 2013, 9). En la introducción, Schilling observa: *escrita* —"una alusión directa a los *Escritos*, de Jacques Lacan" (9)— "se trata de una publicación que parece desfasada de su espacio geográfico y cultural, pero que sin embargo difícilmente podría haber aparecido en un lugar que no fuera periférico o marginal como Córdoba". Inmediatamente aclara: "Hay algo sensiblemente provinciano en tanta distinción y erudición que remite al fin del mundo" (11). Esta alusión de Schilling en la introducción de la edición facsimilar no es, sin embargo, nueva ni original. Por el contrario, no hace más que repetir la pregunta que primero lanza Eduardo Grüner al hacer la presentación del número 1 de la revista en 1980. Dice Grüner (2013, 180):

> ¿Cómo puede ser que esta publicación ***excéntrica*** venga del 'interior'? Paradojas de un uso territorial de la lengua: en España no se dice 'en el interior' sino 'en provincias', lo cual al menos tiene la ventaja de poner en juego una proveniencia, vale decir la búsqueda de un origen (negritas e itálicas en el original).

Al presentar el supuesto desfase entre las preguntas que marca la revista y la localidad de la revista, entre cultura y geografía, entre Lacan y los cordobeses que la leen, tanto Grüner como Schilling optan por resolver tal contradicción a partir de la construcción de una tensión paradójica: solo *en* provincia, dicen al unísono, el origen deja de inscribirse como fundación para plantearse, en cambio, como búsqueda; solo *en* provincia se puede articular la irreverencia de apropiarse nada menos que de Lacan; solo *en* provincia se puede inscribir ese modo irreverente de estar que se sabe descentrado y en movimiento. Así, la proveniencia *en* provincia que señala Grüner y que repite Schilling no es nunca la certeza fija que da la centralidad del poder y del saber. Es, por el contrario, un titubeo, una serie de pruebas, o una serie de puntos de partida que, como dice Del Barco, se dan a cada instante para renegociar todo de nuevo. La proveniencia *en* provincia que señala Grüner es, en definitiva, un estar conjugado siempre como un punto inestable, un gesto menor que socava porque solo puede narrar relatos chicos, en movimiento, como quien dice, fuera de lugar.

Y es, precisamente, este gesto menor que resignifica y reivindica el uso del término provincia para la contemporaneidad, la estrategia que articulan Marcelo Mellado y todos los escritores chilenos que firman el "Manifiesto de los Escritores de los Pueblos Abandonados", en el congreso de escritores organizado en Llolleo, en la provincia de San Antonio, en 2013.[91] Un manifiesto que, citando de modo directo el

---

91 Los escritores que firman el documento son Oscar Barrientos (Magallanes), Daniel Rojas (Arica), Rosabetty Muñoz (Chiloé), Yanko González (Valdivia), Guido Arroyo (Valdivia), Mario Verdugo (Talca), Cristián Geisse (Vicuña), Cristián Vila (Coquimbo), José Ángel Cuevas (Puente Alto), Marcelo Mellado

Manifiesto comunista, dice lo siguiente: "Un fantasma recorre la República, el rumor de una poética territorial o las voces exegéticas de una certidumbre tópica, el fantasma de la provincia". Y luego aclaran:

> Ese fantasma tautológico que recorre la república de Chile, el fantasma de la provincia, es un dispositivo político que no solo es refractario al canon metropolitano y sus flujos hegemónicos e impositivos, que incluye la razón académica y el mercado editorial, es también un nuevo flujo territorial, un rediseño del paño textual que trasciende el status de granero simbólico que tradicionalmente se nos ha atribuido. (Mellado *et al.* 2013)

Para Mellado (2013, 211), más allá del sarcasmo que le es característico, la provincia se levanta —la definición pertenece al "Glosario clave" incluido en *La ordinariez*, una colección de artículos escogidos— como una "práctica político-territorial que cambia o altera radicalmente el eje de productividad cultural y ciudadana, desplazándola hacia zonas administrativas y geográficas otras", mientras que "en su versión escritural, [la provincia corresponde] a un nuevo trazado de límites discursivos para la reescritura de la república", dando como "resultado" "el surgimiento de las escrituras territoriales que redefinen el espacio discursivo". La provincia, desde la perspectiva de Mellado, posibilita, entonces, "un nuevo relato" (140), un "rediseño" desde la cultura local (98) y una "reescritura territorial del país", ya no marcados por el "turismo culturoso y asistencialista" de la "academia pontificadora" que va a dar cátedra "en las regiones que nosotros habitamos" (139-140). Para Mellado, por lo tanto, la provincia es una práctica, es decir, una poética que "conjuga un archipiélago de voces dispersas y colectivas, resentidas y rabiosas" constituyentes de "un nuevo orden escritural" que "se reconoce en la voluntad de participar en el rediseño crítico de la república,

---

(San Antonio), Juan Carlos del Río (San Antonio), Roberto Bescós (San Antonio), Florencia Smiths (San Antonio), Luis Retamal (San Antonio), Gabriel Prach (San Antonio), Cristóbal Gaete (Valparaíso), Ernesto Guajardo (Valparaíso), Carlos Labbé (Chile exterior), Mónica Ríos (Chile exterior), Javier Milanca.

no solo para generar otras [prácticas territoriales de escritura], sino para desarrollar una poética de la nueva habitabilidad" (Mellado *et al.* 2013). Una habitabilidad que, como explican los escritores firmantes, se planta *in situ* y se conjuga como crítica al rechazar de plano las restricciones regionalistas y folclóricas impuestas a los supuestos representantes de la provincia: "No más cortesanía, no más martinrivismo, no más regionalismo cupular, no más invenciones e imposturas editoriales" (Mellado *et al.* 2013). O, como explica Mellado (2013, 126), en su texto "Políticas de la escritura, reflexiones de un escritor situado", incluido en *La ordinariez*: "En cierto sentido podría decir que soy un escritor que hace trabajo de campo, como cuando un arqueólogo cava trincheras, en el sentido de que trabajo no *sobre* los acontecimientos, sino *en* los acontecimientos" (itálicas en el original). Por eso, aclara, los escritores situados *à la* Mellado se diferencian de un escritor como Hernán Rivera Letelier, quien termina siendo un "ilustrador de un mito social folclorizado".

Ahora bien, ¿qué tipo de escritura se supone es la que practican estos escritores *in situ*, que trabajan *en* y no *sobre* los acontecimientos? ¿Qué tipo de escritura demanda poner en práctica este gesto que rediseña y redefine los bordes restrictivos de lo provinciano? La respuesta corta y precisa de Mellado está en el ensayo que vengo trabajando (2013, 126) y es la siguiente: "Yo en cambio trabajo con la crisis representacional de una comunidad y del mismo país, poniendo en duda la legitimidad de los discursos por su pretensión de constituirse en instituciones promotoras de alguna verdad". De este modo, Mellado es un "escritor territorial" y en provincia, provinciano, siempre y cuando se entienda que con ese término apunta a presentar "un sujeto que asume los signos propios de una comunidad y los resignifica, ubicándolos en otra dimensión" (126). Una dimensión que, dentro del universo escriturario de Mellado, está marcada por el uso del humor, el sarcasmo, la crítica sagaz y el desmontaje del "orden establecido como [lo es la] literatura nacional" (125) y local. Dicho con sus propias palabras: "Mi propuesta de escritura tiene que ver con un ejercicio retórico que toma distancia absoluta del sentido común literario y del sentido común en general. [...] [porque] Cuando escribo hago una especie de ejercicio de desmontaje de esas prácticas" (125) y lo que surge es, dice en "Escrituras y política", "actos narrativos en donde los códigos de la representación ciudadana y/o cívica se descomponen en simulacros e imposturas retóricas —que conforman una red relacional— y que delimitan campos o zonas verticales y horizontales de poder"; "un delirio textual o politexto que por la vía de las múltiples lecturas se convierte en virtualidad política" (124).

Si la provincia viene a rediseñar y rearmar un nuevo modo de pertenecer y, por ende, una nueva escritura, es importante resaltar que, para los escritores firmantes del "Manifiesto" y para Mellado, la provincia se inscribe a través del uso de la imagen del fantasma tomada del *Manifiesto comunista*. Precisamente, Mellado inscribe una tensión que solo es aparente entre la definición precisa y detallada en el "Glosario clave" que incluye al final de *La ordinariez* —imitando los viejos textos del regionalismo que presentaban la terminología local para los lectores metropolitanos— y la imagen de la provincia como fantasma. Después de todo, aun en la definición del "Glosario" se nota la imposibilidad de domesticar esa fuerza escrituraria y esas prácticas que engloba bajo el término *provincia*. Ahora bien, la provincia como un fantasma —como una presencia afantasmada que no queda fija, sino que literalmente recorre la república— nos posiciona frente a un modo de pensar desde la relación, desde la apertura que implica la presencia de la ausencia. Así, la provincia espectral (los pueblos abandonados pero presentes del "Manifiesto"), la provincia que surca el presente y que está en ese Chile de Mellado, pero también en la Argentina y en la Colombia de hoy, se alza como una presencia hueca que se va llenando de sentidos, una constelación de prácticas y de textos que fluyen y, al hacerlo, anuncian la pluralidad del estar ahí, *en* provincia.

El aura en la provincia

Provincias Un-Idas intenta plasmar ese fantasma que recorre el presente y las repúblicas. Y para hacerlo, baraja y da de nuevo. Lo que surge es un itinerario arbitrario e incómodo que bien podría haber sido otro. Un itinerario que, como la intemperie de Del Barco, se sabe nunca acabado, abierto. Un itinerario que busca, en definitiva, mostrar los contornos afantasmados de los alrededores provincianos señalados, como se sabe, por la precariedad y por relaciones de poder que los simplifican. Y si el itinerario aquí propuesto resalta la posibilidad de conjugar y resignificar la provincia desde el arte, las textualidades y lo estético, mientras parece (enfatizo el "parece") que relego a segundo plano las relaciones de poder, la precariedad, la miseria de las provincias, es precisamente porque estos otros itinerarios que marcan a la provincia desde las carencias ya se han hecho y reproducido hasta el cansancio. Para pensar, entonces, la provincia por fuera de la condena recurro a la artista visual colombiana Beatriz González, quien se presenta como una "pintora en provincia" y, al hacerlo, reivindica la legitimidad de ese lugar cultural para una práctica que se traza sin marcas referencialistas. Ya en *Beatriz González, una pintora en provincia* —título del primer catálogo de 1988 que reúne toda su obra hasta ese momento— afirma sin reparos esta pertenencia para su pintura, como si quisiera inaugurar, con esta calificación, un posicionamiento.[92] A su vez, en la reciente retrospectiva del 2020 en el Museo de Arte Manuel Urrutia de Bogotá, curada por Mari Carmen Ramírez y Tobías Ostrander, en la que reúne más de seis

---

92 Antes de este catálogo de 1988, ya en 1977 Marta Traba había dedicado un libro a su mobiliario, *Los muebles de Beatriz González.*

décadas de trabajo, González sigue reivindicando su lugar provinciano para su obra visual.[93]

¿Qué implican, sin embargo, los alcances de esa provincia que señala González para su obra si, como bien explica Marta Calderón (1988, 9), "nunca ha plasmado la impresión directa de un paisaje", excepto por su único óleo *Todo es mentira, yo soy Anastasia* de 1970? Para comprender ese posicionamiento tal como lo plantea González, hay que dejar de lado la simple identificación con la ciudad de Bucaramanga, la provincia de Soto y el departamento de Santander, para pasar a pensar cómo González se apropia de las formas para armarlo. Ya Calderón, en el ensayo introductorio de ese primer catálogo, explica que González "inventa su senda" (9), ya que "una de las características fundamentales de su pintura es la renuncia temprana a trabajar ideas primarias". Tan es así que "toda su obra está montada sobre imágenes ya dadas que provienen de las reproducciones de la pintura clásica o de las imágenes de la reportería gráfica, a la que ella reconoce como su segunda naturaleza" (9). Basta ver *Los archivos de Beatriz González* para observar cómo se practica y se arma esa "segunda naturaleza" de la que habla Calderón. En esos archivos —exhibidos en parte en la reciente muestra organizada en el Museo de Arte Manuel de Urrutia entre el 30 de octubre de

93 *Beatriz González, una pintora de provincia* fue publicado en Bogotá en 1988 por Carlos Valencia Editores. En este primer catálogo se reúnen los artículos pioneros de Marta Traba, Carolina Ponce de León y Rafael Humberto Moreno Durán. *Beatriz González, una retrospectiva* se presentó en el Museo de Arte Manuel Urrutia (15 de octubre a 7 de diciembre de 2020), patrocinada por el Banco de la República, pero también se mostró en el Museum of Fine Arts de Houston (MFAH) y el Pérez Art Museum de Miami (PAMM). Ana María Reyes (2019) en *The Politics of Taste*, un trabajo fundamental para comprender la complejidad de la obra de González, retoma la lectura de Gloria Valencia de Castaño y la profundiza. Precisamente, Valencia sostiene que González logró primero establecerse como artista moderna, culta, con su serie *La encajera* en el Salón Nacional, para luego hacer un giro hacia provincia y provocar con su adopción de lo cursi provinciano (2019, 23). Explica Reyes: "Had González begun her career elaborating on issues of bad taste, her oppositional works most likely would have been condescendingly dismissed as provincial. [...] By having dominating good taste, she could then go to critique the politics of taste" (71).

2020 y el 22 de febrero de 2021 y curada por Natalia Gutiérrez y José Ruiz— se despliegan recortes de periódicos y revistas, postales, fotografías, reproducciones y las láminas de Gráficas Molinari, materiales que marcan el modo de trabajar de González. Estos archivos hacen ver cómo su obra parte de la mediación, la cual constituye "el punto gatillo de todo lo que hace", como nota María Wills (2020, 8), y que le permite, a su vez, "cuestionar las narrativas con las que se han instrumentalizado las imágenes".[94] Habría, entonces, en la obra de la artista visual, la marca constante de un desplazamiento apropiativo, ya que lo que plasma en las superficies de los muebles, en los objetos o sobre los lienzos es una imagen ya dada, repetida, si se quiere, citada y citable y, por ende, recuperable en esos archivos. Una imagen ya usada, pero que, al pasar por la práctica de González, se vuelve un lenguaje visual y un estilo.

José Ruiz (2020a, 23), uno de los curadores de la muestra-archivo, piensa la obra de González como una suerte de "una triple traducción", en la cual la obra original "que motiva la reproducción pasa a segundo plano", mientras que la atención de la artista queda centrada "en la reproducción misma: [en] los desfases en el color, las proporciones alteradas, las irregularidades técnicas" y es, precisamente, esta reproducción (y no necesariamente el original) la que luego será reproducida por la artista. Esta "triple traducción" que nota Ruiz se puede observar en *Los suicidas del Sisga* (1965), una de sus obras más reconocidas, pero también se inscribe en su obra temprana, como es la serie de *La encajera* de Vermeer y sus diversas *Versión de La rendición de Breda*, ambas series de la década de los sesenta.[95] De la vasta y compleja producción

---

94 Parte de *Los archivos de Beatriz González* se publicaron en forma de libro, pero fueron a la vez digitalizados en la página del Museo de Arte Manuel Urrutia: https://www.banrepcultural.org/exposiciones/los-archivos-de-beatriz-gonzalez.

95 Muchos críticos vinculan a González con el *pop art* y con Andy Warhol por su apropiación y mediación. Sin embargo, para los conocedores de su obra, esta lectura es solo una simplificación de su trabajo. La lectura pionera de Traba ya complejiza esta simplificación y la resignifica en torno a lo cursi (1977, 13-29). Reyes (2019) retoma esta lectura de Traba y complejiza los usos de lo cursi en González.

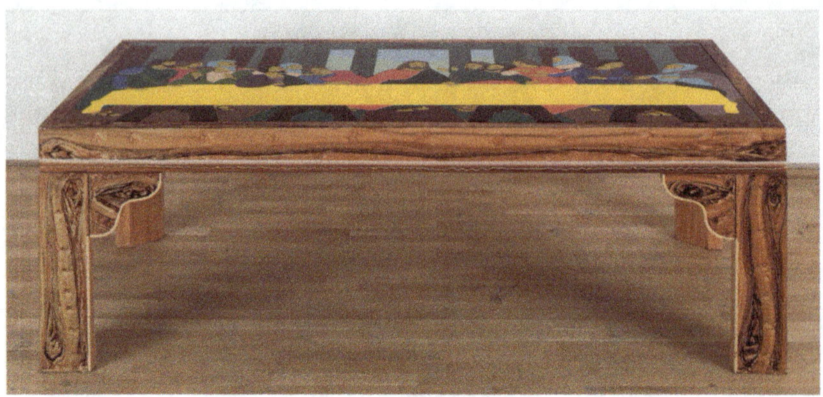

Figura 4. Beatriz González. *La última mesa*, 1970.
Esmalte sobre mesa de metal. 760 × 2053 × 1052 mm.
Cortesía de la artista y del museo Tate Modern, Londres.

de González, sin embargo, resalto aquí *La última mesa* (1970) (figura 4) —uno de los muebles en el que la artista reproduce sobre la tapa una versión de *La última cena* de Leonardo da Vinci, presentado por primera vez en la Bienal de San Pablo de 1971— para tratar de construir un sentido para su reivindicación de la provincia. Fundamental es retomar aquí la observación que hace Ruiz en el video de presentación (2020b, 7:19-7:33) de la reciente exhibición de *Los archivos de Beatriz González*, donde explica que "un par de los muebles de Beatriz González están basados en unas postales que le enviaba Álvaro Barros" (video 7:19-7:33). Así, en este proceso de mediación o de traducción que es la obra de González lo que se pinta sobre la mesa es el desplazamiento de una reproducción gráfica y barata de una obra original a la que no se tiene acceso directo. O, dicho de otro modo, se pinta la copia bastarda.

No tengo modo de corroborar si Barros envió o no una postal a González de *La última cena*, el fresco de Da Vinci, o si reproduce directamente una de las láminas impresas de Gráficas Molinari, de Cali, como es característico en su mobiliario (Reyes 2019, 185). En todo caso, ese detalle no es lo importante. Lo que me interesa resaltar de esta pintura es cómo la artista inscribe sobre un objeto cotidiano, una mesa, una reproducción reapropiada de una reproducción, a la que toma como "fuente" primaria. La reproducción de Da Vinci se pinta con esmalte industrial y ya no como fresco y se hace sobre una mesa de metal, a la que también se camufla como imitación madera, como si se buscara, con la impresión de ese *trompe l'oeil*, elevarla al hacerla pasar por un material más "auténtico" y caro como sería la madera frente al metal. En manos de González, la mesa de metal sobre la que reproduce el fresco pierde, a su vez, su función de mesa para servir de marco (Traba 1977, 68). El gran arte de Da Vinci queda, entonces, reproducido con pintura barata, sobre una mesa industrial también barata y de alcance popular, ligada a las clases bajas (Reyes 2019, 188-194). En manos de González, sin embargo, eso que bien podría definirse como cursi y desde el "mal gusto" se afirma, como observa Ana María Reyes, como un radical gesto crítico y humorístico que desestabiliza y pone en cuestión el supuesto "buen gusto", el canon modernista universal, las restricciones sociales, los paradigmas estéticos, las normativas de clase y género.[96] De este modo, González se sale de la narrativa hegemónica del *High Modernism* y de la abstracción celebrada en las bienales en las que participa para conjugar, en cambio, un "provincialismo estratégico" —así lo llama Reyes— que viene a plasmar y problematizar la heterogeneidad que queda fuera, mientras que desmantela, al mismo tiempo, la artificiosidad de los binarismos marcados como estancos por los discursos bipolares de la Guerra Fría (217).

Junto con esta lectura de Reyes, habría, a su vez, otro modo de leer este gesto de González de citar a Da Vinci sobre una mesa de metal pintada como madera; mejor dicho, habría otro modo de leer la cita ya no del fresco, sino de la reproducción del fresco de Da Vinci, como si la pintura de González se transformara ella también, como la mesa pintada, en una suerte de *trompe l'oeil* que hace referencia a la presencia de una originalidad que, por supuesto, sobre la mesa no está. Quisiera leer este gesto de González como la puesta en práctica del modo como se veía y se podía acceder al "gran arte" en provincia donde, por lo general, no llegan las grandes exhibiciones y donde los museos tienden a

---

96 Traba (1977), una vez más, comprende la importancia del mobiliario de González: "Coloco la serie de muebles de Beatriz González entre las obras más importantes producidas en los últimos años en el continente" (63). Reyes (2019, 181-217) trabaja el mobiliario en detalle y hace una lectura detallada de *La última mesa*.

ser chicos y con pocos recursos. Un modo que, por otro lado, se mantuvo vigente hasta hace relativamente poco tiempo, cuando los grandes museos comenzaron a digitalizar sus colecciones. Lo que estoy diciendo es que González desnuda un hecho irrefutable y por muchos conocidos: en provincia y, sobre todo, en la década de los setenta —época de los muebles de González—, solo se podían alcanzar las grandes obras de la pintura occidental a través de postales, reproducciones, catálogos y libros, con lo cual el arte canónico —el único que se enseñaba como "gran arte"— siempre era un arte reproducido, mediado, con colores tergiversados, sin detalles y con los matices aplanados. Un arte, en síntesis, cuyos originales eran accesibles solo para aquellos que podían viajar afuera y recorrer los museos que los exhibían.[97] De este modo, el gran arte que rescataba la historia del arte en ese momento perdía en provincia el aura, la originalidad, la maravilla, si se quiere, para pasar a ser simplemente un *trompe l'oeil*, una versión opaca que aludía a ese original ausente e inalcanzable, porque lo que allí se tenía era solo la (mala) copia reproducida de modo industrial, banal, aplanada y sin matices. Y este modo de acceder al arte es lo que *La última mesa* desenmascara: como si la banalidad de la mesa de metal les dijera a los provincianos

---

97 Hoy, a diferencia de otras décadas, las páginas web de la mayoría de los museos permiten una cercanía con obras y exposiciones que, de otro modo, no serían accesibles en provincia. Es el caso de mi propio recorrido por la retrospectiva de González, realizado a través de la página patrocinada por el Banco de la República. A modo personal, debo confesar que mis primeros acercamientos a la pintura se dieron, durante muchos años, a través de reproducciones, postales y libros, ya que a Córdoba no llegaban grandes exhibiciones. Solo cuando pude viajar logré ver esos originales que tanto conocía en reproducciones. Uno de los grandes aportes del libro de Reyes, que debería seguir siendo explorado con nuevas investigaciones, es su mención sobre la labor de divulgación de arte que emprende Traba a través de sus programas de televisión —*El museo imaginario* (1955), *Una visita a los museos*, *El ABC del arte* y el *Curso de historia del arte*— en la década de los cincuenta (Reyes 2019, 13). Explica Reyes: "With television, at least theoretically, the provinces could now visualize the artworks…" (13); con los programas, "people from the provinces […] could now participate in [high] culture" (13). Asimismo, Reyes hace referencia al programa de radio de Casimiro Eiger de la década de los cuarenta (13). Fundamental es, entonces, una investigación sobre los modos de apropiarse del arte en provincia.

que, en provincia, hay que conformarse con lo que las copias reproducidas, despojadas de toda aura, pueden brindar. Un hecho que, a su vez, está reafirmado por la inmovilidad del fresco de Da Vinci que González elige reproducir en su mesa, como si lo que quisiera ratificar, con la apropiación de ese fresco, es que la materialidad que se ve, en provincia, constituye un señuelo o un índice de una originalidad al que la provincia aspira llegar a ver, de verdad, algún día, de modo presencial.

Da Vinci en provincia, entonces, solo puede estar reproducido, maltratado por colores planos. Y eso los provincianos lo sabemos bien, porque lo hemos experimentado. A su vez, los muebles de González, junto con sus pinturas y su archivo de papeles, permiten leer la reproducción de la reproducción como un modo de acercarse a eso que, supuestamente, le es negado a la provincia: la originalidad, la autenticidad, la "universalidad", el cosmopolitismo, la autosuficiencia. Así, el gesto de González de pintar literalmente lo ya reproducido, lo que no tiene ya posibilidad de afirmar originalidad, se puede interpretar como una táctica que le devuelve el aura a la réplica, a eso reproducido, porque ahora eso que se considera ya como copia inauténtica se vuelve a articular como "original" y como autosuficiente. Este gesto, lejos de afirmar la autenticidad del gran arte inalcanzable en provincia, implica, como nota Carmen María Jaramillo (2005, 17), una lectura crítica sobre la originalidad y sobre la autoridad de crear. Al "originalizar" lo reproducido de modo mecánico, González reinstala en provincia la posibilidad de reponer el aura, ya que autentifica la reproducción, es decir, logra inscribir en esos espacios menores lo que el gran arte les niega. En su pintura y en su mobiliario, Beatriz González reinstala, en síntesis, una reflexión sobre el aura en provincia, retomando uno de esos conceptos que, como explica Ticio Escobar (2021, 15), "parecían haber sido dados de baja". Este concepto recobrado, sin embargo, está ya "desprovist[o] de recaudos trascendentales", son palabras de Escobar, porque más que "revelar verdades finales" se usa para "complejizar el análisis" y "la crítica de lo real en un presente en el cual las cosas se encuentran cada vez más sustituidas por sus propias sombras".

En manos de González, la restauración del aura en sus muebles se vuelve un "impulso democratizador" y expansivo, ya que ahora es la recuperación en provincia —y no el rechazo— del aura la que le permite anular "las fronteras entre el arte culto y el arte popular" y "explorar el potencial emancipador y progresista de la cultura de masas" (17). Leído así, bien se podría ver que González en provincia retoma el gesto democratizador de Benjamin cuando observa la pérdida del aura, aunque ella, para poder lograrlo, deba realizar el gesto contrario. Es decir, si para Benjamin la pérdida del aura tiene un alcance revolucionario, ya que ahora es la masa la que puede reapropiarse de los objetos, en González su afirmación en la provincia es, en cambio, la que provoca la fuerza emancipadora, porque ahora es la reproducción en ese espacio menor la que se vuelve única. Así también, si para Benjamin el aura de la obra de arte autónoma y formal —que escamotea su origen y olvida sus condiciones materiales de producción, acercándose al fetiche tal como lo define Marx— debe ser sacrificada para retomar su fuerza emancipadora en la serialidad de la copia técnica, en González el aura no se cancela en la apropiación de la copia, sino que se restablece en dicho proceso reproductor como un modo de impugnar las limitaciones que se le imponen a la provincia. Con este gesto, la forma ya no se separa de las condiciones históricas, políticas y materiales; ahora "la manifestación irrepetible de una lejanía" (Benjamin) reconecta la obra, aunque ya no de modo referencial, con el lugar de "origen".

Para González, pintora/artista visual en provincia, esa articulación del aura en la reproducción de la copia es, de verdad, un gesto político y emancipatorio que solo se termina de comprender si se lo ve desde y en esa provincia que configura su posicionamiento. En definitiva, es un gesto político y emancipatorio porque les devuelve o, mejor dicho, les da, a esos lugares menores la posibilidad de conjugar la "lejanía irrepetible" que algunos fijan solo en los centros de poder y en el gran arte que se les escatima a las provincias. Para concluir, bien se podría decir que González, en provincia, pone en marcha una serie de estrategias que le permiten "conservar, cuestionar o renovar el aura" para entrar "en el cuadro de las negociaciones y disputas en torno al sentido y de cara a la hegemonía" (Escobar 2005, 20). Así, su obra permanece en provincia porque es allí donde ella puede "precipitar juegos oscuros entre lo mismo y lo otro" y abrir "posibilidades de instaurar un espacio para el silencio y el enigma, el pliegue, la densidad y el recodo íntimo que escapen al exhibicionismo obsceno de las vitrinas globales" y del folclorismo identitario del pobre provinciano. Y esto es, en definitiva, lo que logra González en provincia.

La provincia que se desliza

Por todo lo establecido hasta ahora, se puede afirmar que *Provincias Un-Idas* supone una provincia desustanciada, vuelta fragmento que se narra y que en esa misma narración logra armar anclaje o morada para empezar todo de nuevo con el siguiente movimiento. Este ensayo se propone narrar o escribir (grafiar) un lugar que se hace agua, no porque no sea posible la construcción del sentido, sino porque los sentidos se inscriben siempre en movimiento, se vuelven a renegociar, a reunir, se vuelven a dibujar para seguirse narrando. De ahí que no hay como el tríptico de Zabala para ejemplificar el movimiento que desata *Provincias Un-Idas*, ya que los recuadros expansivos del mapa de detalle pueden rearmarse y reproducirse sin límites para dar cuenta de las nuevas deformaciones y tensiones que van emergiendo con cada puesta en movimiento. Solo así, con una provincia desustanciada, se puede provincializar para salir de los binarismos estancos. Solo así se puede empezar a rearmar la provincia con aura. A grandes rasgos, podría decir que los diversos capítulos que componen la segunda parte de este trabajo son como los mapas detalle que incrusta Zabala en sus intervenciones. De ahí que las intervenciones que siguen deben leerse como entradas para repensar y rediseñar las provincias a partir de dispositivos que las significan sin fijarlas en un paradigma previamente empaquetado.

Para mostrar la fluidez del itinerario, la arbitrariedad del montaje y, por ende, de la conceptualización crítica que supone, tomo como punto de partida un contagio —que poco tiene que ver con el virus y la pandemia con la que empecé este ensayo— ya que se centra en los usos contemporáneos de la escritura de Antonio Di Benedetto. Quisiera aclarar que el diálogo de textos que pongo en relación a continuación no busca armar orígenes para pensar la presencia de la provincia en nuestro hoy. Tampoco intenta proponer el archivo argentino como paradigma de lectura para otros contextos. Por el contrario, los "usos" de la escritura de Di Benedetto que analizo sirven como una estrategia conceptual para pensar la articulación de una poética en provincia. Para ello, tomo como punto de partida la "infección literaria" que Lucrecia Martel, en una entrevista, dice haber sufrido al ponerse en contacto con *Zama*, la novela de Di Benedetto que sirve como fundamento para su film de 2017 (Marchini Camia 2018, 45).[98] Explica Martel: "It's not interpretation, it's not adaptation, it's not translation … it's something different. […] There is one word that I think could be useful in this context: 'infection'" (45). En la misma entrevista, Martel aclara qué quiere expresar con esta palabra:

> *In ancient Rome they did something called contaminatio. Contaminatio was the way in which Romans reworked ancient Greek literature, incorporating the same basic elements into their own cultural setting, which was very different. It's an interesting concept. That period of Roman culture wasn't very exciting, so they copied many things that came from Greece. That's why I think the word 'infection' is the very best to describe what a book does to you. It's like a disease.* (45)

Si se le cree a Martel, en *Zama* habría una enfermedad que se contagia. Una "infección literaria" que se propaga, a su vez, a otros textos, ya que el film de Martel tiene como complemento *El mono en el remolino* (2017), una serie de notas o un "diario de filmación", escrito por Selva Almada a pedido de Martel, y un documental, *Años luz* (2017), de Manuel Abramovich, que traza visualmente otro diario de filmación centrado en el hacer de la propia Martel. De este modo, la "enfermedad" infecciosa que es *Zama* se propaga en Martel, en Almada, en Abramovich. Y con cada nuevo contagio, la infección termina confundiendo el origen mismo de la contaminación.

---

98 Leila Gómez (2020), por su parte, trabaja cómo Martel se apropia de Di Benedetto desde la irreverencia en "Narrative of Origin and Utopia in Lucrecia Martel's *Nueva Argirópolis*".

Desde el virus *Zama*, la transmisión emerge sin centro y sin una única linealidad, es decir, como un modo de desplazarse que se propaga en la dispersión. *El mono en el remolino* es el diario de rodaje escrito por Almada *in situ* durante la filmación de la película, pero esas notas, escritas de modo fragmentado, ya no presentizan la infección que Almada recibe por haber leído *Zama*, sino que también se infectan por haber estado ahí observando durante la filmación. Y junto con estas infecciones, Almada, ya infectada, escribe sobre la infección de la infección que dice haber contraído Martel con la novela de Di Benedetto al ponerla en imágenes. Asimismo, *Años luz*, encuadrada casi de modo exclusivo en Martel, recibe esa infección aun cuando, en la mayor parte del documental, *Zama* (en cuanto novela y película) se despliega fuera de campo. Y, a pesar de esta distancia con respecto a *Zama*, Abramovich no puede evitar no infectarse y su ojo y su cámara, que diligentemente acompañan a Martel, propagan la peste en esa temporalidad nueva que abre el documental: los años luz del título, que se debe leer no como un horizonte por venir sino como una imposibilidad, una apertura marcada por la carencia de la completud. Precisamente, el documental de Abramovich incluye la transcripción de los emails que le manda a Martel donde le plantea realizar un film en torno a ella. Es la propia Martel la que le responde estar "a años luz de ser la protagonista de una película". Martel usa la expresión coloquial "años luz" como un modo de nombrar el "estar lejos de hacer o lograr algo", es decir, como un modo de resaltar la incompletud.

Esta apertura que el título del documental destaca es lo que me interesa retomar al inscribir la infección que produce *Zama*, ya que la peste transmitida en y por las imágenes, los sonidos y las palabras —dichas en castellano, pero también en guaraní, qom, pilagá, portugués— se abre como un pliegue expansivo que fluye y que no cesa y que terminará infectando a los que se acerquen a esa otra forma de contar las cosas que es hoy *Zama*. Entonces, la infección que es *Zama*, esa constelación de textos yuxtapuestos, se arma como un proceso activo de contaminación, como una categoría si se quiere expansiva y englobante que va intoxicando. A diferencia de la otra categoría expansiva que es la del campo, la peste que es *Zama* no clausura los matices, no cierra las diferencias, no aplana la heterogeneidad en una unidad naturalizada e invisible. Por el contrario, *Zama*, como palimpsesto de textos que se desvían, se multiplican, se diferencian, se cruzan y se complementan, se vuelve un lugar de enunciación que se actualiza, en el contagio, y refunda, en la fluidez, otro modo de estar, de narrar, de visibilizar y de escuchar.

Un lugar sensorial incompleto señala *Zama*, uno que necesita la otra cámara, la otra voz, la otra mirada, el otro registro, la otra lectura, el otro texto, el otro uso para presentizarse y ponerse en movimiento, como si la voz del narrador "original" de la novela de Di Benedetto se hiciera simultánea con la de los otros, al volverse solo una más en esta constelación de contagios. Porque, de última, ¿quién cuenta *Zama* hoy?, ¿quién arma ese universo de relatos? O mejor, ¿cómo acercarse ahora a la *Zama* de Di Benedetto sin el lenguaje visual y sonoro de Martel? O, ¿cómo dejar de sentir el tono de Di Benedetto cuando se entra al mundo de Martel? Pero también, ¿cómo ver esa película sin los fueras de campo que muestra el documental de Abramovich? Y ¿cómo leer las imágenes que sostienen las notas del diario de filmación de Almada sin *Zama* y sin Martel? Y esto, creo, es lo que *Zama* como constelación revela: la rugosidad en los trazos, el despliegue plisado donde se marca el giro, el frunce de los relatos, como si el lugar mismo se volviera una pinza que hay que desentrañar sabiendo que ya nunca quedará liso o aplanado, porque ya no podrá ser convertido en una totalidad abarcable, absoluta, plena.

Si la contaminación que es *Zama* impide sellar la transmisión de los sentidos y la pluralidad de las lecturas, la provincia que va supurando esa cadena de lecturas también se arma en el desplazamiento, en la concatenación de las historias e imágenes que la van diagramando, circunscribiendo, sonorizando. Un poco como el río Paraná, en la toma de Martel que filma Abramovich, cuya correntada varía de dirección sin anunciarse, como si el río mismo se plegara también en un repulgue que lo saca de la unidireccionalidad. De este modo, ese lugar provinciano que se cuela en *Zama*, en los diferentes textos que se encadenan y que lo constituyen, pierde la demanda de la referencialidad identitaria para transformarse en una zona que se desborda abierta y contaminada. Por eso el film, como hace ver Almada en sus notas de rodaje, va haciéndose a través del cambio constante de locación para narrar la quietud de *Zama*, porque lo que importa ya no es la referencia directa a esos espacios, sino la construcción de la "poética de los sentidos" que, como nota Hugo Ríos, caracteriza los filmes de Martel. Por eso también, el diario de notas de Almada no se concentra en Martel, sino que cede espacio y voz a la serie de extras y personajes secundarios de la película. O, dicho de otro modo, el diario de notas de Almada nos hace ver la mesa de montaje, el proceso de producción de esa zona que se hace sonido, imagen, olor, textura bajo la acción de Martel. Desde el diario de notas, vemos cómo se avecinan los diferentes lugares para narrar, en la dispersión, esa zona que la película construye: así se van concatenando el campo formoseño "lleno de carandayes" (Almada 2017, 9), el río Paraná, Derqui, "un pueblo vecino, casi fantasma" donde se filman "las escenas de la Pensión Soledo" (61), la chacra de Los Tapiales con la casona de galerías y el aljibe (85, 89).[99] Una zona que se hace provincia, cosa chica, detalle menor, pero que demanda ser pensada y sentida tal como lo propone ese palimpsesto que es *Zama*, es decir, fuera del relato con sentido fijo o altamente transitado, dice Martel (Martel y Llosa 2018 y Martel 2020), que impide ver lo que se ha naturalizado ya como lugar común. Con *Zama* y en *Zama* se abre la zona como una territorialización de la imagen "años luz", un remolino, si se quiere, que nos muestra los pliegues y las sutilezas, los vacíos y la incompletud, el montaje y la fluidez de la quietud, de la espera.

Para terminar de marcar la producción de lugar que inscribe *Zama*, en ese cruce o montaje entre Di Benedetto, Martel, Almada y Abramovich, quisiera detenerme de nuevo en ese río Paraná que fluye y hasta cambia de sentido y que está presente en todos los textos. Para caracterizar dicho río transcribo una larga cita de Martel que tomo de la charla "Pensar con imágenes" del ciclo Santa Fe Debate Ideas, en la que participa también la directora Claudia Llosa. La cita que sigue es la respuesta que da Martel a la pregunta de Sandra Contreras sobre su corto *Nueva*

99 En la *Zama* de Martel (y de Almada y de Abramovich) también entran todos esos espacios otros que conforman el lugar de enunciación, aunque queden fuera de campo en los filmes. Esta cadena de lugares plegados es notada, sin embargo, por Almada en su diario del film. Desde la lectura de Almada esos lugares fuera de marco entran dentro de su marco narrativo. Junto a los lugares van entrando también una serie de relatos, como el del templo de san La Muerte construido por la Señora Marina, que se alejan de ese núcleo que es *Zama* (Almada 2017, 81-84).

Argirópolis (2010), filmado en el marco de las celebraciones del Bicentenario de la Revolución de Mayo. Dice Martel:

> Ese corto [*Nueva Argirópolis*] no se entiende, [por eso,] lo voy a explicar. [...] Yo me dediqué como cinco años a estudiar la mecánica del río, del Delta, del Paraná. Por eso [lo] conozco bastante. Tengo mucha envidia por Rosario que tiene este río ahí. Y sucede que este color que tiene el río de ustedes es gracias a nosotros, los salteños porque, porque el río que le da color al Paraná es el Bermejo que es uno de los [ríos], no sé si el segundo, tercero en el mundo de [mayor] carga sedimentaria y toda esa tierra que trae el río Bermejo, [que] se llama Bermejo porque es tierra roja, es un río rojo, rojo, rojo; entonces esa tierra que viene del río Bermejo sale de la cuenca del río Iruya, la región de las comunidades collas y de ahí se lavan todas esas, esas [tierras] con las lluvias del verano y se carga este río Bermejo de sedimentos. Y si ustedes, digamos, [dudan] de esto, [y] creen que es chovinismo salteño, vayan, pasen a Corrientes [...] y cuando pas[e]n la confluencia del río Bermejo con el río Paraná [...] se van a dar cuenta de que el color cambia completamente. Entonces, con esta idea de ciencia ficción de que todos los sedimentos que trae el río Paraná [...] se asientan en el Delta, [...] [y] por la especie de tapón que implica el mar [...] [el] Paraná se desacelera y precipitan los sedimentos nuestros de Salta, que les mandamos. Entonces, el delta, esta era la teoría [del corto], [como] todos los deltas del mundo [donde] pasa lo mismo, son los únicos lugares del mundo (el delta, algunas islas volcánicas) donde aparecen tierras nuevas que no son de nadie; [...] pero ¿de quién es exactamente la tierra nueva que aparece? [Son] casi noventa metros de tierra por año. El Delta se va agrandando [...] Entonces la idea era que las comunidades indígenas [se iban a ir a] la única tierra que no tiene conflictos supuestamente, tierra nueva [...]. (Martel y Llosa 2018, 49:08-52:20)

La cita transcripta nos hace pensar en la imagen no solo del río en movimiento, sino también en la imagen de la tierra circulando entre las provincias (Salta, Jujuy, Chaco, Formosa, Santa Fe, Corrientes y también por Bolivia, donde el río nace), en esas sedimentaciones que no se quedan fijas, sino que, por el contrario, están en movimiento.[100] Un movimiento, aclara Martel, productor de nuevos espacios, de nuevas islas, lo cual provoca, a su vez, que el delta nunca se termine de armar y esté siempre en expansión, porque el no estatismo en su configuración hace que siga creciendo y agrandándose. La *Nueva Argirópolis* de Martel funda una tierra móvil, en desplazamiento, una tierra que viene a movilizar las cartografías, la propiedad, los atributos y los modos de nombrar. Es, precisamente, esa fluidez lo que permite visualizar, ahora en el espacio, la apertura que supone la imagen temporal de "años luz". Así, los sedimentos —rojos, rojos, rojos— que circulan *entre* abren los espacios fuera de las narrativas identitarias y estancas, ya que lo que circula es un caudal de materias que dispersan un único modo de nombrar. La provincia, entonces, se vuelve sedimento en movimiento, fragmento que rebasa los cauces, que se sale de los retenes, atraviesa los circuitos y expone la heterogeneidad y los matices que fundan ese lugar. Una heterogeneidad que, en las películas de Martel, aun en la llamada "trilogía de Salta", se hace también evidente en lo sonoro, y me refiero, sobre todo, a la profusión de tonadas o de acentos que articulan sus actores, a la profusión de modos de decir y nombrar que se escuchan en esa inmersión de los sentidos que son las películas de Martel.

La provincia o zona que va surgiendo en esa dispersión sensorial propone otro modo de posicionarse, ya que se presenta como un lugar tensionado entre la quietud y el movimiento, entre el sentido y la dispersión, entre el río y la tierra. O, para usar la imagen de Almada en sus notas de filmación, como un mono situado en el remolino. Un mono que en el medio de la correntada arma círculos, gira y se coloca para volver a girar. Pero tal vez sería mejor terminar de presentar esta idea del hacerse lugar usando las palabras de la propia Martel, ya que en ellas se inscribe bien la tensión que quiero demarcar en este modo de fundar y de estar. Dice Martel (2018): "Me resulta imposible pensar que ese sancochado de tonadas signifique un lugar en particular y como esa libertad uno se puede tomar en la ficción, me la tomo [...]" (6:07-6:19);

100 Gómez (2020) usa también la cita de la intervención de Martel que he transcripto. Su lectura, sin embargo, trabaja el corto en relación con la *Argirópolis* de Sarmiento.

y luego inmediatamente agrega: el sancochado de "todos los diálogos están escritos con la gramática del norte, entonces para los actores porteños es un esfuerzo hablar con esa gramática"(6:24-6:30) porque el tono que supone esa gramática desfamiliariza pero familiariza un modo de nombrar y de estar, de conjugar las palabras (neutras) que están en los diccionarios.

Martel, en *Zama*, en la *Nueva Argirópolis* y con el río Paraná sedimentado por el Bermejo, nos abre la posibilidad de pensar los espacios provinciales a partir de un movimiento que, paradójicamente, en lo sancochado posiciona. La inmersión posicionada de Martel en una zona que se arma como tal bien puede ponerse en diálogo con la escritura de Saer y su zona, también marcada por la presencia del río Paraná, con lo cual vuelve a emerger en este itinerario la presencia espectral del autor argentino. Una presencia que se plasma, a su vez, en el contagio de Martel con Di Benedetto, ya que dicha infección puede relacionarse con esa otra que dice padecer Saer cuando se hace lector de Di Benedetto. Como se sabe, Saer fue un gran lector de su obra y comparte con él un modo de narrar la provincia que se aparta del regionalismo identitario, del pintoresquismo y del color local. Ya desde el título mismo de su primer texto, *En la zona* (1960), se puede observar la puesta en práctica de una poética no referencial, ya que la zona misma es, como observa Beatriz Sarlo, "una poética de la percepción", un objeto significativo.[101] O, como lo resume María Teresa Gramuglio (1986, 274-276), la zona saeriana se legitima y autoriza a sí misma, porque, como explica Piglia (1990, 39), es "un espacio y una voz", "es el ámbito donde se traman historias en que circulan y reaparecen, con variantes y cambios de perspectiva, los mismos personajes, las mismas situaciones" (38).

En los años de su primer libro, Saer no está solo en su propuesta de articular la provincia fuera de los postulados identitarios-regionalistas con los que había sido marcada. Basta con leer los textos contemporáneos del propio Di Benedetto, de Daniel Moyano, Haroldo Conti, Juan José Hernández, o las obras de Sara Gallardo, Olga Orozco, Elvira

---

101 Hay trabajos fundamentales sobre la obra de Saer que se han constituido en clásicos en torno a su obra. Los de Beatriz Sarlo, María Teresa Gramuglio y Julio Premat entran dentro de esta categoría.

Orphée, Juan L. Ortiz, Juan Filloy (y la lista puede seguir) para comprender la complejidad que esos espacios provinciales van articulando. Sin embargo, ninguno de los autores mencionados —mucho menos las escritoras que recién ahora están siendo recuperadas— ha logrado el grado de canonización y de centralidad —"consagración" es el término que usa Julio Premat (2003, 43)— que se evidencia aún hoy en relación con su obra. Quisiera aclarar que el "uso" que hago en torno a Saer y su zona para repensar la proliferación de espacios provinciales en el presente no se propone necesariamente como una marca de origen de un padre fundador para dentro y fuera del contexto argentino, sino que, por el contrario, su canonización —estudiada por Julio Premat, Miguel Dalmaroni y Daniel Link— es una marca que me permite pensar ciertas líneas de lectura. Más allá de la canonización dentro del archivo argentino, creo que la presencia de Saer en el conglomerado editorial Seix Barral ha facilitado su lectura fuera de los límites estrictos de la Argentina, lo cual permitiría hablar, hasta cierto punto, de una circulación transnacional de Saer.[102]

La canonización de Saer no fue, sin embargo, automática. Al contrario, durante la década de los ochenta, como señala Premat, los intelectuales nucleados en la revista *Punto de Vista* —destaca a Beatriz Sarlo y María Teresa Gramuglio— producen lecturas sistemáticas de la obra de Saer hasta transformarlo en un "autor de culto", malentendido y poco leído por la crítica y el público, alejado de las demandas del mercado y fiel a la singularidad estética de su propia obra. Un "*escritor para escritores*, para expertos o iniciados", sintetiza Dalmaroni (2010, 647; itálicas en el original). Poco a poco, sin embargo, este escritor minoritario se transforma en la "figura del consenso" (608) hasta llegar a ocupar

102 No todos los autores latinoamericanos con éxito de ventas local circulan fuera de los límites nacionales: Saer fue uno de los que "circulan", sin embargo, se podría decir que Roberto Bolaño fue el dueño de la consagración a escala global. Para una lectura de la acción de las editoriales transnacionales en relación con los cánones nacionales y regionales, recomiendo de Ana Gallego Cuiñas *Las novelas argentinas del siglo XXI: nuevos modos de producción, circulación y recepción* (2020). Es notable observar que el lugar que antes ocupaban los escritores en la transnacionalización de la literatura hoy ha sido llenado por escritoras.

"un lugar único, inconfundible, porque se le reconoce "una singularidad [...] como la de Borges, la de Arlt y muy pocos más" (656).[103] Hacia la década de los noventa, este proceso se vigoriza y Saer ya no solo es considerado "el mejor escritor argentino viviente", sino que se lo sitúa, como afirma Premat (2003, 43), "en el centro del canon" produciéndose, por lo tanto, "un desplazamiento y redefinición del lugar que se le atribuye a Saer en el sistema literario argentino".[104]

Si se acepta esta narrativa, la centralidad de Saer y de su zona invita a repensar los espacios provinciales por fuera de los parámetros identitarios consabidos. Es más, la obra de Saer se puede leer como una cuña que demanda nuevas "filiaciones", ya que permite leer a contrapelo ese archivo y empezar a "notar" lo que antes se invisibilizaba o se dejaba de lado por regionalista o se leía como mera literatura *de* provincia hecha por escritores "provenientes del Interior". La canonización de Saer y de su zona avala y hace posible detenerse en la multiplicidad y complejidad de los espacios provinciales articulados hoy, ya que, en mi opinión, Saer

---

103 En "El largo camino del 'silencio' al 'consenso'. La recepción de Saer en la Argentina (1964-1987)", Miguel Dalmaroni (2010) se encarga de estudiar en detalle este proceso de canonización. El aporte de Dalmaroni es sustancial: trabaja las lecturas de Saer previas a las realizadas por *Punto de vista* y a la posterior consagración como el "gran escritor argentino" que es donde se detienen los trabajos de Premat y de Link. Por ejemplo, Dalmaroni retoma el accionar de Saer como "escritor en provincia" y rescata las primeras lecturas de Adolfo Prieto, Carlos Altamirano y las que aparecen tanto en las revistas *setecientosmonos* de Rosario, como en *Los libros*. Recupera también las malas reseñas de, en un primer momento, *Primera Plana* (reseña de *Responso* en 1965), *El Escarabajo de Oro* (sobre *La vuelta completa*, 1967) y *La Nación* (sobre *Glosa*, 1987). Asimismo, trabaja la importancia del llamado "salón literario" reunido en torno al Centro Editor de América Latina, la posterior incorporación de Saer a las cátedras de la UBA y la importantísima labor de Alberto Díaz como su editor en el proceso de cimentar a Saer. Esta lectura se complementa con "La insistencia de lo legible. La escuela, los clásicos y el caso Saer" (2012), donde Dalmaroni, ahora junto a Analía Gerbaudo, trabaja las políticas de la lectura y la canonización de Saer a nivel del secundario.

104 Podría también decirse que este proceso de reconocimiento cuaja en la frase que Piglia no se cansaba de repetir cuando definía y presentaba a Saer como "el mejor escritor argentino".

es el que nos dice que está bien repensar la provincia, porque es posible armarla fuera de toda narrativa restrictiva, como si nos diera permiso para pensarla desde un itinerario conceptual y redefinirla de nuevo. En definitiva, al lanzarse a armar su "zona" como un modo de salirse de los muchos atributos impuestos a la (mal) llamada literatura *de* provincia, Saer abre la puerta para invitarnos a complejizar esos espacios. Por eso, lo que propongo en estas *Provincias Un-Idas*, marcadas por la presencia espectral de Saer, puede verse como el gesto inverso al realizado por Link (2003, 18) en "Literatura de compromiso", donde establece que *Las nubes* (1997) de Saer y *Plata quemada* (1997) de Piglia son el cierre o el fin "de la literatura argentina del siglo XX en el sentido de que clausuran un modo de entender la literatura: un modo de leerla, un modo de escribirla y, sobre todo, un modo de acceder a ella".

Al volver a Saer, mi itinerario propone pensarlo como una apertura y no solo como un cierre o "el fin" que clausura los postulados de la literatura del siglo XX. Dicho de otro modo, mi propuesta es salir de ese "límite" propuesto por Link para enfatizar, en cambio, el umbral que ya no necesariamente *Las nubes*, sino la "zona" de Saer abre.[105] Lo que me interesa es resaltar la posibilidad de leer a Saer como un umbral que posibilita la proliferación de los espacios culturales en los escritores, cineastas y artistas visuales contemporáneos con obra abierta; pero que también hace visible lo que ha quedado invisibilizado en los otros escritores en provincia con obra ya cerrada. En mi lectura, Saer no se queda fijo en canonizaciones; por el contrario, como el río que está presente en su zona, se desliza hacia el siglo XXI y posibilita una literatura futura, como si él mismo se volviera una zona de pasajes por la que entran y

---

105 Nótese que justamente *Las nubes* es una novela en donde la zona saeriana solo sirve de punto de partida, ya que la novela se centra en un viaje a través de la pampa. Link (2003, 24) tiene razón al notar que estas novelas "casi simultáneas" "vienen a 'repetir' en un registro más legible, más fluido, más masivo, aquello que constituía sus antiguos esplendores". Saer, por su parte, retoma la zona en novelas posteriores. En 2000, publica *Lugar*, una colección de cuentos que se "aleja" también de la zona, al inscribir una multiplicidad de lugares. Premat (2003) realiza una lectura aguda de *Lugar* y demuestra en el texto la continuidad de las obsesiones de Saer.

salen escrituras que confabulan la producción de un lugar. Saer, en definitiva, como una suerte de gozne o bisagra.

Ahora bien, esa zona en provincia que "permite" y visibiliza la escritura de Saer es un lugar —y aquí hago mías las palabras de Premat (2003, 51)— que se produce como "una ética y una poética", es decir, es un lugar que se inscribe "constantemente interrogado [...] en buena medida indefinible, pero habitable" y habitado, porque ese concepto de lugar, que "nunca [está] definido unívocamente", se presenta "construido como la base dinámica de una poética personal", dice Premat en torno a Saer, pero que al ser trasladada a la provincia tal como emerge de este itinerario debe ser pensada, en cambio, como una poética del habitar. Entonces, la pregunta que surge ahora es cómo definir dicha poética o cómo acercarnos a esa heterogeneidad de lugares que abre la zona saeriana y que se hace visible también en esa constelación que es *Zama*. Una propuesta sería diseñar un contorno retomando una imagen particular que inscribe Almada en *El viento que arrasa* (2012), su primera novela. Una novela que, para muchos críticos, irrumpió (y uso este verbo a propósito) en la escena de la narrativa argentina por instalar un lugar en provincia que se apartaba de los estereotipos regionalistas. Tan es así que la propia Beatriz Sarlo (2013, 201) —en la reseña en el diario *Perfil* del 2012, que ayudó a visibilizar la novela y consolidarla como un éxito de ventas— no puede ocultar su "sorpresa": "¿De dónde sale este libro sorprendente?", se pregunta, para luego presentarlo como "un objeto insólito en la literatura argentina".

Tal vez, la "sorpresa" de Sarlo tenga mucho más que ver con su modo restrictivo de entender la provincia, como si la crítica siguiera apegada a una visión que juzga e identifica la escritura en provincia como meramente regionalista; cosa que, sin duda, llama la atención debido a su lectura sagaz de la zona de Saer. Esta visión restrictiva de la provincia que justifica la "sorpresa" de Sarlo frente a la primera novela de Almada no es, sin embargo, nueva. Ya en el prólogo a *El cuento argentino contemporáneo*, una antología que edita en 1977 para el Centro Editor de América Latina, también hace visible su sorpresa al notar (usa esta expresión) que hay "escritores del Interior" (como los llama) capaces de hacer "nacer una corriente de literatura regional que supo romper con los restos de pintoresquismo" (cita tomada de Cohen Imach 1994, 20). Más allá de la sorpresa de Sarlo en 2012, lo que me interesa destacar de la novela de Almada es la escena del perro Bayo que ocupa la totalidad del capítulo 16 y que considero clave para comprender la articulación de la provincia como una poética del habitar, una poética que no es del todo comprendida por Maximiliano Crespi (ni por Patricio Pron en relación con *Ladrilleros*) cuando lee dicha novela como expresión de un "realismo de derecha" por inscribir, de acuerdo con Crespi (2019, 289, 292), personajes planos y pasivos marcados por un determinismo vital y sin fisuras, que termina por afirmar, según el crítico, un "imaginario fatalista" que aplana y domestica mientras que "exorciza toda posibilidad de transformación real" (2015a).[106]

La escena a la que hago referencia no es tenida en cuenta por Crespi, a pesar de que es una escena clave de la novela para entender cómo procede la voz narrativa para no "arrasar", es decir, para no allanar ni aplanar. Asimismo, es una escena clave para mostrar los matices, la complejidad de lo que se quiere retratar. La escena del capítulo 16, centrada en el perro Bayo, activa justamente esa poética de los sentidos que Ríos observa en torno a los filmes de Martel, ya que la exclusividad de la mirada es reemplazada por un campo sensorial donde se apela a los sentidos menores de los que habla Francine Masiello (2018). Es más, toda la escena se estructura alrededor del olor y del olfato, como si la vista misma funcionara en un segundo plano y perdiera centralidad: "Los ojos color caramelo del Bayo estaban llenos de lagañas, la delgada película del sueño persistía y le nublaba la visión, distorsionaba los objetos. Pero Bayo no necesitaba ahora de su vista" (Almada 2012, 116), explicita la novela. Junto con esta descentralización de la vista, la escena presenta, a su vez, otro desvío, en cuanto que el protagonista es el perro Bayo, esa figura escurridiza que recorre los otros capítulos, con lo cual los demás personajes que han estructurado la novela hasta el momento —el reverendo Pearson, su hija Leni, el mecánico Brauer y Tapioca— pasan a segundo

106 El texto de Pron al que hago referencia es una crítica a la novela *Ladrilleros* que escribe para el blog de Eterna Cadencia: "Una cuestión de *Contorno*" (27/03/2014). Por su parte, Crespi ha desarrollado su lectura de Almada en varias oportunidades, como "Las fuerzas extrañas. Nuevo realismo en las crueles provincias" (2019) y *Los infames. La literatura de derecha explicada a los niños* (2015a).

plano y ceden su protagonismo. Ahora es el perro Bayo, una figura silenciosa que entra y sale de los espacios como si fuera una presencia afantasmada, el que acapara la escena armando un entre paréntesis al fatalismo que está y arrasa.[107] Transcribo en extenso la escena:

> Ese olor era muchos olores a la vez. Olores que venían desde lejos, que había que separar, clasificar y volver a juntar para develar qué era ese olor hecho de mezclas.
> Estaba el olor de la profundidad del monte. No del corazón del monte, si no de mucho más adentro, de las entrañas, podría decirse. El olor de la humedad del suelo debajo de los excrementos de los animales, del microcosmos que palpita debajo de las bostas [...]
> El olor de las plumas que quedan en los nidos y se van pudriendo por las lluvias y el abandono [...]
> El olor de la madera de un árbol tocado por un rayo, incinerado hasta la médula, usurpado por gusanos y por termitas que cavan túneles y por los pájaros carpinteros que agüerean la corteza muerta para comerse todo lo vivo que encuentren.
> El olor de los mamíferos más grandes: los osos mieleros, los zorritos, los gatos de los pajonales; de sus celos, sus pariciones y, por fin, su osamenta.
> Saliendo del monte y ya en la planicie, el olor de los tacurúes.
> El olor de los ranchos mal ventilados, llenos de vinchucas. El olor a humo de los fogones que crepitan bajo los aleros y el olor de la comida que se cuece en ellos. El olor a jabón en pan que usan las mujeres para lavar la ropa. El olor a la ropa mojada secándose en el tendedero.
> El olor de los changarines doblados sobre los campos de algodón. El olor de los algodonales. El olor a combustible de las trilladoras.

---

107 Hay algunos detalles sobre el perro Bayo que podrían intensificar este *estar entre*. Por ejemplo, no hay nada puro en ese perro: Bayo es "una cruza con galgo" —"había heredado de la raza la elegancia, la alzada, las patas finas y veloces, la fibra" (Almada 2012, 115)— aunque de la otra parte, "madre o padre, ya no se sabía", "había sacado el pelo duro, semilargo, amarillo y una barbita que le cubría la parte superior del hocico y le daba un aspecto de general ruso".

> Y más acá el olor del pueblo más cercano, del basural a un kilómetro del pueblo, del cementerio incrustado en la periferia, de las aguas servidas de los barrios sin red cloacal, de los pozos negros. Y el olor del mburucuyá que se empecina en trepar postes y alambrados, que llena el aire con el olor dulce de sus frutos babosos que atraen con sus mieles, a las moscas. [...]
> Ese olor que era todos los olores, era el olor de la tormenta que se aproximaba. (116-118)

La escena transcripta funciona como un mapa olfativo que multiplica y complejiza ese campo que anteriormente se ha presentado en la novela como una intemperie donde se enfatiza la soledad —"la soledad de un campo como este" (76)— y la monotonía de lo rural: "El paisaje era desolador. Cada tanto un árbol negro y torcido, de follaje irregular, sobre el que posaba algún pájaro que parecía embalsamado de tan quieto" (76). Una monotonía de la ruralidad que parece (enfatizo el *parece*) no indagar en la complejidad que he observado, por ejemplo, en *Rutas argentinas* de Bernatek (2000) o en las crónicas de Gaviria. Sin embargo, el perro Bayo, en su quietud y su falta de estridencias, viene a complejizar y a cuestionar la lectura de Crespi, la supuesta mirada aplanadora del "realismo de derecha", ya que a partir de aquello que no se ve, que puede pasar desapercibido, pero que se huele, va entrando a la novela un abanico de matices que nos obliga a "separar, clasificar y volver a juntar para develar qué era ese olor hecho de mezclas", es decir, a revisar lo que creemos familiar y a reflexionar sobre aquello que no vemos y que, por ende, se vuelve invisible. Así, los olores que penetran y configuran el espacio demandan modos diferentes de leer y percibirlo, ya que no es lo mismo "el olor de la profundidad del monte", que "el olor de los ranchos" o el del basural "del pueblo más cercano". Por lo tanto, es la percepción de los diferentes olores la que va desalojando también la centralidad de ciertos automatismos que se ponen en marcha frente a lo que se supone es una ruralidad vista o descripta como campo. El olor que Bayo diferencia y clasifica en sus especificidades concretas rompe, en definitiva, con la posibilidad de armar una gran narrativa para la provincia hecha exclusivamente con tonos neorruralistas o regionalistas. Por el contrario, los matices revelados a través del olor en *El viento que arrasa* deshacen (arrasan) la monotonía de la provincia y terminan sacándola del aplanamiento, de la repetición de ciertos lugares comunes que la novela paradójicamente presenta para resignificarlos.

Los olores diversos percibidos por el perro Bayo, sin necesidad de moverse del puesto casi estático en el que está inmerso, vienen a señalar, sin pomposidad y con un lenguaje casi despojado, la heterogeneidad de esos lugares en provincia que el Bayo percibe como un montaje de detalles y diferencias. Así, el viento del título arrasa y puede (mal) leerse como una fuerza que aplana al igualar lo que está ahí, que es la lectura crítica que realizan tanto Crespi como Pron. Esta lectura, sin embargo, también aplana y no ve (no puede ver) que la novela presenta otra propuesta, una que se actualiza en *No es un río* (2020), la última novela de Almada publicada hasta este momento, donde resuena una voz lírica desprendida de toda marca referencial.[108] En *El viento que arrasa*, la marca que nombra la heterogeneidad de esos lugares aplanados por la crítica está en el desplazamiento hacia el perro Bayo, quien percibe, en la quietud, las diferencias de los olores, los matices de lo que a simple vista parece lo mismo. Desde ahí, desde ese lugar de enunciación marcado por el Bayo, el viento deja de arrasar y de aplanar. Quiero decir, desde el Bayo, la novela rompe con el lugar común de los que aplanan la provincia desde el determinismo identitario y del fatalismo de la condena. Y desde ahí, desde esa poética del olfato que el Bayo nos hace percibir, la novela se sale de curso y arrasa con la "sorpresa" de los críticos, es decir, con ese discurso esperable configurado en torno a la provincia. En su lugar, Almada y el perro se instalan en la provincia y exponen y señalan la pluralidad de los modos de estar en ese lugar aplanado por aquellos que no la pueden ver en su heterogeneidad.

El perro Bayo, de igual modo que la zona saeriana y *Zama* con sus varias infecciones, van haciendo agua la fatalidad de la provincia para armar itinerarios que no se quedan pegados a los resabios regionalistas. Y como el río Paraná que admira Martel en Rosario, el cauce que se le ha querido dar a la provincia para dejarla fija rebasa, cambia de dirección y se sale de lugar, es decir, se contornea a partir de sedimentos móviles que se arrastran y arman constelaciones de tierra nueva.

---

108 He trabajado *No es un río* en una nota publicada en *Revista Conversaciones* (2024) a la que remito. A su vez, la retomo en las conclusiones que cierran este ensayo.

Los sedimentos que fluyen en el agua y por el agua constituyen lugares que se hacen y se deshacen y que se habitan y son, a su vez, la mejor imagen que he encontrado para ejemplificar la conceptualización de provincia hecha lugar tal como lo piensa Doreen Massey (1994, 5-7), es decir, como un espacio representado y apropiado, de carácter contingente, construido en y por las interrelaciones y las superposiciones, significado, pero nunca acabado, nunca cerrado porque siempre rompe con la homogeneidad de la unicidad y la armonía de la totalidad. Y estos lugares practicados e intervenidos son, en definitiva, los que permiten el montaje, el rearmado al barajar de nuevo tal como lo indica Antelo.

Junto a los sedimentos del río Paraná, habría, por último, otra imagen que sirve para complementar el diseño de *Provincias Un-Idas.* Para hacerlo, me enfoco ahora en un libro río, en acordeón, plegado en contorsiones que permiten ver lo que se presenta en los dos lados de la página. Un libro río doblado en pliegues, que se enrosca y cambia de dirección, o un libro serpiente, zigzagueante, desafiante de la línea recta, que se desplaza en una sala de museo, sobre el piso o sobre una mesa, o que se desenvuelve entre los cuerpos de los que lo llevan en las contorsiones de las prácticas performativas. Un libro en movimiento que articula en sus páginas un *collage* expansivo, hecho con mapas, imágenes satelitales, retratos, fotografías, poemas, dibujos, textos en castellano, inglés, francés y portugués, nombres indígenas, citas tomadas de muchas voces. Una instalación o escultura en movimiento, oscilante, que se va abriendo y cerrando como ondulaciones, sin un orden predeterminado, y que, por lo tanto, no queda nunca fijo. En otras palabras, un libro que se desliza.

El libro río que describo es el *Serpent River Book* o *Libro Río Serpiente* (2017) de la artista colombiana radicada en Los Ángeles Carolina Caycedo (figura 5) y que forma parte del proyecto multidisciplinario *Represa/Represión* o *Be Damned,* iniciado en 2012, pero que sigue aún en curso.[109] En este proyecto, Caycedo utiliza una serie de medios para

109 *Serpent River Book* del proyecto multidisciplinario *Be Damned* se presentó por primera vez en la exhibición colectiva *A Universal History of Infamy* (2017) en Los Angeles County Museum of Art. Luego formó parte de varias de las exposiciones recientes de la obra de Caycedo, como *From the Bottom of the River* en el Museo de Arte Contemporáneo de Chicago (2020), curada por

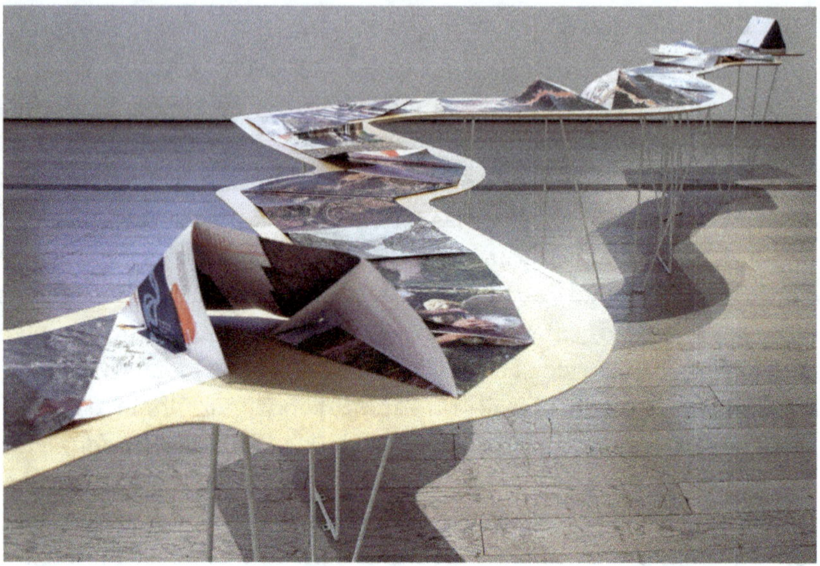

Figura 5. Carolina Caycedo, *Serpent River Book and Table*, 2017.
Vista de la instalación: *A Universal History of Infamy.*
Los Angeles County Museum of Art, del 20 de agosto de 2017 al 19 de febrero de 2018. Foto: David de Rozas. Cortesía de la artista.

denunciar las políticas extractivistas y destructoras de los ecosistemas y las comunidades puestas en marcha por las empresas hidroeléctricas que construyen grandes represas para almacenar agua y generar energía. Tal como sostiene Caycedo (2014, 8), en su tesis de maestría *Be Damned* que

Carla Acevedo-Yates, y *When Walls Become Rivers* (2020) en Art Exchange de la University of Essex. Tuve la oportunidad de ver *Serpent River Book* en la exhibición colectiva *El momento de Yagrumo*, curada por Mariana Reyes Franco en el Museo de Arte Contemporáneo de San Juan de Puerto Rico. El libro, a su vez, ha salido de los museos en una serie de talleres y ha formado parte también de "geocoreografías", donde los participantes de estas performances usan sus cuerpos para desplegar el libro. Véase la lectura de las "geocoreografías" de Pilar Tompkins Rivas (2020). La página web de Caycedo, *trust each other* (carolinacaycedo.com), y el catálogo bilingüe *Carolina Caycedo: From the Bottom of the River*, editado por Acevedo-Yates son una referencia fundamental para acercarse a su obra.

conceptualiza el proyecto, las represas como Betania y El Quimbo sobre el río Yuma/Magdalena privatizan los recursos naturales, devastan los ecosistemas y se instauran como mecanismos de control social frente a las comunidades locales que pierden sus modos de vida. Dichas represas, apunta la artista visual, quedan fijas dentro de una retórica de desarrollo y progreso y se celebran como grandes maravillas tecnológicas que mal esconden el desmantelamiento de los ecosistemas, la borradura de otros saberes y la homogeneización de la experiencia (9). Tanto es así que la pared del dique que detiene y almacena el agua termina transformando el río en piedra y la pared que resulta se vuelve la marca en la que Caycedo lee la represión, la contención y el control social (10).[110] Lejos de paralizarse, como la pared del dique, Caycedo promulga la puesta en práctica de un arte río, un arte en movimiento, en interrelación y compañía con las comunidades desplazadas para resignificar y resistir la política neoliberal extractivista que destruye y contamina.[111] En este contexto de producción, el *Libro Río Serpiente* cobra una dimensión política que nos lleva a problematizar el concepto de vida y naturaleza y a rechazar su reducción a paisaje, espacio de recreación turística (14-18), o zona de extracción de recursos.[112]

Bajo la articulación de Caycedo, en amplio contacto con las comunidades locales, el río y su arte se vuelven territorio y lugar, espacio representado y vivido, un adentro que se conjuga y se significa en la práctica

---

110 Lisa Blackmore, en “When Walls Become Rivers: Carolina Caycedo *Serpent River Book*” (2020), juega con la misma imagen, pero la da vuelta —es la pared la que se vuelve río— y ofrece una excelente lectura de los Saltos.

111 Macarena Gómez Barris (2017) ha hecho una lectura de la obra de Caycedo en relación con la “zona extractivista”. Véase, en especial, “A Fish-Eye Episteme: Seeing Beyond the River’s Colonization” (91-109).

112 Caycedo, en una entrevista con Maeve Hanna (2020) publicada en *Sculpture*, explica lo siguiente: “I’m quite critical of the term ‘landscape’ because it is a tradition that has contributed to a colonial discourse and format. It’s a horizontal format that becomes a window through which we look and access a place, a locale, a territory, but it situates us outside as passive viewers, observers. Art has been very complicit in colonizing the gaze and situating us outside, separated from a territory. However, we are not outside, we are inside and part of a territory […] Serpent River Book has a lot to do with these ideas”.

y en la interacción: "el territorio" —escribe Caycedo (2014, 38) en su tesis— "no es algo fuera de mí, es mi propio cuerpo, mi historia, mi política, mi sexualidad y mi espiritualidad". De este modo, el montaje que es el *Libro Río Serpiente* se desplaza y se pliega hacia nuevas interrelaciones y constelaciones que lo pluralizan y abren, mientras que su arte se inscribe como una práctica política situada, capaz de jugar con los matices, como lo hace el perro Bayo. El libro-río de Caycedo logra, entonces, no solo exponer, denunciar y resistir las prácticas extractivistas a la que están sujetas esa zona, esas comunidades y ese río, sino que también logra mostrar una ecología de historias, de modos de estar y practicar que también están ahí y constituyen lugar. Entonces, las "geocoreografías" que se van armando entre el libro y las comunidades, con los muchos cuerpos y entre los cuerpos, practican diseños que se producen en y por el plegado y el entrelazado, donde los cuerpos se unen y se tocan en composiciones donde "la forma humana se convierte en lugar de agencia política, donde se refuerza la relación del cuerpo con el paisaje y se fortifica la memoria cultural y espiritual de un territorio y su pueblo" (Tompkins Rivas 2020, 76). De este modo, la pared de la represa El Quimbo está quieta como un límite que contiene y explota, pero también están los diversos cuerpos de agua que la artista une en su gran proyecto *Be Damned*, que van construyendo constelaciones de relatos y redes de imágenes y conjugando sentidos en plural, los cuales no se pueden reducir a expresar la exclusiva representación de la resistencia extractivista, como se lo ha leído principalmente. O, dicho de otro modo, las "coreografías del poder" —como las denomina Caycedo (citado en Tompkins Rivas 2020, 70)— están y son las que se resisten con los cuerpos y el arte en movimiento a través de la puesta en práctica de las danzas, juegos y acciones que se van anudando en contactos liberadores. Y junto a estos modos de resistir, al mismo tiempo, hay otras "geocoreografias", otros nudos y otras maneras de estar y habitar que se pliegan más allá del determinismo de las prácticas extractivistas y de las resistencias que provocan. Maneras en plural del habitar que, a veces, no se leen ni se exploran, porque siempre es más urgente detenerse en la denuncia de la explotación que, sin duda, se ejerce sobre esos territorios.

En sus *Retratos de agua/Water Portraits*, que también participan del proyecto *Be Damned*, se puede observar esta complejidad de historias, imágenes y sentidos que quiero resaltar tal como se practican en

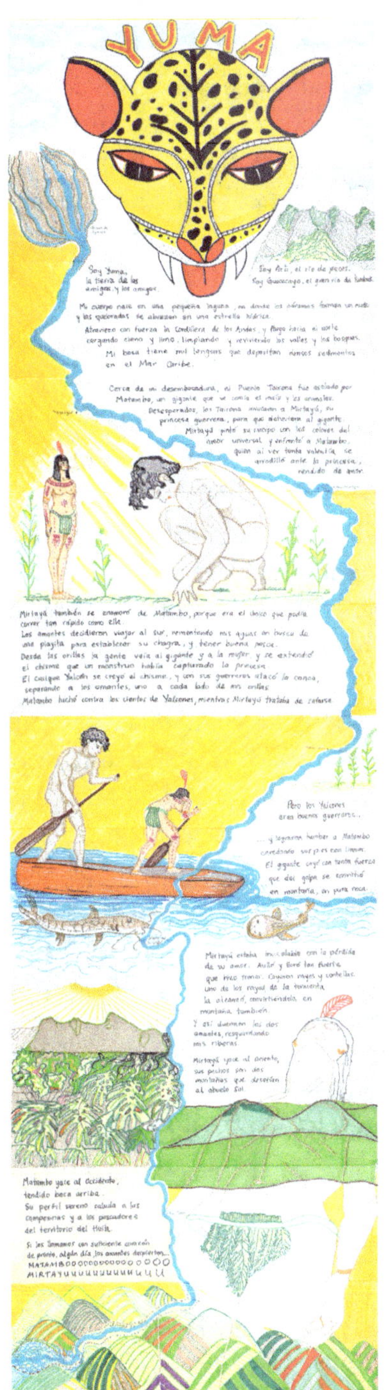

Figura 6. Carolina Caycedo.
Yuma, 2016.
De la serie *River Books*.
Fibra sobre papel Canson,
170 x 45 cm.
Cortesía de la artista.

esos lugares. Precisamente, en esos *Retratos de agua* (figura 6), la artista arma libros ríos que se despliegan y se doblan y que van narrando, significando, a partir del rescate de relatos y de voces que les devuelven la fluidez y la pluralidad a los ríos reprimidos por los diques y las prácticas extractivistas.[113] Basta ver, por ejemplo, el *Retrato de agua* que le dedica al río Magdalena, al que le devuelve su nombre muisca original de Yuma (figura 6), para comprender la pluralidad de relatos que se siguen articulando pero que, insisto, a veces se aplanan o se borran, cuando se ven esos ríos solo desde la narrativa de la represa, de la pared. Devolver el nombre al río en este retrato de agua puede ser leído desde una variedad de perspectivas. Me interesa resaltar aquí solo una: al renombrar el río, Caycedo descompone la singularidad que esconde el nombre Magdalena para colocar, donde antes estaba la unidad epistémica del español, una constelación de saberes y de sentidos.

Para terminar, queda por decir que la represión que inscribe El Quimbo sobre el río Yuma se repite también en el río Paraná por medio de la represa Itaipú, ubicada en el límite entre Paraguay y Brasil. Una represa, cabe destacar, que destruyó los saltos del Guairá y que ha provocado graves problemas en los ecosistemas y las comunidades. Y con la represa Itaipú, vuelvo al Paraná que Martel lee sedimentado por el Bermejo y que Saer y Almada celebran en su narrativa. Al igual que el Yuma/Magdalena, el río Paraná también forma parte de una cuenca hidrográfica extensa, con muchos afluentes y tributarios, desplegada por varios países, como una tela de araña. Un río que, como nos hace ver Martel, nunca está solo, aun cuando Saer lo mire correr puntualmente desde el puente colgante de su zona, sino que debe mucho a otras corrientes de agua con las que se concatena y conecta. Como estas cuencas de agua, el *Libro Río Serpiente* de Caycedo también se desborda en pliegues y se sale de la unidireccionalidad, como si él mismo se volviera un delta en continuo crecimiento, ya sea cuando se exhibe como montaje en un museo, o cuando se desliza sobre los cuerpos en las diversas geocoreografías que las comunidades performatizan *in situ*.

---

113 Hasta la fecha, Caycedo ha hecho los retratos de los siguientes ríos: Watu, Yaqui, Yuma, Elwha e Iguaçu. Todos forman parte de su *River Books Series* (2016-) y fueron exhibidos en *Incerteza Viva, 32nd Bienal de São Paulo* en 2016.

Un libro río, un libro lugar, un libro delta arma Caycedo, donde el sentido se configura en el procedimiento, el agregado de piezas, el montaje simultáneo de las muchas relaciones. Asimismo, leídas desde el *Libro Río Serpiente* de Caycedo, dichas cuencas hidrográficas se vuelven ellas mismas ríos montaje, un artefacto que se desplaza entre la suma y la resta y que demanda, para comprenderlas, la práctica de la vivencia y la adopción de un posicionamiento de lectura, la articulación de una mirada que las ancle en un punto y las haga legibles. O, dicho de otro modo, el *Libro Río Serpiente* de Caycedo, entendido como práctica performativa, nos obliga a dejar de lado el posicionamiento de un sujeto trascendental capaz de englobar el objeto en una circunscripción totalitaria y unitaria y, por ende, accesible. Y nos obliga, a su vez, a ver más allá de las imágenes satelitales panópticas que vacían el territorio y los ríos de las historias, las voces, los posicionamientos, las marcas del conflicto, las relaciones de poder, los cuerpos, las especificidades, hasta transformarlos solo en una imagen abstracta, plana, no estriada, donde ya no figuran los detalles ni los matices, aquello que le permite evidenciar su pluralidad. Así, el *Libro Río Serpiente* de Caycedo esconde una advertencia disruptiva de la homogeneidad y de las miradas trascendentales; una advertencia que, de nuevo, Caycedo nos hace ver a través de *YUMA, or the Land of the Friends* (2014), un mural de grandes proporciones exhibido en la octava Bienal de Arte Contemporáneo del Museo Dahlem de Berlín (figura 7), donde se desnuda y desmantela la mirada plana, homogeneizadora y extractivista que, como observa la curadora Carla Acevedo-Yates (2020, 39-41), reduce toda la diversidad medioambiental a materia prima.

Es esta mirada plana del mural la que se puede trasladar a las visiones configuradoras de la provincia cuando se las llena de contenido y se las fija dentro de narrativas que las hacen campo o ruralidad, dentro de la retórica exclusiva de la marginalidad y del estancamiento, cuando se la piensa solo como condena y periferia, cuando se las arma como un territorio estable, trazado por precisos límites económicos y políticos, donde se practica la violencia extractivista. Por las dudas, creo necesario aclarar que leer la provincia por fuera de estas marcas no significa idealizarla, ni mucho menos narrarla desde una narrativa que borre las relaciones de poder, la precariedad, las carencias, el extractivismo, la pobreza. Por el contrario, esos relatos siguen vigentes y son palpables, hasta diría que son omnipresentes y hegemónicos en el momento de

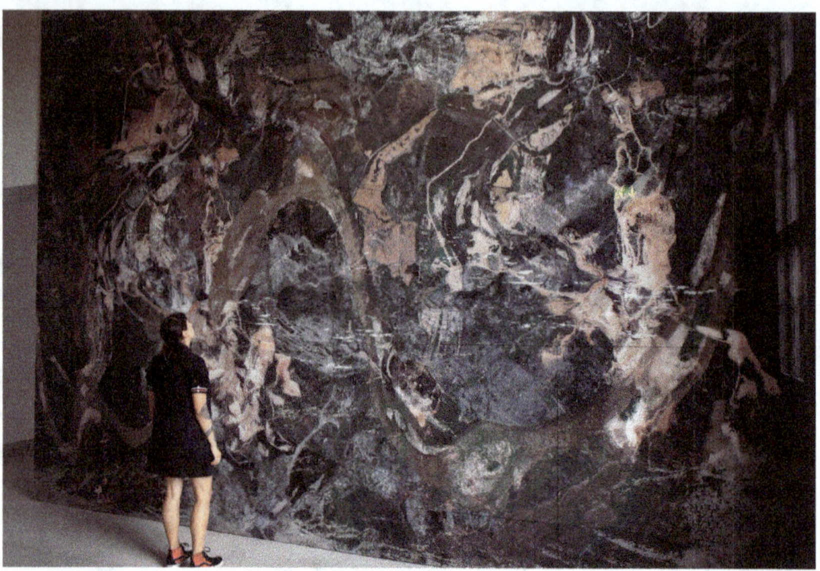

Figura 7. Carolina Caycedo. YUMA, *or the Land of Friends*, 2014.
Collage Imagen satelital. Mural, 579 x 472 cm.
Vista de la instalación: *Eco-Visionaries.* Bildmuseet, del 6 al 21 de octubre de 2015. Foto: Carolina Caycedo. Cortesía de la artista.

presentar la realidad de las provincias. Sin embargo, junto con la precariedad y la carencia, junto con la pobreza y el determinismo, esos espacios culturales tienen mucho más para decir, porque no se reducen solo a ser eso. Entender la provincia como lo propone este libro presupone lo consabido en torno a las provincias pero, al mismo tiempo, supone una estrategia más que se apropia e interviene los lugares estables y establecidos para sacarlos de curso, desbordarlos para pensarlos de nuevo. De ahí que para terminar de elaborar el gesto que propone *Provincias Un-Idas* vuelvo a Martel, en particular a su intervención en el Centro Cultural Parque de España de la ciudad de Rosario trascripto bajo el título "Territorios transitables" y recogido, luego, por Franco Ingrassia (2013) en *Estéticas de la dispersión.*

En esa intervención en Rosario, Martel habla de crisis y fracasos personales —amorosos, cinematográficos, de su imposibilidad de continuar con *El Eternauta*— pero habla también de la hegemonía del mercado y de la propagación homogeneizante de la globalización. Habla de la privatización acelerada de los espacios públicos —"las orillas [del Delta] han sido tomadas para grandes proyectos privados que obstaculizan el acceso a la gente sin recursos" (Ingrassia 2013, 69)— y de cómo el Mercado (lo escribe con mayúscula) opera, paradójicamente, como un agente de estabilidad, en cuanto hace "sentir la inutilidad de la transformación, del cambio, la distancia irreparable entre el bien pensar y la acción" (70). Frente a todas estas carencias y a la precariedad que observa y enumera, Martel no se queda quieta y se pregunta cómo conjugar alternativas que no se reduzcan solo a la resistencia, ya que dice, armando una contradicción, "resiste quien estaba conforme. Pero el que no, no pelea por volver a lo que fue destruido, pelea por otra cosa" (71). La propuesta de Martel pasa por otro lado y lo resume de la siguiente manera: "Una forma de adjudicación de las cosas es la ficción" (71), es decir, "frente a una maquinaria que fomenta la impotencia, resulta ciertamente poderosa la idea de la ficción como un operador para la apropiación de los territorios" (72). Frente al mercado y la carencia, entonces, inscribe "una batalla posible a través de la ficción porque la ficción nos vuelve dueños de los espacios" (73). En definitiva, lo que propone Martel (y lo que propone este ensayo) es una batalla hecha con y de relatos, con y de imágenes, es decir, un "proyecto de apropiación imaginario" (74) que narra y conjuga lo habitable. O, dicho de otro modo, Martel nos propone armar un lugar que, a veces, se conjuga y configura como territorio, en el sentido que he trabajado antes, pero que, en otras oportunidades, se pliega y se repliega, porque nos infecta y al infectar se hace transitivo y transitable.

Las páginas que siguen y que constituyen la segunda parte de este libro tratan de usar la ficción para adueñarse de los espacios. Los textos, escritos y visuales que se encadenan, forman, entonces, una constelación o un delta inestable que sigue creciendo en la correntada y con cada nuevo sedimento. En el tapiz que va tejiendo a continuación, *Provincias Un-Idas*, como quien dice, se sale de curso al proponer articular dichos espacios provinciales como un río de posibilidades que se desliza o como una constelación hecha de montaje que no queda fija. Algo así como la puesta en práctica de una geocoreografía escrita en estas páginas que se acerca y se entrelaza con el *Libro Río Serpiente* que sigue conjugando Caycedo. O, en todo caso, como la aceptación de la infección que contagia Martel con su *Zama* y que nos hace ver que la ficción funda siempre tierra nueva en un delta en continua expansión.

PARTE II

La des/composición conceptual

Una poética del habitar

Barajar y dar de nuevo, dice Antelo, que es otro modo de decir que hay que componer una mesa de montaje para pensar las provincias por fuera de los relatos, ya nombrados en la introducción, que se han vuelto predecibles: la condena, la arcadia, el campo, la derrota, el margen, el insulto. Barajar y dar de nuevo, dice Antelo, para trazar un itinerario que nos saque, a su vez, de la exclusividad de esa progresión que hace ver Chiaramonte, que va de la ciudad colonial de provincia a la nación, del fragmento a la unidad, de la parte a una totalidad donde todas las piezas van encajando, como si hicieran clic, en un diseño nacional unitario e identitario. Barajar de nuevo y proponer otros relatos no significa, sin embargo, negar de plano los relatos consensuados por más restrictivos que sean. Por el contrario, barajar de nuevo implica posibilitar itinerarios en plural que están *con* o *junto a* esos muchos otros relatos que ya están en circulación, aunque, al sumarlos, implique la puesta en tensión o la disputa, el cuestionamiento o la objeción a lo ya planteado. Por eso, *Provincias Un-Idas* da de nuevo y se apropia de la figura del montaje porque se sabe incompleto y porque se articula a partir de las tensiones, la yuxtaposición o el entrelazado de fragmentos, de trozos que quedan desfasados.

Provincias Un-Idas se despliega, entonces, como una circunscripción trazada en lápiz, siguiendo una práctica que, pienso, le hubiera gustado a Zabala, una suerte de mapa detalle que se inscribe como una entrada heurística atenta a la ecología de saberes de la que habla Sousa Santos, a esa pluralidad epistémica y teórica que demanda una justicia cognitiva para superar tanto la monocultura del saber como la constatación de que no hay soluciones dialécticas para las diversas tensiones. En este sentido, se puede decir que *Provincias Un-Idas* coincide con la advertencia que plasma Ana Teresa Martínez (2015, 14-15), en el prólogo a la colección de ensayos *Redes intelectuales, itinerarios e identidades regionales en Argentina*, donde se pregunta también por los alcances de este gesto de ir a provincia que observa como incipiente y en proceso de armarse en una serie de investigadores que se han movido "fuera de los grandes centros de producción intelectual" y que, al hacerlo, han corroborado "otras densidades históricas". En ese prólogo, Martínez nota, precisamente, que el supuesto viraje a provincia, incipiente en torno al archivo argentino, puede resultar solo una falacia acumulativa. Por eso, propone no caer en un mero coleccionismo de alebrijes, de esas "tallas de madera de animales fantásticos por su forma —pero sobre todo por la diversidad y libertad enorme con que están pintadas— [que] son presentadas por sus artesanos oaxaqueños como únicas cada una en su especie" (15). O, dicho de otro modo, sugiere no ir a provincia como un simple ejercicio sumatorio de "personajes pintorescos y acontecimientos inesperados ocurridos en lugares imprevistos" (16), para armar "una nueva galería de autores por descubrir, de textos a salir a buscar para enriquecer nuestra biblioteca literaria" (14), pero donde se dejan en pie todos los criterios y los paradigmas que los significan. Tan es así que la historiadora y crítica cultural plantea la necesidad de pensar teóricamente las provincias, un camino que, según Martínez, han empezado a explorar comunitariamente el grupo de investigadores con los cuales dialoga (16).[114]

---

114 En relación con el archivo argentino, Martínez arma un itinerario de esas investigaciones en el que destaca las compilaciones de ensayos *Culturas interiores*, a cargo de Ana Clarisa Agüero y Diego García (2010); *Intelectuales, cultura y política en los espacios regionales de Argentina*, editado por Paula Laguarda y Flavia Fiorucci (2012) y el dossier de *Prismas* "Los otros intelectuales. Curas, maestros, intelectuales de pueblo, periodistas y autodidactas", número 17 (Fiorucci, 2013). Dentro de esta línea también está *Redes intelectuales, itinerarios e identidades regionales en Argentina* (2015), la edición de Salomón Tarquini y Lanzillotta, que cuenta con su prólogo; el último libro de Agüero *Local/Nacional. Una historia cultural de Córdoba en contacto con Buenos Aires (1880-1918)*; el trabajo de Ricardo Pasolini y el de Cristina Rocca, *Arte modernidad y guerra fría. Las Bienales en Córdoba* (2009). Sin formar parte de este grupo, mi *Buenos Aires y las provincias: relatos para desarmar* propuso una nueva mirada a la provincia.

Para conceptualizar la provincia sin caer en la sumatoria de alebrijes, como propone Martínez, ni en la desmedida glorificación de lo propio —el "peligro de lo local" del que habla Ricardo Pasolini (2013, 191) cuando critica la exaltación localista de un tipo de historia "anticuaria" que solo dialoga consigo misma—, tramo en este itinerario conceptual una serie de paradas que "grafían" (escriben) contornos teóricos para la provincia. La metodología usada para hacerlo es fiel al itinerario, es decir, *Provincias Un-Idas* como río-libro va entrelazando los distintos textos, autores, géneros, obras, porque lo que queda claro en esta segunda parte es que no es posible ni factible proponer un "todo" como una definición única, que sea aplicable y transferible. Para pensar teóricamente la provincia, quisiera detenerme ahora en *#SinLimite567* (figura 8), la muestra de la artista visual Dolores Cáceres que se presentó en las salas 5, 6 y 7 del Museo Provincial de Bellas Artes Emilio Caraffa de la ciudad de Córdoba, de julio a septiembre de 2015, porque allí leo el gesto que plantea Antelo para trazar sus archifilologías de dar de nuevo (*da capo*), conjugado junto con la demanda propuesta por Martínez de romper con los paradigmas estancos que solo suman materiales para dejar sin tocar las reglas de inclusión que, a la larga, son de exclusión, porque dejan que todo siga siendo lo mismo.

El contexto de producción de esta muestra debe ser mencionado para comprender, en su complejidad, el gesto que articula la artista visual en Córdoba. Justamente, la muestra *#SinLimite567* es la respuesta de Cáceres frente a la invitación del Museo a hacer una retrospectiva de su obra en las tres salas más amplias y modernas del Museo, localizadas en la ampliación.[115] En *#SinLimite567*, Cáceres toma estas tres salas para dejarlas en blanco, literalmente, sin nada, despojadas. En la muestra,

---

115 Cáceres ya había participado en el Caraffa en el 2008 con *Proyecto Que Soy*, una muestra que permanece fuera del museo, ya que siembra soja en los jardines justo en un momento en que la Argentina estaba atravesando el conflicto con el campo por la resolución 125. La artista lleva a cabo todo el proceso desde la siembra hasta la cosecha de la soja y va recogiendo las reacciones de su muestra en un blog que aún hoy se puede consultar. Hay además un video en YouTube donde los taxistas de Córdoba reflexionan sobre la presencia de la soja en la ciudad. Véanse los alcances del proyecto en http://proyectoquesoy.blogspot.com/.

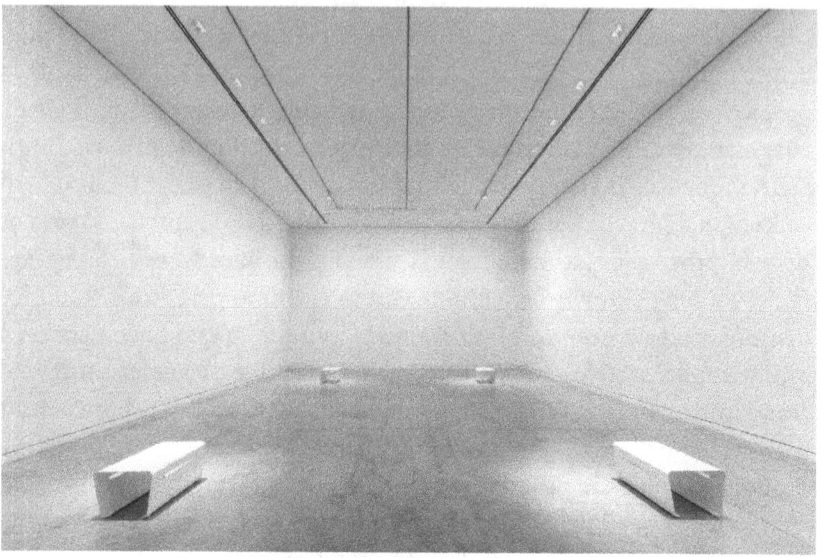

Figura 8. Dolores Cáceres. *#Sinlimite567*, Sala 5, 2015.
18.77 x 9,98 x 5,57 m. Museo Provincial de Bellas Artes Emilio Caraffa, Córdoba. Cortesía de la artista.

como nota Gonzalo Beccar Varela (2015), "el color dejaba de existir, todo se volvía monocromo". Las salas, sigue el crítico, "estaban ocupadas cada una por cuatro bancos blancos, y nada más, nada colgado, ninguna instalación, ninguna obra, ninguna pintura, ni una línea, ni un punto. Nada de nada".

La "única" intervención de Cáceres fue la de incorporar, en cada una de las salas, la señalética en un "*foamboard* apoyado en la pared con el plano/planta y vista arquitectónica de la sala y sus dimensiones" (Beccar Varela 2015), como si lo que quisiera subrayar fuera solo el espacio vacío, la presencia de esa nada que, paradójicamente, se hace visible y hasta palpable en las salas (figura 9). La señalética usada por Cáceres es precisa, no solo porque reproduce al detalle las dimensiones y proporciones exactas de las tres salas, sino porque el *foamboard* mantiene una "unidad de estilo" que tiende a marcar la austeridad: "La gráfica se resuelve en una tipografía de palo seco color negro sobre un fondo blanco. El concepto de la selección se asemeja a la utilizada en el diseño de laboratorio (farmacia), que profundiza la idea entre el contenido (remedio) frente a lo trágico

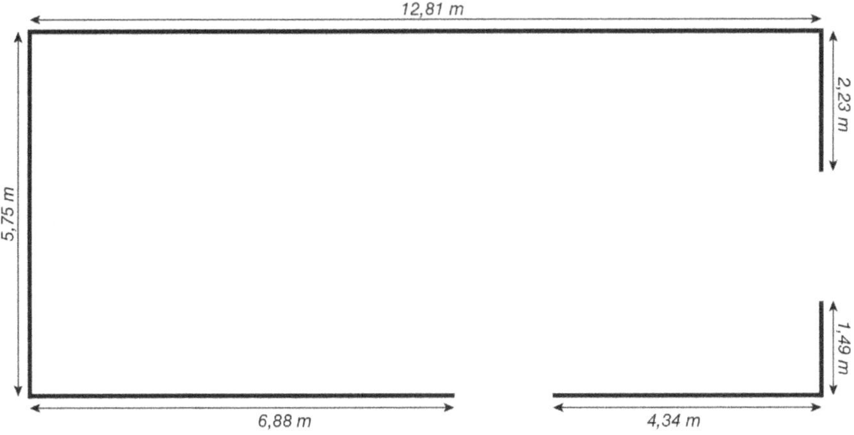

Figura 9. Dolores Cáceres *#Sinlimite567*, Sala 6, Señalética, 2015. Museo Provincial de Bellas Artes Emilio Caraffa, Córdoba. Cortesía de la artista.

(enfermedad)" (Catálogo, 2015). Es importante notar que la muestra "vacía" demandó, por parte de la artista, un trabajo intenso de recuperación y de "restauración completa" de esas salas y "la puesta en funcionamiento de la planta de luces apagadas en ese tiempo" (email personal de la artista). Un trabajo que, para muchos que comentaron la muestra en su momento, no se visualiza o parece ausente, como si la producción de ese espacio hubiera sido "borrada" por esa presencia casi absoluta del blanco y de la nada. Cabe destacar que el catálogo de la muestra, publicado por el Museo Caraffa en 2015, subraya y enfatiza la borradura, en cuanto "tiene en su interior 12 páginas en blanco que corresponden a los 120 m lineales de pared de las tres salas, medidas que se utilizan para organizar una tradicional muestra de pintura" (email personal de la artista). De este modo, exhibición y catálogo dialogan y se entrecruzan para producir vacío, para crear esa nada de nada de la que habla Beccar Varela, como si lo que se resaltara, tanto en el blanco de las paredes de las salas como en las páginas en blanco del catálogo, fuera la presencia de una ausencia, la visibilidad casi palpable de que solo hay eso que (no) hay.

La aporía, la presencia de la ausencia, que la muestra materializa y hace tangible se vuelve, sin embargo, un lugar que se camina y se recorre tal como se haría en cualquier muestra; pero en ese recorrido por las salas que se van abriendo y que contienen nada, el espectador (no sé cómo llamarlo) al caminar actualiza la apertura del espacio y presentiza el vacío, la expansión de lo cerrado. Bien se podría decir que la muestra de Cáceres desfamiliariza la práctica de ir al museo, ya que los espectadores que visitan la muestra deben reacomodar sus expectativas en el momento en que la recorren. En definitiva, la nada y el blanco exhibido obligan a repensar la práctica de estar ahí, ya que la muestra plantea una posibilidad de solo estar, es decir, de estar ahí sin atributos.[116] Cáceres, por su parte, admite haber pensado la muestra a partir de la lectura de una intervención de Georges Didi-Huberman (2011, 25) titulada "El autor como productor", donde concibe el arte como una "máquina de guerra", como "un acto político", es decir, como "una intervención pública" o "una toma de postura dentro de la sociedad". Ahora bien, lo político —tal como lo piensa Didi-Huberman siguiendo a Benjamin, y tal como lo propondré en torno a la narrativa de Juan Cárdenas— no tiene que pasar necesariamente por los contenidos de las obras, ya que "[h]acer política, cuando se es artista, significa ocupar cierta posición en el dispositivo canónico de la estética, que es el dispositivo

116 La intervención conceptual de Cáceres en el Caraffa generó una polémica en los diarios y en las redes sociales. Se pueden seguir las repercusiones en el suplemento *Vos* de *La Voz del Interior*, sobre todo véase el dossier "Dos visiones sobre la muestra '#SinLimite567', de Dolores Cáceres, que incluye "Un templo para los ateos" de Lucas Amar Moreno y "Hablar de 'inacción' y de 'espacio vacío'" de Susana Gamarra. Una de las críticas recurrentes fue atacar la negativa de la artista a aceptar la propuesta original del museo y hacer la retrospectiva de su obra. Muchos veían en su negativa un despilfarro o un desperdicio de los magros recursos del museo provincial. Otros, en cambio, consideraban la "inacción" de Cáceres como una falta de trabajo, mientras que un tercer grupo la critica por realizar un gesto de vaciamiento poco original, que venía a repetir los ya realizados por artistas más reconocidos como Yves Klein, John Cage e Ivo Mesquita. Nótese que Cáceres no defiende su obra como original, al contrario, la instala en diálogo con los artistas mencionados. Rodrigo Cañete (2016) celebra la inacción conceptual y la lee como "un gesto épico de autorrenunciamiento" porque deja de lado la canonización que supone toda retrospectiva. Cañete resalta los postulados que Cáceres menciona como centrales en su inacción: modificar "el rol del artista", incidir "en el comportamiento del espectador" y cuestionar "la institución arte" (2016).

forma-contenido" (25-26). "Esto quiere decir —aclara Didi-Huberman en diálogo con Benjamin— que hay que trabajar tanto sobre la forma como sobre el contenido" (26). Y esta lección, por llamarla de alguna manera, es la que toma Cáceres de ese artículo, ya que su lectura fue, en sus propias palabras, la que le "confirmó mi intención de renunciar a mi retrospectiva y me alentó a vaciar las salas, previa restauración completa de la planta original del museo, limpieza de residuos de muestras anteriores y puesta en funcionamiento de la planta de luces apagadas en el tiempo" (email personal).

Más allá de la polémica o de la supuesta falta de originalidad que se le atribuyó, lo que me interesa rescatar de la "no-retrospectiva" de Cáceres es, precisamente, la producción del espacio como "máquina de guerra" que su muestra practica. Después de todo, y en palabras de Didi-Huberman (2011a, 25), "no hay dispositivo de exposición que no sea el resultado de un trabajo de producción". Un trabajo de producción que Cáceres, en diálogo con Rodrigo Cañete (2016), explica para mostrar su accionar sobre las salas. Cáceres admite, frente al crítico de arte, que procedió a trabajar "el espacio [de las salas] como si fuera una escultura", articulando en ese hacer un gesto autorreflexivo y honesto que despoja y vacía. Una tarea de extrañamiento —plantea Cañete en la entrevista— que "lava" o que se lava en un proceso de *self-effacement* (usa la expresión en inglés), como si tomara una goma para literalmente borrarse, sacarse de la escena supuestamente retrospectiva. En consecuencia, el primer gesto de ruptura visible en la muestra de Cáceres es con la propia subjetividad que se desnuda o se despoja como si no tuviera obra que mostrar. Junto a esta borradura que nombra Cañete observo, a mi vez, otra: una que se desprende de la supuesta canonización de Cáceres como "artista provincial" en ese museo de la ciudad que cuenta con pocos recursos. O, dicho de otro modo, la borradura del "Yo" va de la mano de la borradura de la artista provincial canonizada por la retrospectiva y a la que se le entregan como "premio" las salas más importantes del museo.

A través de esa máquina de guerra que pone en acción, Cáceres viene, en síntesis, a articular un dispositivo despojador de atributos al sacarles los contenidos referenciales tanto a su "Yo", como a su rol de artista, al museo y hasta a la provincia misma que busca llenarse de contenidos legitimados a través de esa subjetividad. La máquina de guerra expone la desnudez, la presencia de la ausencia articulada en el espacio,

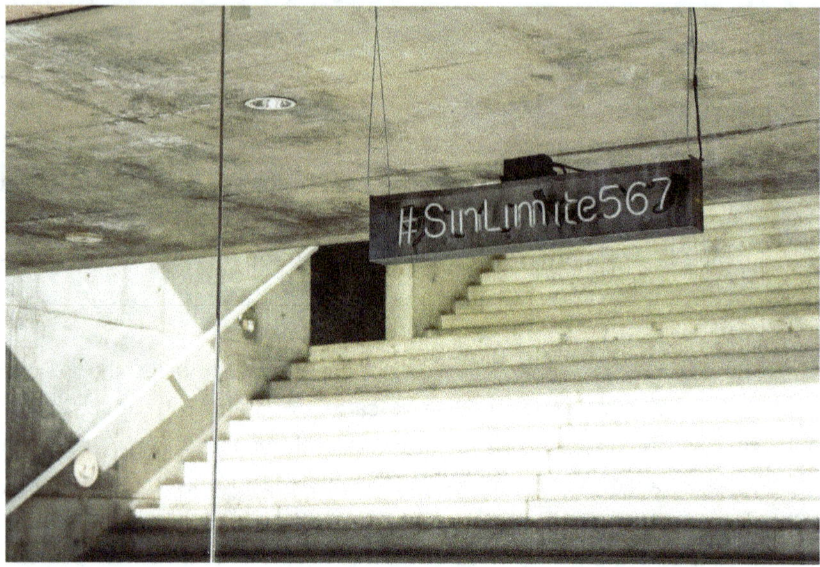

Figura 10. Dolores Cáceres. *#SinLimite567*, Cartel, 2015. Acero inoxidable/neón blanco 8 mm, 070 x 020 x 007 cm. Museo Provincial de Bellas Artes Emilio Caraffa, Córdoba. Cortesía de la artista.

mientras que deja intacta y hace palpable la revelación de que esas salas simplemente están. El letrero de neón —que la artista coloca en las escaleras de entrada al Museo, que desemboca en las salas y que anuncia la muestra (figura 10)— adquiere su verdadero sentido al penetrar en el espacio vaciado, ya que lo que se ilumina en el blanco y en el vacío, por el blanco y por el vacío, es la producción de ese lugar sin atributos. Un lugar que está ahí y que, sin embargo, demanda la actualización de cada espectador que lo altera y lo significa, cuando camina el espacio.

La escultura que talla Cáceres en las salas 5, 6 y 7 del museo se inscribe, por lo tanto, como una nada que, sin embargo, se piensa como lugar de enunciación. Así como la imagen del desierto del siglo XIX, esa nada de Cáceres contiene borraduras, pero a diferencia de aquella imagen del desierto codificada por los patriotas con sentidos fijos y prescriptivos, la nada de Cáceres admite y demanda la posibilidad de la pluralidad de articulaciones y de sentidos. El blanco de las paredes y de los bancos se presenta, entonces, en toda su potencialidad, como si se abriera para revelar que ahí hay algo: aquí se exhibe, se muestra algo que no se termina de precisar, cerrar, identificar, llenar con atributos. Después de todo ahí mismo, en la instalación, está la señalética que advierte al espectador que esa nada está siendo exhibida. Ahí también está el cartel de neón que invita a pasar a las salas. Y una vez en ellas, es la presencia potencial de lo que no está estando lo que, en definitiva, lleva al espectador a ocupar y conjugar ese algo como lugar. Recorrer la muestra, caminar por las salas, se vuelve, en consecuencia, un modo de estar en el vacío, pero también constituye una práctica que obliga a presenciar lo abierto de ese vacío, la fuerza liberadora de atributos que se palpa en el desplazamiento sin límite entre 5, 6, 7. De este modo, la articulación de las salas funciona como una expansión del espacio en blanco que surge en el medio del signo *hashtag* (#) que expone, por otra parte, la fijeza de la numeración ascendente. Así, el orden lineal que va del 5 al 7, pasando por el 6, se abre a sí mismo mostrando su contingencia y arbitrariedad, mientras que el espacio vacío, en blanco, que surge dentro del signo mismo, entre las líneas perpendiculares y las horizontales del *hashtag*, viene ahora a señalar la negación de lo cerrado, el punto de fuga que desmantela la permanencia del orden sucesivo de los números. De este modo, el espacio en blanco del signo numeral desenmascara la apertura sin límite, sin identificaciones, sin numeral, sin etiquetas que trae la misma blancura.[117]

Lucas Amar Moreno (2015), al defender la muestra frente a las críticas, afirma la necesidad de salir de lo meramente conceptual para dejarse llevar, en cambio, por la experiencia misma del espacio. Dice el crítico: "Juzgar esta obra sin habitarla no sirve", con lo cual marca otro modo de entrar y de estar en ella. Eso que la artista piensa y practica como escultura se vuelve ahora morada, espacio practicado, lugar en el

---

117 Juego aquí con la cita de Beccar Varela (2015), aunque la doy vuelta: "Por las líneas que dibujan un #hashtag o 'el numeral' como solíamos decirle, se extiende un significado, una etiqueta, lo que posiblemente esté encerrado en ese cuadrado blanco delimitado por esas cuatro líneas paralelas y perpendiculares y en este caso el #hashtag etiquetaba la falta de límites de ese espacio vacío, se etiquetaba a sí mismo: el sin-límite de un espacio en blanco, y no un espacio cualquiera, las tres salas más importantes del museo".

que se está, como lo demuestra la fotografía de Pedro Castillo publicada en el suplemento cultural *Vos* del diario *La Voz del Interior* (figura 11). En la fotografía de Castillo se puede ver a un hombre "acampando" en la escultura de Cáceres, acostado en uno de los bancos, observando la blancura del techo, apropiándose del vacío. El hombre que está ahí, practicando el espacio, es una marca efímera que hace morada, sin embargo, en la blancura, detiene su itinerario por la muestra para armar un lugar, un sitio en el que estar por un rato. Al hacerlo, al dejarse estar en el banco blanco, el hombre vestido de negro dice, por lo menos, "estoy aquí, ahora/estoy ahora aquí", con lo cual ancla un relato, arma un sentido que brevemente lo significa, para luego deslizarse fuera del blanco, con esos pasos que lo sacan de la instalación y del museo. Arma, ahí, digamos, sobre el banco y en el blanco, una cadena de atributos efímeros pero históricos que lo configuran en ese aquí y ahora. Y hasta se podría decir que su cuerpo, vestido de negro, se relaciona con el blanco y la nada como si fuera otra escultura tallada. Lo que resalta, entonces, de estas dos esculturas puestas en contacto es la producción de un lugar, la enunciación de ese estar que se practica, un modo de habitar que se hace entre la presencia de la nada y la presencia de algo, entre la monocromía del blanco y el negro, entre el cuerpo y la sala.

¿Qué implica, entonces, habitar ese espacio monocromático, vacío, donde hasta la luz misma se pensó como uniforme? ¿Qué implica habitar esa nada de nada, en donde, sin embargo, hay bancos también blancos para que uno pueda sentarse a simplemente estar, como lo hace el hombre vestido de negro que fotografió Castillo? Habitar, estar, en ese "sin límite" es un modo de salirse de la normativa y de la pertenencia identitaria que luego exploraré con Antonio Di Benedetto y con Elvira Orphée y su alrededor provinciano al continuar con los diferentes fragmentos —o jirones, tal como enseña Adolfo Nigro— que producen este itinerario. Es un modo de circular, de pensar el lugar como desplazamientos, como circunscripciones que no terminan de fijarse como límites, entendidos como ejercicio de controles, y es esto, sin duda, lo que trazaré con las obras de Álvaro Bisama y Pablo De Rokha. Ese habitar es la posibilidad del fuera de lugar que trama un posicionamiento enunciativo que se conjuga desfasado. Un posicionamiento que permite la provincia y que, desde mi lectura, se conjuga como forastería, un estar que leeré con Flavio Lo Presti y que posibilita una salida. Un pliegue,

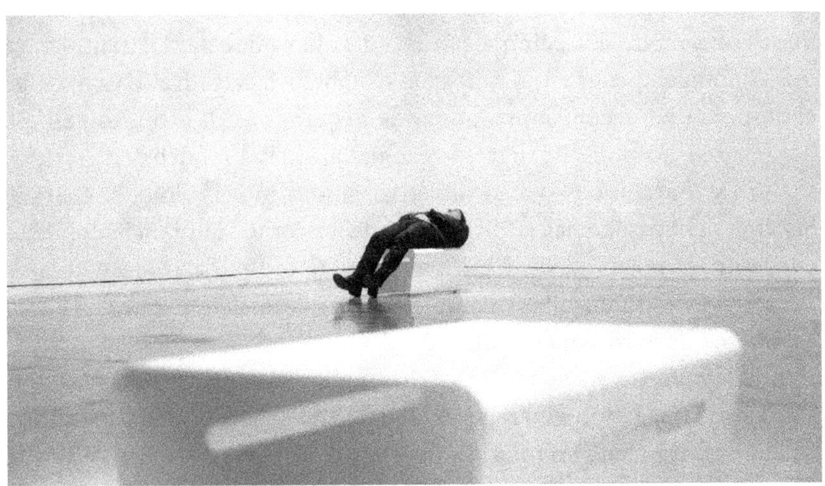

Figura 11. Dolores Cáceres. *#SinLimite567* (detalle), Sala 5, 2015. Museo Provincial de Bellas Artes Emilio Caraffa, Córdoba. Fotografía de Pedro Castillo. Cortesía de la artista.

entonces, en el que emerge el abandono de la identidad, de los límites precisos, para dar a luz un estar ex-puesto que desarma y que "cuestiona la creencia común que le da al mundo su aire de cosa hecha, despojándola de su permanente estado de epifanía" (Del Barco 1996, 25). Y esa provincia que se habita como una constelación de relatos e imágenes en tensión la termino armando con Juan Cárdenas y Guadalupe Santa Cruz, cuyas narrativas se vuelven modos de pensar lo que se multiplica en lo quebrado, como si lo único factible de mostrar, en esta poética del habitar, fuera la conjunción de una zona aporética.

Así, el habitar que se produce en la nada y por la nada que revela la muestra de Cáceres debe articularse, en palabras de Oscar del Barco, lector de la poesía de Juan L. Ortiz, como un "corrimiento de esos órdenes fetichizados" (21), cerrados en un deber-ser, en fundamentos que aplanan y que terminan por homogeneizar en una normatividad totalizante. Lo que se desprende de este habitar es la apertura, la posibilidad misma de "pensar la ética fuera de todo imperativo", ya que el "habitar en su profundidad es comunión" (26), un estar con —dice Del Barco—, pero una comunión que lejos de fundarse en la totalidad de la unidad de lo mismo, se practica en "la disolución del habitante y de lo habitado" (27), que es otro modo de decir que para habitar hay que estar, pero no ser, ya que "habita el que es sin ser, porque el habitar [aclara Del Barco] exige el despojo de toda iniciativa", de toda demanda (27). Estar ahí, en ese hay, supone aceptar el peligro de esa nada, el cual no debe entenderse, según Del Barco, "como algo subjetivo, sino como el velo que separa al Sistema del no-sistema" (1994, 25), es decir, como "la hiancia donde se encuentra la posibilidad de escapar (en cuanto violentar, desmontar o pervertir [...]) las infinitas y complejas redes del Sistema", que Del Barco escribe siempre con mayúscula.

En la muestra vacía de Cáceres hay, entonces, mucho. Para nombrar algo de eso que hay puedo reiterar el rechazo a la subjetividad enaltecida del artista, implícita en toda retrospectiva, los gestos de borradura y la producción de un espacio sin atributos que se ofrece como un estar para que sea marcado por apropiaciones efímeras. En mi opinión, la muestra de Cáceres cobra, a su vez, una mayor densidad si se la lee en relación con la filosofía que viene articulando Oscar del Barco en provincia. Me interesa ahora profundizar esta relación entre Cáceres y Del Barco, para armar, a partir de esta relación entre ellos, un diálogo que los vuelva vecinos, aunque no iguales. Sin embargo, la vecindad entre ambos que me interesa resaltar no se construye necesariamente porque ambos vivan en la misma ciudad y en la misma provincia geográfica. Es más, tal vez los sorprendería tanto a Cáceres como a Del Barco la propuesta de este diálogo, ya que sus círculos de acción no se tocan. La vecindad de la que hablo es una que se produce porque las máquinas (de guerra) que ambos inscriben en sus respectivas prácticas bien pueden leerse como una materialización de ese estar que señala y habita la forastería. Hacerlos vecinos, entonces, es un modo no de resaltar la fusión, la igualdad o la equivalencia entre las partes, sino que es un modo de marcar la aporía, de resaltar las tensiones, de construir una imagen dialéctica que permite la emergencia de las diferencias, que se tocan y colindan, pero que no se resuelven en síntesis totalizadoras.

Como el espacio despojado que talla Cáceres en las salas del Caraffa, Oscar del Barco también propone en sus ensayos armar una morada que se conjugue como lugar de enunciación, práctica en el hacerse. A ese lugar de enunciación hecho morada, explica, "se lo debe considerar, rilkeanamente como una constelación llena de marcas, de signos, de ecos y de interpretaciones, y no como un sitio puramente geográfico"

(1996, 47). Una suerte de "alrededor" hecho a lápiz que viene a mostrar los pasos que constituyen ese itinerario. En *El abandono de las palabras*, una colección de ensayos de 1994, Del Barco precisa los alcances de esa "constelación llena de marcas" al proponer un posicionamiento crítico que procura armar un modo de habitar fuera o lejos de cualquier sustancialismo.[118] Un estar, explica, que debe pensarse como un "hay", porque "está haciéndose a sí mismo en una suerte de vacío primordial, en aquello que, Del Barco, evocando a Rilke, llama lo abierto" (Dorra 2008, 95). Este posicionamiento que Del Barco construye en la nada, en la negatividad, según Ricardo Forster (2008), está formulado en un "doble registro" (122) en el que entrecruza la indagación del legado filosófico y la experiencia poético-mística (122). Este doble registro es, a su vez, el que termina por resquebrajar "el *corpus* conceptual de la misma filosofía allí donde esta no alcanza a manifestar *lo otro* de la razón o

---

118 *En busca de las palabras* es una colección de ensayos sobre literatura y arte publicada en el 2017 por la editorial Siglo XXI, que recopila textos producidos entre 1972 y 2014. *El abandono de las palabras* es una colección de ensayos filosóficos y políticos publicados por la Universidad Nacional de Córdoba, en la colección Tantalia, dirigida por Horacio Crespo, en 1994. Nótese que gran parte de la obra de Del Barco se ha publicado en editoriales independientes. Por ejemplo, toda su obra poética está publicada por la editorial Alción, la cual también publicó *La intemperie sin fin* (2008) y el libro sobre Juan L. Ortiz (1996). *Esencia y apariencia de El capital* (1977) y *Esbozo de una crítica a la teoría y práctica leninistas* (1980) fueron publicados por la editorial de la Universidad Autónoma de Puebla, mientras que *El Otro Marx* (1983) apareció en la editorial de la Universidad Autónoma de Sinaloa. Su única novela, *Memoria de una aventura metafísica* (1968), salió también en la editorial de la Universidad de Córdoba. En 2010, Caja Negra Editora publicó otra selección de ensayos, *Alternativas de lo posthumano*, mientras que la editorial de la Biblioteca Nacional publicó *Escrituras: filosofía* en 2011. *Exceso y donación. La búsqueda de Dios sin Dios* apareció en la Biblioteca Heidegger en 2003. Con esto quiero decir que, a pesar de la importancia de su obra, Del Barco sigue siendo un pensador de circulación reducida y es prácticamente desconocido por la academia norteamericana, que solo lo menciona en relación con la carta conocida como *No matarás*.

del Sistema, como dice Del Barco" (124).[119] De este modo, el habitar que propone Del Barco demanda la articulación de un discurso en el que se avecina tanto "la tradición filosófica (a la que recorre con erudición y profundidad)" de Nietzsche, Marx, Husserl, Wittgenstein, Heidegger, Jabès, Blanchot (122), como una tradición poética en la que se encuentran Rilke, Mallarmé, Schelling, Hölderlin, Celan, Novalis, pero en la que se resalta la presencia de Juan L. Ortiz, ya que en él Del Barco encuentra un interlocutor con quien pensar y con quien adentrarse en lo abierto. Escribe Del Barco (1996, 90): "Para Juan L. Ortiz los poemas son como fugas que podrían continuarse indefinidamente, y como contactos de intensa comunión con lo inefable".

Armar un lugar es, para Del Barco, repensar los alcances del estar desde esa dualidad de registro filosófico y poético de la que habla Forster. Ahora bien, Del Barco es un lector activo que se acerca a ambos discursos haciendo uso de su propia creatividad crítica y sin complejos de inferioridad, ya que no hay en él una reverencia marcada hacia esas figuras que podrían ser vistas como las autoridades o los referentes de la cultura occidental. Por el contrario, la mirada de Del Barco se sale de todo verticalismo y horizontaliza los planos, en cuanto que pone su máquina de leer en contacto con esa serie de pensadores y poetas con los cuales, y a partir de los cuales, produce una filosofía que es, ante todo, diálogo. En manos de Del Barco, la reflexión y la escritura se afirman en y a partir de los desplazamientos entre los textos, ya que para construir su propio acercamiento crítico necesita deslizarse entre una variedad de textos a los que avecina el suyo propio. En Del Barco, por lo tanto, no hay una mera glosa de la filosofía y las poéticas de los grandes nombres

---

119 Transcribo la cita completa de Forster (2008, 123-124): "El riguroso lenguaje de la filosofía se deja influir por la cadencia poética, no como modo de 'cubrir' estéticamente el sentido, o como gesto formal que se adecua perfectamente a un tipo de escritura posmoderna, sino como un modo genuino de resquebrajar el *corpus* conceptual de la misma filosofía allí donde esta no alcanza a manifestar *lo otro* de la razón o del Sistema, como dice Del Barco. Una indagación que apela al decir poético y a la experiencia de lo místico con la intención no de conquistar nuevos territorios de inteligibilidad lógica, sino como expresión de lo infranqueable, de aquello que el lenguaje *oculta* y que queda más allá del habla de los hombres".

que cita. Hay, como explica Silvio Mattoni (2008, 7), una "operación de entrar en comunidad" con esas otras voces.[120] Así, lo primero que el lector de Del Barco comprende, cuando se adentra en el itinerario de sus textos, es que su pensar es un convivir, un estar con. Por esto, su modo de filosofar y de escribir debe articularse como lo que es: un *entre* discursivo que procede a mezclar diversos registros y géneros, a inter-relacionar voces y textos, como si los bordes estuvieran solo para ser transgredidos y para exponerlos en lo abierto. Como propone Raúl Dorra (2008, 98), la máquina de leer de Del Barco siempre se lanza a "pensar los límites", no solo porque no se detiene ante los lugares comunes o lo definido de un modo determinado, sino porque al explorar eso que llama el límite, "al avanzar sobre él se descubre que ese límite todavía no es el límite pues se trata de algo siempre abierto". El límite ya no se presenta como un modo de inscribir el control frente al otro, sino como una marca que posibilita la reflexión, el acercamiento.

En el límite o más allá del límite, el lugar crítico de Del Barco, como señala Mattoni (2008, 12) categóricamente, "no afirma la homogeneidad". Vista así, la escritura en Del Barco se presenta como una práctica en movimiento, como una constelación o una "red sin centro, llena de cortes, de hilos que se prolongan hasta desaparecer en la Noche, unidos a otros hilos, formando un tejido que de pronto se cuelga deshecho como si sobre él hubiera pasado una garra" (Del Barco 2017, 35; Mattoni 2008, 12). Una escritura en movimiento propone, en definitiva, Del Barco, para señalar, a su vez, lo que va quedando: los hilos entrelazados

---

120 Sirve como ejemplo de este modo de nombrar y de escribir la siguiente cita: "Para hacer de Nietzsche una suerte de continuador de Descartes tuvo Heidegger que despojarlo de su élan dionisíaco; pero ignorar el significado ordenador de lo dionisíaco en quien finalmente se autodenominó Dionisio, equivale a instalarse fuera del ámbito vital de su problemática y su 'mensaje'. El error de Heidegger consistió en convertir la crítica nietzscheana de la metafísica en una nueva y última metafísica, sin captar el fundamento de suprema intensidad desde el que realizó dicha crítica. Al no comprender este desplazamiento fuera del lenguaje (la *revelación*) y la necesaria carga metafísica de todo lenguaje que critica la metafísica, Heidegger debió abandonar el proyecto nietzscheano del más-allá-del hombre a las diversas apropiaciones del poder…" (Del Barco 1994, 192-193).

que en el devenir montan una materialidad que se articula, sin embargo, como tejido desgarrado, no completo, él mismo en pleno devenir. Y este tejido desgarrado o esa "constelación llena de marcas, de signos, de ecos y de interpretaciones" es, explica Del Barco (1996, 47), lo que se define como lugar y que, en mi caso, planteo como provincia. A su vez, esa red desmembrada y abierta, que en el movimiento y por el movimiento se avecina no para cerrarse en sí misma o hacerse una en la homogeneidad, sino para reafirmarse desde la misma apertura, es lo que para Del Barco "hay". Y con el "hay", que Del Barco confiesa haber descubierto en la poesía de Juanele Ortiz, el lugar (la provincia) se conjuga siempre como un "estar dispuesto" (81), como un modo de vivir, dice, que "no significa violencia, sino posibilidad" (120). De este modo, los textos de Del Barco que practican ese lugar que hay "parten del carácter imposible de la unidad, que nunca existió ni puede existir, porque la existencia es ya la discontinuidad" (Mattoni 2008, 16).

El "hay" de Del Barco suplanta, entonces, cualquier posibilidad de fundamento, porque lo que ese "hay" dice es que solo está como praxis y como proceso: sin itinerarios previos, sin origen ni fin, sin sustancia ni unidad (1996, 62). Ese "hay" de Del Barco lo conjuga como un modo de habitar que él llama la intemperie, porque es "lo abierto, lo que está al descubierto y desprotegido, sin asidero, abandonado en una tierra y bajo el sol inhóspito, sometido a la inclemencia del viento, de la lluvia, del frío y del calor, y a la furia de la naturaleza y de los hombres" (2017, 177). Cabe destacar que el propio Del Barco confiesa haber robado el término *intemperie* del siguiente verso de Juan L. Ortiz, del poema "Ah, mis amigos, habláis de rimas" incluido en el poemario *De las raíces y del cielo*: "No olvidéis que la poesía [...] es, asimismo, o acaso, sobre todo, la intemperie sin fin". Tal como la define Del Barco, la intemperie se conjuga como una fragmentariedad que carece de una unidad previa que se ha quebrado. En la intemperie, esa "unidad previa (y por consiguiente metafísica) falta", ya que los fragmentos que hay "son fragmentos de una unidad ausente que no existió nunca y que no puede existir" (51). La fragmentariedad de la que habla Del Barco "no es por lo tanto retórica, sino [...] ontológica" (51). Así, la intemperie es "la indefinición, lo expuesto a lo negativo, lo carente de límites, de apoyos y de fundamentos. Y paradójicamente, por ser el extremo afuera es al mismo tiempo la *posibilidad* de lo benefactor, de lo amoroso y de la gracia" (177). Es, en definitiva, un lugar que se abre, se pliega, se habita, que hay: que "está allí, pura y simplemente sin sentido" mientras que "crea *sin sentido.* Vale decir que carece de sentido y simultáneamente genera un ámbito de sin sentido" (178). O mejor,

> decir que la intemperie no tiene sentido significa que por fuera y por sobre ella no existe nada ni nadie que le dé un sentido. Pero a la vez decimos que la intemperie *da* su propio sin sentido: le quita Sentido a la totalidad de lo que es despojando de fundamentos al mundo, abismándolo en la intemperie, que es sin-sentido. (178; itálicas en el original)

Este modo de leer y de armar pensamiento, de abrir y de hacer huecos, bien se puede observar en *Esbozo de una crítica a la teoría y práctica leninista* (Del Barco 1980), un ensayo de la "derrota y del exilio" en el que se acerca a los escritos de Lenin y la tradición marxista para desmontarlos, para leerlos a contrapelo en un momento en que, como nota Nicolás Casullo (2008, 118), todavía nadie lo hacía. En esta lectura a contrapelo, Casullo afirma que Del Barco se atreve a complejizar los fundamentos de la lucha revolucionaria en la que había participado para proponer la necesidad y la demanda de "que repensar todo de nuevo" (118).[121] Un gesto que luego repite en 2004 cuando publica en la revista cordobesa *La Intemperie* la carta enviada a la redacción y que se conoce ahora como *No matar*, en la cual demanda una revisión crítica de la lucha

121 Explica Casullo (2008, 110): "En su crítica al leninismo como concepción, teórica y práctica concreta en la historia, Oscar, en cambio en 1980, desafiaba una cuestión neurálgica en la reciente historiografía del continente y sus izquierdas más o menos cubanizadas de distintas formas. No planteaba la mala comprensión, aplicación o entendimiento del mensaje leninista en América Latina (legado hegemónico de las neoizquierdas) sino que "el mal" ya estaba contenido en el padre fundador y en su teoría del partido, del cuadro político, de la vanguardia cerrada y profesional, del papel de la ciencia y la técnica para el proletariado, de las formas de conciencia servibles e inservibles, del rol asignado a la clase y del modelo de la revolución a instaurar".

armada de los setenta y desata una polémica para muchos necesaria.[122] Estos textos nos hacen ver que su pensar es siempre "una dura batalla no librada para ganar sino para resistir, incluso para perder-se" (Dorra 2008, 98), un modo de estar en lo abierto como si lo que le interesara a la escritura de Del Barco fuera precisamente dejar sentada la posibilidad de esa apertura. Basta leer "El problema de la representación en el arte contemporáneo" —un ensayo publicado originalmente en *Exceso y donación. La búsqueda del dios sin dios* (2003) y luego incluido en *En busca de las palabras* (2017)— para comprender cómo esa apertura o intemperie posibilita un modo de habitar o un estar que lejos de afirmarse desde la fijeza de la identidad del ser, se muestra en Del Barco como un hay que es un estar sin fundamentos, un estar marcado por el sentido del sin-sentido que abre y abandona la fijeza de las palabras.

La intemperie de Del Barco que, por mi parte, nombro aquí como provincia, es la apertura como un habitar, como un estar que "es" un convivir con eso, lo abierto, con ese movimiento o flujo, que perturba la Totalidad (ahora con mayúscula): "solo está, allí, aquí, ser-sin-ser, porque no se duplica, porque es lo que es, sin nada extraño, ajeno, superior, que le dé ser, que le dé sentido" (2017, 180). De este modo, la intemperie de Del Barco expone que ningún concepto, ninguna filosofía, política, relato ni imagen podrán definirla de manera definitiva. Al contrario, nos plantea la posibilidad de habitar en la negatividad del fragmento para que, desde esa inestabilidad marcada por sentidos en movimiento,

---

122 En 2004, la revista *La Intemperie* publica una entrevista con Héctor Jouvé, quien como miembro del Ejército Revolucionario del Pueblo participó del intento fallido de armar un foco guevarista en la provincia de Salta. Si bien el grupo no llegó a realizar ningún operativo, el grupo fusiló a dos de sus compañeros: Adolfo Rotblat y Bernardo Groswald. Jouvé, en la entrevista, declara: "Yo creo que fue un crimen, porque (Groswald) estaba destruido, era un paciente psiquiátrico. Creo que de algún modo somos todos responsables, porque todos estábamos en eso, en hacer la revolución" (Del Barco 2007, 17). Del Barco manda una carta a Sergio Schmucler, director de la revista, que se publica en la sección Correo de lectores, donde hace una reflexión crítica sobre esos hechos. La carta desató una discusión que trascendió las páginas de la revista. En los dos tomos de *No matar. Sobre la responsabilidad* (2007 y 2010) se recopilan los textos del debate.

podamos salir de lo acabado y de la cerrazón de lo propio, para entrar en lo inacabado, en eso que permanece abierto. O, dicho de otro modo, la intemperie de Del Barco solo la puede conjugar como tal un forastero, alguien que, estando cerca, está lejos, alguien que estando no termina de pertenecer, alguien que pertenece siempre desde la lejanía, la crítica y el cuestionamiento. Alguien que, en definitiva, piensa su lugar como un alrededor, con límites imprecisos o, por lo menos, contingentes. Alguien que, por otra parte, aun cuando se quede fijo, piensa el habitar como apertura y movimiento, para salir de las líneas verticales y de los destinos que se visualizan como condena. Un habitar conceptualizado como constelaciones en movimiento, armadas por fragmentos o hechas de y con jirones.

Hacer jirones

El artista visual Adolfo Nigro ayuda a visualizar los alcances de la potencialidad del fragmento para componer lugar con trozos, citas y pedazos, retazos que se enlazan. De la compleja y variada obra de Nigro, aquí solo me concentro en la muestra retrospectiva, curada por la arquitecta Liliana Piñeiro, que se exhibió en la sala Cronopios del Centro Cultural Recoleta de Buenos Aires entre marzo y abril del 2004. En dicha muestra —"breve y elocuente", la caracteriza Fabián Lebenglik (2004) en su reseña de *Página/12*— se incluye una "selección antológica de objetos, *collages* y *assemblages*" (Laudanno 2004, 6), en un diseño no cronológico, que busca plasmar las diferentes series trabajadas por el artista.[123] La retrospectiva puede pensarse como la puesta en obra de un montaje basado en obras que constituyen, a su vez, la puesta en práctica de un verdadero *bricoleur* —según Nora Hochbaum (2004, 5), la directora del Centro en ese momento— "por su trabajo basado en la contingencia y el reciclaje de fragmentos, despojos o materiales ya elaborados". Esa

---

123 De acuerdo con el catálogo de la retrospectiva, en el cual baso mi lectura, la exposición curada por Piñeiro reúne trabajos de Nigro de "sus series más memorables", cuyos títulos son "Cromoformas, Jironadas, Buscadores de almejas, Calendarios, Cosmografías, Cartas modificadas, Horizontes catalanes, Dominios naturales, Los juguetes, Pesca del viento, Papeles de Calyecat, Desprendimientos, Plancton, Homenajes, Cartas de Dinamarca, Móviles y Barriletes" (Laudanno 2004, 8). A estas series, la exhibición suma, además, una selección de sus Cerámicas y Tapices. En su reseña para *Página/12*, Fabián Lebenglik (2004) observa que la retrospectiva es "breve, porque no se trata de una antología maratónica, sino que ofrece un ritmo y un clima muy cercanos al juego permanente que el propio artista entabla con su obra. Elocuente, porque a pesar de esa brevedad relativa funciona como un itinerario suficiente para acercarse a toda la obra del artista".

labor de sucesivos montajes va diagramando "un microcosmos donde se ensamblan los logros de las vanguardias de principios del siglo xx, la gran tradición pictórica del Río de la Plata, en especial el universalismo constructivo de Joaquín Torres-García, [... y] la riqueza de nuestras culturas aborigen y popular" (5). A su vez, se va visibilizando el lenguaje visual y "la coherencia del artista a lo largo de 35 años", como si Nigro, dice Lebenglik (2004), "hubiese proyectado de entrada y de una sola vez toda su producción". Así, en la retrospectiva se puede observar cómo "obras separadas por décadas se perciben sin embargo como concebidas por parte, según una misma manera de enfrentar el hecho artístico", como si lo que importara resaltar, entre las diversas obras expuestas, fuera "una trama suficientemente abierta como para crecer y expandirse y [...] relativamente cerrada, como para perfilar un estilo y un sentido".

Esta unidad en la dispersión es la que resalta, a su vez, la curadora al inscribir el criterio que guía la selección de las obras. Precisamente, Piñeiro señala que los trabajos seleccionados dialogan y se potencian unos con otros, permitiendo "nuevas percepciones y asociaciones de sentido, que actúan como aperturas de moradas" (Laudanno 2004, 6) hasta llegar a constituirse en "micro-instalaciones o ambientaciones *in situ*" (6). Desde esta óptica, la retrospectiva misma se transforma en "una gran y única *site-especific installation* compartimentada, en la que la repetición produce diferencias" (8) y a la que se puede recorrer ya sea enfatizando la fragmentación de las series y de las obras ahí expuestas, o bien resaltando y reafirmando la composición de lugar en el recorrido. Lo que resulta de esta composición es que la retrospectiva se vuelve simultáneamente fragmento y serie, un espacio donde es posible entablar líneas de relación, tensión, fuga, complementariedad y discontinuidades. Así, el espacio se vuelve morada en y a través de sus series, de sus objetos, de sus *collages*, de sus ensamblajes, como si todos ellos fueran índices que señalan que la continuidad solo se arma en la dispersión. En este modo de producir el espacio importa, entonces, la apertura que se inscribe en las formas de recorrerlo, como si los mapas o las cartografías se disolvieran y se volvieran líquidos, meras posibilidades de ser o no ser actualizados, como si lo único que quedara por hacer, frente a este tipo de instalaciones dispersas, fuera dejarse llevar por la multiplicidad de los recorridos. Así, la materialidad y los límites de la Sala Cronopios se abren con una obra que el artista pensó como río o, como explica Laudanno (2004, 8-9), "el espacio del recinto expositivo se torna fluctuante, sin fijeza alguna" porque la obra de Nigro "ha trabajado siempre sobre un territorio nómade, que apunta a la integración de todas las artes" y "la intercoordinación de objetos, separados o reunidos en el espacio".

De todos los objetos recuperados en la retrospectiva, la serie *Jironadas*, una serie de *collages* hechos con papel, permite comprender cómo Nigro construye moradas a partir del uso del fragmento. Lebenglik (2004) resalta esa "capacidad de condensar sentido en un fragmento" que tiene la obra de Nigro, como si el fragmento mismo —explica, por su parte, Laudanno (2004, 9)— nunca pudiera ser considerado solo como un "ente aislado", sino que debe verse y pensarse como "constelaciones de repeticiones", "en relación con varios puntos de vista alternativos, provenientes del sujeto o de los otros objetos, sobre los cuales se proyecta el primero". Una suerte de juego, afirma Laudanno, que conjuga "el famoso *ritornello*, propuesto por la estética deleuziana" (8). Entrar, entonces, a las *Jironadas* de Nigro para empezar a construir un habitar que, a diferencia de las totalidades modernas, ya se conjuga desfondado en el pliegue.

Como hace ver Laudanno, las *Jironadas* (figura 12) son "cuadros-objetos, donde el uso de distintos papeles desgarrados y arrancados verticalmente, constituyen la materia prima —exigua, liviana y lábil, a la vez— de dichas piezas" (11), es decir, son construcciones hechas con jirones, pedazos de papel desgarrados en tiras, cortados en tajadas, como si la tela que se materializa luego del procedimiento se deshilachara volviéndose trozos trucados. De este modo, el artista utiliza papeles de colores, envolturas de golosinas (plateados o dorados), papeles de seda desgarrados y hechos jirones para luego tenderlos sobre el plano y entrelazarlos con hilos horizontales y otros verticales, donde va colgando los jirones hechos con los diversos tipos de papeles (Rojas 2003, 114).[124] Con esta técnica, Nigro va tejiendo telas, pero telas agujereadas y caladas, es

124 Nigro comienza a trabajar en esta serie hacia 1998, durante una estadía en los Estados Unidos, cuando observa la alta acumulación de desechos producidos por la cultura de consumo y la cantidad de correo-chatarra que recibía (Rojas 2003, 110).

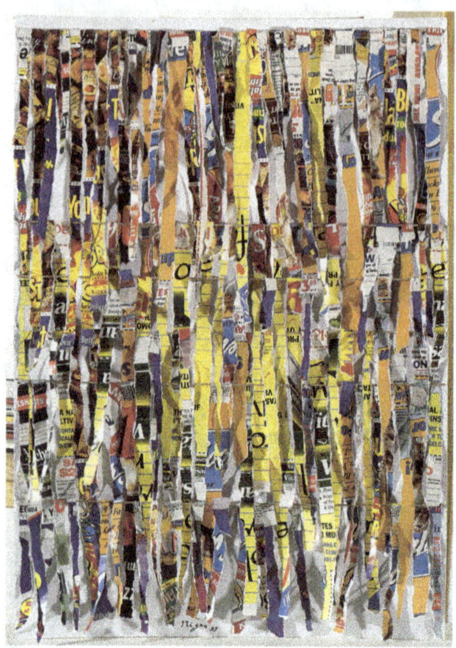

Figura 12. Adolfo Nigro. *Jironada 18*, 1999. *Collage*, 49 x 34,5 cm. Cortesía herederos de Adolfo Nigro.

decir, va tramando tejidos a los que se les caen los puntos y dejan ver, en los agujeros, la pérdida.

Hugo Padeletti, artista visual y poeta contemporáneo de Nigro, es quien les confiere el nombre a estos cuadros-objetos al exponer su proceso constructivo, en el que quiero detenerme de nuevo. Las *Jironadas* se presentan como "metáforas de papel" (Rojas 2003, 110) que desgranan la totalidad, al enfatizar la precariedad del armado o del montaje constructivo, ya que los jirones de papel que Nigro va colgando como una suerte de tejido, muestran la fragmentación y el arte combinatorio de lo abierto (figuras 12 y 13). En su técnica, las *Jironadas* constituyen una "exploración de la interdependencia relacional" (Laudanno 2004, 11), un "*ars combinatoria*" o un "proceso sumatorio" que va armando un "contexto aditivo y múltiple" donde las desgarraduras de papel se resemantizan en esa contigüidad del colgado.

La propia terminación "-ada" del nombre de la serie, que funciona morfológicamente como sufijo nominalizante, reafirma esta dualidad o simultaneidad entre el corte y la continuidad que quiero resaltar. Dicha

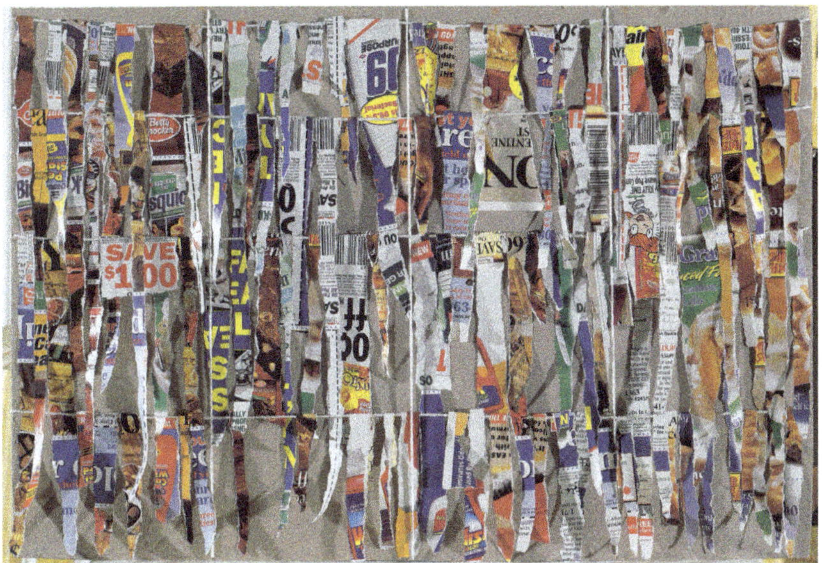

Figura 13. Adolfo Nigro. *Jironada. Tarjetón*, 1999.
Collage, 48 x 71 cm. Cortesía herederos de Adolfo Nigro.

terminación subraya, por un lado, la ruptura, en cuanto que connota la violencia del corte —implícita también en otras palabras formadas del mismo modo, como cachetada, carneada o puñalada— pero, por otro, marca también la relación, en cuanto que dicha terminación se usa para generar sustantivos que hacen referencia a lo colectivo o al conjunto. Basta pensar en palabras como camada, barricada o armada. Así, las jironadas son simultáneamente tiras o pedazos desgarrados que devienen un conjunto o unión de jirones. No sé si Padeletti, al nombrar en 2002 los *collages* de Nigro de este modo, pensó en todas estas tensiones implícitas en la palabra jironadas. Sin embargo, me interesa destacar que en el nombre de la serie ya están articuladas estas tensiones concurrentes, las que, a su vez, se harán palpables en la técnica del *collage* usada por Nigro para armarlas. Después de todo, si la palabra jironadas supone una yuxtaposición de sentidos en tensión, el *collage* como técnica de composición marca, como expresa Nancy Rojas (2003, 35), una tensión irresuelta, ya que es una técnica que permite lo simultáneo al "hacer convivir lo diferente en un mismo espacio". Por último, es pertinente agregar la connotación peyorativa y burlona del sufijo (como se observa en sustantivos como burrada, gansada), como si el juego lúdico que nota Laudanno en los artefactos de Nigro se proyectara ahora también en el nombrar mismo. Es esta connotación peyorativa y burlona la que, en definitiva, puede leerse como un gesto que desacraliza las mismas rupturas que articula.

Bien podría decirse que las *Jironadas* de Nigro abren, entonces, un modo de pensar las tensiones, la simultaneidad, la posibilidad de armar con fragmentos, tanto cuando se construyen desde la multiplicidad de los colores (figuras 12 y 13), como cuando se hacen desde la "cuasi monocromía" —como observa Laudanno (2004, 11)— de los papeles rojos o dorados (figura 14). Los jirones de Nigro nos obligan a detenernos en esa continuidad de los retazos, contigüidad de los pedazos, porque en las *Jironadas* se resaltan y se muestran la sutura, el entrelazado, las zonas de contacto entre los papeles desgarrados, entre los varios colores o entre las diversas tonalidades que puede tener un mismo color. De lo que resulta de esta práctica es que la unidad ya no es transparente, sino que se hace visiblemente producida. La trama de hilo que enlaza los retazos se vuelve constatable tanto por la mirada como por el tacto.[125] La trama de los hilos que sutura hace, a su vez, que las jironadas queden colgadas en un equilibrio inestable, ya que los papeles "se mueven perpetuamente en su quietud" imprimiendo, por lo tanto, un leve movimiento, "una suerte de vibración perceptible" (Rojas 2003, 114).

Las *Jironadas* de Nigro se proyectan como tejidos precarios, entrelazados, sin formas predeterminadas. Un tejido que se puede seguir con la vista y el tacto porque revela el engarce y la sutura, el desgarramiento y el corte, es decir, el procedimiento de su propia construcción. Y de ese tejido, de esa yuxtaposición de los fragmentos, van surgiendo los contornos de un "territorio sin lugar fijo, sujeto a corrimientos y deslizamientos perpetuos, es decir, una atopía que es asumida como signo de azar, libertad y apertura" (Laudanno 2004, 13). Un territorio que se

---

125 Laudanno (2004, 11), precisamente, lee las *Jironadas* de Nigro como "un arte para los sentidos, un arte del ver y del tocar, en el cual la instancia visual funciona como el disparador para el ulterior regodeo háptico. Se trata de un programa operativo singular, donde la estésica actúa como base de una estética".

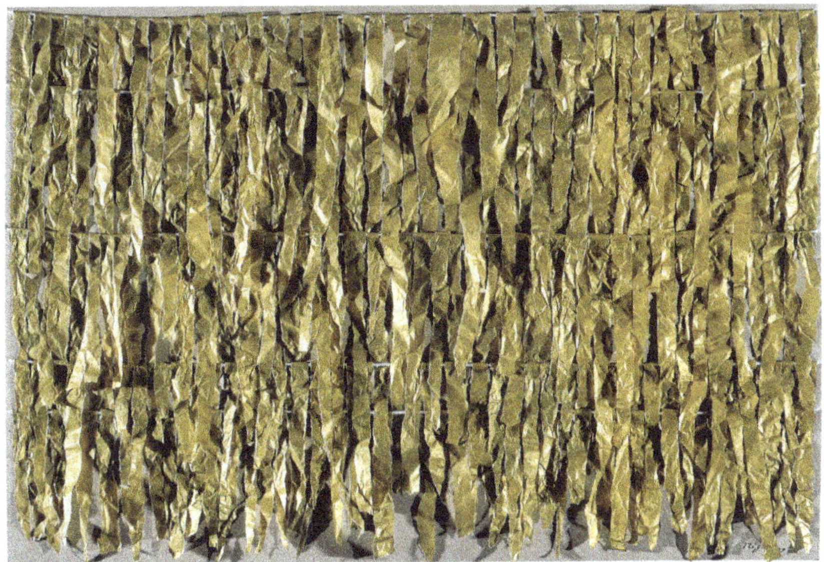

Figura 14. Adolfo Nigro. *Jironada. Homenaje a Mathias Goeritz*, 1999. *Collage*, 49 x 34,5 cm. Cortesía herederos de Adolfo Nigro.

fuga de la producción de un valor unívoco y fijo para las cosas porque, como plantea Antelo (2015, 10), citando a Georges Didi-Huberman, dicho territorio renuncia "a cualquier unidad visual y a cualquier inmovilización temporal", en cuanto que se enhebra como una mesa de montaje donde los "espacios y [los] tiempos heterogéneos no cesan de encontrarse, confrontarse, cruzarse o amalgamarse".

Las *Jironadas* de Nigro abren, de este modo, la posibilidad de pensar el espacio desde esa leve inestabilidad que se inscribe en la construcción en papel, desde esa "suerte de vibración perceptible". Así, la vibración del *collage* nos permite pensar los jirones, el lugar que conjugan, como una mesa de montaje y salirnos hasta de la noción misma de cuadro, en el sentido que le otorga Didi-Huberman y que repite Antelo, es decir como una obra donde todo está fijo y consumado y es factible de colgarse inamovible en el museo (10). El jirón que se mueve imperceptiblemente nos muestra, en cambio, la demanda constante de la mesa de montaje que exige reponer la mesa, reutilizarla, rearmarla. En otras palabras, hacer todo de nuevo, porque la mesa de montaje muestra que nada de lo que está colgado queda fijo. Al contrario, muestra que "todo, en rigor, está para ser rehecho, redescubierto, reinventado", siempre abierto "a contaminaciones, desplazamientos, accidentes, reinterpretaciones y recontextualizaciones incesantes" (37). De ahí que lo importante, dice Antelo, no es pensar la mesa "como la representación de algo ya dado, sino la idea o gesto crítico que nos permite barajar y dar de nuevo, porque nunca se repite lo pasado, sino que solo se accede a aquello que de ese pasado camina hacia el futuro" (263). En otras palabras, lo importante, nos dice el crítico, es el "relato dislocado" —no el "relato ordenado y jerarquizado"—, esas constelaciones de elementos, configuraciones de sentido o encabalgamientos de valores" que ordenan y desordenan la mesa hasta que se barajan las cartas y se da de nuevo (264-265). O, dicho de otro modo, las *Jironadas* hacen ver que el sentido

> siempre deriva de una fuerza de diseminación y proliferación, y depende de su capacidad para entrar en contagio y confusión con otros timbres y marcas, en que el nombre no vale ya por sí mismo, sino por su combinación, puesto que el nombre, en verdad, es tan solamente una figura (un número) y se articula a otros significantes, en cuanto significante. (97)

En la mesa de montaje tal como la propone Antelo, y en las *Jironadas* de Nigro, va surgiendo una poética del habitar esos lugares que se construyen en la dispersión y conjugación que supone el montaje. El lugar que sale de esta práctica es uno, que como los papeles entrelazados de Nigro, se mueve de modo imperceptible, pero que va tramando un texto que se desgrana y que, a diferencia de los cuadros fijos rechazados al unísono por Didi-Huberman y Antelo, actualiza, en el despliegue, sus muchas combinaciones. Así, los jirones de Nigro y la mesa de montaje de Antelo enseñan que hay otros modos de componer lugar y es esta lección la que toma *Provincias Un-Idas* para conjugar la provincia y la proliferación de modos de estar que hay en el presente. Asimismo, esos jirones hechos tela o esa tela hecha jirones siempre en proceso de hacerse y de agujerarse, siempre en construcción y destrucción, terminan siendo la imagen que permite pensar a la provincia ahora redefinida desde el montaje, producida como instalación, armada como intervención y conjugada como constelaciones de relatos e imágenes practicadas siempre en tensión no resuelta.

Constelaciones

¿Cómo componer, entonces, un lugar hecho de retazos y de fragmentos o cómo armar una morada a partir de los jirones? ¿Cómo pensar la horizontalidad del montaje que supone la mesa, pero, a su vez, cómo leer las tensiones que dicha horizontalidad no puede ocultar? Y ¿cómo hacer para que de todo esto surja la posibilidad de conceptualizar la provincia como el lugar que articula estas marcas? Di Benedetto, aunque esta vez sin los contagios que supone su lectura, ayuda a responder estas preguntas, porque su escritura abre un modo de adentrarse en la provincia como trazado de constelaciones, modos de relacionarse donde el posicionarse se hace palpable también en los usos del silencio y de la economía de un lenguaje marcado por el no-decir. Así, la escritura de Di Benedetto se vuelve "un estilo", dice Saer (1997, 56), y se hace "inmediatamente reconocible, a primera vista, como un cuadro de Van Gogh", ya que articula en una "prosa lacónica [...] con una tensión que no cede ni un solo instante". Una prosa, explica Saer, que se inscribe sin "esas banalidades tan aclamadas", lejos de los "libros innecesarios", es decir, de aquellos que vehiculan solo "lugares comunes [que] ya han sido preferidos hasta la náusea por los seminarios, las reseñas académicas y los debates políticos y culturales" (55). Un estilo, agrego por mi parte, que ayuda a comprender cómo los silencios componen un modo de estar y de habitar que construye lugar.

Durante años, sin embargo, esta escritura se mantuvo como objeto de "un culto fervoroso y soterrado por parte de algunos círculos intelectuales" (Néspolo 2008, 1) que defendieron la prosa parca del mendocino y su modo de narrar frente a una crítica que no pudo darle el valor que merece. De este grupo de fieles defensores se destaca, sin duda, Saer (1997, 57), quien abogó por que se reconociera el "estilo Di Benedetto" y la complejidad de su escritura tanto en *Zama* como en el resto de su narrativa.[126] Al respecto, Saer es tajante y no ahorra sarcasmo:

> Como la mayor parte de los acontecimientos literarios, la aparición de *Zama* en 1956 pasó prácticamente desapercibida. Apenas algunas reseñas bibliográficas aisladas señalaron, sin embargo, la calidad del libro. Abelardo Arias diría más tarde, y con razón, que si Antonio Di Benedetto hubiese escrito sus cuentos y novelas en París y no en Mendoza, su ciudad, sería mundialmente famoso [...] Si los críticos de habla española hablaran de los buenos libros y no de los libros más vendidos y más publicitados, de los libros que trabajan deliberadamente contra el tiempo y no de los que tratan de halagar a toda costa el gusto contemporáneo, *Zama* hubiese ocupado en las letras de habla española, desde su aparición, el lugar que merece. (47)[127]

---

126 El estudio minucioso de Néspolo no solo trabaja las lecturas más canónicas y accesibles (Jitrik, Saer, Premat, Filer) de la obra de Di Benedetto, sino que incluye también las primeras lecturas de su obra, muchas de las cuales se inscriben en provincia (Gaspar Pío del Corro, Graciela Maturo, Graciela Ricci, María Paulinelli, Noemí Ulla, María Elena Legaz, revista *Tramas*). Asimismo, el primer número de la revista *Zama* (2009), del Instituto de Literatura Hispanoamericana de la Universidad de Buenos Aires, dirigido en ese momento por Noé Jitrik y Celina Manzoni, le rinde homenaje al adoptar el nombre para la revista y le dedica un dossier editado por la misma Jimena Néspolo, donde se reúnen los trabajos de Marcelo Cohen, Claudia Feld, Alberto Giordano, Gustavo Lespada, Adriana Mancini, Carlos Dámaso Martínez y Julio Schvartzman.

127 Las primeras ediciones de los cuentos de Di Benedetto se publicaron en provincia, mientras que las primeras ediciones de sus novelas se publicaron en Buenos Aires: Doble P. publicó tanto *Zama* (1956) como *El pentágono* (1955); Troquel, *El silenciero* (1964); Sudamericana, *Los suicidas* (1969), mientras que *Sombras, nada más* se publicó en Madrid (1985). Llaman la atención los lapsos de tiempo entre estas ediciones en provincia y la llegada de estos textos a las editoriales de Buenos Aires, sobre todo si se tiene en cuenta la calidad de dichas obras. Por ejemplo, *Mundo animal* (1953) fue publicado por D'Acurzio en Mendoza, la segunda edición de Fabril, en Buenos Aires, es recién de 1971, luego hay que esperar hasta 1999 para llegar a la próxima edición en la Argentina, que es de Adriana Hidalgo. La colección de cuentos titulada *Grot*

Si bien Di Benedetto tuvo y tiene grandes y fieles lectores que advirtieron, desde un comienzo, el valor de su escritura, su proceso de canonización, que se ha incrementado en los últimos años, nunca llegó al nivel que alcanzó la actual monumentalización del propio Saer (ni la de Piglia). Es más, el actual "fenómeno Di Benedetto", como lo llama Jimena Néspolo (2008, 133), que se visualiza tanto en la reedición de sus obras completas llevada a cabo por la editorial Adriana Hidalgo a partir de 1999, como en "la apropiación de esa narrativa realizada por el

---

la publicó D'Acurzzio en 1958, luego Galerna los reeditó en 1969 con el nuevo título *Cuentos claros*. Nuevamente, hay que esperar a 1999 para que sean reeditados también por Adriana Hidalgo. *Declinación y ángel* (1958) también se publicó por primera vez en Mendoza en una edición bilingüe. *El cariño de los tontos* (1961) es, sin embargo, la primera colección de cuentos publicada directamente en Buenos Aires. Por su parte, Adriana Hidalgo la reedita en 1999 junto con *Mundo animal*. Se podría objetar y decir que los cuentos más importantes de Di Benedetto circulan en Buenos Aires en la compilación *El juicio de Dios* (1975), pero esto no quita que su circulación fue escasa. Luego se produjo el exilio. En Barcelona, publicó la colección de cuentos *Absurdos* (1978), donde también se recopilaron parte de sus cuentos en la colección *Caballo en el salitral* (1981). Ya en Buenos Aires, a su vuelta, publicó *Cuentos del exilio* (1983) y *Páginas escogidas. Seleccionadas por el autor* (1987). En 2009, Adriana Hidalgo lanza una edición de los *Cuentos completos* al cuidado de Jimena Néspolo y Julio Premat. Nótese que el propio Di Benedetto, antes de morir, estaba preparando una edición completa de sus cuentos para la editorial Alianza de Madrid, que iba a salir en dos tomos (*Relatos completos y Cien cuentos*) para los cuales escribió dos prólogos reproducidos en la edición de Adriana Hidalgo (Premat 2009b, 5). *Zama* es, sin duda, la obra con mayor cantidad de ediciones, pero hasta esta novela circuló lentamente: la primera edición es de 1956, pero tardó más de diez años en publicarse la segunda en el Centro Editor de América Latina (1967). En Buenos Aires, hubo dos ediciones posteriores a la del Centro Editor (1984, 1990) y varias en España (1972, 1974, 1979). Adriana Hidalgo volvió a ponerla en circulación en 2002 y ya va por trece ediciones. En 2016, la editorial publicó un nuevo volumen donde incluye como trilogía *Zama*, *El silenciero* y *Los suicidas* bajo el subtítulo *Las novelas de la espera* y este volumen ya lleva cuatro ediciones. En 2016 también, la editorial publicó los *Escritos periodísticos 1943-1986*, una investigación y trabajo de edición de Liliana Reales. La mayoría estos datos los he tomado del trabajo realizado por Néspolo en *Ejercicios de pudor: sujeto y escritura en la narrativa de Antonio Di Benedetto* también publicado por Adriana Hidalgo.

llamado Nuevo Cine Argentino", no logra ocultar la "deuda inmensa" —son palabras de Saer— que el archivo argentino tiene aún con su obra.[128] Esta supuesta nueva visibilidad de Di Benedetto que viene a cerrar deudas se puede observar también fuera de la Argentina. En 2016, Esther Allen realizó la traducción al inglés de *Zama*, que fue recibida por las grandes revistas canónicas estadounidenses como una suerte de revelación de un secreto bien guardado: "A Neglected Southern American Masterpiece" es, por ejemplo, el título del artículo de Benjamin Kunkel para *The New Yorker*; mientras que J. M. Coetzee, en *The New York Review of Books*, lo presenta como un gran autor que debemos conocer: "A Great Author We Should Know".[129] Sin duda que la versión "infectada" de *Zama* por parte de Martel tuvo algo que ver con este nuevo "descubrimiento", por llamarlo de algún modo, de Di Benedetto. Sin embargo, creo que el "despegue" se entrelaza mayormente con la admiración que confiesa sentir Roberto Bolaño —el escritor latinoamericano canonizado por la crítica norteamericana— al inspirarse en Di Benedetto para su relato "Sensini", incluido en *Llamadas telefónicas* (1997).

Frente a este "fenómeno Di Benedetto", Martín Kohan, en el prólogo que escribe para la edición de *Declinación y ángel* (2006), opta por

---

128 Las relaciones entre Di Benedetto y el cine, como crítico y guionista, han sido ampliamente estudiadas por Néspolo (en especial, el capítulo "La sugestión del cine" de *Ejercicios de pudor*). Como es sabido, varios de sus textos fueron adaptados y llevados al cine: *Los suicidas* (Juan Villegas, 2006), *Aballay, el hombre sin miedo* (Fernando Spiner, 2010), *Zama* (Nicolás Sarquís, 1984; Lucrecia Martel, 2017). Asimismo, mucho se ha escrito sobre el objetivismo en Di Benedetto y su modo de narrar como si fuera la articulación de una cámara y su apropiación de las técnicas del cine en sus relatos. Al respecto, véanse Néspolo (2004 y 2008) y Carlos Dámaso Martínez (2008).

129 La llegada tardía de Di Benedetto al mundo editorial en inglés contrasta con su propia labor en Mendoza, donde comenzó a publicar tempranamente versiones bilingües de su obra. En 1958 publicó *Declinación y ángel / Decline and Angel* (Biblioteca Pública San Martín) y en 1965 *Two stories* (*Voces*), donde incorpora "El abandono y la pasividad" y "Caballo en el salitral" (Néspolo 2004, 368). Además de *Zama*, hasta la fecha, en inglés, solo se ha publicado una selección de sus cuentos bajo el título *Nest in the Bones* (Archipielago Books), traducidos por Martina Broner.

ser cauto y observa cómo la obra de Di Benedetto continúa siendo, más allá de esa consagración, "la manifestación de algo desconocido" (citado en Giordano 2008,154), ya que lo que la singulariza "es el ejercicio de una discreción esencial, un proceso continuo e imperceptible de suspensión del sentido al que la sobriedad estilística y la austeridad de las técnicas narrativas nos aproximan indirectamente".[130] En otras palabras, lo que Kohan rescata es la continuidad del secreto de esa escritura: "Hay algo del orden del secreto que no deja de serle inherente" —dice Kohan citado por Giordano (154)— mientras destaca que su persistencia se puede apreciar mejor ahora que la obra circula (154). O, como explica Giordano, la continuidad del secreto se debe a que la escritura de Di Benedetto presenta un mundo "que se resiste a aparecer" o "que aparece como desapareciendo" (154), porque es un mundo que "nunca se da del todo", dice Kohan (154). De este modo, el mundo que plasma la escritura de Di Benedetto nunca se plantea transparente ni referencial. Por el contrario, se abre como misterio y como todo misterio, y aquí parafraseo a Giordano, se caracteriza por mostrarse a pleno día, pero sin llegar nunca a descubrirse ni resolverse (155).

Pero ¿qué esconde, a simple vista, la escritura de Di Benedetto? ¿Qué revela en su propio misterio? O, mejor dicho, ¿qué hay en esa escritura, en ese modo de decir que produce estilo, para Saer, y, por ende, también morada? Un camino posible para empezar a indagar en los modos de construcción del secreto (no en su revelación, que es imposible) se halla en *El pentágono. Novela en forma de cuentos*, la primera novela de Di Benedetto, publicada en Buenos Aires en 1955 por la editorial Doble P. y que fue desatendida, durante años, por la crítica, aunque constituya, según Sergio Chejfec (1998, 9), el libro "más misterioso de nuestra literatura". Habría muchos modos diferentes de entrar a ese misterio, sin embargo, considero que una posibilidad está en el gesto de romper de cuajo con la fórmula del género y que hace que se vuelva hasta

---

130 Premat en "Un pentágono triangular. Orígenes de la narrativa de Antonio Di Benedetto" (2004, 295) lo clasifica como "fenómeno", pero el crítico entiende este calificativo "en el sentido de anormalidad (como alguien que se diferencia anormalmente de los de su especie, si se sigue una definición de diccionario)".

cierto punto "inclasificable" (Arce 2018, 252). Precisamente, *El pentágono* es un montaje donde los diferentes relatos que la componen van armando los dos triángulos que conformarán el pentágono del título. Es más, hasta la historia misma de sus ediciones enfatiza la no fijeza de este texto. Después de todo, en la segunda edición, de 1974, editada por Orión, de Buenos Aires, ya hay cambios significativos. El más visible es, sin duda, el del título, ya que la novela se presenta como *Annabella. Novela en forma de cuentos. (El Pentágono pasado en limpio por el autor).* Un movimiento que vuelve a ser pasado en limpio en 2005, esta vez por Néspolo, cuando la novela vuelve a la versión "original" de 1955 y recupera su primer título en la edición de Adriana Hidalgo.

El gran logro de Néspolo, en esta reedición, es el de no borrar del todo la fluctuación de la escritura de Di Benedetto en las diversas ediciones de la novela. Justamente, en las notas finales, Néspolo anota los cambios realizados por el autor cuando publica la novela por segunda vez como *Annabella.*[131] De este modo, los ecos o los restos de *Annabella* resuenan en *El pentágono*, estableciéndose entre ambos textos una suerte de montaje que deja ver los hilos de una escritura en movimiento. En la edición de Néspolo para Adriana Hidalgo, *El pentágono* acentúa el proceso del armado y resalta la composición de las piezas que lo constituyen. Si se toma, sin embargo, la novela en sí misma, sin las notas críticas que la engarzan con *Annabella*, el texto se va armando frente al lector como "un libro inconexo y fragmentado", según lo juzga Premat (2004), que va acumulando "infracciones a la norma literaria", en cuanto se niega a seguir un arco narrativo y la fórmula predecible de novela. Tal es la disyunción aparente entre las partes que la componen y que el subtítulo resalta, ya que hace ver que el texto se construye como una suma o un archipiélago de "relatos, cuentos", pero entendido este

---

131 Para una lectura comparativa de las diferentes ediciones de *El Pentágono*, recomiendo una vez más *Ejercicios de pudor* de Néspolo, sobre todo el capítulo "La escritura como universo" y las notas finales en la edición crítica de Adriana Hidalgo. Asimismo, en la edición de *Cien cuentos* para la editorial Alianza de Madrid, que no llegó a publicarse, Di Benedetto pensaba incorporar algunos de los cuentos de *El Pentágono* redistribuidos en las diferentes secciones temáticas (Premat 2009b, 5, 6).

último término como "invenciones" o "historias" y "no como género narrativo" necesariamente.

La supuesta unidad que marca la figura geométrica del pentágono de cinco ángulos del título se dibuja a partir de una combinación de los relatos, que van configurando la presencia de dos triángulos amorosos en dos planos diferentes de lo real, cuyo punto de unión es el "Yo" de Santiago, el hacedor de las historias o el catalizador por el que pasa la multiplicidad de los cuentos. El primero de dichos triángulos está compuesto por los relatos imaginados por Santiago —"que ideó para atormentarse" (Di Benedetto 2018, 29)— en torno a Laura, la mujer ideal de su deseo, y a un tal Rolando Fortuna, el amante que le inventa cuando decide que ella es inalcanzable en el plano de lo real. Santiago, Laura y Rolando Fortuna son, entonces, las líneas que se entrelazan en ese primer triángulo que eventualmente compondrá el pentágono. El segundo de los triángulos —necesario para que la figura del pentágono cobre eventualmente realidad —no pertenece a la mera especulación de Santiago, sino que entraría en el supuesto plano de la realidad, ya que está formado por los relatos que envuelven a Santiago con Barbarita, su esposa real, y Orlando Sabino, el amante también real con el que lo traiciona. De este modo, los dos triángulos amorosos están marcados por el plano de la especulación y el supuesto plano de la realidad que si, en un primer momento parecen estables, como figuras no concatenadas, luego, al colapsar la precisión de los límites de cada triángulo y al tender una línea entre los ángulos, da como resultado la aparición del pentágono (Di Benedetto 2018, 30). Explica Rafael Arce (2018, 257): "El pentágono, la figura completa 'aparece', entonces, como un todo, en el cual especulación y experiencia vienen confundidas: lo que se imagina acontece, lo que se teme se vuelve real".

Para muchos críticos, lo "raro" de la novela se debe no solo a que es necesario identificar —en su estructura en forma de archipiélago o, en palabras del narrador, de "mariposa desmayada" (Di Benedetto 2018, 30)— la figura del pentágono deslizada entre las historias, sino que se debe principalmente a la excepcionalidad de que la novela se haya realizado en Mendoza por un escritor en provincia, en la década de los cincuenta, aun antes de la publicación de *Rayuela* en 1963 (Arce 2018, 253). Lo que se resalta con esta lectura de la novela es la singularidad de una obra que queda aislada y que debe esperar la llegada del proyecto narrativo de Cortázar para poder ser leída en toda su complejidad: *Rayuela* y *El pentágono* —escribe Néspolo en el prólogo a la edición de Adriana Hidalgo (2018, 10)— "comparten un mismo principio de composición. O, para decirlo sin eufemismos, *El pentágono* es la 'novela de las Figuras' a la que Cortázar apuesta truncadamente en *Rayuela* y a la que solo habrá de arribar en *62. Modelo para armar*". Más allá de este parentesco que, en mi opinión, relativiza y le quita protagonismo a Di Benedetto, lo que se debe resaltar de *El pentágono* es la fluidez de una novela hecha de o con cuentos como propone el subtítulo *Novela en forma de cuentos*.[132] Una forma que, como bien observa Néspolo en ese prólogo, demanda "una pluralidad de lecturas, ya que la forma cuento supone, en principio, la posibilidad de leer desordenadamente las piezas, seguir el orden del deseo, puesto que se sabe: en un libro de relatos no hay secuencia posible que lleve a una totalización" (12).

De este modo, los cuentos o los relatos que se van engarzando en "la mariposa desmayada" pueden disponerse de tal modo que se van arreglando en una serie de figuras geométricas. Así, si en una primera ordenación, surgen los dos triángulos amorosos bien demarcados, luego, al suprimir "los dos lados interiores y tendiendo una línea que va de hombre a hombre" (Di Benedetto 2018, 30), como explica el narrador, se va vislumbrando otra ordenación de esas mismas piezas y va emergiendo el pentágono. Esta no es, sin embargo, la única posibilidad de trazado, ya que *El pentágono* habilita modos diferentes de conjugar esas historias, los cuales, a su vez, posibilitan otros montajes e itinerarios. A tal punto que lo que parece fijo entre los límites marcados por las figuras

---

132 No puedo dejar de señalar la extrañeza que me dio leer el prólogo de Néspolo a *El pentágono*, ya que hay en él un viraje persistente hacia Cortázar y su *Rayuela*, como si Di Benedetto necesitara a ambos para legitimarse. Llama la atención este giro sobre todo porque Néspolo es una lectora sagaz y cuidadosa de Di Benedetto. Como he observado, creo que el giro hacia Cortázar y la presencia casi apabullante de este en el prólogo le quitan protagonismo a Di Benedetto y densidad a la lectura que la propia Néspolo ha realizado de *El pentágono*. Tanto es así que hasta siento que la propia crítica se da cuenta de ese giro y de esa presencia desbalanceada de Cortázar cuando, en el párrafo final, expresa: "No se trata aquí de leer *El pentágono* como el primer borrador, el esbozo germinal de *Rayuela*" (23).

geométricas inmediatamente se abre en su multiplicidad, ya sea por la proliferación de triángulos en el pentágono, cuyo vértice aparente es Santiago, como por la aparición de otros relatos y, por ende, de otras figuras que están presentes, aunque esbozadas o perfiladas en la introducción, cuando el narrador hace referencia a esa gente que "pensaría" o a esas voces anónimas que "cuentan", que "dicen", que "agregan", que "se reservan la opinión", que sostienen "dudas", que "no se atreven a decir que no es cierto" (Di Benedetto 2018, 27-29). Todos esos relatos señalados, pero apenas dichos en la introducción de la novela abren, por lo tanto, la figura de cinco ángulos, ya que la circunscripción que bordea los triángulos nunca termina de cerrar la proliferación de las historias.

Leído desde esta pluralidad de figuras posibles, *El pentágono* se vuelve una mesa de montaje *à la* Antelo, una mesa en la cual proliferan los ángulos y las combinaciones hasta formar —como se explica en "Aunque me confunda...", el primer cuento de la primera época especulativa— "algo untuoso, como una atmósfera de manteca, que nos envuelve y nos impregna" (41), un ambiente resbaladizo y pegajoso en que las historias fragmentadas y engarzadas en pliegues van formando figuras (algunas geométricas, otras no) o mejor constelaciones, como si ellas mismas fueran una puesta en palabras del equilibrio inestable de las *Jironadas* de Nigro que, como he observado ya, "se mueven perpetuamente en su quietud". Así, la imagen de la atmósfera untuosa anuncia un modo de armar en la simultaneidad y en la convivencia que si, por un lado, permite quedarse pegado, por otro, posibilita que los elementos antes unidos terminen resbalando.[133] Las historias que com-

---

133 Juan Cárdenas en *Peregrino transparente* (2023, 49; itálicas en el original) su última novela hasta la fecha, también usa la imagen del "unto" como un modo de inscribir una poética de la representación en torno a Henry Price: "[...] la verdadera pintura solo capta lo invisible. Aquello que no se ve pero que se huele y se saborea en una imagen. Todo eso que queda afuera sin salirse nunca de los límites del cuadro y para lo cual los órganos de la visión resultan insuficientes. Price quiere pintar eso mismo: el canto del pájaro que no sale representado en ninguna parte, el olor de la espuma de una cascada, la escurridiza luminosidad de las superficies tal como se presentan al tacto. La pintura verdadera, piensa Price, [...] toca las cosas de tal manera que se unta de ellas. Es ese *unto* lo que quiere lograr. [...] Y Price no quiere ser un mero

ponen *El pentágono* susurran, entonces, la inestabilidad imprecisa del armado, ya que lo que se resalta son los juegos entre las distintas piezas, la propuesta lúdica en la que ya no hay un orden fijo, preciso porque emergen constelaciones.[134]

Habría, a su vez, otra imagen que se podría poner en correlación para ejemplificar la inestabilidad que abre *El pentágono* como mesa de montaje y el constructivismo implícito en ese conjunto de historias pegadas en la figura geométrica. La imagen a la que hago referencia es también de "Aunque me confunda…", el primer cuento, donde se muestra que las "mesas escritorios" de los compañeros de la oficina de Santiago "están juntas en una forma casi exagerada" (Di Benedetto 2018, 40). Esa exageración es, sin duda, la marca que señala la composición, ya que, por un lado, anuncia la supuesta continuidad de las partes que se montan, mientras señala, al mismo tiempo, la desconexión, es decir, el armado y el acoplamiento necesario que muestra, paradójicamente, la arbitrariedad de la sutura. De este modo, el acoplamiento exagerado de los escritorios desenmascara, en definitiva, cómo todo se vuelve proceso de composición. Explica el narrador: "Porque los escritorios están perfectamente pegados los unos a los otros" es factible también afirmar que "nosotros también, estamos unidos unos a otros…" (40). Tan unidos están los oficinistas y las mesas, concluye el narrador, que entre ellos "se forma un nuevo cuerpo que no nos hace desaparecer individualmente; pero todo lo que se realiza o sucede es una mezcla que confunde y deprime, deprime" (40). Un nuevo cuerpo, aclara el narrador, que hasta "imposibilita una independencia física, porque los brazos se complican entre los brazos de los otros" (41). De esta confusión "untuosa",

---

copista de la realidad, un notario de las costumbres y de los paisajes". Cárdenas, a quien trabajaré más adelante, se presenta como lector de Di Benedetto, a quien considera "uno de sus escritores de cabecera" (Friera 2014).

134 Néspolo y Premat comparten esta calidad lúdica de la novela. Rafael Arce (2018, 269), por su parte, pone en cuestión la supuesta autonomía de los cuentos. Su lectura construye "un encadenamiento necesario de cada una de las épocas, con lo cual la yuxtaposición de fragmentos autónomos ha dado paso a una estructura novelesca anómala, heterogénea y extraña, pero no menos férrea".

resbaladiza y pegajosa, se desglosa, en definitiva, una zona entre cuerpos y mesas donde

> ninguno podrá hacer lo que él estrictamente quiere, y si se puede hacer no lo hará él solo. La cuestión es que no resulta sencillo ni siquiera separar el pensamiento propio, porque se amasa con el pensamiento de los otros o más bien se infiltra mi pensamiento en el de los otros y el de los otros se infiltra en el mío… (41)

Una zona se abre en *El pentágono* en la que el estar con el otro, armando figuras, se presenta como el único modo posible de estar, ya que "uno sabe que siempre está reflejado en los otros dos y que cuanto uno hace lo hacen los otros y por consiguiente lo estorban, como uno estorba a los otros" (41). O, dicho de otro modo, *El pentágono* funda una zona en la que se revela que "todo, ciertamente, es incierto. [porque] Lo único que parece cierto es que uno se hallará en los otros y los otros se hallarán en uno" (41). En esta contigüidad inestable y en esa tensión "entre", en ese "estar al lado de", "junto a", o en ese "hacerse vecino con", es como *El pentágono* delinea un modo de configurar lugar, de componer figuras como constelaciones que, al no quedar nunca fijas, permiten la constante reconfiguración y el desplazamiento. Y el lugar que surge de esa composición tiene mucho de la figura de Laura, que sueña y desea Santiago a través de los diversos cuentos de *El pentágono*, quien se presenta como una mujer armada y amada por el "Yo", hecha relato, presente en su misma ausencia, como si ella misma fuera espectral o algo untuoso que se resbala. O dicho con palabras del narrador, como si tuviera "algo estatuario, aunque cálido y viviente" (99). De este modo, la zona y Laura amada-armada se levantan como el relato compuesto que queda abierto a una nueva configuración.

El pentágono emerge, en la untuosidad de los fragmentos, como una máquina de leer que se abre y se desplaza en su inmanencia. Esta máquina escrituraria funciona, según Premat (2004, 295), como un "relato fundacional" de la propia poética narrativa dibenedettiana, ya que en esa primera novela hecha de cuentos pueden observarse ya los "resabios programáticos" y "una serie de características … que serán ampliadas en la obra posterior": el "montaje en escenas", la fragmentación que desdeña "la coherencia general (es decir la causalidad, la evolución psicológica, la preparación de un desenlace único)", un "cierto extrañamiento lingüístico", "el uso de la pausa", "el relato minimalista", "la influencia del cine", "la tendencia a la abstracción". Al igual que Premat, en estas *Provincias Un-Idas*, me interesa también leer *El pentágono* como un relato fundacional, que sirve para repensar la provincia nunca nombrada y, sin embargo, presente en ese modo de componer el lugar en el que se está.[135] Un lugar que solo se revela en su hacerse, en el trazado de figuras y de relaciones que constelan (arman) la zona untuosa y resbaladiza. Así, la composición de lugar que está en la novela ilumina (o funda) una zona pegajosa donde las cosas se adhieren y se pegotean, para luego deslizarse y escurrirse como si patinaran en el barro. De este modo, Di Benedetto, en la década de los cincuenta y desde Mendoza, arma la zona untuosa y resbaladiza que luego Saer va a hacer suya frente al barro del río Paraná y que *Provincias Un-Idas* se apropia para trazar los contornos de la provincia que está (hay) en el presente.

Para terminar, basta con reafirmar que, en *El pentágono*, Di Benedetto hace ver la movilidad de lo que se presenta fijo o "estatuario', ya que, como plantea Arce (2018, 266), viene a "enmarañarlo todo" de nuevo. En otras palabras, viene a sacarnos fuera de un imaginario que nos obliga a pensar la provincia y lo provinciano desde un solo lugar, porque la forma de estar que inaugura *El pentágono* posibilita las combinaciones y las constelaciones, las tensiones y las líneas, como si los contornos fueran a lápiz y estuvieran siempre en proceso de hacerse, siempre en composición y en descomposición como enseña Zabala. Barajar y dar de nuevo constituye, en síntesis, la marca que deja Di Benedetto al construir un modo de estar y, por ende, de habitar que se conjuga por el tramado de las constelaciones hechas de relatos pegajosos y resbaladizos que nunca terminan de revelar y, por lo tanto, de resolver el misterio, pero que, sin embargo, supone un modo de intervenir en las cosas.

---

135 Al hacerlo, mi propuesta desplaza la lectura que actualiza a Di Benedetto en relación con el objetivismo y el *nouveau roman* para leerlo, en cambio, en relación con otra genealogía que nombra la provincia fuera de toda carga regionalista identitaria.

La acumulación en la mesa

Di Benedetto presenta un modo singular de armar la provincia. Hay otros, muchos más, porque lo que nos hace ver *El pentágono* es que lo que se pega también se desliza. Álvaro Bisama (2020), por su parte, ofrece una entrada para pensar el habitar en el presente en *Mala lengua. Un retrato de Pablo De Rokha*, una crónica en la que se presentiza el poeta, aunque ahora fagocitado por la voz "contenida" de Bisama.[136] Precisamente, en *Mala lengua*, Bisama (2020, 76) se aproxima a De Rokha, a sus espacios y a su obra, para proponer "un" retrato y no "el" retrato del poeta, como si quisiera apuntar, con el uso del artículo indefinido, la multiplicidad de entradas posibles y pusiera, a su vez, la biografía en movimiento. Hasta tal punto es así que el retrato que surge se vuelve itinerario y puede leerse "como un artefacto vanguardista", aunque no se trate de "una vanguardia hecha a la moda parisina sino construida con los pedazos de la cultura que rebotaba de la provincia" (76), en el que está "todo trenzado" (25), hasta configurar un montaje hecho con ciudades y con pueblos chicos, "un mundo de relaciones íntimas" (25) que van armando "el único territorio que le queda [al poeta] y que existe como espesura" o como "follaje", aclara Bisama, cuando lo retrata. Y de este acoplamiento de piezas surge la multiplicidad de lugares del poeta junto a un cuerpo voraz hecho corpus, una voz pantagruélica re-escrita

136 Sebastián Diez Cáceres (2021), en su reseña para la revista *Otra Parte*, señala el contraste entre la voz contenida y mesurada de Bisama y la afluencia verborrágica de De Rokha. Explica el crítico: "La contención de la prosa y el arrebato lírico muy medido, sin chorrear, sin desbordarse; así como los capítulos, muy breves, algunos funcionales al punto de ser casi pegamento; son características opuestas a la obra rokhiana". Este contraste entre ambos hace, como señala Diez Cáceres, que el texto de Bisama facilite "la entrada tanto en su biografía como en su poética".

en la contención e hilvanada en esa crónica "medida" (Diez Cáceres 2021) que inscribe Bisama sin pretender apropiarse ni repetir la poética rokhiana del "estilo vómito", tal como la definió alguna vez Enrique Lihn (Bisama 2020, 76).

En *Mala lengua* se revela el retrato de un poeta que se vuelve mapa, o un mapa que se hace retrato, como si Bisama necesitara también del movimiento para narrar esa voz "gargantuesca" y arrebatada que se hace de lengua mala y de despliegue provinciano todo trenzado. En manos de Bisama, sin embargo, De Rokha se asoma al presente descarnado, moderado en su exuberancia, como si Bisama buscara no dejarse contagiar por esa espesura que retrata. Así, en sus manos, De Rokha se reinstala "como si fuese un fantasma amable, acaso perdido en el nuevo siglo" (270). Este gesto de Bisama no debe ser interpretado como el rescate de una figura olvidada que revive exclusivamente por la labor biográfica del novelista. Por el contrario, De Rokha ha permanecido como una referencia para muchos de los poetas canónicos de Chile como Gonzalo Rojas, Enrique Lihn, Jorge Teillier y Roberto Bolaño. Por eso, aclara Bisama, en una entrevista que le realiza Matías Hinojosa (2018): "Nunca estuvo dentro de mis intenciones lograr un reposicionamiento o una defensa de la figura rokhiana. El poeta no necesita defensa, porque los libros se paran por sí solos".[137] Es más, para Bisama, la "profunda visión de lo contemporáneo" de De Rokha es lo que lo mantiene vigente. Esa contemporaneidad se visualiza en los rasgos que resalta Bisama al hacer su retrato del poeta, es decir, su experimentación persistente, su constante movimiento por las provincias y su relación activa con las diferentes comunidades. Explica Bisama:

> Yo quería hacerme preguntas sobre ciertas cosas. Sobre su relación con el lenguaje, por ejemplo. Sobre su condición experimental y de

---

137 Lo que sí hace la crónica de Bisama es proponer otro arreglo para el montaje canónico de esa tradición, ya que corre la centralidad "desmedida" que se le otorga a Pablo Neruda como referente del siglo XX, mientras que explora la complejidad de la arena cultural ya no restringida a un par de nombres propios. Naím Nómez en *Pablo de Rokha: una escritura en movimiento* (1988) trabaja en detalle la relación conflictiva del poeta con el canon chileno.

> cómo esa condición supone también una relación con una comunidad. Con un mundo, con un país, con una época. Yo, con De Rokha no tenía tesis previa. Lo que tenía era una colección de lecturas que estaba haciendo mientras escribía y que contrastaba con otras cosas. Nunca pensé en el texto *a priori*. La experiencia de escritura fue más parecida a armar un puzle, por eso también la naturaleza episódica del libro. (Hinojosa 2018)

Un montaje es, por lo tanto, lo que propone Bisama para releer la contemporaneidad de De Rokha, para pensar su relación con el lenguaje y su condición experimental. Un libro hecho a partir de la concatenación de historias, como un puzle o un poeta hecho de fragmentos que se van entrelazando hasta llegar a armar la figura del retrato. De todo este caudal de piezas trenzadas que es *Mala lengua*, hay una, sin embargo, en la que Bisama se detiene en varias ocasiones. Me refiero a la "Epopeya de las comidas y bebidas de Chile (Ensueño del infierno)", un poema cuya primera versión oral es de 1943, pero que fue publicado, por primera vez, en *Arenga sobre el arte* con el título "Teogonía y cosmología del libro de cocina", manteniendo el mismo subtítulo "Ensueño del infierno". Los grandes tonos metafísicos de la teogonía y la cosmogonía sufren luego una suerte de reducción o, por lo menos, de reajuste, ya que el poema pasa a ser nombrado como una epopeya a partir de la publicación en 1953 en la revista *Multitud*, donde aparece por primera vez con su título definitivo (Bisama 2020, 197). De la vasta obra de De Rokha, este poema es uno de los textos más reconocidos. En sus versos celebra y describe Chile en lo cotidiano, desde el detalle minúsculo, con una habilidad para aglutinar lo que pasa desapercibido. Es un poema que, a diferencia de la grandilocuencia de los varios títulos, se instala en lo doméstico, en la provincia, en lo rutinario y se centra en presentar una diversidad de comidas y bebidas, junto con una serie de prácticas y rituales cotidianos en las provincias, en un momento y en un contexto en el que no se terminaba de valorar el capital simbólico y cultural de dichas prácticas.

Bisama, por su parte, inscribe este poema de De Rokha dentro de una línea de "libros-mapas" (197), entre los que figuran, según el escritor, también el *Canto general* de Pablo Neruda, el *Poema de Chile* de Gabriela Mistral y "algunas secciones de las *Décimas autobiográficas* de

Violeta Parra" (198). Un mapa, explica Bisama, hecho "una mesa interminable llena de comidas típicas, al modo de una fiesta que se extiende a través de las provincias" (13). Un poema-mapa, especifica luego Bisama, que se inscribe como "una pesadilla" y "un conjuro" (197), donde la comida y la bebida funcionan como una suerte de "única flora y fauna posible" (198). Bien se podría decir que el poema termina diagramando, con los platos y con los tragos, un mapa "físico" de Chile o un mapa material que surge como una invocación o un requerimiento que se hace tangible en la profusión de víveres y de bebidas que se acumulan y se nombran. O, como plantea Marcelo Mellado (2013, 37-38) en "Gastronomías de la pobreza", el mapa de De Rokha constituye "una de las claves para establecer un nuevo saber territorial" y un "rediseño" que se conjuga a través de esa gastronomía popular que se valora. Un nuevo saber que demanda otro arreglo, otro modo de acercarse a las cosas, señala Mellado, y al que solo es posible acceder si se acepta que ese rediseño surge de la acumulación barroca, de la aglutinación de esa fauna y flora, es decir, de la fiesta hecha profusión de platos y de bebidas que ahora se vuelven necesarios para representar la heterogeneidad de los paisajes, las voces, las costumbres y las zonas.

De la yuxtaposición de la fauna y de la flora, emerge, en la gran mesa de la fiesta, la puesta en escena de una "naturaleza muerta" que resalta, sin embargo, la no fijeza del arreglo y el montaje. Lejos de permanecer estática, esa naturaleza muerta está en constante movimiento, porque a la mesa o a la fiesta se siguen agregando elementos, concatenando nuevas piezas, entrelazando más comida y sumando más bebidas. En la celebración de la fiesta, la pluralidad de la naturaleza muerta desplegada sobre la mesa se sigue enriqueciendo, a su vez, porque el poeta nunca se escribe solo, sino que se integra y festeja con las diversas comunidades que elaboran los platos y las bebidas. Así, el Chile que activa el poeta está constituido por la riqueza material de los objetos que consume, pero también lo está por toda esa gente con la que comparte la mesa: Juan de Dios Alvarado, "doña Rosa Díaz, la tía del Mataquito", Merceditas Arriagada, "Juan Carrasco, de Til-Til", "la población de La Cisterna", "el Juez y el Alcalde,/ el Cura, el Oficial Civil, el Gobernador, don Custodio, don José Tomás,/ don Clorindo, don Anacleto, don Rosauro, las Peralta, las Díaz, las Correa,/ las González, las Montero, las Ramírez, las Pacheco, las Mardones y las Loyolas/" se van sumando y haciendo esa "epopeya provinciana" (De Rokha 1965, 17). De esa práctica colectiva que es el comer y el beber, cuaja una suma de voces que termina constituyendo con el poeta un "Nosotros" —"Comamos choros asados a la orilla del brasero" (18)— que suaviza su voz profética: "Yo sostengo que la cazuela de ave requiere aquellas piezas soberbias y asoleadas/ de los pueblos costinos" (19). Y es esta combinación, que entrelaza comunidad, canto, mapa, mesa, fiesta, bebidas y comidas, la que De Rokha usa para hacer emerger la cosmogonía del primer título. Después de todo, un mundo se origina y surge simultáneamente de la boca y de la mesa.

Junto a la fundación cosmogónica de ese mundo, va saliendo también de esa boca —que deglute, masca, habla y bebe— y de esa mesa, una teogonía terrena, horizontal, inmanente, hecha sin dioses o, por lo menos, hecha por esa comunidad que comparte la fiesta con el poeta, en sus diversos viajes por Chile. Por eso, el mapa hecho mesa, que De Rokha traza para su Chile, debe necesariamente volverse una "epopeya", una concatenación de hazañas terrenales que tienen como héroe-protagonista al poeta que bebe y come de modo pantagruélico, pero al que se le suman, en cada una de las instancias, los diversos héroes terrenales de las muchas comunidades con las que se encuentra y festeja. De ahí que la mesa o ese país hecho fiesta no se perfila desde la individualidad del héroe que conquista, sino que son los vecinos, que producen y ofrecen los dones, los que marcan la peculiaridad de esa mesa a la que se sienta el poeta.

Por los continuos desplazamientos por las provincias, la epopeya, fundada como cosmogonía o como teogonía terrena, va produciendo, entonces, una nueva trenza entre poeta y comunidad, entre el Yo y el Nosotros. Una trenza que termina difuminando la verticalidad de la geografía de Chile con cada nuevo viaje del poeta, con cada nueva entrada, estancia y salida. Estos vericuetos del poeta por la geografía provinciana no borran, sin embargo, las especificidades de cada lugar en el que se detiene. Al contrario, las va singularizando y resaltando en su pluralidad particular, ya que reconoce prácticas, rituales, nombres, comidas y bebidas peculiares, modos de hacer que son propios de ese lugar, de esa comunidad y de esa cultura que recorre. Explica el poeta (De Rokha 1965, 19): "El pejerrey macho del río Claro no es un pescado, es un imperio de cincuenta/ o sesenta o setenta centímetros" y, por lo tanto, debe diferenciarse de "las truchas asadas de 'Chicocas', en Constitución" aunque estas sean comparables con el pejerrey y "le encuentren la rima". Asimismo, insiste en aclarar que no es lo mismo "los choros asados a la orilla del brasero" que "el choro de miel que se cosecha entre mujeres, entre cochayuyos de/ oceánica, entre laureles y vihuelas de Talcahuano [...] (7). Tampoco es lo mismo "el caldillo de papas, que es lo más triste que existe y da más soledad/ al alma" (16) y "el caldo de cabeza, aclarando los domingos de Valparaíso, sobre/ el puerto brumosamente viejo" (15). No es lo mismo, dice finalmente, "las tinajas donde suspira la chicha" (7), "El vino de Pocoa [que] es enorme y oscuro" (8), "los limones de la costa y [el] vino blanco" (10) o el "chacolí fuertón y corajudo" (14). Así, el movimiento va precisando hitos, lugares, modos de hacer, platillos, nombres de cocineros, formas de celebrar, maneras de macerar los vinos porque cada elemento va cobrando, en este mapa que es el poema, su singularidad cultural y su precisión.

En la "Epopeya...", el Chile vertical, que el poeta recorre sin cesar para vender sus libros, se va abriendo, por lo tanto, en pliegues y en cortadas, en giros y montajes que disuelven la supuesta línea recta y la verticalidad del mapa geográfico, para dar paso, en cambio, a configuraciones arbitrarias de distinto trazado. Bien podría decirse que, con estos vericuetos, De Rokha desestabiliza el recorrido norte/sur consagrado por Gabriela Mistral en su *Poema de Chile* para abrirse por fuera de dicha unidireccionalidad.[138] Así, Lautaro, el río Vergara, Galvarino, Temuco, Loquimay, Traiguén, Cañete, Nacimiento, Mulchén, Angol, Los Ángeles, Lebu, el golfo del Arauco, la cordillera de Nahuelbuta, Pocoa, Talcahuano, y tantos otros, se hacen trenzado de lugares y de saberes, de modos de estar que el poeta va envolviendo, como si al invocarlos fuera construyendo un "adentro" que su palabra y su boca fundan. Con este gesto abarcador, las distancias supuestas en la verticalidad se disuelven, para dar paso a un lugar hecho mesa, donde los olores, colores y matices sensoriales se precisan y se señalan en su particularidad. Una mesa, debería aclarar, que se inscribe como una explosión de detalles y diferencias, en la que ya no es posible una línea

---

138 Verdugo (2022, 121-134), por su parte, en el ensayo "Chile como paratexto (El espacio regional en los atlas literarios de los años cuarenta)", incluido en *Curepto es mi concepto*, también trabaja esta ruptura en De Rokha.

recta que unifique la materialidad de las cosas. La mesa que es una fiesta posibilita, entonces, el armado complejo y contingente de diferentes geografías, como si ya no fuera posible una única concatenación para nombrar ese Chile del título, como si la línea vertical fuera de verdad una reducción que niega (porque no quiere ver ni aceptar) la posibilidad de otros itinerarios.

Para fundar esa epopeya provinciana de la mesa hecha fiesta, el poeta debe posicionarse y hacer suya una instancia enunciativa que le permita conjugar el trazado de esa otra geografía. Para ello, la boca del poeta va pariendo un lugar de enunciación que, en el poema, toma la forma de "una poderosa casa de adobe con patio cuadrado, con naranjos, con corredor/ oloroso a edad remota, / donde la destiladera canta, gota a gota, el sentido de la eternidad en/ el agua, rememorando los antepasados con su trémulo péndulo de cementerio [...]" (De Rokha 1965, 8). Una "poderosa casa" que va perfilándose entre las muchas otras "casas-tonadas" (9) que el poeta va señalando y destacando, a su paso, en Pencahué, en Villa Alegre, en Parral o Celu o Putú, en la aldea grande de Vichuquén y en tantas otras que se "expresan", dice, "en lengua tan inmensa" (9). Así, lo que entrelaza la "Epopeya...", que en algún momento se presentó como cosmogonía, es un cruce entre boca, lugar, lengua y provincia que termina construyendo un posicionamiento, un punto desde el cual nombrar, pero también una cadencia, una entonación que se materializa en esa "casa-tonada". De este modo, la diversidad que expone el poeta al viajar por esa geografía funda de nuevo la lengua, la rearma para expresar, ya no la referencia de lo que se dice es Chile, sino la experiencia poética que se confunde con la vivencia y con la vida.

Y tal vez esa sea la gran epopeya del texto, la gran hazaña: la búsqueda y construcción de un lenguaje barroco que pueda expresar la fluidez y la pluralidad incesante de la provincia, un lenguaje que es "casa" y morada, pero que es también montaje en movimiento desplegado en la acumulación de figuras retóricas y en la enumeración de nombres, modismos y refranes populares, de toponímicos, coloquialismos e imágenes sensoriales, todas concatenadas que vienen a pintar la diversidad de lo que ve, come, toca y bebe el poeta y la comunidad. O, como hace ver Bisama (2020 17), un lenguaje que se conjuga como "lengua mala", porque es un "infierno que se inventa sus propios círculos y se replica a sí misma una y otra vez", una suerte de "registro de un universo que solo puede revivir como relato, como un viaje contra la extinción" (19), una acumulación sin orden y sin jerarquía que va saltando sin claras líneas de continuidad, con una densidad barroca que no termina nunca de dejar de enredarse. Un infierno hecho de vivencias y de palabras que —como expresa el subtítulo del poema que permanece a través de las ediciones— se presenta siempre como "ensueño", una suerte de entrevela o de umbral que queda siempre abierto.

La epopeya de De Rokha conjuga, en síntesis, un Chile no vertical, pero para hacerlo debe fundar una lengua (mala, dice Bisama) que sea ella misma una fiesta, es decir, una lengua en la que se encuentran y chocan modos de nombrar, de acentuar y de entonar. Por eso, la cosmogonía que funda De Rokha, de acuerdo con Bisama, no puede consubstanciarse con raíces, con una autenticidad esencial de un Chile que queda fijo y que es decible de modo directo. Por el contrario, dicha cosmogonía se hace y se inscribe como la hazaña de un posicionamiento que demanda y presupone un estar interseccional y diverso, hecho de pertenencias que dialogan y se entrecruzan en la misma fiesta. Frente a la verticalidad de un Chile que se levanta de modo coercitivo, el poeta (y Bisama al retratarlo) elige otro modo de pertenecer: uno que deja de ser unidireccional y certero para abrirse, en cambio, a las posibilidades de los recorridos y de los acentos, de esas prácticas que conjugan el espacio en movimiento. De este modo, la geografía o el mapa que recorre De Rokha y que plasma el infierno de la "lengua mala" es estar hecho de una posicionalidad que va armando morada en los viajes, en los encuentros, en la fiesta, en los tonos. Una posicionalidad, quiero resaltar, que se inscribe como práctica y no como un mandato esencial que se recibe. O, dicho de otro modo, la verticalidad de un país que se cimienta como monumento se descompone en esas vueltas y revueltas que practica el poeta, en las entradas y salidas, en los rodeos que abarcan la inmensidad de las zonas.

Haciendo uso de la "lengua mala" posicionada, lo que la epopeya supone es la hazaña de recorrer las provincias a los saltos, sin orden previo, sin categorías prefijadas. Es la hazaña de descubrir que el país es un laberinto o una apertura que desordena el orden unidireccional de la línea recta. En ese laberinto que es el Chile de la fiesta en provincias, De Rokha, el poeta, nota Bisama (2020, 198), se transforma en minotauro, en un monstruo híbrido que trae el caos a la ordenación centralista y verticalista. Y hecho minotauro explora la geografía de un "país secreto" trazado por "unas coordenadas frágiles y quizás alucinadas", es decir, contingentes y en movimiento. O, como propone el mismo poeta en el subtítulo del poema, como si fuera un "ensueño" de ese mismo infierno que explota, en su boca y en sus palabras, como una conjunción de sabores, olores, colores y texturas porque los versos que, según Bisama, se conjugan como "postales independientes" (198), se relacionan en una constelación sensorial que descubre la materialidad de las cosas: "La chafaina licantenina es guiso lacustre, mito de río y ribera, fluvial/ oceánico y cordillerano, lugareño, aldeano, provinciano/ y como de iglesia, volcánico y dramático/" (De Rokha 1965, 12). Una materialidad marcada ya no por la armonía de los sentidos o por una suerte de ley de las correspondencias que jerarquizan y ordenan ese mundo al hacer que cada sentido produzca una única y sólida imagen fácilmente reconocible. Por el contrario, el mundo sensorial que sale de la epopeya muestra y celebra la interacción caótica de los cuerpos, de los objetos, de las cosas, dando paso a una experiencia sinestésica y multisensorial a la que el lector, paradójicamente desde la palabra y de su sonoridad, debe entrar para sumergirse en una verdadera inmersión sensorial marcada por la multiplicidad de las asociaciones y por las divergencias, tal como observa David Howes (2003, 52-53) en su lectura crítica del modelo sinestésico de Lawrence Sullivan.[139] Así, la "mala

---

139 Howes se niega a considerar los diferentes sentidos en aislamiento, por el contrario, toda su teoría se basa en la interdependencia entre ellos. Para Howes, no hay un estado natural de los sentidos, sino que todas las sensaciones deben ser pensadas como relaciones sociales que están culturalmente marcadas. Tanto es así que diferentes culturas enfatizan diferentes sentidos. Como se sabe, para Howes (2003, 43), "all sensory phenomena is culturally coded", ya que la percepción "is inseparable of its context" (50). Howes es uno de los primeros en construir una "antropología de los sentidos" y llega a proponer una geografía sensorial ("a sensous geography"). Haciendo uso de ambas estrategias, Howes se sale de la "trampa textual y lingüística" que observa como característica tanto en Clifford como en Geertz. Con respecto a la sinestesia, Howes, en específico, se despega de la lectura de Sullivan, quien proclama la unidad del sentido sensorial (52). Frente a lo cual, Howes se pregunta: "What if there is more than one message? What if the message are in conflict with each other?" (52).

lengua" que es infierno o ensueño abre la geografía a un *sensorium* que va estructurando o armando cada lugar, como propone Howes, de acuerdo con los énfasis que le imprime cada lugar, cada cultura (55):

> Y la empanadita fritita, picantoncita y la sopaipilla, que en tocino ardiente gimieron, se bendice entre trago y trago, al pie de los pellines del Bío-Bío, en los que se enrolla el trueno con anchos látigos, pero nunca iguala a la paloma torcaz sabroseada en los rastrojos de julio, en la humedad incondicional de tal época, entre fogatas y tortillas, tomando en la bota de cazador esos enormes vinos que huelen a pólvora y a amistad o al zorzal tamaño del viñedo, que es el puñal agrario del lamento, cazado entre los pámpanos santos, como un ladrón del vecindario campesino y al cual se cuece en mostos blancos, ni el causeo de patitas, que debe comerse en Codegua, no después de beber bastante chacolí con naranjas amargas, sino, tomando vino de Linderos. (De Rokha 1965, 9)

La geografía de la epopeya, de este modo, se conjuga como una experiencia multisensorial que demanda, en palabras de Howes (2003, 51), sentir para hacer sentido: "To sense to make sense". De ahí que la voz del minotauro da a luz un mundo, a un cosmos, donde los contornos de las paredes del laberinto dejan ya de visualizarse solo desde arriba, desde ese orden racional marcado por el ojo que observa el trazado del edificio. Por el contrario, el laberinto se vive ahora desde dentro, desde el infierno que habita el minotauro, desde la multiplicidad de los sentidos que hacen sentido y desde la misma "mala lengua" que lo conjuga en una profusión de imágenes. Desde adentro, el laberinto confunde y pierde la precisión del arquitecto o, mejor dicho, dispersa la claridad y el orden del ojo que lo estructura como tal para estallar en un *sensorium* donde los sentidos no necesariamente se entrelazan en armonía ni en un sistema de correspondencias. Como explica Penelope Reed Doob (2019, 11, 24) al estudiar los laberintos medievales, hay una ambigüedad en los laberintos, ya que estos implican una serie de prácticas que simultáneamente son antinómicas, pero que se actualizan todas en el laberinto dependiendo de quién sea el que las pone en marcha. Así, el ojo de Dédalo, al situarse desde arriba y desde afuera como diseñador, puede resaltar el orden, la arquitectura casi lógica, racional y estable que permite la construcción y la lectura total del laberinto. En cambio, para el minotauro o para el que lo camine, desde adentro, la simetría y el orden desaparecen para dar lugar al caos (24).

De Rokha, al hacerse minotauro, como propone Bisama, elige vivir y estar en el infierno del adentro, en ese caos multisensorial, material y lingüístico en el que instala su morada y construye su poética. Y desde y en ese adentro funda una práctica en movimiento, contingente, caótica, arbitraria, que nos lega como un modo de estar. Por eso, funda una cosmogonía en provincia o una teogonía sin dioses, porque es su modo de demostrar que estamos en el montaje de una mesa, dentro de la celebración de una fiesta en la que queda disuelta la verticalidad. Los pliegues de los viajes que retoma Bisama en su retrato de De Rokha y la "mala lengua" constituyen, entonces, una de las tantas "casas-tonadas" en la que el poeta festeja un modo de estar. Y en esa casa, o adentro de esa casa, va saliendo un sensorio que se ancla, por un rato, en un lugar.

El "alrededor provinciano"

Bisama y De Rokha dejan una mesa puesta, llena. Una mesa, diría Antelo, lista para ponerse en ese movimiento del *da capo*, porque la acumulación de prácticas, cantos, objetos, tonadas que se van almacenando con los viajes (o con los pliegues) del poeta viene a demostrar la potencialidad del armado y, sobre todo, la contingencia de esas vueltas que construyen lugar. De este modo, la mesa que ponen en circulación Bisama y De Rokha tiene mucho de contorno, aunque no quede fijo como borde, algo así como un sombreado, una mancha, si se quiere, que va cobrando diversas formas. Para explorar esta provincia hecha contorno y "lengua mala", propongo delinearla a partir de la circunscripción que traza Elvira Orphée en *Aire tan dulce*, una novela de 1966 que fue reeditada en 2009 en Buenos Aires por la editorial Bajo la Luna, pero que sigue siendo un texto de poca repercusión entre la crítica.[140] Es más, hasta se podría decir que Orphée sigue siendo una autora de "culto" que no ha recibido la atención que se merece, por más que ahora se la considere una de las "precursoras que marcan el presente", tal como se lee en el titular de *La Nación*, por haber sido una de las escritoras que "experimentan con la

---

140 Uno de los lectores fieles de la obra de Orphée fue Leopoldo Brizuela, quien realizó en 2009 una entrevista, "Retrato de una rebeldía", que se ha vuelto clásica. Recientemente, se han publicado algunos artículos sobre su obra, como, por ejemplo, los de Soledad Martínez Zuccardi (2020), quien trabaja la ficcionalización de Orphée en la novela de Foguet *Pretérito perfecto*, de 1983, y realiza una lectura de *Aire tan dulce* en relación con la propia construcción de la figura autoral en "Rebeldía, provincia, enfermedad. Autofiguración en *Aire tan dulce*" (2021). Para una lectura de Brizuela como lector y propagador de escritoras, véanse del propio Brizuela (2014) "El derecho a leer a las mujeres" y el artículo de Jorge Luis Peralta (2021) "Leopoldo Brizuela: leer como un (escritor) feminista".

lengua" y que le abre la puerta a un grupo de escritoras contemporáneas que sí se leen y que vienen detrás: Ariana Harwicz, Gabriela Cabezón Cámara, Ana Ojeda.[141] Como explica Carolina Esses, autora del artículo de *La Nación,* hay algo de lectura *à la* "Kafka y sus precursores" en esta mirada que ilumina a Orphée y a sus coetáneas, como Sara Gallardo, Libertad Demitrópulos, Aurora Venturini por la presencia de esas otras escritoras contemporáneas que experimentan con el lenguaje. Más que construir una vanguardia para el presente, me interesa subrayar una marca de la escritura de Orphée: el cruce entre experimentación con el lenguaje y construcción de un lugar enunciativo. Una marca que Orphée inscribe en su narrativa, pero de modo especial en *Aire tan dulce*, una novela "incómoda" e "inclasificable", para usar las palabras de Esses, al referirse a la mayoría de las novelas de este grupo de autoras llamadas "precursoras".

Aire tan dulce es una novela compleja, que entrama relatos y voces que van puntualizando la historia de una familia, a cuya cabeza está Fausta o Mimaya, entrelazada con una serie de relatos y personajes que van construyendo una ciudad de provincia que no se nombra. A pesar de este silencio en la nomenclatura del espacio, los lectores bien pueden deducir que la provincia sin nombre es una referencia velada a Tucumán por una observación hecha por Félix Gauna, una de las voces principales de la novela, quien identifica dicho espacio con el Jardín de la República. En medio de un baldío, Félix recita, en tono irónico, unos versos del poema *Avellaneda* (1849) de Esteban Echeverría frente a Atalita Pons, la nieta enferma de Mimaya y protagonista de la novela, sin atribuirle

141 El artículo al que hago referencia es "Voces inolvidables. Precursoras que marcan el presente" de Carolina Esses (2021), quien traza una línea de filiación que pone en diálogo las "precursoras" (Orphée, Sara Gallardo, Libertad Demitrópulos, Aurora Venturini) con las nuevas escritoras contemporáneas: "¿Será que quizás ahora, habiendo leído a escritoras que desarman el lenguaje, como Ariana Harwicz, Gabriela Cabezón Cámara o Ana Ojeda, se puede disfrutar mejor de Venturini o de Orphée? ¿O es al revés y fueron ellas quienes les abrieron paso a las escritoras en actividad que leemos hoy?". Más allá de esta observación, Esses nota que estas "precursoras" siguen a la espera del reconocimiento que deberían tener. Debo esta referencia a María Victoria Herrera Arvay.

título ni autor, como si ellos fueran un lugar común para todos los habitantes de ese lugar y no necesitaran, por lo tanto, de introducción ni referencia. Cita Félix: "'Sus aires son aromas que parecen fluir entre azul velo del seno de redomas inmensas de azahar y de azucena'" (Orphée 2009, 28). Inmediatamente, expresa lo que ya se sabe o se debería saber: "¿Sabés qué es? El Jardín de la República, tonta'" (28). Frente a Atalita, sin embargo, Félix no se deja seducir por la idealización del poema, ya que también señala, como contraste, la realidad material del baldío que los rodea y que pone en jaque los mismos versos de Echeverría que acaba de citar. Junto con los azahares y las azucenas del poeta, aparecen las palabras de Félix que visualizan "los tarros de basura volcados en los baldíos, las calles llenas de tierra, las flores que crecen en otra parte" (28).

Desde el primer capítulo, la novela presenta una tensión entre el uso de un lenguaje poético (el aire tan dulce) y el de un lenguaje supuestamente realista que pinta la materialidad descarnada (el baldío lleno de escombros y basura) como un modo de narrar la provincia. Me interesa resaltar por ahora la imagen de ese aire (dulce) que va desplazándose a través de las páginas de la novela como una imagen que permite comprender la estructura misma del texto. La novela se configura como si todo estuviera en continuo movimiento, ya que se constituye a partir de una serie de monólogos y del fluir de la conciencia de tres personajes (Atalita, Mimaya y Félix) que se van alternando sin orden aparente y sin la estructuración de una voz narrativa. De este modo, la novela se desplaza como un aire, donde se resaltan los cambios constantes de perspectiva y la copresencia de las escenas y los relatos que entran y salen del marco narrativo.[142] Este aire de provincia en desplazamiento

---

142 Al respecto, Orphée expresa lo siguiente a Magdalena García Pinto (1988, 155): "In my first two books, *Uno* and *Dos veranos*, I write about life in the provinces, and I avoid the third-person narrator to avoid falling into the trap of the omniscient narrator. In my third book, I manage to completely avoid that. Instead, the character communicates directly with the reader. [...] In *Aire tan dulce* the action is outlined, planned out, an even lived in the moment, not described from the outside but from the inside. Of course, the narrator who writes in the first person is just as conventional as the omniscient narrator, since I don't really know how such-and-such a person thinks. Nevertheless, the first-person narrator gives me more direct access to what I

hace que la novela se vuelva un ensamblaje o un montaje, un agregado de partes que colindan. Como "un cuadro cubista o futurista", dice la contratapa, donde los distintos fragmentos que la componen se van acomodando a partir de una multiplicidad de relatos. En el cuadro cubista que es *Aire tan dulce*, la lectora debe construir el arco narrativo que va surgiendo de las voces de Fausta o Mimaya, de su nieta Atalita Pons y de Félix Gauna, el Gran Asesino, un personaje marginal que vive con Atala una historia de amor y de odio y que constituye el único personaje masculino que narra.

Las pocas lecturas críticas que la novela suscitó se centran en trazar los pormenores de este triángulo de personajes y buscan, a grandes rasgos, pasar en limpio o aclarar los hechos narrados, ya que, como nota Edgardo Moctezuma (1983, 932), *Aire tan dulce* es "un texto plural" que hace que el lector carezca "de la posibilidad de *apoderarse* cabalmente del texto" (930; itálicas en el original). Desde la perspectiva de Moctezuma, *Aire tan dulce* se vuelve "un texto sobresaturado" (932), marcado por "técnicas organizativas" (934) que producen el "oscurecimiento de la narración" (934). Un texto de difícil lectura, apunta el crítico, que articula "una tenaz labor de ocultamiento, de escamoteo, de creación de expectativas que se ven frustradas" (929). Parte del problema con este tipo de lectura *à la* Moctezuma es que busca explicar, en vez de dejarse llevar por el trabajo mismo con el lenguaje, ese aire que va construyendo la novela. Más que tratar de desentrañar lo que se cuenta y las diversas y conflictivas relaciones entre los personajes, *Aire tan dulce*, en cuanto cuadro cubista, reclama otra lectura, una que se adentre en el lenguaje y en el montaje de imágenes que van delineando ese lugar en provincia.

Al entrar en el mundo de Orphée desde esta perspectiva descuidada por Moctezuma, lo primero que resalta es que, para comprender los matices de esa tierra y ese aire, hay que despertar la multiplicidad de los sentidos, pues la pura visualidad ya no alcanza para apreciar la

---

am trying to express than the third-person narrator does". Muchos críticos atribuyen esta técnica a su admiración (y deuda) hacia Juan Rulfo y Faulkner: "Elvira Orphée hizo de los desclasados, los marginados y los pobladores de las zonas rurales de Tucumán los personajes de un mundo insólito, más cerca de Faulkner, Juan Rulfo u Onetti que de cualquier nativismo", afirma Brizuela.

experimentación con el lenguaje. Es, precisamente, el olor, el "aire tan dulce" de la ciudad el que va pautando o circunscribiendo ese espacio, un olor hecho con diferentes aromas que se desprenden de las flores de los naranjos en septiembre, de los azahares y de los jazmines, pero también de la tierra mojada, del asfalto y del barro, de las hojas quemadas, de la melaza de los ingenios, del calor, de la basura. De lo que resulta es que el lugar que delinea Orphée se va configurando y (des)materializando en esos aires u olores que recorren la novela hasta armar ese lugar provinciano sin nombre propio, al que vagamente se lo ha identificado con el Jardín de la República, aunque, en realidad, el espacio mismo también se diluye y se expande como una composición de lugar. Una composición de lugar que Orphée propone como su "marco" narrativo y al que nombra como "alrededor provinciano", en la entrevista que Magdalena García Pinto (1988, 163) le hace en la década de los ochenta: "Mi marco, a lo sumo, puede ser mi alrededor provinciano", explica Orphée cuando la crítica trata de encasillarla o definirla en relación con el resto de la literatura latinoamericana.

Siguiendo, entonces, esos aires variados que vagan por la novela, propongo leer *Aire tan dulce* como un "alrededor provinciano", un lugar de enunciación y un marco narrativo que se desprende de los significados impuestos sobre la provincia al resemantizarla a partir del uso de un lenguaje lírico y poético que, como asegura Leopoldo Brizuela, poco o nada tiene de nativismo. Orphée o, mejor dicho, la narrativa de Orphée, se inscribe como un umbral que si, por un lado, abre la puerta para leer las escritoras contemporáneas que, como plantea Esses, experimentan con el lenguaje, por otro, permite también pensar los contornos narrativos de una composición de lugar que, como el aire, tiene muchas formas y posibilidades. Para trabajar este "alrededor provinciano", es importante volver a la cita del poema *Avellaneda* puesta en boca de Félix, en el primer capítulo de la novela, donde se establece la relación provincia, aire, jardín, ya que, en esa cita, se puede visualizar el modo de construir lo provinciano en Orphée. Reitero la cita de los versos que pertenecen a la última estrofa de la primera composición del primer canto del poema *Avellaneda*: "Sus aires son aromas que parecen fluir entre azul velo del seno de redomas inmensas de azahar y de azucena", dedicado por Echeverría a su amigo tucumano Juan Bautista Alberdi y que publica en Montevideo en 1850 como un modo de intervenir en la política de su tiempo, contra Rosas, desde la literatura (Ansolabehere 2006, 268-269).

Al igual que Sarmiento en el *Facundo*, en *Avellaneda*, Echeverría toma como puntapié para su canto un hecho histórico: la muerte trágica de Marco Avellaneda, quien fue degollado en Metán en 1841 y cuya cabeza fue exhibida en Tucumán.[143] Los hechos de la muerte de Avellaneda se narran desde "la retórica del santoral cívico" (Prieto 1996, 148), hasta terminar transformándolo en "un mártir civil", como bien nota Pablo Ansolabehere (2006, 272-273) en su lectura sagaz del poema. Más que detenerme, como lo hace Ansolabehere, en la figura histórica de Avellaneda y en su construcción como héroe trágico romántico y mártir político de su generación, me interesa resaltar, en cambio, la apelación a un código retórico para nombrar y describir lo que no se conoce. Echeverría, como Sarmiento y tantos otros, construye su poema sin haber visitado nunca la provincia de Tucumán ni el paisaje que representa. Frente a lo cual, bien se puede inferir que las descripciones de los paisajes retoman dispositivos retóricos románticos e iluministas previamente leídos y ya codificados.[144] Es más, estas marcas de lectura y de citas se registran en el mismo poema de Echeverría, ya que hay referencias precisas, en las diversas notas que acompañan al poema, tanto a *Viaje de Buenos Aires al Potosí y Arica en los años 1825 y 1826* (1827) del capitán Joseph Andrews como a la *Memoria descriptiva sobre Tucumán* (1834) de Alberdi, el ensayo autobiográfico que escribe luego de su único viaje a su provincia natal.[145]

---

143 Alberto Palcos (1960, 161-174) en *Historia de Echeverría* hace una semblanza de Marco Avellaneda, miembro de la generación de la Joven Argentina y uno de los organizadores de la Liga del Norte contra las fuerzas que apoyan a Rosas. Nótese que Avellaneda viaja a Tucumán junto con Alberdi y Mariano Fragueiro (163). Alberdi vuelve a Buenos Aires, mientras que Avellaneda opta por quedarse.

144 Si se sigue lo estudiado por Jorge Myers (2006, 65) en torno a la obra poética de Echeverría, hasta sería factible encontrar en estas representaciones rasgos estilísticos neoclásicos.

145 En palabras de Félix Weinberg (2006, 253): en *Avellaneda*, el autor "expone como trasfondo el paisaje tucumano, que Echeverría no conocía, pero que

Ya Adolfo Prieto (1996, 102-104), en su clásico *Los viajeros ingleses en la emergencia de la literatura argentina*, estudió con precisión estas apropiaciones y usos de un código textual y analizó, específicamente, los modos como Alberdi —sin caer en cuenta de "su carácter francamente derivativo"— "transfiere" a la *Memoria*... "mucho de la adjetivación y de los paralelos literarios utilizados por Andrews". Prieto, asimismo, observa cómo Echeverría continúa haciendo uso de este sistema derivativo en *Avellaneda* y en otros de sus escritos.[146] De ahí que el paisaje, que va surgiendo de esta cadena de textos, se inscribe como una suerte de composición de un lugar, un tramado de estrategias y recursos codificados, de fórmulas y procedimientos, de relatos y citas que, como nota Prieto, se desplazan y viajan entre los diferentes textos. Lo que me interesa resaltar ahora es el uso que hace Orphée de este lugar discursivo citado y compuesto, ya que al poner en boca de Félix los versos de *Avellaneda* se reapropia de toda esta cadena de textos. Al mismo tiempo, Orphée realiza otro gesto al citarla y hacerla suya: recupera el mito fundacional que distingue dicho espacio provincial como el Jardín de la República, una imagen fundacional "fuerte" —explica Soledad Martínez Zuccardi (2015, 73)— que ya estaba "muy difundida" a mediados del siglo XIX y cuyo origen puede rastrearse en las páginas del viajero inglés y que, a su vez, ya estaba presente en la *Memoria*... de Alberdi (Prieto 1996, 103).[147]

---

para el caso se sirvió de los datos que proporcionaba el libro del capitán Andrews, *Viaje de Buenos Aires al Potosí y Arica en los años 1825 y 1826*. Echeverría cita expresamente la edición original inglesa (Londres, 1827). También utilizó el opúsculo de su amigo Alberdi, *Nueva memoria descriptiva sobre el Tucumán* (Buenos Aires, 1834)".

146 Prieto (1996, 149), sin embargo, hace una diferencia en los modos como Alberdi y Echeverría se apropian de los modelos retóricos marcados por los viajeros ingleses. Para Prieto, Echeverría es reticente en aceptarlos. Sin embargo, en *Avellaneda*, Prieto nota que Echeverría "mantiene la distancia, pero no puede dejar de admitir lo que el propio Alberdi había admitido de esa relación".

147 Martínez Zuccardi, en una serie de trabajos (2015; 2016; 2017), ha estudiado en detalle las distintas representaciones de la provincia de Tucumán a través de las décadas. Así, junto a la imagen del Jardín de la República —que traza no solo en Andrews, Alberdi, Paul Groussac, sino en una serie de antologías

Tal como lo presenta Orphée, la equivalencia entre ambos términos se hace de modo desplazado y no directo, ya que las palabras del propio Félix no citan los versos de *Avellaneda* donde sí se hace explícita esa identificación, es decir, la cita de Félix deja de lado los versos inmediatamente anteriores en los que se retrata la provincia de Tucumán como el Jardín de la República. Cito directamente del poema de Echeverría (1870, 288):

> Encantado jardín, valle florido
> Del Edén desprendido
> Para adornar el argentino suelo;
> Sus aires son aromas
> Que parecen fluir entre azul velo
> Del seno de redomas,
> Inmensas de azahar y de azucena,
> De *poleo*, cedrón y yerbabuena;
> Brisas que dulcemente
> Los sentidos embriagan y la mente
> Y el corazón llenando de alegría
> Dan alas a la inquieta fantasía.

Esta identificación de la provincia de Tucumán con el Jardín de la República presente en el *Avellaneda* no nos debería llevar necesariamente a establecer una relación de equivalencias entre el "alrededor provinciano" de *Aire tan dulce* y la provincia histórica del Tucumán. Por el contrario, creo que lo que se intensifica con esta referencia es la marca textual del relato espacial. Después de todo, bien podría haber usado Orphée directamente la *Memoria...* de Alberdi que Echeverría cita,

---

como *El Tucumán de los poetas* (1916) y *Veinte poetas cantan al Tucumán* (1967)—, presenta otras imágenes: "cuna de los héroes y de la patria" y la provincia pujante como símbolo del progreso en íntima relación con la industria azucarera. Julieta Brenna (2018) estudia también las diferentes "postales" producidas en torno a la provincia. Junto al Jardín de la República —que lee en relación con *Facundo* de Sarmiento— trabaja la imagen de Tucumán como llama que arde y que hace alusión a la zafra y a los ingenios.

donde el tucumano monta un relato nostálgico e idealizado de su provincia natal que bien se puede leer como una suerte de pastoral. Este gesto de Orphée no es, por lo tanto, inocente, ya que al citar de modo directo este relato fundacional a partir de Echeverría, Orphée está haciendo visible su textualidad constructiva. En consecuencia, el espacio que se inscribe en *Avellaneda* es un montaje discursivo hecho a partir de la lectura y la recurrencia a los estereotipos románticos de un paisaje que se pone en concordancia con el héroe trágico del título. Y esto es precisamente lo que Orphée desenmascara al recurrir a Echeverría y no directamente a Alberdi o a Andrews, cosa que bien podría haber hecho, como si quisiera traer a colación que el paisaje mismo es un texto o una performance que se presentiza como un *readymade*. Así, Tucumán es el Jardín de la República, un relato hecho de relatos que apunta a marcar un espacio idealizado y sublime que poco o nada tiene que ver con la realidad de los ingenios, la zafra, la miseria, la desnutrición, el paludismo, todos los otros índices que también marcan el contorno provincial de Tucumán desde el siglo XIX.

Esta instancia fundacional de la provincia-jardín que retrata Tucumán como un *locus amoenus*, es decir, como un espacio armónico, donde se resaltan los rasgos de una arcadia, en la cual se han borrado, como nota Raymond Williams (2001, 44), todo tipo de tensiones sociales y relaciones de poder, hasta transformarlo "no en un mundo vivido, sino en un mundo esmaltado", persiste como residuo en ciertos relatos neorruralistas. Sin embargo, en la novela, esta visión ideal de la provincia es puesta en duda a través del mismo Félix, quien luego de traer a colación el mito inmediatamente lo destruye al devolverle a la provincia una mundanidad que contrasta con los versos exaltados del poeta romántico. Así, la mención al baldío, las calles de tierra, las flores ausentes, la basura y la pobreza, junto con la inflexión irónica en la voz de Félix, son todos índices que hablan de ese otro relato que ha caracterizado a las provincias como condena. De este modo, la novela conjuga el binarismo maniqueo que tiene una larga tradición dentro del archivo cultural argentino de narrar lo provincial ya sea, exclusivamente, como un espacio idealizado (el jazmín, los azahares) o como lo opuesto, es decir, como el lugar del atraso y la condena (el barro, la basura). Al presentar este maniqueísmo en boca de un solo personaje, la novela enfatiza la arbitrariedad de la disyunción, mientras resalta, al mismo tiempo, la contingencia de la polarización.

En una serie de entrevistas que le realizan tanto Magdalena García Pinto como Gwendolyn Díaz, las palabras de Orphée parecieran afirmar, a simple vista, esta visión simplificada y dicotómica de la provincia que Félix ha delineado en el baldío, ya que la autora también va diseñando, en esas entrevistas, una aproximación a su "alrededor provincial" que, si no se presta atención a los matices, pareciera que viene a confirmar la versión maniquea de la provincia. En esas entrevistas la provincia surge, primero, como un ideal, un espacio de misterio que persiste inmutable, como una ontología a la que solo se puede acceder por el lenguaje poético y mediante una cierta mística: "Life in the province is immensely fascinating", le dice Orphée a Díaz (2007, 25-26), para luego aclarar el porqué de esa fascinación: "Growing up in Tucumán seemed magical to me as a child. The province and its superstitions gave me a sense of mystery and poetic experience. ... The province is rich in imagination ... Like ghosts [...] is profoundly mysterious". Una vez establecido el misterio en provincia, Orphée, en las entrevistas, pasa a hablar como Félix y expone el estancamiento, la chatura y la crueldad que es la vida en ese espacio, con lo cual termina conjugando la provincia como condena: "Allí no había nada dulce que marcara la infancia, salvo el perfume de las flores. La ciudad era fea...", le dice, por ejemplo, a García Pinto (1988, 156), para después dedicarse a narrar su salida fuera de ese lugar estrecho.[148]

A diferencia de sus entrevistadoras, que se quedan en el maniqueísmo de la dicotomía, Orphée complejiza ese "alrededor provinciano" en las conversaciones. Sin embargo, su gesto pasa desapercibido, como si no lo hubiera hecho. Tal vez, esta falta de atención por parte de las entrevistadoras se deba a que lo hace apelando al mismo lenguaje poético que usa en *Aire tan dulce*, como si lo importante fuera decir sin terminar de decir, sugerir y dejar abierta la pregunta. Esta apertura que noto en las entrevistas se inscribe, en mi opinión, en ese otro relato en torno a la provincia que va desarrollando, tanto en la novela como

---

148 En la entrevista realizada por Brizuela (2009), Orphée declara: "El día que me fui de Tucumán fue el más feliz de mi vida".

frente a sus entrevistadoras, como el despliegue de un aire tan dulce, como el "perfume de las flores". Así, este aire que circula en las entrevistas con García Pinto y Díaz se vuelve una estrategia que le permite salirse de los binarismos maniqueos para empezar a pensar ese "alrededor provinciano" a partir del aroma de las flores blancas, "ese olor de flores blancas" —le dice a García Pinto (1988, 152), para luego explicitar las flores sobre las que habla— "los azahares, los jazmines, las magnolias, todas ellas son flores, como digo en *Aire tan dulce*, que compensan su falta de color con la intensidad de su aroma". Un olor, explica luego Orphée, que también subsana lo que llama "la falta de color" de la provincia (152) o esa realidad pobre que Félix y ella misma denuncian. Lo que la autora rescata de estas flores blancas no puede confundirse, como observaré más adelante, con el olor armónico e ideal de las flores del Jardín de la República de Echeverría, porque lo que Orphée construye, con este olor blanco, es un nuevo espacio-tiempo desviado de los relatos binarios *readymade* y despojado de todo idealismo.

El aroma de las flores blancas que, en la visión de Orphée, está al lado del barro y la basura queda como flotando sin llegar a precisarse o a llenarse con sentido, como si literalmente se metiera *entre* las dos imágenes de la provincia que Félix actualiza en el baldío frente a Atalita. El aroma es un montaje impreciso formado por esas flores blancas, cuya única certeza es la de confirmar que el olor está ahí, anclado en un punto efímero y tan volátil como el aire mismo. El "ahí" del olor arma, entonces, un contorno que apenas se señala, cuya presencia es móvil y relativa; un contorno que depende del "ahí", es decir, que está supeditado, como todo deíctico, a un punto de vista o un posicionamiento. El aroma impreciso de las flores blancas, que Orphée plantea como definitorio de su "alrededor provinciano", viene entonces a configurar un estar inestable por el que circulan y se desplazan las historias y las imágenes. Y este aire, que se conjuga latente en la novela de Orphée, es el que me permite pensar la provincia, ya no desde ese "ser" que instala Arguedas cuando afirma "soy provinciano" en la polémica con Cortázar, sino desde un "estar" que, como el "hay" de Del Barco, se desplaza.

En este gesto de meter un olor hecho aire dulce que leo en Orphée, procuro despojar a la provincia y al provinciano de ese sustancialismo que los fija en una ontología implícita en los dos relatos maniqueos. Así, más que definir y presentar al provinciano desde la razón esencialista que inevitablemente nos lleva a las raíces nativistas y a las narrativas de autenticidad o al predeterminismo de la condena, propongo usar el aire de Orphée para pensar la provincia desde esa inestabilidad del estar hecho deíctico, un estar que, en la novela, se ficcionaliza y se mete como cuña entre los relatos dicotómicos. Un estar que se vuelve él mismo un lugar de enunciación y una práctica no reificada que se hace (produce) en constante movimiento y que funciona como deíctico, porque se construye en la interrelación presupuesta en el montaje, en el proceso mismo de ponerse en contacto con, de estar al lado de, de convivir no como igual —las flores no lo son—, sino como vecinos. Así, la provincia hecha aire tan dulce, que se conjuga en el "estar" se debe pensar desde la inestabilidad de un lugar de enunciación vacilante y construido, en constante proceso de armarse y rearmarse por medio de interrelaciones, negociaciones y tensiones irresueltas. Un estar que, como muestra Orphée en las entrevistas y en la novela, se vuelve él mismo un aire, un alrededor que flota y que se significa, que arma sentidos, pero que luego se deja llevar o se deja estar y vuelve a irse.

Solo este tipo de aroma, dulce, de flores blancas, puede ventilar la cerrazón de la provincia, de esa "bóveda" (Orphée 2009, 28) que, según Félix, debe verse como un gran decorado o un "telón para ocultar lo terrible. Esa torpe vida" (66) de una "ciudad de belleza mentida" (15), cargada por un olor de "pena triste" (21). Quiero decir, solo ese olor puede tensionar y no reducir la provincia a ser solo la realidad que le toca vivir a Félix, quien termina trabajando en un ingenio, respirando el olor a podrido de la melaza, en contacto con la pobreza diaria, con la mentalidad de pueblo chico, toda esa chatura con la que se identifica la provincia.[149] Al mismo tiempo, solo este olor dulce puede ventilar y abrir el aroma romántico del Jardín de la República presentado por Echeverría y Alberdi, ya que las flores de las que habla Orphée se inscriben despojadas, por fuera de la pastoral. Por eso mismo, las presenta

---

149 Félix es la fuerza deconstructiva que va rompiendo, en sus sucesivos monólogos, con el relato romántico, lírico, idílico de esa "ciudad de belleza mentida" (Orphée 2009, 15). Y al hacerlo, va presentando la provincia solo como carga negativa, como un espacio cerrado que asfixia y que achata y del que no hay salida.

blancas, sin color, pobres, diría, como carentes de esa riqueza sensorial que debería tener todo espacio idealizado como *locus amoenus*. Es más, la novela busca asegurarse de que esta producción del espacio realizada por el aire dulce de las flores blancas no pueda confundirse con la versión idealizada de la provincia transformada en Jardín de la República. Para demarcar esa diferencia, la novela inscribe a Tito Cerámico, el único personaje porteño que solo puede articular la provincia exotizándola desde el discurso del *locus amoenus*: Tito, a quien "le salta la provincia encantada a sus ojos de porteño" (95), tiene la "capacidad [...] para encontrarle maravilla a todo" (96), como si tuviera "una vidalita en la cabeza" (99) que solo le deja observar "un idílico decorado de jazmines" (66), mientras termina viendo "un jardín difícilmente verificable" (98).[150]

¿Cómo es, entonces, el aire tan dulce que construye el "alrededor provinciano" de Orphée si no se puede identificar con el olor que sufre Félix, ni con el jardín que huele Tito? En mi opinión, el relato reconfigurador de la provincia hecha aire dulce, Orphée lo pone en los monólogos de Atalita y Mimaya, las dos narradoras femeninas que tampoco creen en el Jardín de la República. En ellas, el aire tan dulce y el olor de las flores blancas sirven para compaginar un lugar cuyos contornos se difuminan, como si el aroma fuera calando vacíos en los cuerpos de las cosas. Con Atalita y Mimaya, la provincia comienza a surgir como un "paisaje espectral" (77), un paisaje en el que ya nada queda claro, como si los contornos se esfumaran en su precisión para dar paso a una atmósfera latente. A pesar de lo indeterminado, el aire de las flores blancas va armando en el aquí una materialidad, un cierto modo de estar en lo impreciso, lo indefinido, como si lo único que quedara claro fuera precisamente la vaguedad de los contornos: "Las cosas se ponen tan blandas que son como un recuerdo, como un sueño" (73), dice Atalita. A pesar

---

150 De acuerdo con Martínez Zuccardi (2020, 216), Hugo Foguet, en su novela *Pretérito perfecto* de 1983, ficcionaliza a Orphée para presentarla como su "contrafigura", ya que la conjuga como una "traidora" porque describe la provincia —llena de color local, chata, asfixiante, etc.— que aspiran a leer los centros. Para Foguet, Orphée "vendería al puerto la imagen de la provincia que el puerto quiere". Desde mi lectura, Orphée no está tan lejos de la estética que propone Foguet.

de esa inestabilidad donde todo flota, Atalita va construyendo un Yo que narra, se hace y se posiciona: "Me suelto a hablar", dice, "igual que si viviera nítidamente este momento, no en sueños" (74). Así, el paisaje espectral va armando un estar o una morada que saca el lenguaje de lo referencial y de lo identitario para volverse la ficcionalización de una poética no restrictiva para lo provinciano. Sin duda, este paisaje espectral que se va armando en la novela no borra del todo el aire triste de Félix y la sensación de opresión y de fracaso que siente, como tampoco descarta la visión pastoral *à la* Echeverría o *à la* Tito Cerámico. Por el contrario, la apuesta de Orphée es abrir paso a un nuevo modo de articular la provincia que permita el montaje, el *collage*, el pliegue entre las historias, es decir, la forma o la estructura misma de la novela.

Tanto Mimaya como Atalita admiten y sienten que la provincia bien puede ser una instancia de represión y de opresión, de visiones conservadoras y normativas: un panóptico que juzga, murmura y chismosea. El personaje de Oriental, hija de Mimaya y madre de Atalita, viene a corporizar todos esos ojos pegados a los visillos que controlan y juzgan a partir de la decencia, del nombre de familia, de la clase, del género. Ella encarna, por lo tanto, todos esos valores que caracterizan a la provincia como provincialista que Félix deconstruye y que Atalita resume como: "Yo empiezo a ser la dime con quién andas te diré quién eres. Yo ya pego el mal" (110). No me detendré en las rupturas sociales y sexuales de Atalita, porque si bien estas subvierten la moral pacata del resto de la ciudad provinciana, me parece que quedarse solo en ellas no termina de abrir la provincia a lo espectral, tal como creo lo hace Orphée en *Aire tan dulce*. De ahí que vuelvo y me detengo en el "paisaje espectral" que Atalita conjuga a partir de un relato que la hace volverse lejana, que va borrando la referencialidad, la relación directa con las cosas. Ahora bien, quiero pensar la lejanía de ese paisaje y de esa voz como un salirse de la fijeza, como un meterse *entre*, como un "hacerse forastera en la ciudad" (182) —explica Mimaya— que le permite a la voz correrse fuera de lo estanco, de lo fijo, para permitirse ir hacia lo sesgado. Un modo de empezar a salirse de la ontología de los espacios para articular, en cambio, la contingencia de un lugar que ya no es una presencia, sino un estar hecho de "aquí", de "ahí", narrados por una voz que se vuelve "lejana", es decir, que está pero que no termina de cerrarse, porque la voz misma se alberga en el quiasmo, en un adentro-afuera que le permite salirse, ir más allá, de toda carga esencialista y de toda razón restrictiva. O, como lo plantea Atalita:

> Desde una esquina la puerta de casa se me aparece incrustada en un paisaje oscurecido...y aunque embebida de lejanía, esa puerta, esa puerta me da demasiado miedo. Pertenece a un paisaje espectral. Entro sosteniéndome en su espesor. ¿Qué ha pasado aquí? ¿Qué me espera dentro de esta puerta vagamente conocida, vista en sueños, o en el futuro? (Orphée 2009, 77)

Lo que surge detrás de ese umbral, de esa puerta que se sale de lo binario y se abre a lo fluido, es una voz bisagra, corrida, que va narrando, desde ese lugar paradojal, un relato espectral, desplazado, que en el narrarse o al narrarse va construyendo una epistemología, una práctica, un modo de sentir y una poética, es decir, un modo de acercarse y decir las cosas, que termina conjugando una morada. "Cuando las cosas se ponen así, nebulosas, imprecisas, hay una ventaja: nadie vive, nadie tiene cara..." (77), dice Atalita, para luego explicar que ella ha logrado inventar un lenguaje y, por eso, un mundo en el que puede estar porque ha logrado nombrarlo. O por lo menos, ese lugar hecho aroma, ese paisaje no fijo, esa fluidez de lo espectral es lo que Atalita narra y construye en su provincia, a pesar de que la ciudad sea fea, a pesar de que esté plagada de tristeza, a pesar del barro y de la basura. Y allí, en el medio de la blancura, en el vacío de color, entre aromas que se desplazan, Atalita (y Orphée) arman un lugar hecho a través de un montaje de relatos y de imágenes, donde se instalan voces continuas, no iguales, pero sí vecinas que deliran y monologan en su aquí. En otras palabras, en el aire tan dulce, Atalita (y Orphée) están y se posicionan, porque arman un espacio y un mundo que cuando tratan de asirlo con clasificaciones y taxonomías preestablecidas se les escapa. Porque lo que el aire muestra son los intersticios por los que pasa, los pasajes por los que anda, los mundos que interrelaciona. El aire dulce se vuelve, en definitiva, ficcionalización de los dispositivos culturales que familiarizan el espacio, que lo vuelven reconocible pero que, al mismo tiempo, lo ventilan, porque lo sacan de todo tipo de completud, de toda cerrazón que se niega a pensarse desde y en la relacionalidad del estar. O, dicho de otro modo, esa circunscripción abierta que marca Orphée con el aire en movimiento y que constituye su "alrededor provinciano" es un gesto similar al que pone en práctica Zabala cuando dibuja sus mapas detalle e interviene las cartografías. El aire del "alrededor provinciano", como las intervenciones de Zabala dibujadas en lápiz sobre los mapas, presenta contornos, tentativas de bocetos, tensiones y deformaciones, modos aleatorios y arbitrarios de armar lugar, modos que están pero que pasan, que dejan estela, y que se van porque no pueden quedar fijos.

Este alrededor hecho aire provinciano de Orphée es, en definitiva, lo que le permite a la escritora salirse de lo estanco, no solo para hablar "poéticamente" de las provincias de este mundo, como le hubiera gustado a Arguedas, sino también para elaborar una epistemología y una poética que circula y colinda con muchas otras. Una epistemología que, como dice Arguedas, tiene sus silencios y sus profundidades, pero que se formula en un lenguaje poético, no directo, porque en ese mostrar y detenerse en el lenguaje está ya presente toda una reflexión sobre la referencialidad. Por eso, este saber Orphée lo propone apelando siempre a esa lejanía que buscaba Cortázar. Por eso, la provincia tal como la conjugan Atalita y Mimaya ya no puede ser otra cosa más que un aire dulce, un aire —le explica Orphée a García Pinto (1988, 156)— que es otra forma de decir aria, movimiento, pero también relato, canción, música que se expande en el hacerse. Esta posibilidad de pensar la provincia hecha aire es lo que, en definitiva, Atalita narra y construye y deja en esos tres minutos finales antes de morir que conforman el tiempo de la narrativa. Como quien dice, Atalita, antes de morir, arma en el delirio un lugar poetizado como aire dulce capaz de resistir el panóptico, el pintoresquismo, las esencias provincialistas, la referencialidad del color local, el ideal del Jardín de la República y la condena. En ese "aquí" del "alrededor provinciano" —hecho voz, hecho texto, hecho montaje— Orphée visualiza ya no la palabra como sistema de referencia, sino como espectro, una poética no representacional que se abre como posibilidad futura de lo que va a venir.

"¿Qué será de Sara [Atalita] si no encuentra las palabras?" (Orphée 2009, 183), se pregunta Mimaya en su fluir de la conciencia. La respuesta está implícita en *Aire tan dulce*, pero, por supuesto, no se termina de decir. Aunque la respuesta es simple, ya que, para Mimaya, hay que encontrar las palabras porque sin ellas no hay saber, y sin saber, no hay lugar, y sin lugar, no hay morada, y sin morada, no hay modo posible de estar y de "ser". Y esto es, en definitiva, lo que nos deja Orphée cuando, entre las flores blancas, se pone a armar su "alrededor provinciano" a partir de ese tejido de imágenes y ese desplazamiento de las historias, de ese caos de relatos y voces y personajes que le molestan tanto a Moctezuma porque, según él, escamotea la dirección única que debería tener la novela. Sin embargo, y esto es lo que el crítico no puede ver, todas esas voces, diferentes y asimétricas, que están unas con otras, unas al lado de las otras es lo que constituye, en definitiva, la posibilidad de tener, de armar un lugar. De este modo, la provincia que escribe Orphée nos cobija siempre que aceptemos que el lugar que circunscribe termina haciéndose tan borroso como las imágenes lejanas, espectrales, que ve Atalita en su umbral. De este modo también, el alrededor provinciano de Orphée nos obliga a pensar la escritura en una provincia por fuera de los relatos maniqueos a los que nos hemos acostumbrado, como si le dijera tanto a Echeverría como a Cortázar: huelan, que hay más para decir y para pensar entre los jazmines y los azahares. Como si los invitara a estos autores (y a muchos de los críticos) a ir a la inestabilidad del olor que se desprende de las flores blancas para encontrar ahí, como plantea Francine Masiello (2018, 3) en *The Senses of Democracy*, otras narrativas, o mejor, otras posibilidades de articular una cultura que se inscribe, dice Masiello, en y por los sentidos "menores", no visuales. Y desde allí, desde esa inestabilidad del aire que fluye entre lugares, tal vez podamos, ahora sí, ponernos a pensar en eso otro que, a su modo, Arguedas le planteó a don Julio cuando le dice, sin muchas vueltas: "Todos somos provincianos". Tal vez, desde ese alrededor provinciano podamos repensar ese otro modo de experimentar con el lenguaje que Orphée, dice Esses, les abre a las nuevas escritoras contemporáneas.

Por ahora, nos quedan las azucenas, los jazmines, las flores blancas, un aire tan dulce que se despliega y arma morada, una que se reconoce en los matices, que se siente como experiencia, pero que no se condensa en un universalismo fijo, ya que la percepción y los sentidos —nos explica Masiello (2018, 7-8, 12)— nos instalan en el hoy, en el presente, y en un aquí cultural e histórico que nos localiza y nos arma como sujetos.[151]

---

151 Escribe Masiello (2018, 7-8): "I am particularly interested in the local expression of what might appear to be a global commonality—how to see, touch,

Un olor a flor que posibilita y arma un modo de saber, de sentir y de decir que se conjuga en relación con otros, en negociaciones y tensiones, porque se a-vecina y nos toca como el aire tan dulce de Orphée. Un olor y hasta un gusto inestable, de difícil definición, que necesita recurrir a la sinestesia, a la conjunción de los sentidos y al lenguaje poético para poder demarcar ese saber dentro de la imprecisión.

Atalita, antes de morir, nos deja una provincia dislocada, metida en un umbral, una presencia fluida que, en su mismo desplazamiento, la cobija. El "paisaje espectral" o la provincia lejana de Orphée se presenta, entonces, ya lejos de la hegemonía de la vista, en cuanto que se inscribe entre el olfato y el gusto, los sentidos "menores" que, según Masiello (2018, 86-87), son dispositivos que se salen de la normativa. Solo allí, en esa inestabilidad de los sentidos, es posible diseñar una morada que se salga de la corroboración de lo idéntico. Un modo, digo con Masiello, de devenir *corpus* —hecho cuerpo y texto como lo entiende Jean-Luc Nancy— donde el trabajo de los sentidos se vuelve sinestesia, mezcla que perturba la delimitación precisa del Logos, donde el lenguaje se opaca y poetiza porque hace visible la imposibilidad real de nombrar. Un modo, me digo complementando a Masiello, de correrse del discurso identitario totalizante para devenir provincia entendida ahora sí como "alrededor provinciano", fragmento en lápiz que se sale de la unidad identitaria panóptica, de la pastoral de Echeverría y de la ontología de sentidos fijos atribuidos por Cortázar. El "alrededor provinciano" de Orphée, su aire tan dulce, es, en definitiva, un devenir, un pliegue, que nos saca de lo preciso del ser para situarnos o localizarnos, aquí y ahora, en la fluidez de un lugar.

---

taste, and hear—and in tracking its representations. I am not attempting to defend the unmediated sense perception of an object as if there were no contractedness to the event and our responses: nor am I aiming to reproduce the debates about biopolitics and the state, a theme well-rehearsed by Foucault and later by Esposito and Agamben. Instead, my goal is to explore the articulations of sense work that consolidates a particular moment and place as they are plotted on the cultural field. Underlying this is a strong conviction in that the ways in which we see or hear, touch or taste the world are driven by constructions of selfhood that are formed in local contexts; social norms with our daily experience of pleasure and pain".

Nudos ciegos

En el aire, Orphée arma la provincia como un lugar desustanciado, como si el marco que propone como su alrededor provinciano viniera a ser la traza de un contorno que se esfuma y que, por lo tanto, se puede volver a demarcar y a rearmar. Algo parecido hace Bisama al traer a correlación la mala lengua y el peregrinaje de De Rokha que acaba, de una vez, con la verticalidad certera de un Chile organizado a partir del centro. Estos virajes o remolinos —para resituar el título de Almada— me llevan a pensar en la narrativa de Juan Cárdenas, el escritor de Popayán que se ha convertido en referencia casi obligada en los estudios que denuncian las prácticas del capitalismo extractivista con un enfoque posantropocéntrico. Tanto es así que a su narrativa se la trabaja como uno de los mejores ejemplos que exponen "los mecanismos de desposesión del capitalismo extractivo, de la agricultura intensiva, del monocultivo y del uso de pesticidas contaminantes" en relación con "la violencia política, las desigualdades socioeconómicas y la precarización de los espacios rurales" (Di Bernardo 2021, 166). De este modo, la narrativa de Cárdenas sirve (uso este verbo a propósito) para desenmascarar la "necrosis" contemporánea —esa suma de Antropoceno y Capitaloceno devastador— que el sistema extractivo produce a partir de la puesta en marcha de una "violencia lenta" —la denominación de *slow violence* viene de Rob Nixon— que termina extinguiendo la biodiversidad y explotando los recursos naturales mientras, en simultáneo, crea, como nota Francesco Di Bernardo (175), una población "desechable, la cual está obligada a la marginalidad social".[152] En otras palabras, la escritura de Cárdenas sirve como una crítica feroz que desmantela y

152 Di Bernardo propone leer específicamente *El diablo de las provincias* como un *Ecobildungsroman* al que remito.

hace ver todo un sistema económico y político que explota lo humano y lo no humano por igual hasta dejar, en palabras de Jill H. Casid, *necro-landscaping*. O, dicho de otro modo, la escritura de Cárdenas expondría tanto la violencia subjetiva como la objetiva-sistémica, de las que habla Slavoj Žižek, como un modo de repensar la supuesta normalidad de una violencia persistente en Colombia.

Sin negar esta aproximación a la narrativa de Cárdenas, propongo otra entrada a su obra para no terminar repitiendo lo que ya se ha expresado en torno a la zona extractivista y a los modos de representar los diversos tipos de violencias. A pesar de que mi lectura se desvía de esta aproximación, no es mi intención juzgar dichas propuestas como un pacto de lectura que se hace eco y, por lo tanto, responde a una demanda que exige privilegiar lo referencial y contextual leídos en clave de denuncia.[153] Por el contrario, me interesa repensar la escritura de Cárdenas como un posicionamiento que permite revisar las relaciones siempre complejas entre ficción y política, entre estética y política. Para ello, es necesario detenerse en el abierto cuestionamiento que hace el propio Cárdenas ante la persistencia de leer la literatura colombiana contemporánea solo como una reflexión en torno a la violencia. Una fácil identificación, que problematiza de modo directo en la entrevista que le hace Camilo Del Valle Lattanzio (2022, 110), donde, por ejemplo, dice: "Los académicos perezosos y los reseñistas deportivos lo explican todo con esa palabrita: violencia. Lo cierto es que la violencia ya no significa nada". Y no significa nada, dice el escritor, porque esa palabra "ha perdido cualquier capacidad de tocar ningún objeto, es una entelequia metafísica, un mantra mecánico. Latinoamérica = Violencia. Violencia = Latinoamérica" (110). Tal es la persistencia de esta identificación en el mercado global que Alejandro Herrero-Olaizola (2022, 15), en *Commodifying Violence in Literature and on Screen: The Colombian Condition*, hace ver los mecanismos de construcción de ese entramado para consumo global como un modo de entretenimiento en el que se devora la violencia, pero sin culpa. Dentro de este entramado, desenmascarado

153 Una posición que sí postula, por ejemplo, Andrea Torres Perdigón (2021) siguiendo a Eduardo Becerra Grande (2015), quien observa "un giro referencial" en cierta crítica contemporánea (Torres Perdigón 2021, 139).

por Herrero-Olaizola, que comercializa con pobreza y violencia, Colombia se vuelve un ejemplo paradigmático, una suerte de "marca registrada" (5) que condensa la persistencia de una violencia esencial.[154]

Si Herrero-Olaizola deconstruye la simplificación reductiva de ver a Colombia como un país violento, la respuesta de Cárdenas a Lattanzio también se puede leer del mismo modo. Después de todo, el desafío que plantea Cárdenas, al rechazar de cuajo la pregunta de su entrevistador, es cómo acercarse y leer una obra posicionada en su contemporaneidad sin ser reducida a la "condición" de la que habla Herrero-Olaizola. En otras palabras, su respuesta obliga a repensar lo político sin reducirlo a la referencialidad del "tema" o de "una agenda política muy precisa" que va acompañada de "una noción muy clara de cuál debería ser [la] función" del arte y de la literatura (todas son sus palabras). Su respuesta, en definitiva, posibilita pensar la escritura más allá de la demanda de "nombrar el horror" de modo directo, como pareciera que es lo que se le propone a un escritor colombiano contemporáneo (Lattanzio 2022, 110).

Frente a estas demandas, Cárdenas se pregunta cómo intervienen el arte o la literatura en el presente desde la problematización de la forma, ya que "el decir de la literatura —explica Cáceres a su entrevistador— siempre sale chueco, se resbala de las cosas y termina diciendo algo más. Es un decir conjetural y alegórico [...] un decir que se desdobla: produzco una imagen, pero la imagen apunta a más de un lugar" (110). En la mirada de Cáceres, por lo tanto, la ficción explora el presente, pero lo hace ya no desde el "fetichismo de la autenticidad" que expone "una atrocidad sin mediaciones" (112), sino desde un cuestionamiento profundo de los procedimientos formales, de esa "forma" que, de lo contrario, queda sin tocar ni revisar (113).[155] De este modo, la obra, cualquiera

154 Herrero-Olaizola (2022, 7) hace un trabajo excelente para romper con la ambigüedad de una Colombia naturalmente violenta. Afirma el crítico: "I move away from any essentialist approach that reads Colombia as 'naturally violent'".

155 No estoy cayendo aquí en la afirmación de la clásica dicotomía entre fondo y forma que termina construyendo un binarismo cerrado y tautológico. Tampoco creo que Cárdenas tenga este binarismo en mente cuando opta por deconstruir y politizar desde los procedimientos. En todo caso, habría en la apuesta de Cárdenas una tensión, ya que su acercamiento a la forma está

fuere su género, "no se deja imponer la inmediatez de esa actualidad" (111), "no 'responde' a un problema social y político específico. [porque] No está escrita como una reacción, [y] no es un partido de tenis donde la literatura le devuelve los golpes de la actualidad" (111). Después de todo, dice Cáceres a Lattanzio, la ficción "tiene un ritmo propio que funciona desde el anacronismo" y, por ende, "propone una temporalidad diferente, que segmenta y derriba los tiempos de la actualidad" (111). En síntesis, frente a las demandas de nombrar el horror de modo directo, Cárdenas se sale de cauce y propone que se lea su obra como una cuña que vuelve a traer las preguntas "que dejaron abiertas las vanguardias hace un siglo" (113) y a repensar, por lo tanto, cómo liberar el signo y producir "un sabotaje de los discursos dominantes" (111). Formas que perturban es, por lo tanto, la apuesta ficticia y política por la que se inclina Cárdenas para intervenir en el presente, un modo que muchos que no han leído a Rancière pueden juzgar como una suerte de "esteticismo literario" (111).[156]

---

marcado, en mi opinión, por una lectura reflexiva del posicionamiento de Didi-Huberman (2011b, 142), para quien la forma articula "una *apertura* dialéctica, conceptual y práctica a la vez", en cuanto se debe "hablar en términos de procesos más que de cosas fijas". De este modo, la forma se conjuga como "*presentación* antes que presencia real o metafísica", ya que lo que se resalta es la relación, el proceso dialéctico que pone en conflicto y que, por ende, deconstruye los automatismos perceptivos.

156 Cárdenas en la entrevista mencionada (Lattanzio, 2022) expresa lo siguiente: "Me interesa lo anacrónico. Lo inaudito. Lo que todavía no ha sido escuchado y que de pronto irrumpe desde el pasado bajo el ropaje acústico de lo 'nuevo' desde regiones arcaicas del tiempo. Si eso se puede considerar 'esteticismo literario' es algo que me importa poco" (111). Y luego agrega: "Lo que me parece lamentable es tratar de hacer todo eso y no plantear al mismo tiempo la necesidad de cuestionar profundamente los procedimientos formales, como si las formas narrativas no fueran también aparatos ideológicos (112). Por esta razón, resalta la obra de Diamela Eltit: "Los libros de Diamela miran al horror cara a cara, le sacan las tripas al horror y se las vuelven a coser delante de ti, pero en el proceso Diamela te desconyunta también las formas, el lenguaje. No se puede hacer una cosa sin hacer la otra" (113). El otro ejemplo de ruptura que inscribe en la entrevista es Marosa Di Giorgio (113). En "Leer a oscuras" (Cárdenas 2021b), ensayo incluido a *Volver a leer del árbol de la ciencia*,

Gabriel Giorgi (2020, 5) en "'Temblor del tiempo humano': política de la novela de Juan Cárdenas" lee su escritura a partir de este juego con la forma y la temporalidad planteada por el escritor en la entrevista ya mencionada de Lattanzio. En ese artículo, Giorgi reflexiona sobre el modo como Cárdenas logra repensar la novela como género a partir de los modos en que la narración le da forma a la diversidad de temporalidades humanas y no-humanas. Explica el crítico: "El cuestionamiento de la distinción entre naturaleza y cultura es correlativo de una interrogación sobre la novela en un punto fundamental: el de *los modos en los que la novela les da forma a los tiempos colectivos allí donde la presión de lo no-humano se vuelve inescapable*" (3; itálicas en el original). Una presencia de lo natural y de lo no-humano que, en las novelas de Cárdenas, no puede ya verse como fuerza ciega ni como la imagen proyectiva de un sujeto, y ni siquiera solo como la huella del capital que transforma todo en mercancía.[157] Por el contrario, la naturaleza en la escritura de

---

profundiza estas observaciones al entroncar su escritura con la de Felisberto Hernández, quien, dice, le enseña el arte del relato.

157 Justamente en el prólogo que escribe para la reedición de *La vorágine*, de José Eustaquio Rivera, en la serie Vintage de Random House, Cárdenas (2021a, 16) se distancia de las lecturas que reducen la naturaleza a mercancía, sin otorgarle agencia, como si fuera "un ente dócilmente sometido a la violencia extractivista del Capital". Al mismo tiempo, se distancia de lecturas que solo ven en la selva un espacio primitivo, en los márgenes del mundo moderno (11), sin tener en cuenta "la complejidad de las economías que se superponían en esos territorios" (12), la diversidad de lenguas y "el siniestro cosmopolitismo" que ahí florecía: "En realidad, Alicia y Arturo han huido de una provincia remota y parroquial —Bogotá— para sumergirse en el núcleo abyecto donde el capitalismo mundial extrae una de sus materias primas más preciadas. Creyendo escapar de la civilización, han accedido a su cuarto de máquinas" (12). Un espacio que, nota Cárdenas, está marcado no solo por la presencia de ese capitalismo extractivista, "en su versión lumpen", "colonial basado en la administración de la muerte y el terror" que los críticos leen, sino también por otras dos economías que permanecen sin ser tenidas en cuenta por esos mismos críticos: "la economía de la selva", que "está viva y pareciera tener algo así como una voluntad o en todo caso una poderosa agencia" y que es una economía de "origen biológico" marcada por "sus propias condiciones materiales que la selva instituye a partir de su funcionamiento interno, de su

Cárdenas, hace notar Giorgi, emerge como un "agente, actante, dotado de una perspectiva y [...] de una capacidad narrativa" que "se anuncia y se hace presente" como una "multiplicidad poblada de perspectivas", con sus propias temporalidades, las cuales ya no se ajustan solo a la codificación del capital y de la cultura. Y es, precisamente, esta naturaleza "aparentemente domesticada o aplanada por las fuerzas del capital" la que retorna, dice Giorgi, como un "*algo más*" de "las violencias alucinatorias del capital" (7). Por eso, concluye Giorgi, la naturaleza en la escritura de Cárdenas gira "en torno a ese *algo más*" y se vuelve "*ominosa, espectral*" porque es "una latencia de presencias, una multiplicidad de agentes virtuales siempre a punto de emerger, de saltar a la superficie, agentes indescifrables, opacos, cuya manifestación, sin embargo, es la tarea de la escritura" (7; itálicas en el original). Una "naturaleza-espectro" (8), concluye Giorgi, es la que emerge en la novela; una naturaleza activa, con agencia, por fuera de las marcas del extractivismo y del capital, por fuera de la sustancialidad que le adjudica la "novela de la tierra", y por fuera también de todas esas marcas que la vuelven parte del imaginario nacional. O, dicho de otro modo, la "naturaleza-espectro" que lee Giorgi emerge de la yuxtaposición de temporalidades, sin escala integradora, sin fuerza totalizadora, sin "la falsa sincronía que nos prometió el orden global" y sin "la mitología restauradora", porque lo que la escritura practica es "la apertura de un tiempo activo, la potencia del tiempo en formas colectivas por venir, y que emergen en la alianza con lo no-humano en su irrupción, su amenaza e indocilidad" (11).

Poco o nada puedo agregar a esta lectura de Giorgi, sin embargo, me interesa aquí "volver a comer" de la escritura de Cárdenas para pensar cómo la forma novela conjuga una apertura que se cimienta ya no en función de la yuxtaposición de las temporalidades, como lee el crítico, sino en función de la producción de los espacios que va perfilando en su escritura. Una proliferación de lugares, más sugeridos y aludidos que afirmados de modo preciso, a veces con nombres propios, pero sin

trabajo, podríamos decir" (15), y "la economía o las economías de los pueblos indígenas" que "la novela de Rivera solo alcanza a atisbar desde lejos" pero que, sin embargo, "nos permite imaginar la magnitud del genocidio de los pueblos amazónicos" (17).

mucha señalética; la mayoría de las veces, con pocas marcas identitarias o con las apenas necesarias para señalarlos o localizarlos en provincia.[158] Así, van surgiendo, entre otros, la Ciudad Enana; el cerro La Tetilla; la zona del Pacífico; la cordillera Occidental; el Valle de Pubenza; el valle del río Patía; "el museo de historia natural de una pequeña capital de provincia" (Cárdenas 2021b, 75); "la pequeña ciudad [que] Era como un espejismo, una cosa etérea y fantástica entrevista en un sueño" (14). Lugares, en definitiva, como afantasmados, pero con una materialidad cultural e histórica que nunca quedan del todo determinadas, pero que van contorneando, principalmente, la región del Cauca. Frente a estos lugares espectrales que están en la narrativa de Cárdenas propongo, entonces, "volver a comer" de la provincia hecha ahora, con Cárdenas, no "tema" o referencia directa plagada de atributos, sino forma, ese "algo más" del que habla Giorgi en torno a la naturaleza. Un algo más que no se termina de describir ni de definir pero que se instala como lugar, ya que compone un estar. O, dicho de otro modo, me interesa detenerme en una provincia apenas delineada como contorno esfumado y hecha una forma que se vuelve "*ominosa, espectral*" —y aquí utilizo las palabras que usa Giorgi (2020, 7; itálicas en el original)— porque es para acercarse a la naturaleza, "una latencia de presencias, una multiplicidad de agentes virtuales siempre a punto de emerger, de saltar a la superficie, agentes indescifrables, opacos, cuya manifestación, sin embargo, es la tarea de la escritura" montar.

Una "naturaleza-espectro" (8) ha propuesto Giorgi como clave de lectura para leer a Cárdenas. Una "provincia-espectro" sugiero, por mi parte, como complemento. Una "provincia-espectro" conjugada, como le hubiera gustado a Orphée, como un montaje que expone las malas suturas y opera desde la asunción del fragmento, es decir, como un

158 En "Los mayores fraudes espiritistas" incluido en *Volver a comer del árbol de la ciencia* (Cárdenas, 2021b, 52) se expresa lo siguiente en torno a Bogotá: "A mí Bogotá me parecía un lugar lúgubre donde hacía mucho frío y la gente era antipática"; "La ciudad era para mí una completa desconocida. Me perdí muy pronto. […] La ciudad se abría para tragarme y yo me entregaba a la experiencia convencido de que deseaba crecer, transformarme en otro, cambiar de nombre cada año, dejarme barba, tener varias cédulas, dormir en un lugar distinto todos los días" (54).

tramado que deja ver la contingencia del dispositivo y de la composición, porque lo que se resalta es la imposibilidad de cerrarse sobre sí misma. Cárdenas, no obstante, deja ver algo más y son, precisamente, sus reflexiones en torno a su conceptualización de las imágenes las que me permiten ahora proponer que los contornos de la provincia se arman en constelaciones de imágenes dialécticas que se tensionan, se avecinan y se perturban mutuamente. En mi opinión, en Cárdenas, la "provincia-espectro" —que leo en las páginas de su narrativa— se presentiza a partir de la articulación y la concatenación de lo que el escritor denomina como "nudos ciegos", en un ensayo homónimo al que presenta como una suerte de arte poética, aunque sea clasificada, en el subtítulo, como una "Explicación falsa" de sus textos. En este texto-manifiesto, Cárdenas (2021b, 155) proyecta un modo de pararse frente a su narrativa al deslizar un pacto de lectura en el que define su práctica escrituraria como un "quehacer anfibio", al aceptar la imposibilidad de fijar bordes precisos entre las palabras y las imágenes, entre la literatura y el arte: mi quehacer, explica, es una "Literatura que quiere ser arte. [Y un] Arte que quiere ser literatura. Me da lo mismo".

Tal es la hibridez entre arte y literatura que hay en la práctica escrituraria de Cárdenas que habría que proceder a entender los "nudos ciegos" como imágenes y textos en "una relación de perturbación recíproca" que consiguen "reinventar su contingencia a través del tiempo" y que, por lo tanto, "permiten ver más allá, hacia el mundo". De este modo, los "nudos ciegos" son "capaces de atravesar el tiempo, de suscitar eso que Borges [...] llamaba 'la técnica del anacronismo y las atribuciones erróneas'" (2021b, 166-167). Asimismo, pueden también pensarse como una red de relatos y una yuxtaposición de imágenes "plebeyas", es decir, de imágenes "menores, [que] llevan en sí mismas la marca de la incompletitud y, por ello, de lo posible, de lo contingente" (71). Imágenes que van armando, en el tramado de la conjunción sin fusión, "texturas fugaces pero intensas, una cierta atmósfera cromática, información dispersa que acaso permite reconstruir fragmentos de una escena" (67). Imágenes que se anudan y quedan, explica, porque tienen la "capacidad de colonizar otras imágenes y hacerlas hablar con un idioma íntimo" (70), aunque sean pobres o malas y no tengan "prestigio". En definitiva, imágenes entramadas que se desbordan por fuera de la página en un "juego de perturbaciones" (167), pero que, lejos de sellar los sentidos y pegarse a las cosas, se acercan al mundo sin cerrarlo, exponiéndolo. Y son, precisamente, estas "imágenes plebeyas" las que, en mi opinión, constituyen y componen los lugares provinciales espectrales que atraviesan su narrativa, los cuales se conjuran en relatos que se desplazan y vuelven a emerger, a anudarse y yuxtaponerse, en nuevos nudos y entramados que flexibilizan, rearman y re-constituyen el trazado de los contornos. Después de todo, las imágenes que exponen la espectralidad de los lugares ya no pretenden "construir un universo con aspiraciones totalizantes" (70-71), sino un mundo hecho de cosas chicas e incompletas.

En "Construir la experiencia de la sed (aproximaciones pedagógicas y políticas a la escritura creativa)" (Cárdenas y Álvarez 2019) —un texto programático, escrito junto con Juan Álvarez, donde se reflexiona sobre el proyecto de escritura creativa del Instituto Caro y Cuervo en el que ambos participaban— sobresale un breve texto firmado solo por Cárdenas titulado "Un texto es un territorio (manifiesto estético)".[159] Haciendo uso de una retórica que tiene ecos de manifiesto vanguardista, Cárdenas

---

159 El proyecto de escritura creativa del Instituto Caro y Cuervo —Diplomado Pacífico en Escritura Creativa— se creó en 2016 en la región del Pacífico, "en medio del proceso de paz" y con la participación de la ONG Fondo Acción, que gestiona un programa de conservación de bosques (Estrategia Nacional de REDD+). El objetivo era producir materiales de comunicación y una serie de cartillas que no fueran meramente informativas, como las que la ONG había hecho hasta ese momento. La consigna que se planteó fue la de "intervenir desde el relato. Hacer algo más que cartillas informativas. Establecer la palabra como principio y tejer ese principio con las comunidades mismas cuidadoras de los bosques. Y no cualquier palabra, sino aquella que busca y honra la forma del relato; no la palabra que impone y que soborna, la que corrompe y destruye, sino aquella que va puliendo de boca en boca, melodiosa y elíptica, como piedra de río" (Cárdenas y Álvarez 2019, 126). De ahí que "la narrativa prescriptiva de las cartillas" se deja de lado para "responder con una obra de arte" (128). La edición de los textos que resultaron de la experiencia, en la que participaron "narradores y líderes comunitarios", se publicó en 2017 por la editorial Machete como *Maletín de relatos Pacíficos*, una obra colectiva compuesta por 23 cuadernillos con una recopilación de textos de diferentes autores, disponible en la website de Fondo Acción. Véase, a su vez, el corto documental *El Pacífico: un pulmón narrativo de Colombia*, realizado por periodistas de *El País*.

bordea un contorno que, en el manifiesto, nombra como territorio, pero que en el itinerario que vengo construyendo leo como provincia. Allí categóricamente afirma que "el territorio [la provincia, en mi lectura] es el lugar donde la historia y la fábula se confunden" (129), un modo, si se quiere, de cuestionar los procedimientos disciplinarios que se asumen como diferentes y de tirar por la borda la especificidad de los límites discursivos. Una confusión que Cárdenas hace extensiva, a su vez, a la definición del espacio mismo que se identifica como territorio, ya que también advierte sobre la dificultad de fijar la precisión de sus límites: "Nadie sabe dónde empieza y dónde termina un territorio" (129), confiesa, como si al señalar esa imprecisión llamara la atención sobre lo que queda fuera de marco y demostrara, casi sin decirlo, el acto mismo de delimitar, de restringir y, por lo tanto, de cerrar. La causa de esta imprecisión no es, sin embargo, una mera consecuencia de la supuesta extensión del plano; es, en cambio, la densidad profunda de los estratos y las diversas capas que subyacen: "Sus pliegues interiores son inabarcables" (129), ha afirmado, multiplicando, así, las posibilidades de circunscripción. De este modo, el "quehacer anfibio", propongo, se desplaza ahora a los modos de producción y de construcción de los espacios hechos lugar.

Ahora bien, antes de realizar estas afirmaciones que subrayan la indeterminación de los límites, Cárdenas se ha detenido a construir una cadena de equivalencias que si, por un lado, parece precisar mejor la interrelación marcada en el título de su manifiesto entre territorio y texto, por otro se puede leer como un gesto que ejercita la actividad misma del plegar, una práctica que antes ha juzgado como constitutiva de eso que denomina como territorio. Así, para definir el concepto, Cárdenas procede a hacerlo como puede o como sabe: a partir de una concatenación de ideas que contornean una figura posible, pero que, a la vez, desbordan la supuesta precisión de la definición con la que acaba de nombrar y determinar el objeto. De este modo, en la forma de conjugar pone en práctica el plegar como un procedimiento hecho de relaciones y montaje, hasta tal punto que los sustantivos, lejos de sustancializar en y por la definición, se articulan "en su dimensión verbal, que les confiere dinámica e intensidad" de acuerdo con Didi-Huberman en *Lo que vemos, lo que nos mira* (2011b, 142). Cito en extenso las palabras de Cárdenas en su manifiesto:

> Un texto es un territorio. Un territorio es siempre la crítica de un territorio. La crítica consiste en levantar el mapa de un territorio. El mapa es un modelo de conocimiento, no una representación exacta del territorio. El territorio es irrepresentable. Pero es posible recorrer un territorio. Es posible oler un territorio. Es posible comerlo. Es posible observarlo. Y en definitiva es posible levantar el acta conjetural de un territorio. Eso es la literatura.
> [...] Leer es recorrer el territorio.
> Escribir es volver a recorrer el territorio.
> La literatura es un reconocimiento del terreno. (Cárdenas 2019a, 129)

Tal como lo plantea en el manifiesto, el territorio equivalente en su producción al texto se vuelve, entonces, una praxis que demanda el escribir y el leer, como si hubiera, en este gesto, una ampliación de la lectura y de la escritura por fuera de la página; o, dicho de otro modo, como si los límites precisos entre texto y lugar se diluyeran en esa práctica de concatenar que tienen en común tanto el texto que se escribe y lee, como el espacio que se reconoce y recorre. Un juego de palabras que implica un posicionamiento enunciativo y un reordenamiento de lo sensible, pero que, sin embargo, solo puede proponerse desde la apertura del sentido que supone el sustantivo verbalizado, que viene a nombrarse como una suerte de balbuceo y tanteo que emerge como inestable y posible, es decir, como un "acta conjetural". Una forma que, lejos de iluminar y asentar las equivalencias con definiciones claras y precisas, literalmente, las conjetura, las explora, las pone en relación y en movimiento, las abre a la incompletud. De tal modo que lo que va surgiendo de este encadenamiento de supuestas equivalencias es una red de sustantivos verbalizados y una trama de relatos, registros, discursos, prácticas, perspectivas, imágenes plebeyas entrelazadas, sujetos actantes y marcas. Toda una pluralidad anudada o hecha nudo como si fuera un tejido que va armando, en el montaje, esa composición de lugar en la que se está. Pero lo importante de todo esto es que la escritura de Cárdenas, como las *Jironadas* de Nigro, no esconde, sino que deja ver la construcción de la red, la coexistencia de las tensiones y la diversidad de registros y de discursos que se van articulando y concatenando. Una red que, a la vez, no puede pensarse como una trampa que atrapa "esa latencia de presencias" —de la que habla Giorgi— para encerrarlas en narrativas codificadas y estables que predeterminan las articulaciones de los sentidos en sistemas de representación que se siguen repitiendo como incuestionables. Narrativas todas —como son la de la naturaleza exuberante, o las del regionalismo, el costumbrismo o las marcadas por el capital— que domestican esa red de relatos e imágenes con sentidos ya consensuados y que descartan, a su vez, otros modos de atar y, por ende, de posicionarse.[160]

Tal vez, por todo esto, en "Nudos ciegos: Explicación falsa de mis textos", Cárdenas (2021b, 160) vuelve a repensar la escritura y la lectura como prácticas que dejan de conjugar "lo escrito" como "ese palacio de las certezas y los significados", para pensarlas como modos multisensoriales de bordear los nudos ciegos. Para redefinirlas, Cárdenas vuelve a los quipus, "ese medio de recopilación de datos, empleado por las civilizaciones andinas desde hace miles de años, que se basaba en un sistema de nudos practicados en distintas fibras, sobre todo animales". En su aproximación a los quipus, Cárdenas se aparta de la defensa de la oralidad del "escribir en el aire" de Antonio Cornejo Polar, para reivindicar en ellos otro modo de articular la escritura: uno, aclara, que se aparta del "carácter absolutamente visual de nuestra escritura" (164) al hacer "intervenir varios sentidos de una manera muy activa: el tacto, la vista, quién sabe si hasta el olfato" (163). Así, frente a este modo de escritura multisensorial, en el cual "cada color, cada olor,

---

160 En una entrevista reciente por la aparición de *Peregrino transparente*, realizada por Javier Mattio (2023) para el periódico *La Voz*, Cárdenas expresa lo siguiente: "Parece mentira, pero desde Bogotá, San Pablo, Lima o Buenos Aires todavía se mira a los territorios americanos con los anteojos del costumbrismo, del racismo cientificista o del determinismo geográfico. [...] No creo que esta novela sea una crítica al colonialismo o al racismo o al patriarcado. Quería meterme en el interior de las posiciones, no de las identidades. El jueguito mercantil de las identidades en el que estamos ahora metidos no me interesa para nada. Mi crítica [...] quizá va dirigida a desmontar ese jueguito identitario. Me interesan las posiciones, y esas siempre son complejas, paradójicas, traumáticas. [...] Estoy harto de los libros en clave autobiográfica decolonial, resiliencia del Yo oprimido en lucha contra el Mal, cómo me hice pastor evangélico o chamán [...] Con contadísimas excepciones, es todo literatura mediocre sin espesor intelectual ni riesgo formal. El tema ligado a una identidad preempaquetada".

cada fibra, aludían a un universo de sentidos" (165), Cárdenas insiste en encontrar puntos de contacto, más allá de las obvias diferencias, al redefinir la lectura como una recuperación sinestésica de todos los sentidos, subordinados, en un primer momento, a "la prioridad del ojo" (164). Explica: leer es un modo de "sumergirnos en el texto con todo el cuerpo", ya que "creemos escuchar, oler y tocar lo que leemos" (164). El otro punto de contacto que observa entre ambos sistemas de escritura es que comparten "cierto carácter metonímico, que quizás sea intrínseco a la propia idea de la escritura, independientemente del sistema" (165): "Por carácter metonímico" —se refiere— "a una cierta inestabilidad del signo" y "al hecho de que la escritura está apuntando constantemente a su exterior, a lo que no es escritura" (165). Para luego aclarar que toda escritura "siente atracción por los bordes, la escritura se desborda, como queriendo dejar de ser escritura, como queriendo volverse tinta, papel, imagen, voz, sonido, olor, presencia" (165). De este modo, para Cárdenas, lectura y escritura conjugan materialidad, se hacen de una materialidad que involucra y envuelve el cuerpo y se desbordan en una exterioridad que practican a partir de esas constelaciones de nudos ciegos.

Este posicionarse como un desborde o una apertura se expresa, en toda su complejidad, en la última frase de "Construir la experiencia de la sed", el texto que Cárdenas escribe con Álvarez, cuando se adentran en la región del Pacífico. Allí, para cerrar, ambos escritores proponen al unísono lo siguiente: "Intervenir desde el relato no es, no puede ser, escribir historias *sobre* el agua dulce para que los ciudadanos 'caigan en cuenta' de la finitud del recurso". Por el contrario, afirman, "intervenir *desde* el relato tiene que ser construir la experiencia de la sed" (Cárdenas y Álvarez 2019, 131; itálicas propias). Intervenir, posicionarse, entonces, es un modo de estar en el desborde, de asumir la latencia de los "nudos ciegos", que son tales no porque no se pueden ver, sino porque opacan el decir directo de la información, las metáforas y analogías y problematizan, por lo tanto, los sistemas de equivalencias simples y las sumas de las identidades. En su lugar, Álvarez y Cárdenas optan por la sed, por presentar un nudo ciego, por dejar de lado la escritura que informa de modo directo para asumir, en cambio, prácticas posicionadas, simultáneamente históricas, pero que no por ello dejan de ser inestables, montajes que vuelven una y otra vez.

Pero ¿cómo construir dicha "experiencia de la sed"? O, mejor, ¿cómo sentir la experiencia que se sabe nudo ciego? Para responder estas preguntas, propongo ahora saltar a *Elástico de sombra*, la novela de 2019 localizada en la zona norte del departamento del Cauca y en el valle del río Patía, que traza las andanzas de don Sando y Miguel, dos maestros del arte marcial afrocolombiano de la esgrima de machete, quienes van en busca de los "juegos de sombra", la técnica que les permitiría luchar en la oscuridad.[161] Asimismo, propongo tomar de su última novela, *Peregrino transparente* (Cárdenas 2023), una serie de reflexiones en torno a la representación intercaladas en las diversas partes que la constituyen. La mayoría de las reflexiones citadas se concentran en la primera parte titulada "Gorgona, 1850-1852", focalizada en el pintor inglés Henry Price y su participación en la Comisión Corográfica, dirigida por Agustín Codazzi, quien emprende, a su vez, una búsqueda obsesiva de las pinturas del artesano indígena José Rufino Pandiguando.[162] Leer a Cárdenas, desde este montaje de textos, es un modo de repetirlo o citarlo a partir del uso de un procedimiento central en su narrativa. Después de todo, el montaje de relatos entrelazados y de "imágenes plebeyas" es la marca política y estética que caracteriza su escritura y es, también, el dispositivo del que se vale para componer un posicionamiento, un lugar enunciativo que anuda los sustantivos verbalizados para abrirlos como "nudos ciegos".

Para entrar a *Elástico de sombra* propongo pensar la composición de lugar que se contornea afantasmada en la novela como la puesta en

---

161 Una novela que se ha leído, sobre todo, en torno a la recuperación y reivindicación de la cultura afrocolombiana y la práctica de la esgrima de machete. A su vez, ha suscitado tensiones y reclamos de apropiación cultural al no ser Cárdenas afrocolombiano ni miembro de esa comunidad. Cárdenas, en numerosas entrevistas, ha hecho referencia a dichas tensiones.

162 En el montaje que sigue, hay un desvío adrede con respecto a la novela *El diablo de las provincias* (Cárdenas 2017), el texto "esperable" en una lectura crítica que se propone redefinir ese lugar explícito en el título. Este no detenimiento en dicho texto es un modo de resaltar las sutilezas y los matices en la construcción de los espacios en la obra de Cárdenas, ya que todas las obras mencionadas, aun cuando no los nombra de modo directo, configuran alrededores provincianos.

escena de una "chagra", es decir, como una de esas "huertas de larga duración que los pueblos indígenas construyen en el interior de la selva y de las cuales depende su sustento", pero que pueden pasar desapercibidas "para un ojo no entrenado, [ya que] estas chagras son prácticamente invisibles" y fácilmente pueden ser identificadas y confundidas como selva o naturaleza ("Pinturas viajeras"). Explica Cárdenas: "No hay algo así como la jungla indómita y virgen: hay una comunidad de especies propiciadas en gran medida por la mano de los indios, hay un cosmos allí donde nosotros, ciegos para leer los signos del bosque, solo vemos caos" ("Pinturas viajeras"). Las chagras son, por lo tanto, nudos ciegos, espacios producidos, ensamblados, que marcan un recorte y un fuera de campo, en un tiempo-duración que anuncia su historicidad: "La Amazonía ha sido cuidada y hasta modelada por la intervención de estos magníficos jardineros a lo largo de milenios" ("Pinturas viajeras"). No obstante, Cárdenas hace notar: "Hemos tardado siglos en comprender que la selva no es lo opuesto a la civilización: es, muy por el contrario, una especie de Gran Biblioteca, un laboratorio donde la vida inventa cosas nuevas cada día" ("Pinturas viajeras"). La chagra, entonces, como una presencia ausente, si no se sabe percibirla, pero también como una presencia ausente porque cambia y se desliza en su propia historicidad. O, dicho de otro modo, la "chagra" como un sustantivo verbalizado que se abre y señala su proceso de construcción.

Es, precisamente, este juego de presencia y ausencia —tan característico, por otra parte, de la esgrima de machete o "grilla"— lo que hay que resaltar en el modo como Cárdenas arma la provincia espectral haciendo uso de "imágenes plebeyas", relatos y prácticas que, como ya he mencionado, se constituyen como nudos ciegos y plasman las tensiones y hasta las contradicciones de esos lugares que están presentes, aludidas, esfumadas en su obra. Hechos, en síntesis, "juegos de sombra".[163] Ahora bien, si leo de modo específico la provincia como chagra en

---

163 Juliana Martínez (2020), ampliando la lectura de Rory O'Brien, propone en *Haunting without Ghosts*... conceptualizar el "realismo espectral" (*spectral realism*) como categoría de análisis para repensar las relaciones complejas entre representación y violencia histórica en Colombia. Si bien Martínez no trabaja Cárdenas, muchas de sus conclusiones pueden servir para leer su narrativa.

Elástico de sombra necesito leer la forma como se va contorneando (esculpiendo) ese lugar, sin negar, por supuesto, el "enfático posicionamiento de la escritura frente a una situación histórica y política específica que la connota pero que, a la vez, la trasciende: la de la resistencia negra en el norte del Cauca" (Henao y Delgado 2021, 424).[164] Para ello, primero es importante observar cómo la novela se articula como el entramado de una red, un tejido de diferentes relatos que se van entrelazando unos con otros, como si ella se volviera uno de esos "rumores que el propio machetero pone a circular como plata falsa" (11). Así, la novela encadena relatos y narradores, ya que la voz narrativa en tercera persona —que narra desde una perspectiva casi omnisciente— cede la palabra a una diversidad de personajes, que entran y salen de la novela, pero que dejan como huella su voz y su relato.[165] Cada uno de estos relatos tiene un estilo y una cadencia que es propia del narrador que la articula, como si la multiplicidad de perspectivas, ritmos y registros fuera la única estrategia posible para configurar esos "pliegues interiores" —que "son inabarcables", ha expresado Cárdenas en el manifiesto— de esos espacios del Cauca y del valle del río Patía recorridos por los dos macheteros, don Sando y su "veterano alumno" Miguel, junto a Cero, el "escribidor blanquito" que los acompaña en su busca del saber perdido

---

164 Aclaro que con este gesto hacia la forma no estoy despolitizando a la novela, ni negando la resistencia que muchos críticos ya han leído en el texto sobre todo en relación con la reivindicación de las culturas afrocolombianas del Pacífico señalada, junto al cuestionamiento de los modos de producir la hegemonía de la blanquitud, tal como se expresa en la "Nota liminar". Simón Henao y Alba Delgado, en "Escribir por detrás: permanencia y duración de *Elástico de sombra*, de Juan Cárdenas" (2021), leen la novela como la articulación de un "realismo elástico" que conjuga una "escritura en resistencia".

165 La novela se estructura a partir del uso de una voz narrativa en tercera persona que por momentos es omnisciente, pero por otros momentos expresa los límites de su saber y solo señala la exterioridad de lo que observa. Ejemplos: "Don Sando, el anciano maestro, maestro de maestros, empezó a pensar que el sol ya estaba con ganas de hornearlos" (Cárdenas 2019b, 9); "Mientras se refrescaban en medio de un silencio pica dulzón, los dos hombres vieron llegar a Miguel y a don Sando, que, al parecer, ya habían acabado de hacer sus ritos y sus cosas raras en el río" (16).

de los "juegos de sombra" y que "no dejaba de tomar notas en una libretica roja" (Cárdenas 2019b, 9, 11, 14).

Una serie de relatos de diferentes registros configuran *Elástico de sombra*, una suerte de tejido colorido que emerge como composición de lugar en la que se pliegan y se vuelven a plegar el Cauca y el valle del Patía, ya que la malla se arma desde la elasticidad misma del contar. Como señala Cárdenas (2021b, 104), en sus notas sobre Felisberto Hernández, todo relato, a diferencia del texto que informa, se estira y se pliega porque "nunca cuenta una historia, nunca se cierra a sí mismo para transmitir un contenido determinado. El relato siempre aparece como pura contingencia, como una marca de su propia desaparición, como un vacío central alrededor del cual se desencadenan las fuerzas opuestas que van y vienen". De ahí que el lugar que se produce en el relatar nunca puede quedar reducido a un solo estilo, o un solo modo de narrar, a un solo discurso, a una sola focalización, ni siquiera a una sola voz narrativa. Por el contrario, el desliz y la elasticidad de los relatos y las voces son los que van contorneando o circunscribiendo el Cauca y el valle del Patía. A su vez, son los procedimientos que estructuran y desbordan la novela en un suceder metonímico que, lejos de representar el lugar del referente, lo performatizan como montaje. Por eso, la novela-elástica conjuga el lugar desde el discurso de la lucha política y de la resistencia —ahí está la voz transcripta de Francia Márquez (Cárdenas 2019b, 64-66)— pero, simultáneamente, lo articula también a través de los "cuentos de fantasmas y aparecidos" (32) y de los "cuentos chimbos" que se entrelazan. Y lo presentiza, además, en las marcas que deja la performatividad de los rituales, en las repeticiones de las creencias que se entrecruzan, en los cantos y en las danzas afrocolombianos que persisten. Por eso, también, el contorno del lugar se traza a través de una suma de relatos históricos —por ejemplo, aquel que determina que se gana la guerra con el Perú por "el poderío aéreo" (37)— junto a la reiteración de muchos otros pertenecientes a la tradición oral que han quedado fuera de los libros de los historiadores, pero que persisten en los rumores y en los relatos de los macheteros, como lo es, por ejemplo, el relato contado por el veterano don Manuel María, quien rectifica la versión oficial al otorgarles la victoria contra el Perú a los macheteros y sus "juegos de sombra" (36-39).

Por esta pluralidad de relatos entrelazados, la novela en su forma emerge como "*rapsódica*", en el sentido etimológico que le da Barthes

(2009, 396; itálicas en el original) al término, es decir, como una tela "*cosida*", en cuanto "se confecciona la obra como un vestido": "el texto rapsódico implica un arte original, como lo es el de la costurera: piezas y pedazos se someten a entrecruzamientos, arreglos, concordancias". Leída desde la forma, la novela misma se hace rapsodia, ritmo y montaje, es decir, práctica que se acerca a la tela bordada que les es entregada a los macheteros y a Cero por doña Yasmín Góngora como salvoconducto y guía en su búsqueda del saber perdido. Ahora bien, la tela de doña Yasmín se inscribe en el texto como una acción que repite pero que desplaza la práctica de la grilla, como un gesto en miniatura, si se quiere menor, en el que se asemeja —pero no se identifica— el hacer de la aguja con el hacer del machete: "A la final, ¿no es cierto que la aguja viene a ser como un machete en miniatura y, por eso mismo, mucho más fino por su esatitú?" (Cárdenas 2019b, 49). Bordar, entonces, se transforma en otro modo de hacer figuras: una práctica que, en la novela de Cárdenas, se multiplica en las diversas formas que se ejercitan, ya que, si la grilla se despliega en posiciones, también lo hacen la aguja, los bailes y hasta la propia escritura de Cero en la libreta roja. Y en las figuras o por las figuras hechas por diferentes prácticas culturales y sistemas de representación (grilla, bordado, escritura, danza) se va produciendo lugar, un espacio actualizado en y por el movimiento que se sigue realizando y restableciendo en clara dependencia de ese practicar.

La tela de doña Yasmín termina enseñando, por lo tanto, mucho más de lo que, a primera vista, presenta, ya que les hace ver a los macheteros esta interdependencia entre figura y lugar. Y lo hace al demostrarles, precisamente, que los sentidos no son revelaciones verificables que están presentes en el patrón del bordado como si estuvieran encerrados allí y solo fuera necesario aprehenderlos: "Doña Yasmín les enseñó a los hombres el hermoso y delicado patrón geométrico que había bordado en su tela negra, pero ninguno dio muestras de saber leer nada de lo que allí decía" (Cárdenas 2019b, 49). Al contrario, la tela punteada por la aguja enseña la puesta en práctica de la lectura, el proceso que vuelve a armar de nuevo (que vuelve a beber) figuras, posiciones que performativizan los sentidos en un aquí y ahora precisos. Tal como expresa doña Yasmín: hay que aprender a acercarse a las cosas y hay que aprender a pararse frente a ellas, porque lo que aparece no es la revelación de verdades, la creencia tautológica que viene a cerrar con presencias. Por el contrario, lo que aparece en la tela de doña Yasmín es la articulación de un sentido tal como lo practica el Duende, quien en sus relatos "suele enredar el camino con medias verdades" (49). Tan es así, dice doña Yasmín, que hay que cuidarse mucho "de tomar sus palabras al pie de la letra. [porque] El Duende habla torcido, en clave, con el secreto enhebrado en la aguja" (49).

El bordado y la esgrima del machete materializan, entonces, un juego de presencias y ausencias, de asociaciones y posiciones, que van delimitando en los macheteros un modo de hacer, decir, mirar, sentir y, por ende, de estar: "Para ser machetero no había necesariamente que tener machete. Uno es machetero si tiene espíritu de machetero [...] machetero de la cabeza a los pies" (13).[166] Esta invisibilidad del machete que confiere identidad al machetero no se precisa en la novela como una presencia entendida como esencia, sino que se actualiza como un juego de posiciones, es decir, como un armado de figuras y contrafiguras, una suerte de roce de cuerpos que, como explica don Sando, "se vuelve imagen, se vuelve música, se vuelve palabra, se vuelve sabor" (35). Una constelación, en definitiva, que se vive como experiencia afectiva, pero que no termina de volverse completamente decible. Así, como la poesía, los juegos de posiciones de la esgrima no logran romper el misterio, aunque "le da forma, [en cuanto] permite apreciar el misterio del sabor desde el umbral del pensamiento" (35). De este modo, las figuras dibujadas sobre el piso, o bordadas en la tela, o trazadas en la escritura, se delinean como "la materialidad misma": "La materia sensible, la materia pensante, el secreto del secreto del sabor que se hace saber, que se hace movimiento. La materia que sabe tocar lo que toca cuando toca y por eso ve hasta sin ver" (40). Después de todo, "el tiempo y el espacio no son cajones vacíos donde se hacen los movimientos. Son los movimientos los que engendran el tiempo y el espacio, o sea, el ritmo" (110).

Y el ritmo, en *Elástico de sombra*, nunca se da como una línea recta, directa, o como una metáfora que termina identificando y cerrando las imágenes y, por ende, el sabor, en un sistema de equivalencias. Por el contrario, el ritmo y la fricción de los cuerpos producen un lugar

---

166 En diálogo con Diego Rabasa, el editor de Sexto Piso, en la presentación de la novela, Cárdenas elabora esta concepción del posicionamiento, del pararse.

elástico que se sabe abierto porque "siempre deja a los costados una rebaba. Como cuando uno agarra una brocha para pintar una pared y a cada lado del brochazo sale como un sobrante de pintura, un exceso, como una marca que deja la materia desplazada en movimiento" (110). Un lugar hecho de figuras que se estiran en el tiempo y que persisten y, por lo tanto, resisten las borraduras y las sombras, pero, a su vez, dichas figuras al construirse en un lugar terminan produciendo un alrededor que, por su misma historicidad, se contornea, se bambolea y se potencia como "líneas temblorosas" (110). Por eso, los maestros de la esgrima coinciden en definir dicho arte no por la progresión de las líneas rectas, los límites fijos y precisos capaces de determinar bordes e identidades, sino por la porosidad de una figura que se traza con los cuerpos y sobre el suelo como un "falso diagonal", "la piedra angular de los juegos de machete" (45). Un falso diagonal que, como su nombre lo indica, "es las dos cosas: falso y diagonal" pero que, sin embargo, "dibuja en el suelo un triángulo rectángulo imaginario y de trazo tembloroso, que arranca en el vértice inferior entre los dos catetos para, tras un deslizamiento sorpresivo en horizontal, marcar la hipotenusa en dirección al rival" (45). De este modo, los cuerpos dibujan una zona que, como el tiempo del que habla Giorgi, se vuelve ella también temblorosa, o, como se expresa hacia el final de la novela, la esgrima hace que el espacio se perfile en la circunscripción que acota, pero también en la rebaba, porque lo que hay y lo que queda es siempre ese "triángulo rectángulo de líneas temblorosas…" (110) apenas dibujado sobre el piso.

La porosidad temblorosa de ese triángulo, ese nudo ciego que se libera en el movimiento es, en definitiva, la provincia espectral que leo o que vuelvo a beber al entrar en el mundo de Cárdenas. Una provincia que, por afantasmarse, no pierde su fuerza crítica, sino que, por el contrario, se vuelve una máquina que, al pluralizarse en redes, deconstruye la institucionalidad de los discursos al darlos vuelta y mostrar las costuras en el revés de la tela. O, como se expresa en *Peregrino transparente* (Cárdenas 2023, 64):

> Es la literalidad de la literatura la que resulta insoportable. Es la literalidad —la desobediencia radical del lenguaje literario a cualquier programa o algoritmo— lo que la ideología de nuestro tiempo intenta desesperadamente reconducir, domesticar, amaestrar. […]

> El problema es justamente que no podemos soportar la literalidad, el vacío central del significante o el vacío central de las partículas elementales, tanto da. El pivote inmaterial de toda materia. El truco de la ideología no es la literalidad, sino su habilidad para establecer un significado fijo para cada cosa que decimos y hacer que esa operación fraudulenta parezca siempre natural.

Frente a esa insoportabilidad, entonces, "cada época busca su propio refugio contra la literalidad", dice el narrador autorreflexivo de *Peregrino transparente*, "atribuyendo significados, alegorías, metáforas, tesis, a lo que en el fondo no significa absolutamente nada" (64). Cada época y cada "lugar autentificado", debería aclarar, ya que lo que los define es, precisamente, "la configuración particular de su defensa contra la literalidad del poema" (64), contra la rebaba, contra los temblores y las figuras que se hacen entre sombras. Después de todo, hacer o practicar un lugar por fuera de la fijeza de las normas es abrirlo al montaje, a las tensiones de los relatos, a las redes de las imágenes y las asociaciones que no aplacan ni borran "el movimiento en las cosas que se perciben como quietas" (82), porque dicho entramado logra articular lo más difícil, que es "captar la quietud allí donde solo hay movimiento efímero" (82). Y allí, en esa tensión conjugada nudo ciego, sale la provincia hecha chagra que está y hay en la narrativa de Cárdenas. Una provincia, quiero concluir, que, como la pintura que quiere producir Price para la Comisión Corográfica, no se dedica a poner en práctica una reproducción fiel y auténtica del lugar: "Y Price no quiere ser un mero copista de la realidad, un notario de las costumbres y los paisajes" (49). Por el contrario, la provincia espectral, la provincia chagra que Cárdenas ayudó a experimentar y a sentir es una que "toca las cosas de tal manera que se unta de ellas. Es ese *unto* lo que quiere lograr" Price con sus pinturas (49; itálicas en el original). Un unto, propone Cárdenas, que nos apega a las cosas y a los lugares, pero que, lejos de fijarnos en una estabilidad, nos desliza entre esa "jalea deliciosamente maleable" que es la realidad (225). Un unto que, por otro lado, ya estaba presente en ese Di Benedetto que Cárdenas dice leer como "uno de sus escritores de cabecera" (Friera 2014) y, que quiero creer, lo ha ayudado a pensar la posibilidad de armar una provincia en esa literalidad estética y política que le achaca a la escritura.

La forastería

Un modo de estar *en* provincia se va abriendo en este adentrarse en la literalidad tal como la concibe Cárdenas. Para tallarlo propongo, ahora, conformar una figura, un posicionamiento al que denomino forastería, un lugar de enunciación que se practica como un entramado incompleto y abierto, siempre fragmentario, y que posibilita el desplazamiento, el desfase que vengo leyendo en este modo de hacerse provincia. Para articular la forastería no hay necesidad de viajar, ni de migrar, ni de meterse en un espacio extranjero. Tampoco hay necesidad de delimitar los espacios con banderas de colores ni hay necesidad de recurrir a la traducción. No hay tarjetas postales, turistas, ni viajeros. Tampoco hay diásporas, vueltas a casa, ni nostalgias por la pérdida de un hogar que se sabe irrecuperable. No hay nada de todo esto, porque la forastería presupone un cierto sedentarismo, un no moverse de ese aquí tal como lo propuso, en su momento, Arguedas, un modo de quedarse o de estar que también implica una cierta movilidad, pero de otro tipo. Una movilidad apenas efímera —semejante al movimiento en el que están las *Jironadas* de Nigro— que se presentiza como borrada por la apariencia estanca que, parece, tienen las cosas cuando uno no se va. En síntesis, forasteros y forastería no es otro modo de narrar los viajes y los viajeros, ni tampoco es otro modo de nombrar la extranjería (categoría que, en mi opinión, marca un binarismo y a la que volveré), sino una instancia aporética que permite reflexionar en torno a prácticas culturales contemporáneas que aún se piensan desde una morada, pero ahora entendida desde la inestabilidad de un lugar.

Para pensar la forastería y bordear la posibilidad de inscribir una narrativa situada, un modo de estar y de demorarse en el devenir, sigo la propuesta de Jean-Luc Nancy, quien reflexiona sobre el concepto de exilio como asilo, como un *in situ* aporético que exilia y asila al mismo tiempo. Asimismo, tomo *Recuerdos de Córdoba*, el libro de Flavio Lo

Presti de 2013, que recoge una selección de las reseñas publicadas en el diario *La Voz del Interior* así como de las columnas mensuales tituladas "Yo escribo mucho peor" que aparecían en *Ciudad X*, el suplemento cultural de dicho diario, que ha dejado de salir.[167] En estos textos híbridos, donde se mezcla la crítica literaria con la autobiografía, la crónica y la novela con la parodia, Lo Presti (2013, 181) se dedica a mostrar "su insatisfacción frente al presente de la literatura" y a trazar un panorama de la literatura contemporánea argentina, a la que critica severamente, sin filtro, porque considera que mucho de lo que se alaba es mediocre o está sobrevaluado. Al distanciarse de ese archivo, la voz de Lo Presti construye un "contexto para una ficción en primera persona", la cual se conjuga, como observa Maximiliano Crespi en *Los infames* (2015a, 142), como "una novela de iniciación paródica, segmentada en escenas de ambiguo patetismo y afectación irónica".[168]

Es importante deshilvanar esa primera persona que construye Lo Presti (2013) en esa suerte de novela de iniciación que es *Recuerdos de Córdoba* para observar cómo despliega un espacio para su voz como crítico literario en provincia. Precisamente, en *Recuerdos...*, Lo Presti se autodefine como un "Natural Born Killer", apodo que hace referencia a su reputación, "entre veinte personas" (149), de ser "un crítico jodido" (152), un "*vigilanti* de la crítica o una especie de Batman patético que

---

167 Aunque el suplemento cultural impreso de *Ciudad X* ya no circula, Lo Presti siguió publicando en *La Voz del Interior* su columna "Yo escribo mucho peor", a veces en la sección llamada *Ciudad Equis*, otras en la sección *Vos*, entre 2011 y 2018, cuando el diario decidió discontinuarla. Actualmente, Lo Presti participa de la *Revista Ñ* del diario *Clarín* y realiza una serie de lecturas virtuales para la librería del Fondo de Cultura Económica (#LecturasDeFondo). Una segunda selección de sus columnas se encuentra en *Yo escribo mucho peor*, publicada en 2015 por Llanto de Mudo, mientras que una versión ampliada de este texto se publicó en 2019 bajo el título *Mucho peor* (Editorial 17 grises).

168 En realidad, *Recuerdos de Córdoba* es de difícil caracterización genérica y, como plantea Crespi (2015a, 141-142), "traiciona —o más precisamente refuta— la adscripción desesperada de su contratapa", ya que no "puede afiliarse al 'ensayo'; no responde a los protocolos genéricos de la 'crónica'; falla el estereotipo de la 'columna de opinión'; y no contiene un solo rasgo que permita pensarlo como 'diario de lecturas'".

hac[e] justicia con libros malos y aburridos y con críticos indulgentes" (149). Un lector "negativo, kantiano, destructor" —lo describe Juan Terranova— que se dedica "a destruir libros" (151), porque funciona como un "*killer* cordobés al que le pagan por reventar libros" (150). Es esta imagen de "francotirador" y de "gallito de riña provinciano" (Crespi 2015a; Crespi 2015b) la que ha permanecido entre los miembros de su generación.[169]

Desde la provincia y desde una marginalidad que le da el no ser "conocido" y el no haber escrito nada o el "escribir mucho peor", Lo Presti usa la escritura para autoconstruirse un lugar de enunciación, como ya lo hizo Sarmiento en su *Recuerdos de provincia*, con el que juega en el título. Así, la voz arrogante e irónica (y masculina) de Lo Presti se instala como el mecanismo que le permite inventarse una presencia y una legitimidad en el espacio cultural argentino. Como Sarmiento, Lo Presti (2013, 164) traza una genealogía para legitimarse, como si dijera también "a mi progenie, me sucedo yo". La genealogía de Lo Presti es, en ese primer texto de la serie, una genealogía literaria, exclusivamente masculina, que incluye a escritores reconocidos como Ricardo Piglia, Juan José Saer, César Aira, Rodolfo Fogwill, Washington Cucurto, Carlos Busqued, a quienes denomina "Tiburones" para enfatizar, digamos, su importancia dentro del ecosistema de

---

169 Si bien en los últimos tiempos ha tratado de matizar esa fama de crítico insolente "al que le faltaba un órgano perceptivo que los demás [críticos] tenían o al contrario, [como aquel que] tenía algo que [le] permitía ver cosas que los demás pasaban por alto" (Lo Presti 2013,94). En una entrevista que le hace Crespi para el *Diario Registrado*, hace referencia a estos matices que ha aprendido a ver: "Cuando empecé a escribir crítica no conocía a ningún escritor de mi generación, y estaba muy al margen de todo. Entonces, como un francotirador, disparaba desde un lugar anónimo [...] sentía que los libros que estábamos escribiendo como generación no estaban a la altura de lo que me había volado la cabeza cuando era más chico, y encima contaba con la adicción del resentimiento por no pertenecer. Después comencé a tener contacto con la gente que estaba escribiendo, a establecer vínculos, y a enfrentarme con las dificultades de mi propia escritura: todo esto lleva a suavizarte. Sigo creyendo que hay algo que está faltando entre nosotros [...] Pero siento que ya no estoy en posición de reclamarlo. Es una posición de soberbia medio inadmisible reclamarle a la gente que sea genial" (Crespi 2015a; Crespi 2015b).

la república de las letras. De esta cadena de grandes consagrados, Lo Presti va a tomar específicamente la figura de Piglia, a quien considera el "Tiburón" con mayúscula, para narrar su "mito de origen" como crítico irreverente. En "La caza del tiburón", relata la conferencia que Piglia fue a dar en la ciudad y la serie de preguntas capciosas —"bombas", las cataloga (13)— que Lo Presti y su grupo de amigos le hicieron al final de la presentación hasta enojar al "maestro", quien dio por terminada la conferencia y salió apurado del auditorio llevándose por delante la puerta falsa del escenario.[170] La anécdota con/contra Piglia con la que inicia *Recuerdos* sirve para mostrarlo como francotirador aun frente a aquellos que idolatra.

La irreverencia como modo de entrar desde la provincia al debate crítico nacional parece ser la estrategia implementada por Lo Presti. Quedarse solo en ella es, en mi opinión, aceptar sin reparos el propio pacto de lectura que el autor construye como una suerte de marca registrada. Después de todo, este correlato entre crítica despiadada y mirada desde la provincia es un mito que Lo Presti se ha encargado de construir y de mantener. Más que aceptar ese pacto de lectura que lo identifica como *enfant terrible* de las letras, me interesa, en cambio, leer dicha construcción como una pose, una performance que hasta sus propios amigos críticos canalizan y sobre la cual volveré más adelante. Ahora me interesa profundizar en la genealogía ya no literaria, sino familiar, que también traza en *Recuerdos de Córdoba*, apelando a ciertas marcas del género autobiográfico y que va surgiendo en las crónicas entrecortada entre los diversos relatos que van componiendo ese Yo. En específico, me detengo en "El extranjero postizo", "Ocupaciones raras, o Dinos cómo sobrevivir" y "El amigo de Laszlo", textos donde es notorio el desplazamiento hacia la figura del padre, como si el Yo de Flavio Lo Presti cediera el protagónico a Daniel Nicolás Salvador Lo Presti, una tercera persona, un Él, que lo construye desplazado.

Al escribir sobre el padre y colocarlo en el centro de su narrativa, Lo Presti hijo se entronca con esa progenie que sucede para armar allí

---

170 Piglia fue a Córdoba a dar una conferencia invitado por la Universidad Siglo 21. Por casualidad, ese día, yo estaba en la audiencia. Lo Presti narra también esa anécdota en un video que se encuentra en YouTube.

su lugar de enunciación. Al montar este encadenamiento de linajes, Lo Presti vuelve a hacer uso, en sus *Recuerdos de Córdoba*, de otra de las estrategias articuladas por Sarmiento para armarse un lugar desde la provincia, desde el anonimato, desde el no pertenecer. A diferencia de Sarmiento, que apenas se detiene en la figura del padre, en Lo Presti hay una preocupación por hacerlo presente en su literatura, como si su escritura fuera un modo de nombrarlo, de acercarlo. Es más, en varias ocasiones admite que la escritura de ficción surge ya no en contacto con los libros que lee, sino en relación con ese padre que se va conjugando como la figura central de sus *Recuerdos de Córdoba*. De este modo, la autobiografía que señala Crespi cede su lugar a la biografía y el yo autoral queda deslizado en el otro, en el Yo del padre. Es aquí, en la grafía del hijo hecha grafía del padre, donde quisiera instalar la escena de escritura que me permite pensar la forastería y a partir de ella armar una casa y construir un hogar. O, por lo menos, esa es la lectura que me interesa proponer.

Pensar, entonces, a Lo Presti como un escritor y no solo como un crítico provinciano, como un escritor que lee y juzga a la mayoría de sus contemporáneos y que al hacerlo se encuentra con la figura del padre, otro provinciano como él, pero que, en este caso, lo es por partida doble, ya que si bien Daniel Nicolás Salvador Lo Presti nace y vive toda su vida en Córdoba, se identifica como rosarino, una identidad que le viene de su propio padre —el abuelo de Lo Presti hijo— que llega de Rosario a la ciudad de Córdoba en 1955, asustado "por la muerte nada casual de un compañero del Partido Comunista" (Lo Presti 2013, 77) y sintiendo ese traslado como "un exilio interior" (77, 108). Al igual que su padre rosarino, el padre de Lo Presti profesa por Córdoba un inmenso rechazo, como si ese espacio conjugara solo los valores que ambos hombres deploran: "Esta ciudad hija de puta, radical, conservadora y llena de rotondas" (108), dicen los dos Lo Presti al unísono, como si lo importante fuera negarse a pertenecer y señalarse como ajeno, o como si la única forma de pertenecer fuera subrayar la confrontación.[171] En resumen, Lo Presti padre resalta que esa ciudad —a la que califica como

---

171 Esta forma de interacción con el espacio en la confrontación se hace evidente en frases como "Mi viejo nació en Córdoba, pero nunca se sintió cordobés"

"'hispano-india, rancia, clerical, llena de abogados, conservadora, desmemoriada, sin árboles, sin circunvalación, más rural que urbana, incivil, un pozo asfixiado de smog'" (79)— no es su ciudad (108). Al afirmar su rechazo, sin embargo, el padre de Lo Presti no hace otra cosa más que admitir su pertenencia a ella, ya que, como observa Georg Simmel (2012, 21) en *El extranjero*, la repulsión y el distanciamiento son actitudes que también constituyen modos de pertenecer.

Pertenecer a ese "engendro irrespirable" que es Córdoba, pero desde la negación es, por lo tanto, el pacto que conjugan los Lo Presti, padre e hijo. Ahora bien, ese rechazo se materializa en Lo Presti padre a través de la adopción de un artificio, es decir, a través de la construcción de un simulacro que se performativiza como práctica diaria. Precisamente, Lo Presti padre, en Córdoba, se hace pasar por lo que no es y se va armando, frente a los cordobeses con los que convive, primero, como rosarino para luego inventarse como "extranjero postizo" al adoptar distintas personalidades y nacionalidades para estar en esa ciudad rancia. Como rosarino entre cordobeses, Lo Presti padre acentúa su distinción al adoptar y hacer suya "la tonada rosarina" (Lo Presti 2013, 78) de su propio padre, digamos, al entonar lo mismo, pero desde otro modo, como si en esta desfamiliarización apenas auditiva se conjugara ese modo de pertenecer que solo se piensa desde la lejanía que da el rechazo. Entre cordobeses, entonces, una tonada que desentona con el cantito característico de la provincia, pero al mismo tiempo, una tonada que, en el texto escrito, exige la inclusión del gentilicio para notarla, de lo contrario pasaría desapercibida. Una tonada que, al ser escuchada en la ciudad, se exhibe como marca diferenciadora que resalta la no-pertenencia y que se puede leer, escuchar mejor, como un agregado reconocible. En la voz, en la entonación, Lo Presti padre practica, entonces, una pose, ese gesto político que, como señala Sylvia Molloy (2012, 43-44), arma un campo de visibilidad (aunque debería decir de audibilidad) y supone una proyección teatral, marcada por gestos reconocibles. El acento "rosarino" entre cordobeses se vuelve, así, ese "algo" que la pose representa como "postura significante" (49), en palabras de

---

(Lo Presti 2013, 77), "se dedicó a ser el más rosarino entre los cordobeses y a odiar a esa ciudad que lo había parido" (79).

Molloy, mientras que se transforma, al mismo tiempo, en la marca visible —aunque debería escribir audible— que señala la impostura como significante. O, como propone Molloy, "la pose dice que se es algo, pero decir que se es algo es posar, o sea, no serlo" (49).[172]

Hacerse como otro en el lenguaje de lo mismo no es, sin embargo, suficiente para el padre de Lo Presti, como si el acento rosarino no alcanzara para desprenderlo y desfamiliarizarlo de esa ciudad en la que vive, en la que está cotidianamente, pero a la que odia. Por eso, para marcar más drásticamente su lugar desfasado y "para acentuar la sensación de no pertenecer" (Lo Presti 2013, 80), Lo Presti padre adopta una nueva pose y se hace "extranjero", finge un artificio, en su voz y en su cuerpo, para distinguirse y armarse como ajeno. Se produce, en definitiva, como un "extranjero postizo" y transforma su propia impostura en significante. Tanto es así que va perfeccionando su capacidad de armarse como artificio. Primero, se inventa como Phill Garens, un escritor inglés, residente en Madrid, para luego plasmarse como un italiano un par de veces y culminar, finalmente, con su máxima creación: la de hacerse pasar por "un húngaro exiliado en la Argentina tras la caída del muro" (81); un húngaro que va componiendo especialmente frente a Emilio Crespo, el abogado prototípico de esa ciudad mediterránea que cree en su linaje patricio y en sus privilegios de clase. Frente a ese Crespo, que pertenece y que, asumo, tiene tonada cordobesa, Lo Presti padre perfecciona el artificio de la pose y del simulacro al producirse como Laszlo Szarosti, un "ex director de bibliotecas públicas de Budapest" (81), un húngaro "no retornable" (82) que seduce al cordobés por su cualidad de "extranjero interesante" (176).

¿Cómo leer esta condición de "extranjero postizo" a la que el padre de Lo Presti se aferra para estar en Córdoba? Pero también, ¿cómo leer

---

172 La diferencia del padre en Córdoba viene a redoblarse, según el hijo, en el pelo rubio y "los ojos color turquesa" (Lo Presti 2013, 108) —que le valen el apodo de "gringo" (79)— y que lo destacan en esa ciudad mediterránea hecha de una "mezcla hispano aborigen" (78). La palabra "gringo" en Argentina hace referencia a los inmigrantes italianos y no a los estadounidenses, como sería en México. En esta caracterización de ambas ciudades, Lo Presti juega con el mito fundacional de Rosario como ciudad de inmigrantes, frente a una Córdoba mediterránea y colonial.

esa condición provinciana que el padre de Lo Presti rechaza, pero que, simultáneamente retiene al adoptar el acento rosarino? Sin duda, Daniel Nicolás Salvador Lo Presti es un tipo especial de extranjero: es uno que se hace pasar por tal, pero que en realidad no lo es; uno que, en definitiva, posa y se exhibe para que se lo reconozca y se lo distinga entre los otros cordobeses. Al mismo tiempo, es un tipo especial de provinciano, uno que se separa del "color local", de las "efemérides cordobesas" y de la tonada del lugar en el que vive y está, como si buscara de algún modo, con ese gesto, abrir la provincia fuera del mero discurso regionalista previsible, aunque sea para reemplazar dichas características por otras que no se nombran, ya que en las crónicas lo rosarino queda como una marca del gentilicio, sin especificar. A pesar de las sucesivas poses adoptadas, hay un hilo en común en todas ellas, ya que Lo Presti padre no deja de inventarse como provinciano, ya sea porque se arma como tal reemplazando una provincia por otra (Rosario, Santa Fe en vez de Córdoba), ya sea porque se provincializa cuando se extranjeriza y se hace húngaro, un espacio por fuera de los centros europeos de poder.[173] Esta continua provincialización de Lo Presti padre bien puede leerse como un gesto menor, como si el desplazamiento para hacerse otro demandara un juego performativo que lo afirma en lo chico, un hacerse que se piensa como desliz fuera de la centralidad de la norma, un *impasse* que queda en tensión, sin resolverse. Después de todo, en esa "estafa" de Lo Presti padre de hacerse "postizo", hay la construcción de un posicionamiento que solo puede leerse como un devenir menor, un salirse de la homogeneidad de lo mismo, como quien socava los fundamentos y deja huecos ahí donde debería estar lo sólido y lo macizo (Deleuze y Guattari 1986).

Este "hacerse húngaro" o "rosarino" inserto adrede en la normatividad de la tonada cordobesa termina inscribiendo, en la cotidianidad, un desplazamiento que se vuelve una fuerza desestabilizadora que demarca un afuera y, por lo tanto, una distinción que se hace visible y audible. Sin embargo, dicho deslizamiento se presenta, en las crónicas, despojado de toda autenticidad, ya que se explica, una y otra vez, cómo el padre

---

173 Su extranjerización como inglés dura solo un par de tardes (Lo Presti 2013, 80), mientras que su rol como italiano no es muy desarrollado.

se hace "postizo", es decir que practica la diferencia como una pose, desde un arte que no termina de ocultar su propia artificiosidad. De este modo, la pose que se sabe construida es el único modo que Lo Presti padre tiene para hacerse de o estar en un afuera. Un afuera que, en las crónicas, el padre no señala nunca apelando a los discursos identitarios implícitos en los gentilicios, ya que tanto su hacerse rosarino como su hacerse húngaro presuponen la articulación de un gesto plástico y performativo que crea realidad, la puesta en escena de un simulacro vacío de toda referencialidad más allá de esa práctica.

Y aquí habría una observación que quiero subrayar: Lo Presti no es extranjero, se hace el extranjero, se coloca (está) en la extranjería, asume una pose que articula como una performance tanto para las mujeres con las que toma té, cuando se hace inglés por unas horas, como frente a Emilio Crespo, cuando se presenta como Laszlo Szarosti. Quiero decir que Lo Presti muestra que la diferencia del padre se vuelve una forma vacía en cuanto que esta constituye un término relacional que depende de la localización, del lugar de articulación en el que se instala uno en relación con el otro, uno con el otro. Y con este desenmascaramiento del padre, Lo Presti hijo "hace algo": anula la identidad como un *a priori* que solo se debe representar a partir de un libreto. Por su parte, Lo Presti padre también "*hace* algo" al performativizar su identidad, es decir, al mostrar cómo la identidad y la extranjería son una repetición (iteración) ritualizada de ciertos actos de habla y de prácticas corporales que construyen un estilo. De este modo, Lo Presti "posa" de extranjero, pero también "posa" de provinciano. En definitiva, se arma frente a los otros y se exhibe desde la exageración de los gestos que lo singularizan. Al armarse en la pose y mostrar el artificio, lo que hace el padre es, sin duda, mostrar los alcances de esa "composición de lugar".

Hay otra lección en todo esto, ya que la impostura de Lo Presti padre nos hace ver también la "composición de lugar" que es la provincia. Y si Lo Presti padre posa de húngaro postizo, lo mismo puede decirse de la audiencia para la que actúa. Así, la pose se expande también al propio Emilio Crespo, quien también "posa" de cordobés nativo, aunque tal vez no sea consciente, al asumir como propios los gestos identitarios de esa burguesía patricia cordobesa que los Lo Presti deploran. Y en este juego de artificios, uno bien puede visualizar y oír las marcas del cordobés que, sin duda, pasan por la tonada con cantito —que caracteriza parte del hablar de la provincia y que no se "escucha" en el texto— junto a la cadencia propia de la clase que adquiere esa tonada que performatiza, a su vez, un modo de hablar que los distingue. "El amigo de Laszlo", entonces, al igual que el húngaro, practica una pose, aunque, a diferencia de Laszlo, no pueda reconocerla. O, dicho de otro modo, Crespo habla y gesticula como cordobés de clase alta, se viste como tal y, al hacerlo, practica un estilo que lo posiciona en un lugar. De este modo, los códigos que asume Crespo como "cordobés" literalmente llenan el "gentilicio" con las marcas culturales contra las que Laszlo despotrica. *Recuerdos de Córdoba* se levanta, así, como una máquina que va revelando las diversas poses que los distintos personajes ponen en escena para armarse un lugar: Lo Presti padre posa de extranjero postizo y de rosarino, mientras que Crespo posa de cordobés nativo. Todo este sistema de poses viene a circunscribir, al final, la pose del propio Flavio Lo Presti hijo, quien también termina poniéndose en escena (posando) como un supuesto "*killer* cordobés" que descuaja, desde la irreverencia, la ciudad de las letras, los tiburones, la provincia y sus patricios.

Si se sigue el camino trazado tanto por las poses del "extranjero postizo" (Lo Presti padre) como por las del cordobés nativo (Crespo), lo que surge en *Recuerdos de Córdoba* es un modo particular de practicar los espacios, en el cual se resalta el proceso de diferenciación a partir de una estrategia comparativa que termina produciendo una serie de binarismos. De este modo surgen las marcas de un "aquí" diferenciado de un "allá", los ritos y las modalidades de un "nosotros, los cordobeses" frente a un "vos, el extranjero" que se van llenando de contenido identitario y de estilos, dependiendo del gentilicio que se adopta o que se practica en la pose. Al inscribir, sin embargo, la extranjería del otro como una máquina diferenciadora que parte aguas, el extranjero (aunque sea postizo) se vuelve útil al discurso identitario de esa Córdoba que también posa en su identidad. Después de todo, el extranjero se distingue en esa mismidad de iguales y al hacerlo delimita ya no solo la pose propia, sino también la ajena, en cuanto que hace ver y señala la normatividad cordobesa. De este modo, la extranjería marca una interrelación comparativa basada en un "adentro" y un "afuera" bien delimitados que presuponen, como explica Richard Sennett (2014, 89), referencias —aunque desplazadas— a la nacionalidad y a los nacionalismos, a las identidades resumidas en los varios gentilicios ya sean provinciales o regionales. O, dicho de otro modo, la extranjería o el húngaro es lo que abre la cerrazón del nativo, es el extranjero el que, frente a Crespo, lo muestra como cordobés. Y en este espejo del uno frente al otro, ambos sujetos apelan a practicar un discurso identitario —la nación propia, la nación ajena, la provincia— para armarse, frente a quien se interpela como diferente, eso que se postula como lo mismo.

El extranjero desplaza lo mismo, pero simultáneamente lo afirma: hace ver la norma y resalta las prácticas rituales que, en la reiteración, la construyen. Y hasta podría decirse que este es el nudo que desata la extranjería, porque el extranjero siempre circunscribe un afuera, delimita un espacio cultural otro, una normatividad otra, que también se articula por la iteración de gestos y rituales, aunque se los vea como "fuera de lugar" en ese espacio otro en el que está. Etimológicamente, la palabra "extranjero" viene a mostrar en la lengua castellana este juego de normatividades, ya que es un galicismo —deriva de *estrangier*— que inscribe una marca que denominaría política en la propia etimología de la palabra. Al mismo tiempo, esa marca política se inscribe también en el sentido del término en tanto que dicha palabra refiere al sujeto que "es o viene de país de otra soberanía" y señala, por lo tanto, "toda nación que no es la propia" (*Diccionario de la lengua española*). El prefijo "ex", a su vez, delimita casi territorial y políticamente la no pertenencia a un lugar y señala, además, la ajenidad de ese sujeto desde una pertenencia política, cultural y, a veces, hasta lingüística. Lo que me importa resaltar, sin embargo, es el juego implícito de las nacionalidades o, por lo menos, de las marcas culturales de pertenencia a otra "identidad" que implica, como plantea Sennett, un juego de espejos y un cierto binarismo entre ese "adentro" y ese "afuera" que supone la extranjería. Quisiera ahora pensar en la posibilidad de considerar la pose de la "extranjería postiza" como un desplazamiento que cava dentro de la propia normatividad una afectación que la distingue, como un correr la norma desde dentro de la norma, es decir, me interesa pensar la posibilidad de construir una aporía que es un ahuecar endogámico como un modo de desplazar.

Ya Georg Simmel en su "Digresión sobre el extranjero" observa cómo este debe pensarse en el marco de una concepción espacial de lo social, ya que, lejos de constituir una identidad determinada, es una "forma social", una relación o "una forma particular de ser con otros" (Sabido Ramos 2012, 11). Es más, podría decirse que el extranjero —en cuanto forma social— es en realidad una construcción, no definible por características identitarias inherentes, sino por el posicionamiento o por la localización que adopta en esa interrelación con los otros que le permitiría construir un cierto afuera. Ahora bien, la palabra alemana del original que usa Simmel es *Fremden*, la cual, como nota Olga Sabido Ramos (18), bien puede ser traducida al castellano como "forastero" o "extraño" y no necesariamente como "extranjero". Es más, de acuerdo con Sabido Ramos, incluso es más pertinente usar la palabra "extraño" para referir con mayor cercanía "el significado sociológico del término simmeliano, que alude no a alguien proveniente de otro país, sino que no comparte las características del círculo al que se aproxima" (18). El uso generalizado de la palabra "extranjero" en relación con el texto de Simmel en castellano se da, como explica Sabido Ramos, desde la primera traducción encargada por José Ortega y Gasset para la *Revista de Occidente* en 1927 (18), perdiendo así la ambigüedad del término simmeliano, ya que el uso de la palabra "extranjero" recorta y acota la complejidad implícita en el texto al suponer la pertenencia a otro país y, por ende, a otros códigos culturales.

Quisiera aquí retomar esa ambigüedad del *Fremden* simmeliano y pensar, desde esa forma social, la posibilidad de armar la forastería o, mejor dicho, ese "hacerse forastero" que leo como práctica en el desplazamiento que urde Lo Presti padre para conjugar su lugar en la provincia. Y esta es la escena de lectura con la que me quiero quedar ahora para proponer una máquina de leer: la imagen de un provinciano en pose de forastero caminando por las calles de Córdoba, o, como dice Lo Presti, la imagen de un provinciano armado como "extranjero postizo" caminando por las calles de esa ciudad de mierda a la que odia. Dejar, entonces, los binarismos del "adentro" y del "afuera", del "aquí" y del "allá", de los gentilicios como marcas identitarias de territorios políticos, para pensar, en cambio, en un modo de estar ambiguo, donde se resalta el desplazamiento del estar, donde se afirma la incomodidad por no compartir "las características del círculo al que se aproxima". Pero ¿cómo caracterizar la perspectiva del "forastero", este dispositivo que quiero definir? O, mejor dicho, ¿cómo inscribir una teoría que me permita leer una especificidad para esa mirada "forastera"? Porque después de todo, ¿qué sería hoy en día un forastero en nuestro mundo global, de comunicación instantánea, en nuestro mundo de migrantes y de refugiados, en nuestro mundo de sujetos nómadas? Para ello, vuelvo de nuevo a las crónicas del padre en *Recuerdos de Córdoba* para proponer una diferencia o matiz entre forastería y extranjería, ya que me parece que debemos empezar a pensar, como propone Nancy (1996, 11) en su nota sobre la existencia exiliada, "nuevos nombres" para esa "proximidad que es alejamiento porque está 'en lo más cerca de', y por consiguiente, en un aparte o apartamiento, [que es] el mismo del tacto: 'ser con' o tocar a los otros, no confundirse; tocar pues, a través de la distancia".

La forastería sería la máquina de leer que permite conjugar este quiasmo que plantea Nancy al articular el exilio como asilo o plantear el tocarse a través de la distancia. La palabra "forastero" refiere a un sujeto que "vive o está en un lugar de donde no es vecin[o] y en donde no ha nacido", es decir, se conjuga como un sujeto que está fuera del lugar de nacimiento, porque literalmente está/vive en otro lugar (*Diccionario de la Lengua Española; Diccionario de Autoridades*). Quisiera detenerme en la palabra "forastero", ya que en castellano viene de la palabra catalana *foraster* y no de *foranĕus* de origen latino, con lo cual la palabra misma es forastera, un préstamo, un occitanismo y, por ende, es "extraña, [o] ajena" al castellano. El prefijo "for" de "foras" literalmente significa "fuera", entonces, desde el prefijo, se demarca al forastero como aquel que "es o viene de fuera del lugar" de donde vive/está *(Diccionario de Autoridades).* Hasta aquí parecería que no hay mucha diferencia con lo que he venido estableciendo en relación con el extranjero y la palabra misma. Sin embargo, la forastería, a pesar de marcar una ajenidad, no restringe esa no pertenencia a una condición política o territorial (el juego de las normas en el espejo), sino que se define en relación con la localización y el desplazamiento, es decir con ese no estar en el lugar de nacimiento, como si lo que el sustantivo enfatizara fuera el desplazamiento del sujeto y, por ende, el estar en otro lugar y, hasta diría, estar fuera de lugar. Del lugar del origen del forastero, de la normatividad de ese espacio, no sabemos mucho, ya que la forastería subraya solo el deslizamiento, como si la norma identitaria que deja de lado para estar en otro lugar no importara. Así, el forastero se coloca en un umbral, en un adentro que es un afuera, ya que literalmente "está" en un lugar otro al que por su nacimiento no pertenece, pero ese otro lugar que el forastero señala al desplazarse ya no está marcado exclusivamente por un archivo-nación (que sería la restricción etimológica para el extranjero). De este modo, el forastero no está del todo afuera, sino que está adentro de un lugar estando afuera, sin precisar orígenes, sin marcar ritualidades identitarias. En el caso particular de Lo Presti padre, él está en Córdoba, su lugar de nacimiento, pero conjuga la provincia como un "fuera de lugar", como si estuviera él mismo "fuera de lugar", por eso necesita marcarla con el acento rosarino o directamente haciéndose pasar por "extranjero postizo", es decir, solo puede estar en su lugar estando fuera de lugar. En otras palabras, solo puede estar en su lugar haciendo ver el juego constructivo de las identidades para mostrar la posibilidad de componer un lugar vacío y vaciado que se conjuga como "erosión indefinida del afuera" (Foucault 2014, 26).

Es esta imagen del forastero (de aquel que no tiene identidad en consonancia con su lugar de nacimiento, sino que se va armando en y por el desplazamiento) el que corporiza —en mi opinión, mejor que el extranjero— la no coincidencia consigo mismo y, por ende, es el que permite la expropiación del sujeto, el salirse de la cerrazón de los binarismos y la contemporaneidad anacrónica que señala Agamben (2011). El forastero sería, entonces, el que resiste a toda subjetivación identitaria fija, el que está ahí cerca y lejos, tocando al otro sin absorberlo, viéndolo no como igual, sino como vecino. El forastero es, en definitiva, el no-lugar, la casilla vacía que permite el deslizamiento entre los gentilicios. El extranjero, en mi lectura, supone una normatividad inscripta en el mismo gentilicio, un reconocimiento identitario que se practica, ya que la extranjería implica una articulación del linaje, una procedencia que se invoca para configurarse como diferente y hacerse identificable. El forastero, en cambio, está marcado por el desplazamiento del estar fuera del lugar, por la incomodidad de no compartir "las características del círculo al que se aproxima". Su marca queda como un vacío que no se puede terminar de llenar con contenidos, porque al forastero se lo reconoce, en cuanto que se lo percibe, pero no se lo identifica.

La forastería, entonces, sería ese desplazamiento que abre la cerrazón de lo mismo sin apelar a una identidad definida y fija. Es también el desplazamiento que permite empezar a pensar desde el umbral, desde el quiasmo, un afuera que, como plantea Foucault (2014, 12-14) siguiendo a Maurice Blanchot, no es nunca "la dinastía de la representación", "el lenguaje en su positividad", sino el vacío, "ese afuera donde desaparece el sujeto [identitario] que habla". O mejor, la forastería sería la estrategia o materialidad de ese "pensamiento del afuera" que se desprende de la dimensión de la interioridad de la conciencia, porque "se esbozaría como experiencia del cuerpo, del espacio, de los límites de la voluntad, de la presencia indeleble del otro" (23). O como lo escribe Lo Presti hijo (2013, 111) al pensar la figura de su padre: "Hay gente que tiene ese talento. Gente mágica, capaz de filtrarse, de hacer visible que el mundo tiene grietas, huecos, que no es tan compacto como parece". Y esa sería la función de la forastería que quiero resaltar: la de hacer audible lo inaudible y la de hacer visible lo invisible, es decir, esa capacidad de "hacer ver hasta qué punto es invisible la invisibilidad de lo visible" (Foucault 2014, 27-28). De este modo, la forastería se percibe, se palpa, pero no se reconoce como el afuera que marca el extranjero, ya que la lógica del reconocimiento supone siempre sujetos idénticos o, por lo menos, identificables. La forastería queda como ese vacío que forma lugar fuera de lugar, como esa apertura que posibilita que las luces se hagan visibles. En definitiva, es el fondo negro que permite la contemporaneidad de Agamben.

Al usar a Lo Presti para pensar esta aproximación crítica, mi propia lectura también "hace algo", ya que coloca el desplazamiento forastero en provincia. Un espacio cultural que, como ya he venido observando, ha sido tradicionalmente visto como un lugar cerrado en sí mismo, fijo en el estancamiento de costumbres y de sentidos. La condena desde la cual se hace entendible el mote despectivo de "provinciano" que todos los provincianos hemos, en algún momento, recibido y del cual ni siquiera Arguedas resultó exento. Y sobre este contexto despectivo, mi lugar de enunciación y este ensayo *hacen* algo, ya que el forastero en provincia, el forastero que leo en Lo Presti padre en esos *Recuerdos de Córdoba* me permite no solo pensar la provincia de otro modo y sacarla de los estereotipos y de la condena, sino construir ahí un lugar, armar una casa que se sale del reconocimiento identitario, de ese sustancialismo que los (nos) fija en y a una ontología única. Así, el estar de la forastería se vuelve él mismo un estar descolocado, incómodo, que no termina de coincidir totalmente con "las características del círculo al que se aproxima". Un estar que no cierra, que no comparte del todo, que se inscribe como el tiempo *out of joint* que le gusta pensar a Derrida. Foucault (2014, 28), por su parte, explica que el "pensamiento del afuera" "tiene un parentesco profundo con el espacio, que, entendido así, es a la ficción lo que la proposición negativa es a la reflexión". Para Foucault, ese es el papel que en Blanchot representan "las casas, los pasillos, las puertas y las habitaciones", es decir, el hacerse

> lugares sin lugar, umbrales atrayentes, espacios cerrados, prohibidos y sin embargo abiertos a los cuatro vientos, pasillos en los que se abren de golpe las puertas de las habitaciones provocando insoportables encuentros [...]; corredores que desembocan en nuevos corredores donde, por la noche, resuenan, más allá del sueño, las voces apagadas de los que hablan, la tos de los enfermos, el estertor de los moribundos, el aliento entrecortado de aquel que no acaba nunca de morirse; habitación más larga que ancha, estrecha como un túnel, donde la distancia y la proximidad [...] se acortan y se ensanchan indefinidamente. (Foucault 2014, 28-29)

Sin duda, ni Foucault ni Blanchot piensan en la provincia como la he propuesto aquí a través de este itinerario: como un lugar conceptual que se inscribe en la performatividad del hacerse, como el espacio del gesto menor que desestabiliza y se vuelve umbral aporético, es decir, como esas intervenciones y tensiones que proyecta Zabala en lápiz sobre los mapas con las que comencé este recorrido. Si bien ni Foucault ni Blanchot pueden visualizar la provincia como el lugar "donde la distancia y la proximidad [...] se acortan y se ensanchan indefinidamente", son ellos los que me ayudan a pensar la pertenencia a un lugar fuera de la trampa identitaria tanto del extranjero como del provinciano condenado. Son ellos los que me han ayudado a pensar la pertenencia del fuera de lugar, del que está ahí en el umbral ya no para practicar la política de la pose de la que habla Molloy, sino la política de la provincialización de todos los artistas visuales y escritores contemporáneos que se lanzan a construir montajes y constelaciones de imágenes dialécticas por fuera del mero reconocimiento identitario y representativo. Salir de todo esto para quedar en una forastería que, como la nueva aproximación al exilio postulada por Nancy, exilia y asila al mismo tiempo.

Provincialicemos Europa, exhortó, en su momento, Chakrabarty, a esa misma Europa que Gramsci, para desacralizarla, la llama provincia. En mi opinión, aún falta mucho por hacerse para poder visualizar y escuchar esa heterogeneidad radical que el crítico reclama. Para provincializar, para abrir y meterse en esos corredores que desembocan en otros, hay que conjugar un desplazamiento o un fuera de lugar forastero que resalte la incomodidad, pero que simultáneamente postule también la posibilidad de armar un hogar, un lugar o una morada, que, como los de Blanchot, permitan "insoportables encuentros" (Foucault 2014, 29). Un hogar al que pertenezcamos aun en la incomodidad del estar fuera de lugar. Un lugar, en definitiva, que se sabe sustantivo verbalizado, jirones en movimiento, mesa de montaje, contorno o alrededor provinciano, una "zona", digamos, cuyos pliegues interiores siguen siendo inabarcables y, por lo tanto, se deslizan inagotables para los que se hacen forasteros.

Quebradas

¿Cómo es el habitar que termina forjando el forastero y cómo se habita en esa forastería? O, simplemente, ¿qué lugar construye ese estar forastero? La pregunta es pertinente si se acepta como cierta la frase de Simón Rodríguez en la que propone de modo certero que "las cosas no existen sin lugar". La cita, por muchos conocida, instala una interrelación entre cosas y lugar que la forastería no niega ni cuestiona, aunque la articula sin reducirla a un sistema de equivalencias directas, a una mirada referencial. La cita de Rodríguez, que tan bien demarca el anclaje de las cosas, es reapropiada por Guadalupe Santa Cruz (2013), quien la usa como epígrafe para *Lo que vibra por las superficies*, una colección de ensayos en la que recupera textos escritos en un lapso de casi veinte años. El uso que hace Santa Cruz de la cita de Rodríguez sirve, sin duda, para amarrar en un lugar los textos, las imágenes y, por extensión, las prácticas, como si fuera imposible pensarlos desprovistos de dichas coordenadas temporo-espaciales y culturales supuestas en la mención del lugar. Esta interrelación innegable recreada por Santa Cruz presupone una forastería en su posicionamiento, ya que al ponerla en práctica en sus textos se desvía también de los paradigmas fijos que determinan que cada significación viene a ser el producto acabado de condicionamientos fatalistas.

Si se piensa la frase de Rodríguez reapropiada por Santa Cruz desde la provincia y desde la forastería, habría que admitir que el anclaje de las cosas se produce y se da —y no se niega— en lugares anudados como "alrededor", es decir, armados en constelaciones o montajes en constante tensión que se salen de los falsos determinismos geográficos, de la supuesta raigambre de la tierra, de los localismos referencialistas, en otras palabras, de todos aquellos parámetros que los reifican para consolidarlos en una presencia identitaria fija. Es la propia Santa Cruz quien ayuda a conceptualizar los lugares en los que se practican las cosas por fuera de dichas reducciones, al lanzarse en *Quebrada. Las cordilleras en andas* (2006) por fuera de la ciudad de Santiago, característica de gran parte de su obra, para viajar por el Norte Chico y el Norte Grande, espacios que, como hace notar Sonia Montecino Aguirre (2006), están por fuera de los circuitos del "turismo prediseñado" por el "escenario globalizado" (s/p). En *Quebrada* va surgiendo el diseño de un "relato en movimiento" (s/p) en el que, de acuerdo con la toponimia de los lugares reales nombrados, se desliza ya no de norte a sur, como hubiera hecho Mistral, sino de modo transversal, "de este a oeste, desmantelando el gesto chileno del viaje longitudinal" (s/p). Como antes lo había hecho De Rokha, *Quebrada* también "ensancha" la geografía de Chile, al salirse del verticalismo del centro para conjugar, en cambio, los huecos de la cordillera, los parajes, las cañadas, las hondonadas, los desfiladeros, junto a la supuesta monotonía de los pueblos del norte y del desierto que, en *Quebrada*, dejan de ser monótonos e iguales: "Vertical o horizontal en el mapa, nocturno o diurno, y aunque en un mismo huso horario, el ensanche del viaje produce un sudor, el sudor de los viajes que aglomera el cuerpo a los lugares" (Santa Cruz 2006, s/p).[174]

Habría que detenerse brevemente para describir *Quebrada. Las cordilleras en andas* como libro-objeto. Es un libro "raro" en su hibridez —un "libro vanguardista", lo considera Cynthia Rimsky en *La vuelta al perro* (2022, 41)—, sin paginar, sin arco narrativo, en el que se mezclan viñetas o textos fragmentarios junto a reproducciones fotográficas intervenidas de grabados hechos por la propia Santa Cruz.[175] Así, el

---

174 Raquel Olea (2007, 242), en uno de los primeros textos críticos sobre *Quebrada*, también observa este desplazamiento que el texto inscribe como "un ingreso oblicuo" al alejarse "de la narrativa que construyó en el valle central el relato de lo nacional".

175 Rimsky (2022, 41), en *La vuelta al perro*, hace notar también la marginalidad de la obra de Santa Cruz en el archivo cultural chileno: su obra, observa, "carece de un lugar o de valor en la literatura nacional". Específicamente, al notar la invisibilidad de *Quebrada* en el presente, del que toma la cita que usa como epígrafe de sus crónicas, Rimsky señala: "Llama la atención que un libro vanguardista [como este] no esté en la vanguardia sino a la cola" (41). Por su parte, Eduardo Lalo (2020, 1198) —en el número homenaje de la *Revista Iberoamericana*, coordinado por Aurea María Sotomayor-Miletti y por Juan

supuesto libro de viaje se perfila como un montaje en el que el Yo de la pasajera, a su vez, se diluye en la repetición de los números romanos que la pluralizan (van del i al viii), mientras que va surgiendo la concatenación de una "polifonía de voces" —propone Raquel Olea (2007)— entrelazadas que van perfilando la multiplicidades de los lugares de ese norte a los que se hace referencia y se nombra (241). Así, los nombres propios de los lugares —Andacollo, Los Choros, Pichasca, Río Hurtado, Canto del Agua, Inca de Oro, Copiapó, Chiu-Chiu, para nombrar algunos— van encadenándose a los nombres propios de los lugareños que toman la palabra para decir sus historias. Vale como ejemplo: "Francisco Pérez Yufla, dice su señora Irene Yere y dicen sus hijos, le cambia el nombre a todo. [...] Juan Pérez, hermano de Francisco Pérez, vive en Lasana. Su hermano le llama así, Juan Pérez. [...] La hija de Irene y Francisco dice que su tío, Juan Pérez, es el hombre más famoso del país" (Santa Cruz 2006, s/p).[176] Esta interrelación entre pasajera(s) y voces, que obliga al

---

Gelpi— también se pregunta, con un poco de asombro, "¿cómo [es] posible que esta escritora fuera conocida por tan pocos lectores?". Este número homenaje publicado luego de su muerte y con el propósito explícito de "darle mayor visibilidad" a sus textos (1032) es importante no solo porque logra conferirle una presencia en los circuitos académicos, sino porque muestra su complejidad. Cabe destacar que la obra de Santa Cruz había sido leída primordialmente en torno a la dictadura, a su propia encarcelación, tortura y posterior exilio. Este propósito de pluralizar las lecturas se hace evidente en el artículo de Sergio Villalobos-Ruminott (2020, 1179), quien sostiene que el trabajo y la escritura de Santa Cruz "no se agota en una intervención puntual relativa a la dictadura y a la posdictadura chilena, ni se reduce a una, muy pertinente, escritura de mujeres como *locus* central de la problematización de la violencia militar y patriarcal de la sociedad chilena. Sin negar ni contradecir dichas lecturas, [el crítico propone] suplementarlas con una reflexión acotada a la cuestión de la soberanía y sus encarnaciones en la economía figural de sus trabajos".

176 Hay toda una seguidilla de relatos orales tomados directamente y atribuidos con nombres propios. Explica Sonia Montecino Aguirre en su nota a la edición de *Quebrada* (2006, s/p): "Mas los nombres registrados no están simplemente ligados a los paisajes, sino a los vivos y a los muertos [...] El viaje por las quebradas se constituye en la palabra de esos habitantes y moradoras quienes producen el 'otro' relato. Es el viaje antropológico, el que recupera la oralidad

lector a adentrarse en esa polifonía de la que habla Olea, se complejiza, a su vez, por el diálogo entre texto escrito, fotografía y grabado que el libro-objeto monta, ya que las diferentes viñetas están situadas al lado de fotografías de la serie de grabados —muchos de ellos luego intervenidos— que realiza la propia Santa Cruz (2006, s/p): "Calco los pies de cabra, las cabrías. Modifican levemente su forma según el pulso, no me canso de repetir su nombre, su silueta. Traslado el signo de un soporte a otro para multiplicar el goce de la escritura y pienso en el viaje de las letras por nuestros cuerpos de historia".

Escritura, fotografía y grabado van juntos, se necesitan en *Quebrada*: "Esta es la promiscuidad deseada, es esta" —se confiesa—. "Trasladarme. Llevar la mancha de un lado a otro, dejando huellas de reconocimiento, distante de aquí y allá, disuelta en todas las tintas en que aparece lo escrito, lo visto" (Santa Cruz 2006, s/p). El texto, por lo tanto, se transmediatiza al terminar conjugando "una hibridez de escritura y visualidad que pone bajo sospecha la necesidad de fijar los textos a un género" (Olea 2007, 221). O, como se dice en *Quebrada*, "Vivo en la tinta que me produce lo vivido, lugares, luz echada sobre la plancha que fija un detalle y vuelve a prender en otra estancia" (Santa Cruz 2006, s/p). Esta hibridez señalada entre escritura y grabado, luego hecho fotografía, abre también una relación con la espacialidad, con los lugares que se recorren en la práctica, en la escritura y en el rayado del grabado:

> Me di lugar mimetizado por el grano de la acuatinta, confundida en la secreta trama que recorre los paisajes entre el blanco y el negro, dicha en el grabado. Como si las palabras se hubieran abierto a esa vasta gama lejos de lo que dicen, y yo fuese el paisaje este, acotado, cambiante, revuelto. (2006, s/p)

---

de los hombres y mujeres que pueden referirse con 'propiedad' a los lugares que la(s) pasajera(s) visita(n), que los conocen, literalmente, como la palma de su mano y que guían los traslados con sus tragedias personales y sociales (los accidentes, la represión de la dictadura), con sus haceres y utensilios (el arnero, el colador), con su memoria ritual y mítica (los carnavales, la Llama celestial), con sus idiolectos (el terceo, 'aquello que se cruza, lo imprevisto')".

Una relación con la espacialidad se inscribe, por lo tanto, en *Quebrada*, que viene a repetir un rasgo característico de toda su obra, como ya lo hizo notar Olea (2007, 221-222). La misma Santa Cruz (2013, 105) hace evidente esta interrelación en "De las superficies", un texto que se puede leer como un arte poética, donde afirma explícitamente que quiere "explorar aquí algunos vasos comunicantes entre grabado, escritura y paisaje desértico, superficies horizontales que han terminado por agitarse en mí como hoja continua que al cambiar de inclinación ilumina otras zonas de una misma vasta parcela" (2006, s/p). De este modo, *Quebrada* repite y reitera, como si fuera el libro-objeto otro tipo de grabado, la puesta en escena de esos "vasos comunicantes" que marcan toda su obra. Así, la escritura de los fragmentos y la reproducción de la polifonía de voces norteñas, entrelazadas con la fotografía y con la técnica del grabado, se vuelven, en manos de Santa Cruz, modos de practicar los espacios, de bordearlos, de conjugarlos y de ponerlos en diálogo. Y, sin embargo, practicarlos no supone fijarlos, por el contrario, dice, esos paisajes se vuelven cambiantes, acotados y revueltos (son sus palabras), como si narrarlos supusiera permitirse anclarlos y posicionarlos para luego saber que se soltarán, como las palabras que se usan y quedan "siempre desprendidas", se dice en "La matriz". En definitiva, al poner en juego los vasos comunicantes, *Quebrada* hace ver y palpar lo que ya se viene diciendo en este trabajo, es decir, que "no hay país sino un paraje en cada hendidura" (2006, s/p). Una frase que revela ya no el determinismo fatalista de los significados, sino la práctica misma de producir sentidos situados y anclados en dichos lugares.

Ahora bien, ¿cuáles son, entonces, los parajes y las parcelas que ilumina *Quebrada*? ¿Cuáles son esos derroteros o esas hendiduras sobre las superficies que horada Santa Cruz en los diversos fragmentos (escritos y grabados) que conforman el libro vanguardista que valora y cita Rimsky en *La vuelta al perro*? Bien se podría decir que, con Santa Cruz, las cosas que existen en los lugares se producen en las hendiduras, en los declives y los cauces, como si ya fuera imposible visualizarlas desde el arriba, quedarse en la perspectiva totalizante que suponen esos picos imponentes de los Andes que se proyectan fijos como límite, como franja que corta y separa. O, dicho de otro modo, *Quebrada* en su hibridez —que concatena voces, relatos, lugares, registros discursivos, géneros— expone un modo de entrar a esos Andes a los que Santiago les da la espalda o trata como telón de fondo, ya que ahora se les da prioridad a las honduras de sus quebradas, los recovecos y los pasadizos, y no a las superficies imponentes de los picos.

En el texto de Santa Cruz (2013, 103), las superficies de las cosas solo sirven como índice para señalar su potencial: "Lo que encierra y esconde su lisura es todo aquello por venir, un relieve futuro que sin embargo está presente de manera especular: lagunas". Por eso, en su texto, la cordillera se pluraliza en "las cordilleras" y una vez que se hacen muchas, se ponen en movimiento, es decir, se llevan en andas, se movilizan en los pasajes y se vuelven "láminas que se dejan perturbar, inscribir. Superficies que aparentan lisura, calladamente abultadas de lagunas y quimeras" (Santa Cruz 2006, s/p). De este modo, esos picos que parecen inalcanzables e inamovibles revelan su profundidad entre los surcos, entre las quebradas, como si se ahuecaran o se horadaran perdiendo, por lo tanto, la cerrazón o, como se plantea en el texto, "el fetiche de la panorámica" (s/p). Tanto es así que hasta las piedras de las pircas o de las diversas ruinas, en *Quebrada*, están ahí para señalar la apertura, lo no lleno, lo que se escabulle entre las rendijas: "Las ruinas rara vez son cerradas, tienen huecos que se ama recorrer. Por eso las ruinas, no por otra cosa" (s/p). En definitiva, lo que se ve es "el forado [...] en el paisaje" (s/p) o, mejor, lo que queda son "paisajes transversales", "Franjas horizontales de visión, mirada a la redonda", "Bandas de visión horizontales, películas que corren sin avanzar, se despliegan sin marco, sin fin de un costado a otro" (s/p).

Algo de todo esto ya está marcado en ese umbral que es el título y que, como todo paratexto, deja una señal de lectura que prepara antes de entrar al libro-objeto. Desde el título mismo, pareciera que la autora finalmente logra asir esa palabra "con la que se abren las montañas" (s/p) que dice que no encuentra, ya que, en vez de quedarse en la panorámica, las inscribe apelando a un gesto menor que saca a la cordillera de la narrativa que la hace cortina o telón de fondo sobre el que ocurren las cosas para presentarla, en cambio, como un lugar practicado que se hace en el desplazamiento, en el adentrarse entre los pasajes y recovecos, los huecos que, sin duda, se presentizan y visibilizan al salir de dicha panorámica. Hasta se podría pensar que el título elegido por Santa Cruz actualiza y practica ese "deseo de los arneros" de "sacarle el jugo a la aparente secura de las cosas", quienes —se explica— han vivido "tamizando el paisaje, agitando, acariciando voraz y desesperados la textura de la tierra" (s/p). Y, por eso también, se podría pensar que las cordilleras, conjugadas desde las quebradas, también se pluralizan porque necesitan el triple registro de la escritura, del grabado y de la fotografía para hacer notar, en toda su complejidad, el trabajo y la práctica que materializan los lugares:

> Es distinto escribir "yermo" a pulir una superficie con la goma abrasiva que lleva por nombre yermo. [...]
> Es distinto escribir yermo a tocar la palabra y dejarse rasmillar por su materia.
> Las palabras, al igual que la matriz de metal, poseen diversas napas difíciles de distinguir. Un brillo debe ser diferenciado de otro a través de una cierta inclinación del cuerpo y, sobre todo, del ojo. En un cierto ángulo de luz y con la pupila dilatada aparecen las capas geológicas depositadas unas sobre otras, las capas de ocupación y otras intervenciones que han dejado huellas. La arqueología indaga en los basurales como restos de vida material. (s/p)

Con Santa Cruz, entonces, los lugares pierden la fijeza cerrada y su relleno compacto, sin dejar de actualizar esas "capas geológicas depositadas unas sobre otras", que cobran cuerpo-corpus, sin duda, en las palabras con que se construyen los relatos, pero que se revalidan, con toda la corroboración de los sentidos, cuando se pasa la mano por las rugosidades de la matriz del grabado y se huelen las diversas tintas. Así, Santa Cruz ayuda a conceptualizar los lugares practicados que, dice, las cosas necesitan porque no pueden existir sin ellos. Santa Cruz lo hace, sin embargo, notando los matices, los forados, los nombres, las voces, la multiplicidad de registros y prácticas, los relatos y "el terceo, aquello que se cruza, lo imprevisto" (s/p), como si dijera que hay que salirse de los modos cerrados de pensar el lugar. Después de todo, hace notar que "Quebrada tras quebrada, me lo han dicho uno por uno, las aguas, las tierras, las habitaciones, las constelaciones y los nombres se mueven, cambian de lugar" (s/p). En definitiva, lo que hace Santa Cruz es proponer una aproximación para poder repensar prácticas culturales y archivos que, sin duda, configuran los lugares que hay en nuestros países y que, según ella, se conjugan como quebrada, pero que, según este trabajo, se perfilan como provincia. Más allá de la nomenclatura, quisiera cerrar, entonces, haciendo mía la definición de quebrada que propone Santa Cruz para extenderla a la provincia que recorre estas páginas. Dice el Yo que merodea:

> Una quebrada es un lugar donde algo ocurre, corre, fluye o se interrumpe. Un declive, siempre sucede en el terreno desnivelado algo que se tambalea, declina, bascula en otro sentido.
> O bien sucede que se alza, que es preciso escalar, conmover una posición, buscar otro equilibrio, desgajarse hacia nuevas direcciones.
> Se cruzan cuerpos en las quebradas, ventoleras inversas que descolocan, chiflones y cauces, abismos horizontales.
> La promesa de otras rutas.
> Casi todas las quebradas del país producen a su largo encrucijadas.
> No hay país sino un paraje en cada hendidura. (s/p)

Para terminar, vuelvo al título, a ese umbral que señala un pacto de lectura, para quedarme ahora con las cordilleras que se llevan en andas y que, por lo tanto, se infantilizan, como si fuera una guagua que se coloca en el regazo, en la matriz de esa pasajera sin nombre, cuya presencia se diluye entre las voces de los muchos otros que están ahí y que sí reciben la marca de un nombre propio que cobra sentido cuando se presentiza a través de sus historias, de los relatos, los usos, las imágenes y las prácticas que *Quebrada* materializa.

Un final: abrir el lugar

Si la provincia, desde la forastería, se conjuga en jirones como quebrada, "alrededor" y nudos ciegos, sin giros ni descubrimientos, sin reducciones a ser solo campo, sin determinismos geográficos ni idealizaciones arcádicas, sin la raigambre de la tierra, sin pintoresquismos ni localismos referencialistas, es decir, sin todos aquellos parámetros que la determinan a partir de la construcción de una supuesta presencia identitaria fija, la pregunta que pareciera surgir de este juego es con qué se queda. Si hay algo que muestran los escritores y artistas visuales que constituyen este itinerario trazado como *Provincias Un-Idas*, es que el armado de un lugar se hace, se nombra y se dice a través del montaje de relatos, de prácticas y de imágenes dialécticas que nunca concilian las tensiones. Así, la provincia que emerge de este texto es una constelación en movimiento, que no puede cerrarse de una vez y para siempre con una definición clara y precisa, que se desliza luego de los dos puntos que reclama toda entrada en un diccionario. Por el contrario, la provincia que surge en estas páginas es una aproximación conceptual que señala lo abierto, la incompletud que está y que queda, como si al mostrar los hilos con que van entrelazando y tejiendo solo quedara en limpio que es algo que hay.

Y en este sentido, tiene razón Mellado cuando, junto con los escritores del Lolleo, plantea que hay, en nuestro presente, el fantasma de una provincia recorriendo el/los país/es. Una fuerza espectral que, cuando se quiere precisar y asir, se escapa, pero que, de todos modos, se practica, se ve, se siente, se sabe presente, hoy, aquí. Esta fuerza espectral, sin definición estanca de diccionario, pero que, sin embargo, se propone en el presente como provincia, la veo articulada en toda su complejidad en *El sur* de Daniel Villalobos, una crónica que lleva ya dos reimpresiones luego de su primera publicación en 2014 (2016, 2020). En esa crónica se concatenan una serie de fragmentos o de viñetas autónomas que pueden leerse sin orden o de modo salteado, ya que cada una de ellas se conjuga como autosuficiente y bordea un tema. Basta una mirada en el índice para comprobar que cada uno de los apartados lleva en su título la repetición obsesiva de la referencia al sur: "El sur en mi cabeza"; "El sur y la pobreza"; "El sur y la cultura"; "El sur y los libros"; "El sur y la música cebolla"; "El sur y el internado"; "El sur y el humor"; "El sur y el problema de volver"; "El sur y el olvido", son algunos de los títulos.

En esa rearticulación del espacio, se presenta una grafía del Yo que viene a nombrarse, sin un orden preciso, en relación con ese sur del título: "Empecé a escribir sobre el sur porque lo estaba olvidando" (Villalobos 2020, 135), explica el narrador en "El sur y el olvido", el texto que cierra la crónica, para luego agregar que poco se asemeja a ese Yo que recrea: "Ya casi no me parezco a él. Eso a veces me enorgullece. Otras, solo me llena de pena. Yo iba a ser una persona y ahora soy otra" (137). A pesar de tratar de registrar por la escritura lo que sabe perdido, el Yo acepta: "No solo se me borraban de la memoria lugares y situaciones, también estaba alterando la cronología de mi vida en esos años" (135). Escribir el sur es, por lo tanto, un modo inútil de frenar el olvido y de corroborar lo que ya sabemos y lo que el narrador también sabe: "Ahora entiendo que uno olvida mucho, demasiado, a veces tanto que llega a ser una estupidez darse el tiempo de intentar revivirlo" (135). Por eso, termina afirmando eso que no puede negar: "Lo que recordaba del sur se fue volviendo una ficción, porque tuvo que amoldarse a las cosas que no pasaron" (136); además de aceptar que el orden y el ritmo que van surgiendo responden, en realidad, a un trabajo de la narración retrospectiva (136). A grandes rasgos podría decirse que las series de relatos que configuran el sur de Villalobos reiteran una relación de reciprocidad entre el Yo y el sur como si fuera imposible pensar el uno sin el otro. No hay afuera del sur para esa primera persona, por más que haga breves referencias a su ida a Santiago, a su vida en ese espacio que ve como un "otro país" (136). De ahí que bien se podría renombrar el texto de Villalobos con el título general de "El sur y yo", reiterando, de este modo, la manera como se nombran los capítulos de la crónica.

Quisiera dejar de lado la configuración de la primera persona para detenerme en la repetición del sur en cada uno de los capítulos que constituyen el Yo. En los títulos de las viñetas, el sur se conjuga de modo reiterativo como un complemento de la serie de términos que lo acompañan y que van cambiando en cada instancia, es decir, se conjuga como un sustantivo verbalizado. Así, al estar junto al sur, dichos términos se concretan y especifican. Digamos, no es el verano, es el verano y el sur; no es solo la música cebolla, es esa música tal como se conjuga en el sur; no es un internado en Santiago, sino que es el internado localizado en el sur; por último, no es solo la Navidad, es la Navidad que se pasa en el sur. Al localizar dichas prácticas comunes y cotidianas en ese espacio conjugado, la crónica las particulariza al otorgarles un contexto. Sin embargo, lo que me interesa destacar es que el sur en la crónica de Villalobos nunca es definitivo, ni surge de una definición aplanadora y englobante, a pesar de la repetición. Por el contrario, el sur de Villalobos se configura como un término relacional que se significa y resignifica en el juego con los otros términos a los que acompaña y modifica y con los que se pone en relación.

El sur que sale de esas páginas nunca resulta determinado. Se transforma en una imagen (un nudo ciego) a la que se bordea desde distintos ángulos, perspectivas, prácticas, parámetros, puntos de partida, propuestas de construcción, términos de relación, pero sin terminar de significarlo de un modo certero y preciso. Insisto, no hay nada del orden del ser en la definición del sur en la crónica de Villalobos. Es más, la apertura de ese sur también está implícita en el modo como la crónica queda abierta; no hay cierre porque la serie podría seguir poniendo en interrelación ese sur que se repite con otras prácticas: "El sur y la abuela"; "El sur y los pueblos chicos"; "El sur y sus dueños"; "El sur y la melancolía"; "El sur y la salida". Posibilidades de nuevas entradas que he tomado de las propias crónicas de Villalobos. Si se sigue, entonces, la estrategia adoptada por Villalobos, se podrían multiplicar las viñetas y, en ese caso, la serie y el sur podrían cobrar nuevos sentidos dependiendo del término relacional al que se lo encadene.

Villalobos, con este gesto de nombrar el sur desde la reiteración, abre las geografías. Vuelve a demarcar que hay algo y que necesita de la fluidez de las constelaciones, como si dijera que para nombrar la singularidad de la palabra "sur" hubiera, primero, que complejizarla en, desde y por las interrelaciones. Un modo, si se quiere, de abrir el lugar. *Provincias Un-Idas*, a su modo, articula el gesto de Villalobos en sus crónicas, ya que trabaja la conceptualización del lugar que quiere producir como un estar con, un estar junto a y al lado de, como si solo con ese “salir hacia” se pudiera pensar la composición de un lugar. Por eso, bien puedo afirmar ahora que *Provincias Un-Idas* siempre fue una aproximación que nombra la provincia como hay, porque la hace sustantivo verbalizado. Por eso, la provincia se delinea en el presente conceptualmente como un alrededor, una zona hecha de montajes, de imágenes en tensión, de prácticas y de relatos que están ahí para revelar el zurcido de la producción. Otros y otras vendrán a inscribir nuevas interrelaciones para las provincias, a armar otras constelaciones, a trazar y trenzar nuevos nudos, imágenes, palabras, relatos e historias.

Otros y otras vendrán, en definitiva, a mostrar las prácticas que están, que hay, que se hacen y que se deshacen en provincia. Por lo pronto, solo me queda aceptar, ahora desde este nuevo sentido que esta mesa de montaje le ha dado al término, que tenía razón el colega que, tal vez a modo de comentario peyorativo, me dijo que los provincianos no nos podíamos nunca sacar la provincia de encima. Lo que nunca entendió —pobre— es que hay modos y modos de conjugar las provincias. Es esta aceptación la que a su modo también reconoce Bernardita Olmedo (2022, 100) cuando al final de su *Hija ilustre* confiesa que, a pesar de haberse ido, la provincia en ella está, ya que cierra su texto admitiendo la presencia ausente de “El pueblo que no nos suelta”. O, como concluye Villalobos (2020, 137): “Yo iba a ser una persona y ahora soy otra. Escribí estos recuerdos para entender este cambio y no me sirvieron. Lo único que me queda es que alguna vez viví en el sur y fue magnífico y terrible y no lo cambiaría por nada”. *Provincias Un-Idas* entiende esta tensión aporética que señalan por igual Villalobos y Olmedo y por eso se pliega en ese umbral que marca a los provincianos, pero lo hace mostrando, sin cesar, la imposibilidad de cerrar.

Para terminar, vuelvo a Selva Almada, esta vez, para leer brevemente *No es un río* (2020), su última novela hasta la fecha. Vuelvo a ese río y a los tres amigos, al hijo del amigo muerto y a la raya que se pesca y se desperdicia, a la isla y al pueblo en el continente, cerca. Al barro, a los turistas de fin de semana, al vino en damajuana, a las chicas muertas y a la madre que hace fuego. Al monte en penumbras que se abre y se cierra y que huele dulce. Releo los relatos y rumores de pueblo chico, los cuentos que quedan en familia, los sueños que se les confiesan solo a los amigos. El calor del verano y de la siesta, la mujer que sin quererlo se comparte. El pique, las telas de las arañas, los bichos, las yararás, los lapachos, los sauces y el espinillo, los juncos y la espadaña. Vuelvo a ese mundo cotidiano, sin grandes eventos, construido por Almada que se desliza entre esa agua de río opaco, oscuro —"espeso como brea" (42), "como tinta" (43)— que permanece y que no se detiene. Vuelvo a la imagen de ese río y ese monte y de esa isla que están entre esa gente que vive en la rutina de lo cotidiano. Y ahí, en ese espacio hecho voz y escritura por Almada, vuelvo a leer esa narrativa que hay en provincia y que se despliega como el río.

Si hago esta cadena descriptiva es porque intento armarle cuerpo a la cita que me interesa destacar de esta última novela de Almada. La cita dice así:

> Un viento se mete justo entre los árboles y está todo callado por la hora que el rumor de las hojas crece como la respiración de un animal enorme. [Aguirre] Oye cómo respira. Un bufido. Las ramas se mueven como costillas, inflándose y desinflándose con el aire que se mete en las entrañas.
> No son solamente árboles. Ni yuyos.
> No son solamente pájaros. Ni insectos.
> El quitilipi no es un gato montés aunque de repente pueda parecer.
> No son cuises. Es este cuis.
> Esta yarará.
> Este caraguatá, único, con su centro rojo como la sangre de una mujer.
> Si alarga la vista, donde la calle baja, llega a ver el río. Un resplandor que humedece los ojos. Y otra vez: no es un río, es este río. Ha pasado más tiempo con él que con nadie. [...]
> No era una raya. Era esa raya. Una bicha hermosa toda desplegada en el barro del fondo como una novia en la profundidad sin luz. (76-77)

La cita que presenta el monte y el río Paraná está puesta en boca de la voz narradora que denota una familiaridad con el mundo narrado, como si supiera cómo nombrarlo y especificarlo y, hasta diría, recalcar los matices. En esa voz narrativa que enmarca el monte, el río y la isla se puede ver un gesto similar al de la gente del lugar (y sobre todo Aguirre) que "andan por el monte como por su rancho" (120) y que, por lo tanto, saben cómo meterse allí para no perderse en la oscuridad de ese espacio y saben también "dónde pisar para no molestar a las culebras. Para que no los pique el alacrán" (120). Y esta familiaridad de la voz narrativa es la que confunde a ciertos críticos, porque se la piensa como el índice certero que posiciona a Almada como una "autora de provincia" (una chica de provincia) y a su narrativa como una "literatura de provincia", de eso que en la Argentina llaman el interior. Digo, esa familiaridad condensada en el genitivo confunde, porque, como ha quedado establecido, los genitivos implican y suponen afirmar como un *a priori* un ser "de" provincia. Después de todo, los genitivos responden a una demanda representacional que expresa ese discurso identitario preestablecido que no se cuestiona como ya previamente construido.

Hay en la cita y en el título de la novela de Almada, sin embargo, una problematización de esta lectura genitiva del "de", pero está hecha sin estridencias, como en voz baja. Esta problematización, en mi opinión, se articula en la elipsis y en la definición por negación: en ese "no es" y en ese "ni" que se subrayan en la repetición anafórica y que nos saca de la totalidad unitaria del verbo ser y del artículo indeterminado (un). A su vez, dicha problematización está implícita, en la cita transcripta, en el uso deliberado de los demostrativos (este, esta), que nos lleva a la marca señalética y deíctica implícita en ellos. De este modo, los demostrativos con sus señalamientos textuales y su "matiz afectivo", según el *Esbozo de una nueva gramática de la lengua española* de la Real Academia Española (214), junto a la negación repetida, posicionan y particularizan la voz y el cuerpo textual para abrirse por fuera de lo indefinido, indeterminado y general. Y aquí parecería que estoy entrando en contradicción con lo que dije antes. Mejor aclaro: en mi opinión, es precisamente esta marca particular de la voz posicionada la que permite abrir la narrativa genitiva ya que hace ver, sin decirlo, la marca de ese lugar que ya no se presenta como una referencialidad, sino como una práctica del estar, un matiz afectivo que se inscribe como un tono, un lenguaje practicado.

Hay, entonces, un desplazamiento que se sale de la narrativa de la "literatura o escritura de provincia" hacia lo que considero es una "literatura o escritura *en* provincia", entendida esta como un posicionamiento que afectivamente produce una poética del habitar. De este modo, el desplazamiento de las preposiciones "de" a "en" intenta mostrar una fuga por fuera de la estética referencial que se le ha fijado a la provincia para entrar a elaborar una poética, una práctica que se escapa de lo meramente identitario y regionalista. Una de las claves para justificar esta lectura la encuentro en otra cita, una referencia velada que la novela hace (o que, por lo menos, yo leo) a *El limonero real*, de 1974, de Juan José Saer. La cita de la novela de Almada es la siguiente y condensa un sueño:

> Enero nadaba en un arroyo y de repente sintió que algo le tiraba desde abajo. Braceó y trató de salir a flote pero eso que se le subía por las piernas como una madreselva era más fuerte. Abrió los ojos en el agua viciada y lo vio, agarrándose a él, tirándolo de las patas, llevándolo al fondo. Luchó por desprenderse. El Ahogado siguió envolviéndolo con su cuerpo flojo, recubriéndolo como un capullo. (2020, 28)

Enero como Wenceslao, atrapado en el agua, los dos nadando, cada uno en su río, en unas zonas que se forjan a fuerza de enunciarlas. Los dos en el agua del lenguaje, en una poética que los envuelve y crea mundo. De este modo, tanto Saer como Almada hacen algo con esas, sus zonas y sus provincias, las vuelven lugar de enunciación, pero desde una práctica poética que las conjuga más allá de los atributos que aún se les demanda y exige a esos espacios culturales. Lo que se siente en este/ese texto es la conjugación de *ese* lenguaje de la "zona almadiana" que está afectivamente armado como un tono, una atmósfera, un estilo. Un lenguaje que, sin duda, se produce con giros de habla coloquiales, con nombres de plantas, de animales y de pájaros, con árboles que se identifican y que se vuelven sonoros, una cadencia que se destila en frases cortas y precisas. En definitiva, una poética o práctica que destila un lugar, un modo particular de estar o habitar en el espacio de la lengua, pero que no por ello se vuelve representacional.

Almada y su narrativa *en* provincia, no en una provincia, sino *en esta/esa* provincia, fiel a una zona que se arma no desde la referencia de lo que suponemos es o debe ser la provincia argentina, sino desde una poética donde habita y se está. Solo desde esta perspectiva, en mi opinión, se entiende la negación del título: *No es un río*. Por supuesto, no es un río, es *este* río, dice la voz narrativa, o bien, es *ese* río, digo yo como lectora, cuando me uno a habitar y practicar esa zona que me trae la voz narrativa. Y *ese/este* río que delinea Almada, luego de este itinerario que he propuesto en *Provincias Un-Idas*, debe celebrarse en todo su esplendor, precisamente porque es oscuro y denso, como la brea o la tinta, o como el lenguaje y la poética de los sentidos que lo construyen y lo nombran. Como quien dice, vuelve al río nudo ciego, serpiente que se pliega y que se hace, no pared, sino remolino.

Para terminar, digo entonces con Almada: *Provincias Un-Idas* no es un río, es *este* río, es *este* entramado, es *esta* constelación de textos que juega a presentar una posibilidad de lectura crítica para ponernos al día con lo que ya hay.

Sobre la autora

Laura Demaría estudió literatura en provincia. Es autora de *Buenos Aires y las provincias: relatos para desarmar* (Beatriz Viterbo Editora, 2014); *Argentina-s: Ricardo Piglia dialoga con la generación del 37 en la discontinuidad* (Editorial Corregidor, 1999). Como autora de ficción ha publicado *Prosa chica* (Borde Perdido Editora, 2020), una colección de microficciones, su novela *St. Louis Blues* (Rialta Editora, 2018) y *Cruces de Carlota* (Alción, 2008), una colección de cuentos. Como crítica, ha publicado, además, artículos sobre literatura y artes visuales en revistas especializadas. Actualmente, es profesora en el Departamento de Español y Portugués de la Universidad de Maryland.

Referencias

Abramovich, Manuel. 2017. *Años luz*. Grasshopper Films.

Acero, Laura. 2023. *Viajes de campo y ciudad*. Bogotá: Laguna Libros.

Acevedo-Yates, Carla. 2020. *Carolina Caycedo: From the Bottom of the River*. Exposición en el Museum of Contemporary Art Chicago. Nueva York: DelMonico.

Agamben, Giorgio. 2011. "¿Qué es lo contemporáneo?". En *Desnudez*, 17-29. Buenos Aires: Adriana Hidalgo.

Agüero, Ana Clarisa. 2017. *Local/Nacional. Una historia cultural de Córdoba en contacto con Buenos Aires (1880-1918)*. Bernal: Universidad Nacional de Quilmes.

Agüero, Ana Clarisa y Diego García, eds. 2010. *Culturas interiores. Córdoba en la geografía nacional e internacional de la cultura*. La Plata: Entreculturas y Ediciones al Margen.

Almada, Selva. 2020. *No es un río*. Buenos Aires: Random House.

Almada, Selva. 2017. *El mono en el remolino. Notas del rodaje de Zama de Lucrecia Martel*. Buenos Aires: Random House.

Almada, Selva. 2012. *El viento que arrasa*. Buenos Aires: Mardulce.

Álvarez, Juan y Juan Cárdenas. 2019. "Construir la experiencia de la sed (aproximaciones pedagógicas y políticas a la escritura creativa)". *La Palabra* 34: 123-132.

Amar Moreno, Lucas. "Un templo para los ateos". Suplemento *Vos*, *La Voz del Interior*, 30 de agosto de 2015.

Amar Sánchez, Ana María. 1982. Prólogo a *La espera y otros cuentos*, de Daniel Moyano, I-IX. Buenos Aires: Centro Editor de América Latina.

Amaro Castro, Lorena. 2014. "Formas de salir de casa, o cómo escapar del Ogro: relatos de filiación en la literatura chilena reciente". *Literatura y Lingüística* 29: 109-129.

Ansolabehere, Pablo. 2006. "'Preciso es que haya mártires'. Los poemas de la derrota heroica". En *Las brújulas del extraviado. Para una lectura integral de Esteban Echeverría*, editado por Alejandra Laera y Martín Kohan, 256-286. Rosario: Beatriz Viterbo.

Antelo, Raúl. 2015. *Archifilologías latinoamericanas. Lecturas tras el agotamiento.* Villa María: Editorial Universitaria Villa María.

Applebaum, Nancy. 2016. *Mapping the Country of Regions: The Chorographic Commission of Nineteenth Century Colombia.* Chapel Hill: The University of North Carolina Press.

Arce, Rafael. 2018. "Un deseo que permanece deseo. Antonio Di Benedetto y la potencia de la imaginación". *Cuadernos de Literatura* 22, n° 43: 250-275.

Arenas, Federico. 2009. "Chile de las regiones: una historia inconclusa". *Estudios Geográficos* 70.266, 11-39.

Arguedas, José María. [1969] 2006. "Inevitable comentario a unas ideas de Julio Cortázar". En *Polémicas intelectuales en América Latina. Del "meridiano intelectual" al caso Padilla (1927-1971)*, compilado por Marcela Croce. Buenos Aires: Simurg, 196-199.

Arguedas, José María. 1992. *El zorro de arriba y el zorro de abajo*, coordinado por Eve-Marie Fell. México: Archivos.

Aroca, Patricio. 2020. "Concentración y centralismo: una mirada territorial de nuestra crisis". *Ciper* 5. https://www.ciperchile.cl/2020/09/05/concentracion-y-centralismo-una-mirada-territorial-a-nuestra-crisis/.

Auyero, Javier. 2003. *Contentious Lives: Two Argentine Women, Two Protests, and the Quest for Recognition.* Durham: Duke University Press.

Auyero, Javier. 2002. "Los cambios en el repertorio de la protesta social en la Argentina". *Desarrollo Económico* 42, n° 166: 187-210.

Auyero, Javier. 2001. "Glocal Riots". *International Sociology* 16, n° 1: 33-53.

Bandieri, Susana y Sandra Fernández, eds. 2017. *La historia argentina en perspectiva local y regional: nuevas miradas para viejos problemas.* 3 vols. Buenos Aires: Teseo.

Barrenechea, Ana María. 1997. "Regionalismo y universalismo para Arguedas y Cortázar". En *Memorias de JALLA Tucumán 1995*, editado por Ricardo Kalimán, vol. 1, 522-542. 2 vols. Tucumán: Instituto de Historia y Pensamiento Argentinos.

Barthes, Roland. 2009. *El susurro del lenguaje. Más allá de la palabra y la escritura.* Buenos Aires: Paidós.

Beccar Varela, Gonzalo. 2015. "Dolores Cáceres: la artista cordobesa que patea al tablero (y que no deja indiferente a nadie)". MalevaMag. http://malevamag.com/dolores-caceres-la-artista-cordobesa-que-patea-el-tablero-y-que-no-deja-indiferente-a-nadie-por-gonzalo-beccar-varela-malevamag.

Becerra Grande, Eduardo. 2015. "De la crítica latinoamericanista: el corto viaje contra sí". *Delaware Review of Latin American Studies* 15, n° 3 (julio). [http://udspace.udel.edu/handle/19716/19756]

Belini, Claudio y Juan Carlos Korol. 2012. *Historia económica de la Argentina en el siglo* XX. Buenos Aires: Siglo XXI/Fundación OSDE.

Bernatek, Carlos. 2000. *Rutas argentinas.* Buenos Aires: Adriana Hidalgo.

Beuf, Alice. 2017. "El concepto de territorio: de las ambigüedades semánticas a las tensiones sociales y políticas". En *Ordenar los territorios. Perspectivas críticas desde América Latina*, editado por Alice Beuf y Patricia Rincón Avellaneda, 3-21. Bogotá: Uniandes Ediciones/Universidad de Los Andes/Universidad Nacional de Colombia.

Bhabha, Homi. 2013. *Nuevas minorías, nuevos derechos. Notas sobre cosmopolitismos vernáculos.* Buenos Aires: Siglo XXI.

Bisama, Álvaro. 2020. *Mala lengua. Un retrato de Pablo de Rokha.* Santiago y Barcelona: Penguin Random House.

Blackmore, Lisa. 2020. "When Walls Become Rivers: Carolina Caycedo *Serpent River Book*". *Afterall: A Journal of Art, Context, and Enquiry* 49: 91-99.

Boisier, Sergio. 2000. "Chile: la vocación regionalista del gobierno militar". *EURE* 26, n° 77. http://dx.doi.org/10.4067/S0250-71612000007700004.

Borsò, Vittoria. 2017. "Comentario a Mabel Moraña 'Transculturación y América Latina'". *Cuadernos de Literatura* XXI, n° 41: 162-166.

Brenna, Julieta. 2018. "Instantáneas tucumanas: figuraciones de la espacialidad de la provincia argentina de Tucumán y sus reveses a través del tiempo". *A Contra/corriente. Una revista de estudios latinoamericanos* 16, n° 1: 227-252.

Brito, Eugenia. 2004. "La pertenencia histórica de Marta Brunet". *Revista de Teoría del Arte* 6: 67-84. Reproducido en *Retablo de la literatura chilena: Marta Brunet.* https://www.brunet.uchile.cl/estudios/brito_pertenencia_historica.htm.

Brito, Eugenia. 2000. "Territorialidades nómades. (Sobre *Humo hacia el sur* de Marta Brunet)". *Revista de Teoría del Arte* 3: 132-145. Reproducido en *Retablo de la literatura chilena: Marta Brunet*. https://www.brunet.uchile.cl/estudios/brito_territorialidades_nomades.htm.

Brizuela, Leopoldo. 2014."El derecho a leer a las mujeres". *Blog de Eterna Cadencia*. 12 de marzo. https://eternacadencia.com.ar/nota/el-derecho-a-leer-a-las-mujeres/9124.

Brizuela, Leopoldo. 2009. "Retrato de una rebeldía". *La Nación*, 28 de noviembre.

Brunet, Marta. 1946. *Humo hacia el sur*. Buenos Aires: Losada.

Busaniche, José Luis. 2005. *Historia argentina*, con estudio preliminar por Fernando Devoto. Buenos Aires: Taurus.

Cáceres, Dolores. 2015 *#SinLímite567*.

Cáceres, Dolores. 2015. *#SinLímite567*. Catálogo. Córdoba: Museo Provincial de Bellas Artes Emilio Caraffa.

Cáceres, Dolores. 2008. "Plantación de Soja en los Jardines del Museo Provincial de Bellas Artes Emilio Caraffa. Plaza España, Córdoba. Argentina". Proyecto que Soy. http://proyectoquesoy.blogspot.com/.

Cáceres, Dolores. *Proyecto Que Soy*. Video. https://www.youtube.com/watch?v=zOczd_A_yWE.

Calderón, Marta. 1988. "Introducción". *Beatriz González, una pintora en provincia*, 9-11. Bogotá: Carlos Valencia.

Camnitzer, Luis. 2007. *Conceptualism in Latin American Art: Didactics of Liberation*. Austin: University of Texas Press.

Campobassi, José. 1975. *Sarmiento y su época*. Buenos Aires: Losada.

Campos, Minerva. 2017. "Nuevo cine colombiano: lo(s) nuevo(s), lo auténtico y el factor Proimágenes". *Cinémas d'Amérique latine* 25. https://journals.openedition.org/cinelatino/4696#ftn1.

Cañete, Rodrigo. "Tras la sala vacía en Córdoba, Dolores Cáceres planea romper el monopolio que tiene May Borovinsky en nuestro 'Land Art'". *Love Art not People*, 17 de noviembre de 2016.

Capuzzo, Paolo y Sandro Mezzadra. 2012. "Provincializing the Italian Reading of Gramsci". En *The Postcolonial Gramsci*, editado por Francesca Neelam, Rashmi Srivastava, y Baidik Bhattacharya, 34-54. Nueva York: Routledge.

Cárdenas, Juan. 2023. *Peregrino transparente*. Buenos Aires: Sigilo.

Cárdenas, Juan. 2021a. "El nacimiento de las mercancías en *La vorágine*". Introducción a *La vorágine*, de José Eustaquio Rivera, 7-21. Nueva York: Vintage Español.

Cárdenas, Juan. 2021b. *Volver a comer del árbol de la ciencia*. Buenos Aires: Sigilo.

Cárdenas, Juan. 2019a. "Un texto es un territorio (manifiesto estético)". *La Palabra* 34, nº 129. https://doi.org/10.19053/01218530.n34.2019.9536.

Cárdenas, Juan. 2019b. *Elástico de sombra*. México/Madrid: Sexto Piso.

Cárdenas, Juan. 2017. *El diablo de las provincias. Fábula en miniaturas*. Cáceres: Periférica.

Cárdenas, Juan. 2016. "Fotocopias de lo posible". *Revista Universidad de Antioquia* 323, 67-71.

Cárdenas, Juan. "Pinturas viajeras y obscenidad del paisaje." s.l., s.e., s.f. https://www.scribd.com/document/518421343/Pinturas-viajeras.

Cartes Montory, Armando. 2020a. "Hacia una construcción provincial de la historia de Chile". En *Región y nación: la construcción provincial de Chile. Siglo XIX*. 19-54. Santiago de Chile: Editorial Universitaria.

Cartes Montory, Armando, ed. 2020b. *Región y nación: la construcción provincial de Chile. Siglo XIX*. Santiago de Chile: Editorial Universitaria.

Cartes Montory, Armando. 2018. "La regionalización de Chile: dónde estamos y hacia dónde vamos". En *Transformaciones en la política y desafíos para gobernar en el siglo XXI*, editado por Violeta Montero Barriga, Waleska Muñoz Aravena y Jeanne Simon, 193-224. Concepción: Universidad de Concepción.

Cartes Montory, Armando. 2017. "Un enfoque provincial de la construcción del estado de Chile". *Revista de Historia* 24, nº 2: 123-143. Santiago de Chile: Editorial Universitaria.

Carreño, Rubí. 2009. *Memorias del nuevo siglo: jóvenes, trabajadores y artistas en la novela chilena reciente*. Santiago de Chile: Cuarto Propio.

Casanova, Pascale. 2004. *The World Republic of Letters*. Cambridge: Harvard University Press.

Casullo, Nicolás. 2008. "Recuerdo de un libro, un tiempo y una fragua. Sobre *Esbozo de una crítica a la teoría y práctica leninista*". En *El fragor del mundo. Escritos para Oscar del Barco*, editado por Silvio Mattoni, 103-120. Córdoba: Alción.

Caycedo, Carolina. 2014. "Be Damned". MA of Fine Arts Thesis, University of Southern California.

Centro Nacional de Memoria Histórica. *Una nación desplazada. Informe nacional del desplazamiento forzado en Colombia*. Bogotá: Centro Nacional de la Memoria Histórica-URIV. https://centrodememoriahistorica.gov.co/micrositios/desplazamientoForzado/.

Ceresa, Constanza, María Teresa Johansson y Betina Keizman. 2018. "Imaginaciones transurbanas paisaje, distopía y cuerpo en la literatura y cine del cono sur". *Estudios filológicos* 62: 7-11.

Chakrabarty, Dipesh. 2000. *Provincializing Europe: Postcolonial Thought and Historical Difference*. Princeton/Oxford: Princeton University Press.

Chejfec, Sergio. 1998. *Cinco*. Buenos Aires: Simurg.

Chiaramonte, José Carlos y Nora Souto. 2010. *De la ciudad a la nación. Organización política en la Argentina*. Buenos Aires: Capital Intelectual.

Chiaramonte, José Carlos. 2008. "Sobre el uso historiográfico del concepto de región". *Estudios sociales* 35, 7-21.

Chiaramonte, José Carlos. 2004. *Nación y estado en Iberoamérica. El lenguaje político en tiempos de las Independencias*. Buenos Aires: Sudamericana.

Chiaramonte, José Carlos. 1997. *Ciudades, provincias, estados: orígenes de la Nación Argentina (1800-1846)*. Buenos Aires: Ariel.

Coetzee, J. M. 2017. "A Great Author We Should Know". *The New York Review of Books*, 19 de enero.

Cohen Imach, Victoria. 1994. *De utopías y desencantos. Campo intelectual y periferia en la Argentina de los sesenta*. Tucumán: Universidad Nacional de Tucumán, Facultad de Filosofía y Letras e Instituto Interdisciplinario de Estudios Latinoamericanos.

Cortázar, Julio. 2006. "Carta de Julio Cortázar a Roberto Fernández Retamar". En *Polémicas intelectuales en América Latina*, compilado por Marcela Croce, 167-180. Buenos Aires: Simurg.

Cortázar, Julio. 1969. "Julio Cortázar: un gran escritor y su soledad". *Life en español*, 7 de abril: 43-55.

Cortínez, Verónica, ed. 2018. *Fértil provincia y señalada: Raúl Ruiz y el campo del cine chileno*. Santiago de Chile: Cuarto Propio.

Crespi, Maximiliano. 2019. "Las fuerzas extrañas. Nuevo realismo en las crueles provincias". *Revista Landa* 8, nº 1: 270-299.

Crespi, Maximiliano. 2015a. *Los infames. La literatura de derecha explicada a los niños*. Buenos Aires: Momofuku.

Crespi, Maximiliano. 2015b. "Flavio Lo Presti: 'El valor surge de legitimaciones poco revisadas'". *Diario Registrado*, 27 de octubre.

Croce, Marcela, comp. 2006. *Polémicas intelectuales de América Latina. Del "meridiano intelectual" al caso Padilla (1927-1971)*. Buenos Aires: Simurg.

Dalmaroni, Miguel y Analía Gerbaudo. 2012. "La insistencia de lo legible. La escuela, los clásicos y el caso Saer". *Revista Iberoamericana* 77, n° 241 (octubre-diciembre): 953-964.

Dalmaroni, Miguel. 2010. "El largo camino del 'silencio' al 'consenso': La recepción de Saer en la Argentina (1964-1987)". En *Glosa. El entenado*, de Juan José Saer, 607-663 Centre de Recherches Latino-américaines, Poitiers. Colección Archivos. Córdoba: Alción.

Davis, Fernando. 2013. "Horacio Zabala, desde 1972". En *Horacio Zabala, desde 1972*, 8-23. Sáenz Peña: Universidad Tres de Febrero.

Davis, Fernando. 2007. "Poéticas críticas, representaciones opacas". En *Anteproyectos (1972-1978)*, de Horacio Zabala, 15-16. Buenos Aires: Fundación Alon.

De Abrantes, Lucía, Ricardo Greene y Luciana Trimano. 2020. "Huir de las metrópolis y de la pandemia". *CIPER*, 27 de junio. https://www.ciperchile.cl/2020/06/27/huir-de-la-metropolis-y-de-la-pandemia/.

De Abrantes, Lucía y Ricardo Greene. 2019. "El modo de vida en ciudades no metropolitanas: disolviendo el binario urbano-rural". En *Conocer la ciudad: Imaginarios, métodos, cartografías, sentidos*, editado por Ricardo Greene, 207-238. Talca: Bifurcaciones.

De Certeau, Michel. 1988. "Reading as Poaching". En *The Practice of Everyday Life*, 165-176. Berkeley: University of California Press.

De Leone, Lucía. 2016. "Imaginaciones rurales argentinas: el campo como zona de cruce en expresiones artísticas contemporáneas". *Cuadernos de Literatura* 20, n° 40: 181-203.

De Mattos, Carlos, Oscar Figueroa, Pedro Bannen y Diego Campos, eds. 2005. *Huellas de una metamorfosis metropolitana: Santiago en Eure 1970-2000*. Santiago de Chile: Instituto de Estudios Urbanos y Territoriales Pontificia Universidad Católica de Chile.

De Oro, Carlos e Iris Klotz. 2016. "Cine, pobreza y marginación en el Pacífico colombiano". *Imagofagia* 13: 1-26.

De Rokha, Pablo. 1965. *Epopeya de las comidas y las bebidas de Chile. Canto del Macho Anciano*. Santiago de Chile: Editorial Universitaria.

De Vivanco, Lucero y María Teresa Johansson, eds. 2021. *Instantáneas en la marcha. Repertorio cultural de las movilizaciones en Chile.* Santiago de Chile: Universidad Alberto Hurtado Ediciones.

Del Barco, Oscar. 2017. *En busca de las palabras. Escritos sobre literatura y arte. 1972-2014*. Buenos Aires: Fondo de Cultura Económica.

Del Barco, Oscar. 2010. *No matar. Sobre la responsabilidad*, vol. 2. Compilado por Luis García. Córdoba: Universidad Nacional de Córdoba.

Del Barco, Oscar *et al.* 2007. *No matar. Sobre la responsabilidad.* Compilado por Pablo René Belzagui. Córdoba: Del Cíclope/Universidad Nacional de Córdoba.

Del Barco, Oscar. 1996. *Juan L. Ortiz. Poesía y ética*. Córdoba: Alción.

Del Barco, Oscar. 1994. *El abandono de las palabras*. Córdoba: Centro de Estudios Avanzados, Universidad Nacional de Córdoba.

Del Barco, Oscar. 1980. *Esbozo de una crítica a la teoría y práctica leninista*. Puebla: Universidad Autónoma de Puebla.

Del Romero, Luis e Isidro Puig Vázquez. 2021. "Geografía de las protestas ciudadanas de Santiago de Chile de 2019. ¿Hacia una resignificación del espacio público?". *Anales de Geografía de la Universidad Complutense* 41, n° 2: 319-341.

Deleuze, Gilles y Félix Guattari. 1986. *Kafka: Toward a Minor Literature.* Mineápolis: Minnesota University Press.

Demaría, Laura. 2024. "Una chica en provincia: notas en torno a *No es un río* de Selva Almada". *Revista Conversaciones* 7, n° 2: 8-10. https://conosurconversaciones.wordpress.com/conversacion-con-selva-almada-v-7-n-2/.

Demaría, Laura. 2019. "Leer por el lado de Chivilcoy: la des-composición de Hernán Ronsino en el pueblo de Sarmiento". *Cuadernos LIRICO* 20. doi.org/10.4000/lirico.8488

Demaría, Laura. 2014. *Buenos Aires y las provincias: relatos para desarmar.* Rosario: Beatriz Viterbo/UNR.

Demaría, Laura. 1999. *Argentina-s: Ricardo Piglia dialoga con la generación del 37 en la discontinuidad*. Buenos Aires: Corregidor.

Díaz, Gwendolyn. 2007. "Elvira Orphée". En *Women and Power in Argentine Literature. Stories, Interviews, and Critical Essays*, 18-38. Austin: University of Texas Press.

Di Benedetto, Antonio. 2018. *El pentágono. Novela en forma de cuentos.* Buenos Aires: Adriana Hidalgo.

Di Benedetto, Antonio. 2009. *Cuentos completos.* Editado por Jimena Néspolo y Julio Premat. Buenos Aires: Adriana Hidalgo.

Di Bernardo, Francesco. 2021. "Naturaleza y extracción: *El diablo de las provincias* de Juan Cárdenas como *ecobildungsroman*". *Bulletin of Contemporary Hispanic Studies* 3, nº 2: 165-182.

Didi-Huberman, Georges. 2011a. "La exhibición como máquina de guerra". *Minerva. Revista del Círculo de Bellas Artes* 16, nº 11: 24-28.

Didi-Huberman, Georges. 2011b. *Lo que vemos, lo que nos mira.* Buenos Aires: Manantial.

Diez Cáceres, Sebastián. 2021. "*Mala lengua*, Álvaro Bisama". *Revista Otra Parte*, 11 de noviembre.

Dorra, Raúl. 2008. "¿Hay Oscar del Barco?". En *El fragor del mundo. Escritos para Oscar del Barco*, editado por Silvio Mattoni, 85-98. Córdoba: Alción.

Earle, Rebecca. 2000. *Spain and the Independence of Colombia. 1810-1825.* Exeter: University of Exeter Press.

Echeverría, Esteban. 1870. "Avellaneda". En *Poemas varios. Obras completas*, compilado por Juan María Gutiérrez, 281-444. Buenos Aires: Imprenta y Librería de Mayo. www.cervantesvirtual.com/nd/ark:/59851/bmc6q231.

Epstein, Edward y David Pion-Berlin. 2006. *Broken Promises? The Argentine Crisis and Argentine Democracy.* Lanham: Lexington Books.

Escobar, Arturo. 2008. *Territories of Difference: Place, Movements, Life, Redes.* Durham: Duke University Press.

Escobar, Ticio. 2021. *Aura latente. Estética/Ética/Política/Técnica.* Buenos Aires: Tinta Limón.

Escobar, Ticio. 2005. "Auras turbias". *Situaciones artísticas latinoamericanas.* San José: TEOR/éTica/The Getty Foundation.

Esses, Carolina. 2021. "Voces inolvidables. Precursoras que marcan el presente". *La Nación*, 9 de enero.

Fabian, Johannes. 2014. *Time and the Other: How Anthropology Makes Its Object.* Nueva York: Columbia University Press.

Fals Borda, Orlando. 2010. "Amanecer indígena en el Amazonas". *Antología Orlando Fals Borda*, 165-175. Madrid: Agencia Española de

Cooperación Internacional para el Desarrollo-Ministerio de Asuntos Exteriores y de Cooperación.

Fals Borda, Orlando. 2000. *Acción y espacio: autonomías en la nueva república*. Bogotá: Tercer Mundo.

Fals Borda, Orlando. 1996. *Región e historia. Elementos sobre el ordenamiento y equilibrio regional en Colombia*. Bogotá: Tercer Mundo.

Fals Borda, Orlando. 1993. "El reordenamiento territorial: itinerario de una idea". *Análisis político* 20 (septiembre-diciembre), 90-98.

Fals Borda, Orlando. 1988. "Ordenamiento territorial e integración regional en Colombia". En *La insurgencia de las provincias: Hacia un nuevo ordenamiento territorial de Colombia*, 9-78. Bogotá: Siglo XXI.

Fiorucci, Flavia, ed. 2013. "Los otros intelectuales. Curas, maestros, intelectuales de pueblo, periodistas y autodidactas". *Prismas: Revista de Historial Intelectual* 17, n° 2: 165-230.

Fiorucci, Flavia y Marcus Klein, eds. 2004. *The Argentine Crisis at the Turn of the Millennium. Causes, Consequences and Explanations.* Ámsterdam: Aksant.

Flores, Silvana. 2019. "La producción regional en el cine argentino y latinoamericano". *Imagofagia. Revista de la Asociación Argentina de Estudios de Cine y Audiovisual* 20: 279-298.

Flores, Silvana. 2013. *El nuevo cine latinoamericano y su dimensión continental. Regionalismo e integración cinematográfica*. Buenos Aires: Imago Mundi.

Folchi, Mauricio, ed. 2019. *Chile despertó. Lecturas desde la Historia del estallido social de octubre*. Santiago de Chile: Universidad de Chile.

Forster, Ricardo. 2008. "Comentario a *El abandono de las palabras*". En *El fragor del mundo. Escritos para Oscar del Barco*, editado por Silvio Mattoni, 121-132. Córdoba: Alción.

Foucault, Michel. 1986. "Of Other Spaces: Utopias and Heterotopias". *Diacritics* 16, n° 1: 22-27.

Foucault, Michel. 2014. *El pensamiento del afuera*. Valencia: Pre-Textos.

Franken Osorio, María Angélica. 2017. "Memorias e imaginarios de formación de los hijos en la narrativa chilena reciente". *Revista Chilena de Literatura* 96: 187-208.

Fredericksen Neira, Alfredo. 2021. "La casa como un lugar propicio para el incesto en *Camanchaca* (2009), de Diego Zúñiga". *Letralia. Tierra de letras*, 28 de junio. https://letralia.com/sala-de-ensayo/2021/06/28/camanchaca-diego-zuniga-casa-incesto/.

Friera, Silvina. 2014. "El desafío es reconfigurar el lenguaje. Entrevista a Juan Cárdenas". *Página/12*, 3 de enero. https://www.pagina12.com.ar/diario/suplementos/espectaculos/4-30968-2014-01-03.html.

Gallardo, Andrés. 2018. *Cátedras paralelas.* Santiago de Chile: Overol.

Gallardo, Andrés. 2016. *Tríptico de Cobquecura.* Santiago de Chile: Liberalia.

Gallardo, Andrés. 2015. *La nueva provincia.* Santiago de Chile: Liberalia.

Gallego Cuiñas, Ana. 2020. *Las novelas argentinas del siglo xxi: nuevos modos de producción, circulación y recepción.* Nueva York: Peter Lang.

Gamarra, Susana. 2015. "Hablar de 'inacción' y de 'espacio vacío'". Suplemento *Vos*, *La voz del Interior*, 30 de agosto.

Garcés, Mario. 2020. *Estallido social y una Nueva Constitución para Chile.* Santiago de Chile: LOM.

García Liendo, Javier. 2017. *El intelectual y la cultura de masas. Argumentos latinoamericanos en torno a Ángel Rama y José María Arguedas.* West Laffayete: Purdue University Press.

García Pinto, Magdalena. 1988. "Entrevista con Elvira Orphée en Nueva York en noviembre, 1982". En *Historias íntimas. Conversaciones con diez escritoras latinoamericanas*, 149-171. Hanover: Ediciones del Norte.

Gaviria, Víctor. 2022. *El campo al fin de cuentas no es tan verde.* Bogotá: Seix Barral.

Gaviria, Víctor y Luis Alberto Álvarez. 2003. "El cine colombiano visto desde la provincia: las latas en el fondo del río". *Kinetoscopio* 14, n° 67: 30-39.

Gentilezza, Laura. 2018. "Imagen y figura: del río a la orilla en el proyecto de Hernán Ronsino". *Cuadernos lírico* 18. https://journals.openedition.org/lirico/6058.

Giordano, Alberto. 2008. "Las víctimas de la desesperación. Una aproximación al mundo de Antonio Di Benedetto". *Zama* 1: 153-162.

Giorgi, Gabriel. 2020. "'Temblor del tiempo humano': política de la novela de Juan Cárdenas". *Cuadernos de Literatura* 24: 1-13.

Giraldo, Luz Mary. 2001. *Ciudades escritas. Literatura y ciudad en la narrativa colombiana.* Bogotá: Convenio Andrés Bello.

Giunta, Andrea. 2009. *Poscrisis. Arte argentino después de 2001*. 2009. Buenos Aires: Siglo XXI.

Giunta, Andrea. 2003. "El 'objeto' en la obra de Adolfo Nigro". En *Adolfo Nigro en el umbral de la imagen. Objetos y* collages, 12-27. Buenos Aires: La Marca.

Gómez, Leila. 2020. "Narrative of Origin and Utopia in Lucrecia Martel's *Nueva Argirópolis*". *English Language Notes* 58, n° 1: 103-110.

Gómez-Barris, Macarena. 2017. *The Extractivist Zone: Social Ecologies and Decolonial Perspectives*. Durham: Duke University Press.

González, Beatriz. 2020. *Los archivos de Beatriz González*. Bogotá: Banco de la República.

González, Beatriz. 1988. *Beatriz González, una pintora de provincia*. Bogotá: Carlos Valencia.

Gordillo, Gastón. 2014. *Rubble: The Aftermath of Destruction*. Durham: Duke University Press.

Gordon, Rocío. 2017. *Narrativas de la suspensión. Una mirada contemporánea desde la literatura y el cine argentinos*. Buenos Aires: Libraria.

Gramsci, Antonio. 2003. *Cartas de la cárcel. 1926-1937*. Editado por Dora Kanoussi. México: Fondazione Istituto Gramsci/Era.

Gramuglio, María Teresa. 1986. "El lugar de Saer". En *Juan José Saer por Juan José Saer*, 261-307. Buenos Aires: Celtia.

Greene, Ricardo y Lucía de Abrantes. 2021. "Ni urbano ni rural: lo 'citadino' como tipología para pensar la ciudad no metropolitana". *EURE* 47, n° 141: 231-250.

Grüner, Eduardo. 2013. "Presentación de *escrita*: escritura de una presentación". En *escrita. Edición facsimilar. Tomo 1 (1980-1983)*, compilado por Fernando Mazza, 178-185. Villa María: Eduvim.

Guerra, Juan Pablo. 2015. "Alegoría de la ruina en la narrativa argentina reciente: *La descomposición* de Hernán Ronsino y *Bajo este sol tremendo* de Carlos Busqued". *Estudios de Teoría Literaria* 4, n° 8: 87-99.

Gutiérrez, Daniela. 2016. "Horacio Zabala: 'No hay una obra pura en el arte; es la mezcla lo que la determina'". *La Nación*, 29 de mayo. http://www.lanacion.com.ar/1902798-horacio-zabala.

Halperin Donghi, Tulio. 2005. *La formación de la clase terrateniente bonaerense*. Buenos Aires: Prometeo.

Halperin Donghi, Tulio. 2000. "Prólogo" a Domingo Faustino Sarmiento. *Campaña en el Ejército Grande*, VII-LVI. Madrid: Alianza.

Hanna, Maeve. 2020. "Citizenship through Art: A Conversation with Carolina Caycedo". *Sculpture: A Publication of the International Sculpture Center*, 17 de febrero. https://sculpturemagazine.art/citizenship-through-art-a-conversation-with-carolina-caycedo/.

Henao, Simón y Alba Delgado. 2021. "Escribir por detrás: permanencia y duración de *Elástico de sombra*, de Juan Cárdenas". *Lingüística y Literatura* 79: 418-436.

Herrera, María José. 2007. "Este papel es una cárcel, un gesto fecundo". En *Anteproyectos (1972-1978)*, de Horacio Zabala, 9-13. Buenos Aires: Fundación Alon.

Herrero-Olaizola, Alejandro. 2022. *Commodifying Violence in Literature and on Screen: The Colombian Condition*. Nueva York/Londres: Routledge.

Hind, Emily. 2004. "Provincia in Recent Mexican Cinema, 1989-2004". *Discourse* 26, n° 1/2 (invierno-primavera): 26-45.

Hinojosa, Matías. 2018. "Álvaro Bisama: 'Me interesan las ficciones donde la memoria está rota'". *Revista Santiago: ideas, crítica, debate,* 25 de julio. https://revistasantiago.cl/literatura/alvaro-bisama-me-interesan-las-ficciones-donde-la-memoria-esta-rota/.

Hochbaum, Nora. 2004. Introducción a *Nigro en Cronopios. Una mirada retrospectiva. 1967-2002*, 5. Buenos Aires: Centro Cultural Recoleta.

Howes, David. 2003. *Sensual Relations: Engaging the Senses in Culture and Social Theory*. Ann Arbor: The University of Michigan Press.

Hoyos, Héctor. 2003. "Bogotá en su narrativa: la fragmentación como lugar literario". Tesis doctoral. Bogotá: Facultad de Artes y Humanidades, Universidad de los Andes.

Hoyos, Héctor. 2002. "Observaciones para una poética de la literatura urbana bogotana". *Revista de Estudios Sociales* 1, n° 11: 70-76. https://doi.org/10.7440/res11.2002.08.

Ingrassia, Franco, comp. 2013. *Estéticas de la dispersión*. Rosario: Beatriz Viterbo.

Jaime, Cintia. 2020. "Coronavirus: el futuro está en los pueblos". *La Nación,* 30 de abril.

Jaramillo, Carmen María. 2005. "Las imágenes de los otros: una aproximación a la obra de Beatriz González en las décadas del sesenta, setenta y mitad del ochenta". En *Beatriz González*, 15-21. Bogotá: Villegas Editores.

Jaramillo Jiménez, Jaime. 2010. "Orlando Fals Borda: 'un intelectual del Tercer Mundo'". En *Antología de Orlando Fals Borda*, 5-50. Madrid: Agencia Española de Cooperación Internacional para el Desarrollo-Ministerio de Asuntos Exteriores y de Cooperación.

Kaempfer, Álvaro. 2009. *Relatos de soberanía, cohesión y emancipación. Declaraciones de independencia en las Provincias Unidas en Sud-América (1816), Chile (1818) y Brasil (1822)*. Santiago de Chile: Editorial Universidad de Santiago.

Kalimán, Ricardo. 1999. "Un marco (no global) para el estudio de las regiones culturales". *Journal of Iberian and Latin American Studies* 5, n °2: 11-21.

Kay, Cristóbal. 2007. "Algunas reflexiones sobre los estudios rurales en América Latina". *Iconos. Revista de Estudios Sociales* 29: 31-50.

Kunkel, Benjamin. 2017. "A Neglected Southern American Masterpiece". *The New Yorker*, 23 de enero.

Laera, Alejandra y Martín Kohan, eds. 2006. *Las brújulas del extraviado. Para una lectura integral de Esteban Echeverría*. Rosario: Beatriz Viterbo.

Laguarda, Paula y Flavia Fiorucci, eds. 2012. *Intelectuales, cultura y política en los espacios regionales de Argentina (siglo xx)*. Rosario: Protohistoria y EdUNLPam.

Lalo, Eduardo. 2020. "El banco de Guadalupe". *Revista Iberoamericana* 86, n° 273: 1197-1198.

Landaeta, Laura y Víctor Herrero. 2021. *La revuelta. Las semanas de octubre que estremecieron Chile*. Santiago de Chile: Planeta.

Lange-Churión, Pedro. 2012."The Salta Trilogy: The Civilized Barbarism in Lucrecia Martel's Films". *Contemporary Theater Review* 22, n° 4: 467-484.

Laudanno, Claudia. 2004. "Adolfo Nigro: Serio Ludere". En *Nigro en Cronopios. Una mirada retrospectiva. 1967-2002*, 6-13. Buenos Aires: Centro Cultural Recoleta.

Latour, Bruno. 2020. "Seven Objections about Landing on Space". En *Critical Zones: The Science and Politics of Landing on Earth*, editado por Bruno Latour y Peter Weibel, 12-21. Cambridge/Germany: ZKM, Center for Art and Media Karlsruhe/MIT Press.

Latour, Bruno. 2014. "Some Advantages of the Notion of 'Critical Zone' for Geopolitics". *Procedia: Earth and Planetary Sciences* 10: 3-6.

Lattanzio, Camilo Del Valle. 2022. "El problema de la violencia. Conversación sobre la literatura y la(s) violencia(s) con Juan Cárdenas". *Critical Reviews on Latin American Research* 10, n° 1: 109-113.

Lebenglik, Fabián. 2004. "De los objetos recuperados". *Página/12*, 13 de abril.

Levey, Cara, Daneil Ozarow y Christopher Wylde, eds. 2016. *De la crisis del 2001 al kirchnerismo: cambios y continuidades*. Buenos Aires: Prometeo.

Libertella, Mauro. 2015. "Entre ilusión y decepciones". *Revista Ñ*, 8 de octubre.

Link, Daniel. 2003. "Literatura de compromiso". En dossier *La literatura argentina de los años 90*, editado por Geneviève Fabry e Ilse Logie. *Foro hispánico* 24: 15-28.

Lo Presti, Flavio. 2013. *Recuerdos de Córdoba*. Buenos Aires: China Editora.

Lo Presti, Flavio. "Una conferencia de Ricardo Piglia, por Flavio Lo Presti". https://www.youtube.com/watch?v=nLQ6k_sqt1UYOUTUBE

Locane, Jorge. 2016. *Miradas locales en tiempos globales. Intervenciones literarias sobre la ciudad latinoamericana*. Madrid: Iberoamericana Vervuert.

Locane, Jorge. 2013. "Años 00, Argentina. El barrio protagoniza la novela". *Amerika* 9. https://doi.org/10.4000/amerika.4222.

Longoni, Ana. 2013. "En el medio del incendio. Violencias insurgentes en la obra de Horacio Zabala". En *Horacio Zabala, desde 1972*, de Horacio Zabala, 26-37. Sáenz Peña: Universidad Tres de Febrero.

López Morales, Brenda. 1999. "Recepción crítica de la obra de Marta Brunet". *Acta Literaria* 24: 41-53. Reproducido en *Retablo de la literatura chilena: Marta Brunet*. https://www.brunet.uchile.cl/estudios/berta_lopez_recepcion_critic.htm

López Sandoval, María F., Andrea Robertsdotter y Myriam Paredes. 2017. "Space, Power, and Locality: The Contemporary Use of *Territorio* in Latin America Geography". *Journal of Latin American Geography* 16, n° 1: 43-67.

Loss, Jacqueline. 2005. *Cosmopolitism and Latin America: Against the Destiny of Place*. Nueva York: Palgrave.

Ludmer, Josefina. 2010. *Aquí América Latina: una especulación.* Buenos Aires: Eterna Cadencia.

Lusnich, Ana Laura y Javier Campos, eds. 2018. "El cine argentino y su dimensión regional". *Aura. Revista de Historia y Teoría del Arte* 8: 2-7.

Machado Cartagena, Absalón. 2021. *La ruralidad que viene y lo urbano: un despertar de la conciencia.* Bogotá: Siglo del Hombre.

Marchant Santiago, Carla y Yerko Monje-Hernández. 2021. "Espacio y territorio como categorías para la comprensión del tiempo presente: emergencia teórica y renovación conceptual a propósito del octubre chileno-2019". *Revista de Humanidades Valparaíso* 17: 115-143.

Marchant Santiago, Carla y Felipe Aros Navarro. 2018. "Nuevas movilidades en los espacios rurales de la Araucanía andina". Revista Líder 20, n° 23: 9-40.

Marchant Santiago, Carla y Ana Jara. 2017. "'Me voy a la montaña a vivir otra vida'. Motivaciones y expectativas del migrante de amenidad y la búsqueda del imaginario verde y del 'buen vivir' en la Araucanía andina". En *Re-conociendo las geografías de América y el Caribe*, compilado por Rafael Sánchez, Rodrigo Hidalgo y Federico Arenas, 133-155. Santiago de Chile: Geolibros 24, Instituto de Geografía, Pontificia Universidad Católica de Chile.

Marchini Camia, Giovanni. 2018. "It's Not Literary Adaptation … It's Literary Infection: An Interview with Lucrecia Martel". *Cineaste* (verano): 45-46.

Márquez, Francisca. 2007. "Imaginarios urbanos en el Gran Santiago: huellas de una metamorfosis". Revista *EURE* 33, n° 99: 79-88. http://dx.doi.org/10.4067/S0250-71612007000200007.

Márquez-Gómez, Arturo. 2011. "Desastre y desvío: narrativas de la catástrofe en el Chile contemporáneo". Tesis doctoral. Brown University.

Martel, Lucrecia. 2020. "Presente Discontinuo #3." Fundación Andreani, 17 de diciembre. https://www.youtube.com/watch?v=1Pgz_98aoCE

Martel, Lucrecia. 2018. "Cuando en un país la realidad se está negando, la lengua sufre mucho". Entrevista. Alfilo. Facultad de Filosofía y Humanidades, Universidad Nacional de Córdoba. https://ffyh.unc.edu.ar/alfilo/cuando-en-un-pais-la-realidad-se-esta-negando-la-lengua-sufre-mucho/.

Martel, Lucrecia. 2017. *Zama.* Bananeira Filmes, Canana Films.

Martel, Lucrecia. 2013. "Territorios transitables". En *Estéticas de la dispersión*, compilado por Franco Ingrassia, 67-76. Rosario: Beatriz Viterbo.

Martel, Lucrecia y Claudia Llosa. 2018. "Pensar con imágenes". Ciclo Santa Fe Debate Ideas, 17 de diciembre. https://www.youtube.com/watch?v=0di9ZvvxL9I.

Martínez, Ana Teresa. 2015. "¿Prólogo o post-scriptum?". En *Redes intelectuales, itinerarios e identidades regionales en Argentina (siglo XX)*, editado por Claudia Salomón Tarquini y María de los Ángeles Lanzillotta, 13-28. Rosario: Prohistoria/EdUNLPam.

Martínez, Ana Teresa. 2013. "Intelectuales de provincia: entre lo local y lo periférico". *Prismas: Revista de Historia Intelectual* 17, nº 2: 169-180.

Martínez, Carlos Dámaso. 2008. "Antonio Di Benedetto. La fascinación del cine y la levedad de su escritura". *Zama* 1: 181-185.

Martínez, Juliana. 2020. *Haunting without Ghosts: Spectral Realism in Colombian Literature, Film, and Art.* Austin: University of Texas Press.

Martínez Garnica, Armando. 2018. *Historia de la primera república de Colombia, 1819-1831: "Decid Colombia sea, y Colombia será".* Bogotá: Universidad del Rosario.

Martínez Garnica, Armando. 2007. "La independencia del Nuevo Reino de Granada. Estado de la representación histórica". En *Debates sobre las independencias iberoamericanas*, editado por Manuel Chust Calero y José Antonio Serrano Ortega, 201-220. Colección Estudios AHILA de Historia Latinoamericana. Madrid: Iberoamericana.

Martínez Garnica, Armando. 2001. "El movimiento histórico de las provincias Neogranadinas". *Anuario de Historia Regional y de las Fronteras* 6, nº 1: 9-63.

Martínez Zuccardi, Soledad. 2021. "Rebeldía, provincia, enfermedad. Autofiguración en *Aire tan dulce* de Elvira Orphée". *CELEHIS* 41.

Martínez Zuccardi, Soledad. 2020. "Novelar Tucumán (Elvira Orphée, Hugo Foguet)". *Anclajes* 24, nº 3: 205-222.

Martínez Zuccardi, Soledad. 2017. "Poesía, provincia y nación. En torno a una antología poética argentina de 1965". *Literatura: teoría, historia, critica* 19, nº 1: 39-160.

Martínez Zuccardi, Soledad. 2016. "Tucumán en el imaginario poético argentino". *Latinoamérica* 63.2, 129-155.

Martínez Zuccardi, Soledad. 2015. "El Centenario de la Independencia y la construcción de un discurso de Tucumán: proyectos y representaciones". *Prismas: Revista de Historia Intelectual* 19: 67-87.

Massey, Doreen. 1994. *Space, Place, and Gender.* Mineápolis: University of Minnesota Press.

Masiello, Francine. 2018. *The Senses of Democracy: Perception, Politics and Culture in Latin America.* Austin: University of Texas Press.

Masiello, Francine. 2013. "Cuerpo y catástrofe". En *El cuerpo de la voz: poesía, ética y cultura*, 255-272. Rosario: Beatriz Viterbo/UNR.

Mattio, Javier. 2023. "Entrevista al escritor Juan Cárdenas: 'Mi afán siempre ha sido entender el presente'". *La Voz,* 9 de abril.

Mattoni, Silvio, ed. 2008. *El fragor del mundo. Escritos para Oscar del Barco.* Córdoba: Alción.

Mazza, César Fernando, comp. 2013. *escrita. Edición facsimilar.* 2 tomos. Villa María: Eduvim.

McFarlane, Anthony. 2002. "La construcción del orden político: la 'Primera República' en la Nueva Granada, 1810-1815". *Historia y Sociedad* 8: 47-82.

Mellado, Marcelo. 2013. *La ordinarez. Artículos escogidos.* Santiago de Chile: Universidad Diego Portales.

Mellado, Marcelo. 2021. *La provincia.* Santiago de Chile: Cuneta.

Mellado, Marcelo *et al.* 2013. "Manifiesto de Escritores de los Pueblos Abandonados". Proyecto Patrimonio *Letras S5. Página chilena al servicio de la Cultura.* http://letras.mysite.com/mme090413.html.

Méndez Sastoque, Marlon Javier. 2012. "El neorruralismo como práctica configurante de dinámicas sociales alternativas: un caso de estudio". *Luna Azul* 34.

Méndez Sastoque, Marlon Javier. 2013. "Una tipología de los nuevos habitantes del campo: aportes para el estudio del fenómeno neorrural a partir del caso de Manizales, Colombia". *Revista de Economía y Sociología Rural* 51, n° 1: S031-S048.

Michael, Joachim. 2016. "Ruinas del tiempo. El campo en el cine argentino contemporáneo". En *Cine argentino contemporáneo. Visiones y discursos*, editado por Christian von Tschilschke y Bernnhard Chappuzeau, 123-142. Madrid: Iberoamericana.

Moctezuma, Edgardo. 1983. "Para mirar lejos antes de entrar: los usos del poder en *Aire tan dulce*, de Elvira Orphée". *Revista Iberoamericana* 49, n° 125: 929-942.

Molloy, Sylvia. 2012. "Políticas de la pose". En *Poses de fin de siglo. Desbordes del género en la modernidad*, 41-53. Buenos Aires: Eterna Cadencia.

Montecino Aguirre, Sonia. 2006. "La cuenta quebrada(s)". En *Quebrada. Las cordilleras en andas*, de Guadalupe Santa Cruz, s/p. Santiago: Francisco Zegers Editores.

Moraña, Mabel. 2017. "Transculturación y latinoamericanismo". *Cuadernos de Literatura* XXI, n° 41: 153-166.

Moraña, Mabel. 2013. *Arguedas / Vargas Llosa. Dilemas y ensamblajes.* Madrid: Iberoamericana Vervuert.

Moraña, Mabel. 2006a. "Post-scriptum: 'A río revuelto, ganancia de pescadores.' América Latina y el *déjà-vu* de la literatura mundial". En *América Latina en la "literatura mundial"*, editado por Ignacio Sánchez Prado, 319-336. Pittsburgh: Instituto Internacional de Literatura Iberoamericana.

Moraña, Mabel. 2006b. "Territorialidad y forasterismo: la polémica Arguedas/Cortázar revisitada". En *José María Arguedas: hacia una poética migrante*, editado por Sergio Franco, 103-118. Pittsburgh: Instituto Internacional de Literatura Iberoamericana.

Múnera, Alfonso. 1996. "El Caribe colombiano en la república andina: identidad y autonomía política en el siglo XIX". *Caribbean Studies* 29, n° 2: 213-237.

Múnera, Alfonso. 1988. *El fracaso de la nación: región, clase y raza en el Caribe colombiano (1717-1821).* Bogotá: Banco de la República y Ancora.

Myers, Jorge. 2006. "Un autor en busca de un programa: Echeverría en sus escritos de reflexión estética". En *Las brújulas del extraviado. Para una lectura integral de Esteban Echeverría*, editado por Alejandra Laera y Martín Kohan, 57-73. Rosario: Beatriz Viterbo.

Nancy, Jean-Luc. 1996. "La existencia exiliada". *Archipiélago. Cuadernos de Crítica Cultural* 26-27: 34-39.

Néspolo, Jimena, ed. 2008. "Dossier: Antonio Di Benedetto". *Zama.* Revista del Instituto de Literatura Hispanoamericana, Facultad de Filosofía y Letras, Universidad de Buenos Aires.

Néspolo, Jimena. 2004. *Ejercicios de pudor: sujeto y escritura en la narrativa de Antonio Di Benedetto.* Buenos Aires: Adriana Hidalgo.

Nietzsche, Friedrich. 2000. *La genealogía de la moral.* Madrid: Alianza.

Nigro, Adolfo. 2004. *Nigro en Cronopios. Una mirada retrospectiva. 1967-2002.* Buenos Aires: Centro Cultural Recoleta.

Nigro, Adolfo. 2003. *Adolfo Nigro en el umbral de la imagen. Objetos y* collages. Buenos Aires: La Marca.

Nómez, Naím. 1988. *Pablo de Rokha: una escritura en movimiento.* Santiago de Chile: Documentas.

Olea, Raquel. 2007. "*Quebrada* de Guadalupe Santa Cruz. Oficio de cuerpo y suciedad". *Taller de Letras* 41: 221-242.

Olmedo, Bernardita. 2022. *Hija ilustre.* Santiago de Chile: La Pollera.

Orosz, Demian. 2015. "Salto al vacío: un punto de vista de la muestra sin obras de Dolores Cáceres". Suplemento *Vos. La Voz del Interior,* 16 de agosto.

Orphée, Elvira. 2009. *Aire tan dulce.* Buenos Aires: Bajo la Luna.

Ospina, María. 2017. "Natural Plots: The Rural Turn in Contemporary Colombian Cinema". En *Territories of Conflict: Traversing Colombia through Cultural Studies*, editado por Andrea Fanta Castro, Alejandro Herrera-Olaizola y Chloe Rutter-Jensen, 248-266. Rochester: University of Rochester Press.

Ospina, María. 2014. "Las naturalezas de la guerra: topografías violentas de selva en la narrativa contemporánea colombiana". *Revista de Crítica Literaria Latinoamericana* 79: 243-264.

Ospina, William. 2018a. "Esta tierra donde es dulce la vida (I)". *El Espectador,* 23 de junio.

Ospina, William. 2018b. "Esta tierra donde es dulce la vida (II): Los desafíos de la morada urbana". *El Espectador,* 30 de junio.

Ospina, William. 2018c. "Esta tierra donde es dulce la vida (III)". *El Espectador,* 14 de julio.

Oyarzún, Kemy. 2000. "Género y canon: la escritura de Marta Brunet". *CyberHumanitatis* 14. https://www.brunet.uchile.cl/estudios/kemy_genero_canon.htm.

Palcos, Alberto. 1960. *Historia de Echeverría.* Buenos Aires: Emecé.

Palti, Elías. 2003. *La nación como problema. Los historiadores y la "cuestión nacional".* Buenos Aires: Fondo de Cultura Económica.

Pasolini, Ricardo. 2013. "La historia intelectual desde su dimensión regional: algunas reflexiones." *Prismas: Revista de Historia Intelectual* 17, n° 2: 187-192.

Penaglia Vázquez, Francesco, Esteban Valenzuela Van Treek y Jessica Legua Valenzuela. 2018. "Los movimientos regionalistas en Chile y la descentralización cooptada del bloque en el poder". *Revista de Estudios Políticos* 179: 131-169.

Peralta, Jorge Luis. 2021. "Leopoldo Brizuela: leer como un (escritor) feminista". *Estudios de Teoría Literaria. Revista digital: artes, letras y humanidades* 10, n° 23: 46-57.

Piglia, Ricardo. 2017. *Un día en la vida. Los diarios de Emilio Renzi.* Tomo III. Barcelona: Anagrama.

Piglia, Ricardo. *Plata quemada.* 1997. Buenos Aires: Planeta.

Piglia, Ricardo. 1988. *Respiración artificial*, Buenos Aires: Sudamericana.

Piglia, Ricardo y Juan José Saer. 1990. *Diálogo.* Santa Fe: Centro de Publicaciones Universidad Nacional del Litoral.

Pineda, Gloria. 2018. "El nuevo cine colombiano en Cali. La estética del cine de autor subvencionada por Francia". *Cinémas d'Amérique latine* 26: 130-141.

Polit-Dueñas, Gabriela. 2006. "Sicarios, delirantes y los efectos del narcotráfico en la literatura colombiana". *Hispanic Review* 74, n° 2: 119-142.

Posada, Eduardo. 1924. *Congreso de las Provincias Unidas. Biblioteca de Historia Nacional*, vol. 23. Bogotá: Imprenta Nacional.

Premat, Julio. 2018. "Comenzar en las Ruinas. Hernán Ronsino". *Badebec* 7, n° 14: 164-189.

Premat, Julio. 2014. "Rostros partidos, rastros perdidos. Violencia y memoria en *Glaxo*". *Pandora* 12: 177-191.

Premat, Julio. 2009a. *Héroes sin atributos. Figuras del autor en la literatura argentina.* Buenos Aires: Fondo de Cultura Económica.

Premat, Julio. 2009b. "Lo breve, lo extraño, lo ajeno". En *Cuentos completos*, de Antonio Di Benedetto, 5-31. Buenos Aires: Adriana Hidalgo.

Premat, Julio. 2004. "Un pentágono triangular. Orígenes de la narrativa de Antonio Di Benedetto". *Río de la Plata: Culturas* 26-27: 295-302.

Premat, Julio. 2003. "Saer y el fin de siglo y el concepto de lugar". Número especial: *La literatura argentina de los años 90*, editado por Geneviève Fabry e Ilse Logie. *Foro hispánico* 24: 43-52.

Premat, Julio. 2002. *La dicha de Saturno. Escritura y melancolía en la obra de Juan José Saer.* Rosario: Beatriz Viterbo.

Prieto, Adolfo. 1996. *Los viajeros ingleses en la emergencia de la literatura argentina, 1820-1850.* Buenos Aires: Sudamericana.

Pron, Patricio. 2014. "Una cuestión de *Contorno*". Blog de Eterna Cadencia, 27 de marzo.

Quirós, Julieta. 2019. "Nacidos, criados, llegados: relaciones de clase y geometrías socioespaciales en la migración neorrural de la Argentina contemporánea". *Cuadernos de Geografía: Revista Colombiana de Geografía* 28, n° 2: 271-287.

Rabinow, Paul. 1984. "Polemics, Politics, and Problematizations: An Interview with Michel Foucault". En *Foucault: A Reader*, editado por Paul Rabinow, 381-390. Nueva York: Pantheon.

Rama, Ángel. 2013. *Transculturación narrativa en América Latina.* México: Siglo XXI.

Ramírez, Juan Carlos y Johan Manuel de Aguas. 2017. "Configuración territorial de las provincias de Colombia. Ruralidad y redes". Bogotá: Oficina de la CEPA.

Ramírez, Mari Carmen. 2005. "La opción del conceptualismo: ¿un 'ismo' más o una táctica de sentido?". En *Situaciones artísticas latinoamericanas*, 40-52. San José de Costa Rica: TEOR/éTica.

Rancière, Jacques. 2009. *Aesthetics and its Discontents.* Cambridge: Polity Press.

Rancière, Jacques. 2004. *The Politics of Aesthetics.* Londres: Continuum.

Ratier, Hugo. 2002. "Rural, ruralidad, nueva ruralidad y contraurbanización. Un estado de la cuestión". *Revista de Ciencias Humanas* 31: 9-29.

Real Academia Española. 1975. *Esbozo de una nueva gramática de la lengua española.* Madrid: Espasa-Calpe.

Reed Doob, Penelope. 2019. *The Idea of Labyrinth from Classical Antiquity through the Middle Ages.* Ithaca: Cornell University Press.

Restrepo Salazar, Juan y Andrés Bernal Morales. 2014. *La cuestión agraria. Tierra y posconflicto en Colombia.* Bogotá: Debate.

Reyes, Ana María. 2019. *The Politics of Taste: Beatriz González and the Cold War Aesthetics.* Durham: University of Duke Press.

Rimsky, Cynthia. 2022. *La vuelta del perro.* Buenos Aires: Tenemos las Máquinas.

Ríos, Hugo. 2008. "La poética de los sentidos en los filmes de Lucrecia Martel". *Atenea* XXVIII, nº 2: 9-22.

Rocca, Cristina. 2009. *Arte, modernidad y guerra fría. Las Bienales en Córdoba*. Córdoba: Universidad Nacional de Córdoba.

Rojas, Nancy. 2003. "En el umbral de la imagen". En *Adolfo Nigro en el umbral de la imagen. Objetos y* collages, 29-133. Buenos Aires: La Marca.

Rolle, Carolina. 2017. *Buenos Aires transmedial: los barrios de Cucurto, Casas e Incardona*. Rosario: Beatriz Viterbo.

Rufinelli, Jorge. 2004. *Víctor Gaviria: Los márgenes del centro*. Madrid: Turner Publicaciones.

Ruiz, José. 2020a. "La actualidad ilustrada". En *Los archivos de Beatriz González*, 19-32. Bogotá: Banco de la República.

Ruiz, José. 2020b. "Los archivos de Beatriz González". Video presentación Los Curadores. https://www.banrepcultural.org/multimedia/conferencia-los-archivos-de-beatriz-gonzalez

Sabido Ramos, Olga. 2022. "Tres miradas sociológicas ante el extrañamiento del mundo". En *El extranjero: sociología del extraño*, de Georg, Simmel *et al.*, 9-19. Madrid: Sequitur.

Saer, Juan José. [1974] 2002. *El limonero real*. Buenos Aires: Seix Barral.

Saer, Juan José. 1997. *El concepto de ficción*. Buenos Aires: Ariel.

Saer, Juan José. [1997]. 2000. *Las nubes*. Buenos Aires: Seix Barral.

Saer, Juan José. 2000. *Lugar*. Buenos Aires: Seix Barral.

Safford, Frank y Marco Palacio. 2002. *Colombia: Fragmented Land, Divided Society*. Nueva York: Oxford University Press.

Salomón Tarquini, Claudia y María de los Ángeles Lanzillotta, eds. 2015. *Redes intelectuales, itinerarios e identidades regionales en Argentina (siglo XX)*. Rosario: Prohistoria/EdUNLPam.

Sánchez Prado, Ignacio, ed. 2006. "'Hijos de Metapa': un recorrido conceptual de la literatura mundial (a manera de introducción)". En *América Latina en la "literatura mundial"*, 7-46. Pittsburgh: Instituto Internacional de Literatura Iberoamericana.

Sánchez Steiner, Lina María. 2008. "Éxodos rurales y urbanización en Colombia. Perspectivas históricas y aproximaciones teóricas". *Bitácora Urbano/Territorial* 13, nº 2: 57-72.

Santa Cruz, Guadalupe. 2020. "La ciudad, mapas de agua y tinta". *Revista Iberoamericana* 86, nº 273: 1037-1045.

Santa Cruz, Guadalupe. 2013. *Lo que vibra por las superficies*. Santiago de Chile: Sangría.

Santa Cruz, Guadalupe. 2006. *Quebrada. Las cordilleras en andas*. Santiago de Chile: Francisco Zegers.

Sarlo, Beatriz. 2013. *Ficciones argentinas. 33 ensayos*. Buenos Aires: Mardulce.

Sarlo, Beatriz. 1977. *El cuento argentino contemporáneo*. Buenos Aires: Centro Editor de América Latina.

Sarmiento, Domingo Faustino. 1989. *Recuerdos de provincia*, con prólogo y notas de Adolfo Montenegro. Buenos Aires: Banco de la Provincia de Córdoba.

Sarmiento, Domingo Faustino. 1958. *Campaña en el Ejército Grande*, edición, prólogo y notas por Tulio Halperin Donghi. México: Fondo de Cultura Económica.

Sarmiento, Domingo Faustino. 1947. *Facundo*. Alberto Palcos (ed.). Buenos Aires: El Ateneo.

Sarmiento, Domingo Faustino. 1899. *Discursos populares. Primer volumen. Obras de Domingo Faustino Sarmiento*. Tomo XXI. Buenos Aires: Imprenta y Litografía Mariano Moreno.

Saítta, Sylvia. 2014. "En torno al 2001 en la literatura argentina". *Literatura y Lingüística* 29: 131-148.

Saítta, Sylvia. 2013. "*Glaxo*, entre Saer y Walsh". *El Ansia* 1: 150-157.

Schilling, Carlos. 2013. "*escrita* en otro mundo". *escrita. Edición facsimilar. Tomo 2 (1984-1986)*, compilado por César Fernando Mazza, 9-11. Villa María: Eduvim.

Schmidt-Welle, Friedhelm. 2017. "Transculturación, traducción cultural y transmodernidad. Conceptos y debates". *Cuadernos de Literatura* XXI, n° 41: 91-95.

Schwartz, Marcy. 2018. *Public Pages: Reading along the Latin American Streetscape*. Austin: University of Texas Press.

Scobie, James. 1988. *Secondary Cities of Argentina: the Social History of Corrientes, Salta, and Mendoza, 1850-1910*. Stanford: Stanford University Press.

Scobie, James. 1974. *Buenos Aires: Plaza to Suburb, 1870-1910*. Nueva York: Oxford University Press.

Scobie, James. 1964. *Argentina: A City and a Nation*. Nueva York: Oxford University Press.

Segato, Rita. 2013. *La crítica de la colonialidad en ocho ensayos. Y una antropología por demanda*. Buenos Aires: Prometeo.

Segato, Rita. 2007. "En busca de un léxico para teorizar la experiencia territorial contemporánea". En *La nación y sus otros. Raza, etnicidad y diversidad religiosa en tiempos de Políticas de la Identidad*, 71-97. Buenos Aires: Prometeo.

Sennett, Richard. 2014. *El extranjero. Dos ensayos sobre el exilio*. Barcelona: Anagrama.

Serje, Margarita. 2011. *El revés de la nación. Territorios salvajes, fronteras y tierras de nadie*. Bogotá: Universidad de los Andes, Facultad de Ciencias Sociales, Departamento de Antropología, CESO, Uniandes.

Sevilla, Manuel, Juan Sebastián Ochoa, Carolina Santamaría-Delgado y Carlos Eduardo Castaño Arango. 2014. *Travesías por la tierra del olvido: modernidad y colombianidad en la música de Carlos Vives y La Provincia*. Bogotá: Pontificia Universidad Javeriana.

Silva, Renán. 2013. "Iglesia y sociedad política en el período de las Provincias Unidas de Nueva Granada, 1812-1816". *Espacio, Tiempo y Forma* 26: 103-126. http://dx.doi.org/10.5944/etfiv.26.2013.13625.

Simmel, Georg, *et al*. 2012. *El extranjero: sociología del extraño*. Madrid: Sequitur.

Skewes, Juan Carlos. 2021. "El otro octubre: huellas chilenas en el Wallmapu". En *Instantáneas de la marcha: Repertorio cultural de las movilizaciones en Chile*, editado por Lucero de Vivanco y María Teresa Johansson, 27-34. Santiago: uah/Ediciones.

Sotomayor-Miletti, Aurea María y Juan Gelpi, coords. 2020. "Homenaje a Guadalupe Santa Cruz". *Revista Iberoamericana* 86, n° 273: 1031-1210.

Sousa Santos, Boaventura. 2015. *Una epistemología del Sur: la reinvención del conocimiento y emancipación social*. México: CLACSO/Siglo XXI.

Suárez, Juana. 2010. *Sitios de contienda: producción cultural colombiana y el discurso de la violencia*. Madrid: Iberoamericana Vervuert.

Suárez, Juana. 2009. *Cinembargo Colombia. Ensayos críticos sobre cine y cultura*. Bogotá: Programa Editorial Universidad del Valle.

Subercaseaux, Bernardo. 1954. *Chile o una loca geografía*. Santiago: Ercilla.

Svampa, Maristella. 2008. *Cambio de época: movimientos sociales y poder político*. Buenos Aires: Siglo XXI/CLACSO.

Tatián, Diego. 2016. *Contra Córdoba. Historias mínimas*. Córdoba: Caballo Negro.

Ternavasio, Marcela. 2020. Prólogo a *Región y nación. La construcción provincial de Chile. Siglo XIX*, editado por Armando Cartes Montory, 13-18. Santiago de Chile: Editorial Universitaria de Chile.

Tompkins Rivas, Pilar. 2020. "Flow, Containment, Collectivity, and Resistance: The Geochoreographies of Carolina Caycedo". En *Carolina Caycedo: From the Bottom of the River*, editado por Carla Acevedo-Yates, 69-83. Museum of Contemporary Art Chicago. Nueva York: DelMonico.

Torres Perdigón, Andrea. 2021. "Experimentación y representación en la novela colombiana actual: Juan Cárdenas, Margarita García Robayo Juan Álvarez". *Estudios de Literatura Colombiana* 48: 135-152. https://doi.org/10.17533/udea.elc.n48a09.

Tovar Pinzón, Hermes. 1983. "Guerras de opinión y represión en Colombia durante la Independencia (1810-1820)". *Anuario Colombiano de Historia Social y de la Cultura* 11: 187-233.

Traba, Marta. 1977. *Los muebles de Beatriz González*. Bogotá: Museo de Arte Moderno.

Trimano, Luciana. 2017. "Paisas y gringos. Neorruralidad serrana, transformaciones relacionales e identidades emergentes en Córdoba, Argentina". *Chungara. Revista de Antropología Chilena* 49, n° 3: 461-471.

Trimano, Luciana. 2016. "Habitar, percibir y narrar el territorio. La construcción subjetiva de una tensión rural/urbana". *Cuadernos de Vivienda y Urbanismo* 9, n° 18: 212-231.

Trimano, Luciana. 2012. "El objeto de estudio de la comunicación, el sentido de la ruralidad y las nuevas ruralidades en la sociedad contemporánea". *Fonseca: Journal of Communication* 5: 68-89.

Universidad Nacional de La Plata. 1911. *Bibliografía de Sarmiento*, prólogo por Ricardo Rojas. Trabajo realizado por los alumnos de Letras. Buenos Aires: Imprenta de Coni Hermanos.

Valenzuela, Esteban. 2015. *Descentralización ya: Conceptos, historia y agenda*. Santiago de Chile: RIL.

Vanoli, Hernán. 2014. "La era del nuevo ruralismo". *La Nación*, 16 de agosto. https://www.lanacion.com.ar/lifestyle/la-era-del-nuevo-ruralismo-nid1719058/.

Van Young, Eric. 1987. "Haciendo historia regional. Consideraciones metodológicas y teóricas". *Anuario* IEHS 2: 255-291.

Varela, Fabiana Inés. 2003-2004. "*Annabella* (*El pentágono*), de Di Benedetto: aproximaciones a una poética de la ficción". *Piedra y Canto. Cuadernos del* CELIM 9-10: 127-140.

Verdugo, Mario. 2022. *Curepto es mi concepto. Ensayos sobre literatura y territorio.* Santiago de Chile: Overol.

Verdugo, Mario. 2018. *Arresten al santiaguino! Biblioteca de autores regionales.* Santiago de Chile: Overol.

Villalobos, Daniel. 2020. *El sur.* Santiago de Chile: Laurel.

Villalobos-Ruminott, Sergio. 2020. "Palabra quebrada: Glosas en torno al fragmento escatológico-político de Guadalupe Santa Cruz". *Revista Iberoamericana* 86, nº 273: 1177-1196.

Viñas, David. 1982. *Literatura argentina y realidad política.* Buenos Aires: Centro Editor de América Latina.

Weinberg, Félix. 2006. *Esteban Echeverría: Ideólogo de la segunda revolución.* Colección Nueva Dimensión Argentina. Obras Inéditas. Buenos Aires: Taurus.

Williams, Raymond. 2001. *El campo y la ciudad*, prólogo a la edición en español por Beatriz Sarlo. Buenos Aires: Paidós.

Wills, María. 2020. "Beatriz González y el sacrilegio necesario de la imagen". En *Los archivos de Beatriz González*, 7-17. Bogotá: Banco de la República.

Zabala, Horacio. 2013. *Horacio Zabala, desde 1972.* Sáenz Peña: Universidad Tres de Febrero.

Zabala, Horacio. 2012. *Marcel Duchamp y los restos del ready-made.* Buenos Aires: Infinito.

Zabala, Horacio. 2007. *Anteproyectos (1972-1978).* Buenos Aires: Fundación Alon.

Zúñiga, Diego. [2009] 2015. *Camanchaca.* Santiago de Chile: Random House.

Índice onomástico y de temas

A

Abramovich, Manuel 152-155
Acero, Laura 6
Acevedo-Yates, Carla 168, 173
Agamben, Giorgio 248, 284-285
Agüero, Ana Clarisa 114, 180
Aguilar Mora, Jorge XII
Alberdi, Juan Bautista 235-239, 242
Almada, Selva 10-11, 45, 152-155, 157, 162-164, 166, 172, 249, 300-304
Altamirano, Carlos 160
Álvarez, Juan 257, 261
Álvarez, Luis Alberto 65-66
Amar Moreno, Lucas 184, 187
Amar Sánchez, Ana María 32
Amaro Castro, Lorena 38
Amauta (revista) 77
Andrews, Joseph 236-237, 239
Ansolabehere, Pablo 236
Antelo, Raúl 3, 137-138, 167, 179, 181, 205-206, 215, 231
Anteproyectos XI, 114-116, 118, 122, 125
Antioquia 110-111, 129
Aporía 183, 190
Applebaum, Nancy 136
Araucanía 120, 136
Arce, Rafael 212-213, 216, 218
Archifilologías latinoamericanas 137
Arenas, Federico 26
Arias, Hernán IX
Arica 139
Arguedas, José María 3, 73, 75-83, 89, 91-92, 241, 246-247, 271, 285
Aroca, Patricio 26-27
Arroyo, Guido 139
Aura (revista) 29
Auyero, Javier 21
Avellaneda, Marco 236

B

Bachelet, Michelle 128
Bandieri, Susana 133, 135
Barraza Tafur, Johanna IX
Barrenechea, Ana María79-80, 82-83
Barrientos, Oscar IX 139
Barrio 22, 67, 80
Barthes, Roland 119-121, 265
Beccar Varela, Gonzalo 182-183, 187
Belini, Claudio 19
Benavides, Horacio IX, 10

Benjamin, Walter 150, 184-185
Bernatek, Carlos 48-50, 62, 165
Bescós, Roberto 140
Beuf, Alice 130-131
Bhabha, Homi 90-91
Bisama, Álvaro 11, 188, 219-222, 225-227, 229, 231, 249
Blackmore, Lisa 169
Blanchot, Maurice 137, 192, 284, 286-287
Bogotá X, 5-6, 22, 55, 58, 60-61, 65-66, 94, 109, 111, 112-113, 143-144, 253, 255, 260
Boisier, Sergio 23, 26
Bolaño, Roberto 159, 210, 220
Bombal, María Luisa 73-75, 79, 84
Borges, Jorge Luis 19, 91, 160, 256
Borsò, Vittoria 97
Brenna, Julieta 238
Brito, María Eugenia 70-73
Brizuela, Leopoldo 231, 234-235, 240
Brunet, Marta 11, 70-75, 78, 84
Bucaramanga 144
Buenos Aires IX, X, 5, 7, 16, 18-22, 28-29, 31-32, 40, 42-45, 48, 80-81, 91, 94, 101, 111, 120, 127, 133, 180, 199, 208-209, 211-212, 231, 236-237, 260
Busaniche, José Luis 105-106, 108

C

Cabezón Cámara, Gabriela IX, 232
Cáceres, Dolores VII, X, 10, 181-186, 188-190, 251-252
Calderón, Marta 144
Cali 30, 55, 65, 111, 146
Campo 1, 5-10, 17, 30, 34, 39-66, 68, 82, 141, 153-155, 163, 165, 173, 179, 181, 263, 276, 297
Camnitzer, Luis 102-104, 109, 115, 121
Campos, Minerva 30, 56
Capital 253
Capuzzo, Paolo 98
Cárcamo-Huechante, Lui IX
Cárdenas, Juan 10-11, 130, 184, 189, 215-216, 249-269, 271
Carreño, Rubí 38
Cartagena 110-113
Cartes Montory, Armando 32-34, 38-39, 110, 128, 135
Casid, Jill 250
Castaño Arango, Carlos Eduardo 15
Casullo, Nicolás 195
Cauca 255, 262, 264-265
Caycedo, Carolina VII, X, 10, 167-175
Centralismo 25-27, 33, 35, 38, 110-111, 128
Centro Arte y Comunicación de Buenos Aires 114
Centro Cultural Parque de España 174
Centro Cultural Recoleta 199
Centro Editor de América Latina 32, 160, 162, 209,
Centro Nacional de Memoria Histórica 55, 58
Ceresa, Constanza IX, 51
Chakrabarty, Dipesh 92-94, 98,

102, 286
Chejfec, Sergio 211
Chiaramonte, José Carlos 101, 105-108, 114, 122, 125, 133, 138, 179
Chiloé 139
Chivilcoy IX, 45, 47, 69
Chocó 110-111
Ciudad/es X, 5-7, 18, 21-23, 29-31, 33, 40-53, 55, 58-65, 70, 72, 78, 93, 101, 105-108, 110-112, 114, 120, 128, 138, 144, 174, 179, 181, 185, 190, 208, 219, 232, 235, 240, 242, 244-245, 255, 274-277, 280, 282, 290
Ciudad-refugio 6, 59, 62, 65
Codazzi, Agustín 262
Coelho, Oliverio IX
Coetzee, John Maxwell 210
Cohen Imach, Victoria 31-33, 162
Colonialidad (pos/de/) 80, 102
Color local 10, 32, 76, 158, 243, 246, 278
Concepción 110
Conceptualismo 103-104, 109, 115, 121
Condena 2-3, 9-10, 18, 64, 69-70, 72, 74-75, 80-82, 96-98, 102, 143, 166, 173, 179, 197, 239-240, 242, 246, 285-28
Constelación/es 3, 11, 12, 15, 17, 34, 63, 66, 84-85, 133, 136-137, 142, 153-154, 162, 166, 170, 172, 175, 189, 190-191, 193-194, 197, 201, 206-207, 215-218, 227, 256, 261, 267, 286, 289, 295, 297, 299-300, 304
Conti, Haroldo 158
Constitución 12-13, 25, 28, 33, 105, 128, 224
Contraurbanización 41
Contreras, Sandra 155
Coquimbo 139
Córdoba X, 20-21, 41-42, 46, 138, 148, 180-183, 186, 189, 191, 271-272, 274-278, 280, 282-285
Cornejo Polar, Antonio 260
Corona Benjamin, Livia 10
Cortázar, Julio 75-83, 89, 91, 98, 214, 241, 246-248
Cortínez, Verónica 30
Cosmopolitismo/s 79, 81, 84, 89-91, 96, 102, 149, 253
Costamagna, Alejandra IX, 10
Covid-19 pandemia 5, 23
Crespi, Maximiliano 163, 165-166, 272-273, 275
Criollismo 73, 75
Crisis argentina del 2001 18-20, 24
Croce, Marcela 76, 78
Cuarón, Alfonso 10
Cuevas, José Ángel 139
Cundinamarca 111-112
Cursi/mal gusto 144-145, 147

D

Dalmagro, Cristina IX
Dalmaroni, Miguel 159-160
Davis, Fernando 115-116, 118, 121, 123-124
De Abrantes, Lucía 7-8, 50
De Aguas, Johan Manuel 60

De Leone, Lucía 43-44
De Oro, Carlos 30
De Rokha, Pablo 188, 219-229, 231, 249, 290
Del Barco, Oscar 3, 136-138, 143, 189-197, 241
Del Río, Juan Carlos 140
Del Romero, Luis 24
Del Valle Lattanzio, Camilo 250
Deleuze, Gilles 278
Delgado, Alba 264
Delgado Aparicio, Álvaro 10
Delta 156, 175
Demaría, Laura 32, 305
Demitrópulos, Libertad 232
Derrida, Jacques 285
Departamento XI, 24, 129, 305
Descentralización 13, 26-27, 128, 163
Descubrimiento (narrativa) 17, 28, 30-34, 36-37, 39
Desplazamiento forzado 59
Díaz, Gwendolyn 240-241
Di Benedetto, Antonio 11, 31, 151-155, 158, 188, 207-216, 218-219, 269
Di Bernardo, Francesco 249
Di Giorgio, Marosa 252
Didi-Huberman, Georges 184-185, 205-206, 252, 258
Diez Cáceres, Sebastián 219-220
Discurso/s 9, 26, 32, 45, 51-54, 78, 85, 89, 95, 101, 104-107, 116, 119, 121-125, 129, 131, 141, 147, 166, 192, 243, 248, 252, 259, 265, 268, 278-281, 302
Dorra, Raúl 191, 193, 196
Duchamp, Marcel 80, 124
Duperly, Esteban IX

E

Earle, Rebecca 114
Ecología de saberes 84, 97, 179
Episteme 90-91, 95
Echeverría, Bolívar 97
Echeverría, Esteban 232-233, 235-239, 241-242, 244, 247-248
Eje centro-periferia 1, 18, 89, 94, 102
El Escarabajo de Oro (revista) 160
El Espectador (diario) 5, 58, 61
Eltit, Diamela 252
El Quimbo (represa) 169-170, 172
Epstein, Edward 19
Escobar, Arturo 127, 130
Escobar, Ticio 149-150
Esses, Carolina 232, 235, 247
escrita (revista) 138
Espacio/s 1, 3, 6-9, 11-16, 18, 21-22, 24, 27-30, 33-36, 40-44, 46-51, 53, 55-57, 59-60, 62-63, 65-66, 69-71, 73, 77-79, 81-82, 92-94, 97-99, 101-104, 108-109, 111, 116, 118-121, 123, 128, 130-133, 138, 140, 149-150, 154-155, 157-161, 164-165, 167, 169, 174-175, 180, 182-188, 190, 200-201, 203, 205, 219, 224, 226, 232, 235, 237, 239-245, 249, 253-254, 258-259, 262-264, 266-268, 271-273, 275, 278, 280-281, 283, 285-286, 290, 293, 298-299, 301, 303

Espectro/espectralidad 14, 246, 254-257
Estado/s 25, 33, 38, 59, 85, 105-107, 112-114, 131, 134
Estallido social del 2019 23, 25-27
Excepcionalidad chilena 32-33, 110
Exilio 53, 59, 82-83, 195, 209, 271, 275, 283, 286, 291
Extractivismo 2, 58, 60, 130, 173, 254
Extranjero 53, 135, 271, 274, 276-286

F

Fabian, Johannes 92
Falco, Federico IX, 10
Fals Borda, Orlando 13-15, 60, 128-129
Federación 103-104, 109-110, 113, 126
Federalismo 128
Fernández, Sandra 135
Figueroa, Estela IX, 10
Filloy, Juan 159
Fiorucci, Flavia 20, 180
Flores, Paulina IX, 10
Foguet, Hugo 231, 243
Folchi, Mauricio 24-25
Forastero/s 197, 271, 282-285, 287, 289
Forastería 82, 188, 190, 271, 275, 282-286, 289, 297
Forster, Ricardo 191-192
Foucault, Michel 1, 82-83, 248, 284-287
Fragmento/s 3, 11, 38, 61, 63, 89, 95, 109, 125-127, 136, 138, 151, 157, 179, 188, 194, 196-197, 199-201, 204, 207, 216-217, 221, 234, 248, 255-256, 293, 297
Franken Osorio, María Angélica 38
Fredericksen Neira, Alfredo 37
Friera, Silvina 216, 269

G

Gaete, Cristóbal IX, 10, 140
Gallardo, Andrés 10, 52-55
Gallardo, Sara 158, 232
Gallego Cuiñas, Ana 159
Gamarra, Susana 184
Gamerro, Carlos ix, 45
Garcés, Mario 23-25
García, Diego 180
García Liendo, Javier 77-78
García Pinto, Magdalena 233, 235, 240-241, 246
Gaviria, Víctor 10, 29, 61-68, 165
Geisse, Cristián 139
Gelpi, Juan 291
Geocoreografías 168, 170, 172
Gerbaudo, Analía 160
Ghigliotto, Galo IX, 10
Giordano, Alberto 208, 211
Giorgi, Gabriel 253-255, 259, 268
Giraldo, Luz Mary 22
Giro a provincia 17, 30-31, 37
Giunta, Andrea 18-21, 25
Glusberg, Jorge 115
Gómez, Leila X, 152, 157
Gómez Barris, Macarena 169

González, Beatriz VII, X, 10, 143-144-150
González, Carina IX
González, Yanko 139
Gordon, Rocío X, 29, 44
Gorelik, Adrián XI
Goycoolea, Raúl 10
Gráficas Molinari 145-146
Gramsci, Antonio 98, 102-103, 286
Gramuglio, María Teresa 158-159
Greene, Ricardo 7-8
Gringos 46, 48-49
Groussac, Paul 237
Grüner, Eduardo 139
Grupo de los Trece 115
Guajardo, Ernesto 140
Guattari, Félix 278
Guerriero, Leila 10
Gutiérrez, Daniela 120
Gutiérrez, Natalia 145

H

Halperin Donghi, Tulio 108
Hanna, Maeve 169
Harwicz, Ariana 232
Hegemonía 29, 150, 174, 248, 264
Henao, Simón 264
Hernández, Felisberto 253, 265
Hernández, Juan José 31, 158
Herrera, María José 115
Herrera Arvay, María Victoria X, 232
Herrero, Víctor 24
Herrero-Olaizola, Alejandro 250-251
Hijos (literatura de los) 37
Hind, Emily 30
Hinojosa, Matías 220-221
Hochbaum, Nora 199
Howes, David 227-228
Hoyos, Héctor 22

I

Identidad/es 10, 46, 51, 101, 106, 108, 113, 121-122, 130-131, 179-180, 189, 196, 260-261, 267-268, 275, 279-281, 284
Imagen (dialéctica) 3, 15, 126, 190, 256, 286, 297
Ingrassia, Franco 174-175
Intelectual XII, 31, 76-77, 79, 83, 159, 179-180, 207, 260
Intemperie 3, 143, 165, 191, 194-197
Interior 17-18, 32, 49, 51-52, 96, 118, 122, 139, 180, 183, 214, 258, 260, 263-264, 275, 287, 302
Itinerario I, X, 1-3, 10-13, 15-18, 21, 23, 41, 75, 87, 89, 95, 99, 104, 108-109, 114, 121, 125-126, 129, 131-133, 136-137, 143, 151, 158, 161-162, 166, 179-181, 188, 191, 193-194, 199, 214, 219, 225, 258, 286, 297, 303
Itaipú (represa) 172

J

Jaime, Cintia 40-41
Jaramillo, Carmen María 149

Jaramillo Jiménez, Jaime Eduardo 12-13
Jitrik, Noé 208
Johansson, María Teresa IX, 51

K

Kaempfer, Álvaro 105-108
Kalimán, Ricardo 127, 133
Kay, Cristóbal 47, 49
Keizman, Betina IX, 51
Kinestocopio (revista) 66
Kirkpatrick, Gwen XI
Klein, Marcus 20
Klein, Yves 184
Klotz, Iris 30
Kohan, Martín 210-211
Korol, Juan Carlos 20
Kunkel, Benjamin 210

L

Labbé, Carlos 140
Lacorte, Manel XII
Laguarda, Paula 180
Lalo, Eduardo 290
La Intemperie (revista) 195-196
La Nación (diario) 6, 40, 52, 120, 160, 231-232
Landaeta, Laura 24
Lanzillotta, María de los Ángeles 180
La Voz del Interior (diario) 184, 188, 272
Latour, Bruno 127, 132-133
Lattanzio, Camilo Del Valle 250-253
Laudanno, Claudia 199-202, 204
Lebenglik, Fabián 199-201
Legua Valenzuela, Jessica 26
Lemebel, Pedro 22
Levey, Cara 20
Lezama Lima, José 76, 80, 91
Link, Daniel 159-161
Literatura mundial/World Literature 95-96
Llosa, Claudia 155-156
Locane, Jorge 22, 43
locus amoenus 5, 10, 239, 243
Londoño, Vanesa IX
Longoni, Ana 115
López Sandoval, María 127
Lo Presti, Flavio 188, 272-280, 282, 284-285
Los libros (revista) 160
Loss, Jacqueline 90
Ludmer, Josefina 97
Lugar 161
Lusnich, Ana Laura 29

M

Machado Cartagena, Absalón 60, 129
Magallanes 26, 139
Manzoni, Celina 208
Mapuche 24, 28, 69
Marchant Santiago, Carla 27
Marchini Camia, Giovanni 152
Marengo, María del Carmen IX
Márquez, Francia 130, 265
Márquez-Gómez, Arturo 23
Martel, Lucrecia 10, 28-29, 44, 152-158, 163, 166, 172, 174-175, 210

Martínez, Ana Teresa 179-181
Martínez, Carlos Dámaso 208, 210
Martínez, Juliana 263
Martínez Garnica, Armando 114, 133-136
Martínez Zuccardi, Soledad 231, 237, 243
Masiello, Francine 23, 163, 247-248
Massey, Doreen 167
Mariquita 110
Marx, Karl 150, 191-192
Mattio, Javier 260
Mattoni, Silvio 193-194
McFarlane, Anthony 111-114
McShine, Kynaston 103
Medellín 29, 55, 61, 63-65, 67-68
Mellado, Marcelo 10, 50-52, 55, 133, 139-142, 222, 297
Méndez Sastoque, Marlon Javier 6, 62
Merediz, Eyda XI
Mesa de montaje 3, 104, 136-137, 155, 179, 205-206, 215-216, 287, 300
Mezzadra, Sandro 98
Michael, Joachim 44
Milanca, Javier 140
Mistral, Gabriela 221, 224, 290
Miranda, Francisco de 108
Moctezuma, Edgardo 234, 247
Molloy, Sylvia 276-277, 286
Monje-Hernández, Yerko 27
Montero Barriga, Violeta 311
Montecino Aguirre, Sonia 290-291
Moraña, Mabel 79-80, 83-85, 96-97
Moreno Durán, Rafael Humberto 144
Moyano, Daniel 31-32, 158
Múnera, Francisco 112
Muñoz, Rosabetty 139
Muñoz Aravena, Waleska 311
Museo de Arte Manuel Urrutia 143-145
Museum of Fine Arts de Houston 144
Museo Provincial de Bellas Artes Emilio Caraffa 181-183, 186, 189
Myers, Jorge 236

N

Nación 32-33, 38-39, 55-58, 105-108, 112-113, 124-125, 129, 134-135, 138, 179, 281, 283
Nancy, Jean-Luc 248, 271, 283, 286
Nariño, Antonio 111-112
Navia, María José X, XI, 70
Neiva 110-111
Neoliberalismo 43, 47, 130
Neorruralismo 6, 17, 34, 39-42, 45-48, 60-61
Néspolo, Jimena 207-210, 212, 214, 216
Nietzsche, Friedrich 192-193
Nigro, Adolfo VII, VIII, X, XI, 10, 188, 199-206, 215, 259, 271
Nixon, Rob 249
Nómez, Naím 220

Nóvita 110
Nueva Granada 14, 110-114, 122
Nueva ruralidad 41, 47-48, 50, 60

O

Obeid, Leticia IX
Ocampo, Flaminia X
Ocampo, Victoria 98
Ochoa, Juan Sebastián 15
Olea, Raquel 290-293
Olmedo, Bernardita XI, 10, 70, 300
Opazo Hernández, Jonnathan IX, 10
Ordenamiento territorial 12-14, 26, 129
Orozco, Olga 158
Orphée, Elvira X, 11, 159, 188, 231-235, 237-249, 255
Ortiz, Juan L. 3, 159, 189, 191-192, 194
Ortiz Gómez, Laura IX, 10
Ospina, María 56-57
Ospina, William 58, 60-62
Oyarzún, Kemy 71, 73-75, 84
Ozarow, Daneil 20

P

Paisaje 32, 49, 51, 54, 73, 78, 82, 144, 165, 169-170, 236-237, 239, 243-245, 248, 292-295
Paisas 46
Padeletti, Hugo 202-203
Página/12 (diario) 199
Palcos, Alberto 236
Palti, Elías 107
Pamplona 110-112
Panamá 110
Paredes, Myriam 127
Parlache 29, 68
Pasolini, Ricardo 180-181
Patria Boba 113-114
Penaglia Vázquez, Francesco 26
Peralta, Jorge Luis 231
Pérez Art Museum de Miami (PAMM) 144
Periferia 1, 9, 31-33, 39, 56-57, 96, 103, 165, 173
Piglia, Ricardo 19, 45, 98, 158, 160-161, 209, 273-274, 305
Pineda, Gloria 30
Pinochet, Augusto 26, 128
Piñeiro, Liliana 199-200
Pion, David 19
Poética 3, 22, 35, 63-64, 74, 82-83, 91-92, 101-102, 140-141, 152, 154, 158, 162-163, 166, 179, 189, 191-192, 206, 215, 217, 219-220, 225, 229, 236, 244-246, 256, 293, 302-304
Polémica 73, 75-84, 91, 133, 184-185, 196, 241
Ponce de León, Carolina 144
Popayán 110, 112, 249
Posada, Eduardo 110, 113-114
Posdictadura 26, 38, 52, 291
Pose 274, 276-277, 279-282, 286, 291
Posso Figueroa, Amalia IX
Potdevin, Philip 10
Prach, Gabriel 140
Premat, Julio 158-162, 208-209,

211-212, 216-218
Price, Henri 215, 262, 269
Prieto, Adolfo 160, 236-237
Primera Plana (revista) 32, 160
Pron, Patricio 163, 166
Provincias Unidas 105-108, 110, 122, 125
Provincias Unidas de Nueva Granada 14, 110, 113-114, 122
Provincias Unidas del Río de la Plata 105
Provincializar 85, 91, 103-104, 151, 287
Provincialización 89, 92-93, 95-97, 129, 132-133, 278, 286
Puebl IX, 38, 40-42, 45, 47-50, 70-72, 74, 155, 165, 170, 180, 242, 300
Punto de Vista (revista) 159
Puig Vázquez, Isidro 24

Q

Quintana, Pilar IX, 10
Quirós, Julieta 41-43
Quirós, Mariano IX

R

Rabinow, Paul 82
Rama, Ángel 73
Ramírez, Mari Carmen 104, 143
Rancière, Jacques 20, 252
Ratier, Hugo 41, 48
Readymade 116, 118, 120, 122, 124, 126, 239, 241
Reales, Liliana 209
Red 8, 129, 137, 142, 165, 193-194, 256, 259-260, 264
Reed Doob, Penelope 228
Región 13, 15, 27, 33, 67, 120, 125, 127, 129-130, 133-136, 156, 255, 257, 261
Regionalismo 1, 29, 32, 36, 73, 75, 79-80, 141-142, 158, 260
República de las letras 89-92, 274
Restrepo, José Manuel 112-113
Retamal, Luis 140
Reyes, Ana María 144-148
Rimsky, Cynthia IX, 10, 49, 290, 293
Río de la Plata 105, 111, 114, 120, 200
Río Magdalena 172
Río Paraná 154-156, 158, 166-167, 172, 218, 301
Río Bermejo 156
Río Patía 255, 262, 264
Ríos, Mónica 140
Rivera, José Eustaquio 56, 253-254
Robertsdotter, Andrea 127
Rocca, Cristina 180
Rodríguez, Simón 289
Rojas, Daniel 139
Rojas, Nancy 201-204
Rolle, Carolina 22
Ronsino, Hernán IX, 10, 45
Rosario 42, 48, 156, 160, 166, 174, 275, 277-278
Rufinelli, Jorge 29, 65-66, 68
Ruiz, José 145-146
Ruralidad 6, 9, 41, 44-51, 57, 60, 165, 173

S

Sabido Ramos, Olga 281-282
Saer, Juan José 133, 158-162, 172, 207-211, 218, 273, 303
Safford, Frank 55
Said, Marcela 10
Saítta, Sylvia 19
Salazar Masso, Lorena IX
Salomón Tarquini, Claudia 180
Salta 7, 29, 35, 156-157, 196
Sánchez Prado, Ignacio 91
Sánchez Steiner, Lina María 58
San Antonio 139-140
Santa Cruz, Guadalupe 23, 189, 289-296
Santa Fe 40, 42, 48, 112, 156, 278
Santamaría-Delgado, Carolina 15
Santa Marta 110, 112
Santiago de Chile 70
Sarlo, Beatriz 158-159, 162
Sarmiento, Domingo Faustino IX, 45, 47, 68-69, 157, 236, 238, 273, 275
Schilling, Carlos 138-139
Schmidt-Welle, Friedhelm 96
Schwartz, Marcy IX, 12
Scobie, James 7-9
Segato, Rita 131
Selva 56-57, 253, 263
Sennett, Richard 280-281
Sensorium 228
Serje, Margarita 56-57, 59, 114
Setecientosmonos (revista) 160
Sevilla, Manuel 15
Sierras 41-42, 46-47
Silva, Renán 114
Simmel, Georg 276, 281-282
Sinestesia 227, 248
Smiths, Florencia 140
Socorro 110-111
Sotomayor-Miletti, Aurea María 290
Sousa Santos, Boaventura 84-85, 91-92, 94-95, 97, 102-103, 179
Souto, Nora 105-108, 114, 122, 125
Suárez, Juana 30, 64-65, 68
Subercaseaux, Bernardo 22
Sur (revista) 98
Svampa, Maristella 19

T

Talca 35, 139
Tate Modern 117, 146
Ternavasio, Marcela 33, 38-39
Territorio 12-13, 26, 34, 46, 51, 57, 61, 70, 113, 115-118, 121-122, 127-131, 134, 169-170, 173, 175, 201, 204-205, 219, 257-259
Tizón, Héctor 31
Tompkins Rivas, Pilar 168, 170
Torres, Camilo 110-111, 122
Torres-García, Joaquín 200
Torres Perdigón, Andrea 250
Tovar Pinzón, Hermes 112
Traba, Marta 143-145, 147-148
Trimano, Luciana 7, 41-42, 45-47
Tucumán 21, 105-106, 109, 111, 232, 234, 236-240
Tunja 110-112

U

Urbano 7, 42, 44, 47-48, 50, 58, 60, 74, 102
Urbanización 55, 58

V

Valenzuela, Esteban 26, 128
Valenzuela, Luis IX
Valdivia 7, 27, 139
Valparaíso 35, 140, 224
Vanoli, Hernán 6, 40-42, 44, 46, 55
Van Young, Eric 127, 133
Venturini, Aurora 232
Veraguas 110
Verdugo, Mario XI, 10, 16, 18, 34-37, 39, 52, 69, 139, 224
Vicuña 139
Vicuña, Cecilia 10
Vila, Cristián 139
Villalobos, Daniel 10, 297-300
Villalobos-Ruminott, Sergio 291
Violencia, La 57-58
Virreinato de Nueva Granada 110-111
Virreinato del Río de la Plata 105
Viu, Antonia IX-X
Vives, Carlos XI, 15
Vos (suplemento del diario *La Voz del Interior*) 184, 188, 272

W

Waisman, Sergio X
Weinberg, Félix 236
Williams, Raymond 5, 239
Wills, María 145
Wylde, Christopher 20

Y

Yuma vii, 169, 171-172

Z

Zabala, Horacio IV, VII, X, XI, 10, 114-126, 138, 151, 179, 218, 246, 286
Žižek, Slavoj 250
Zona (Saer) 133, 158-166
Zona crítica 129, 132
Zona de contacto 50, 61, 83
Zúñiga, Diego 10, 37-39

Sobre LASA Press

LASA Press es la editorial de acceso abierto de la Asociación de Estudios Latinoamericanos (LASA), dedicada a investigaciones académicas relacionadas con América Latina. Desde perspectivas disciplinarias plurales, la editorial busca contribuir a la difusión del conocimiento a través de la publicación de nuevas investigaciones y traducciones de obras fundamentales para pensar América Latina. Prioriza propuestas que sean relevantes para la región en su conjunto, contribuyan a definir la agenda pública y sirvan como puente entre culturas, lenguas y tradiciones académicas, ampliando el impacto del conocimiento latinoamericano en el mundo.

Directora ejecutiva de LASA
Milagros Pereyra Rojas

Editores principales
Natalia Majluf
Francisco Valdés-Ugalde

Comité Editorial

María Rosa Olivera-Williams
Gisela Zaremberg Lis
Olivia Gomes da Cunha

Productora editorial
Julieta Mortati

Comité Editorial Honorario – Premiados Kalman Silvert
Abraham Lowenthal
Susan Eckstein
Ronald H. Chilcote
Sueli Carneiro
Wayne A. Cornelius
Lars Schoultz
Carmen Diana Deere
Julio Cotler †
Richard Fagen
Manuel Antonio Garretón
June Nash
Marysa Navarro
Peter Smith

www.ingramcontent.com/pod-product-compliance
Lightning Source LLC
LaVergne TN
LVHW020053110826
845155LV00022B/77

* 9 7 8 1 9 5 1 6 3 4 5 4 4 *